Confessio

Beihefte zur Ökumenischen Rundschau Nr. 118

Julia Enxing | Jutta Koslowski (Hrsg.)
unter Mitarbeit von Dorothea Wojtczak

Confessio

Schuld bekennen in Kirche und Öffentlichkeit

EVANGELISCHE VERLAGSANSTALT
Leipzig

Die Veröffentlichung ist von der Deutschen Forschungsgemeinschaft im Rahmen des Wissenschaftlichen Netzwerkes »Schuld ErTragen. Die Kirche und ihre Schuld« (GZ: EN 1150/1–1) gefördert.

Bibliographische Information der Deutschen Nationalbibliothek
Die Deutsche Nationalbibliothek verzeichnet diese Publikation in der Deutschen Nationalbibliographie; detaillierte bibliographische Daten sind im Internet über http://dnb.dnb.de abrufbar.

Das Buch wurde auf alterungsbeständigem Papier gedruckt.

Cover: Kai-Michael Gustmann, Leipzig
Coverbild: © by PICSELI on Unsplash
Satz: Steffi Glauche, Leipzig
Druck und Binden: Hubert & Co., Göttingen

ISBN 978-3-374-05406-0
www.eva-leipzig.de

Inhaltsverzeichnis

III SCHULD — ÖFFENTLICHKEIT — ANERKENNUNG

IV SCHULD — ANERKENNUNG — VERSÖHNUNG

Schuld bekennen

Gedanken zu einem zwiespältigen Unterfangen

Die Stuttgarter Schulderklärung, die Vergebungsbitte von Papst Johannes Paul II. im Jahr 2000, das jüngste Schuldbekenntnis der Bischofskonferenz von Ruanda – dies sind nur wenige Beispiele von eindrücklichen Bemühungen der Kirche, Schuld öffentlich zu bekennen. Der Titel dieses Sammelbandes »Schuld bekennen in Kirche und Öffentlichkeit« – soll diese beiden Größen einander nicht gegenüberstellen, als ob es um ein Bekennen von Schuld *entweder* in Kirche *oder* in der Öffentlichkeit ginge. Vielmehr widmet sich dieses Buch der Herausforderung des Bekennens von Schuld im öffentlichen Raum – sowohl durch Repräsentantinnen und Repräsentanten von Kirche(n) als auch von säkularen Institutionen und Gruppen.

Reflektiert werden Möglichkeiten und Grenzen des Schuldbekennens. Dreh- und Angelpunkt der Auseinandersetzung mit Schuldbekenntnissen scheint die Frage zu sein, inwiefern es überhaupt möglich ist, Schuld außerhalb der individuell-persönlichen Verantwortung zu bekennen. Während es im direkten Kontakt eines »Täters« oder einer »Täterin« mit einem »Opfer« durchaus nachvollziehbar und möglich ist, dass Vergehen benannt, anerkannt und bereut werden und daraus ein Bekenntnis der Schuld entstehen kann, ist das kollektive Schuldbekenntnis eine sehr umstrittene Praxis. Unmittelbar damit verknüpft ist die Frage, wer angesichts des Unrechtsgeschehens für wen sprechen darf und ob überindividuelle Institutionen überhaupt schuldfähig sind und zur Verantwortung herangezogen werden können. Kann beispielsweise die Kirche als solche schuldig werden? Wer kann die Schuld für eine Institution eingestehen, bereuen und bekennen? Wer darf um Vergebung bitten? Darf ein Repräsentant oder eine Repräsentantin einer Organisation oder Institution für ihre Mitglieder stellvertretend Schuld bekennen? Werden dann nicht die Unschuldigen für schuldig erklärt? Und wer ist überhaupt Adressatin oder Adressat eines solchen Schuldbekenntnisses? Die Komplexität dieser Fragen nimmt noch zu, wenn die Vergehen in der Vergangenheit liegen und weder die direkten Täter oder Täterinnen noch die unmittelbar Betroffenen zum Zeitpunkt des Schuldbekenntnisses noch am Leben sind. Welche Absicht wird mit einem Schuldbekenntnis verfolgt? Geht es darum, an Unrechtsgeschehen zu erinnern und einen symbolischen Akt gegen das Vergessen zu vollziehen – Schuldbekenntnisse als Mahnmal gegen eine Wiederholung des Unrechts? Soll den Nachkommen der Opfer zugesprochen werden, dass man ihr Leid anerkennt und Verantwortung dafür übernehmen möchte? Oder geht es vielmehr darum, sich von der eigenen dunklen Vergangenheit zu distanzieren und sich damit selbst zu entlasten? Ein Bekenntnis abzulegen kann auch bedeuten, eine Schuldgeschichte bewusst unterbrechen zu wollen, Wahrheit zu sprechen und Gott so wieder näher zu kommen – oftmals geschieht dies dann ohne eine explizite Anerkennung des Schuldbekenntnisses durch die Adressatinnen und Adressaten. Hier geht es vor allem um Selbsterkenntnis und Selbstläuterung. Confessio kann somit für einen selbstkritischen Umgang mit der eigenen Schuld und ein wahrhaftiges Sprechen darüber stehen. Daraus entwickelt sich möglicherweise ein Umkehr- und Erneuerungsauftrag an die eigene Gemeinschaft.

Die Beiträge dieses Sammelbandes machen deutlich, dass Schuldbekenntnisse nicht per se an Vergebungsbitten gebunden sind. Vergebung kann auch ohne ein vorheriges Schuldbekenntnis geschehen. Zwar liegt es nahe, ein Schuldbekenntnis in der Hoffnung auf eine Möglichkeit der Vergebung auszusprechen; allerdings können solche Bekenntnisse auch eine erhebliche – teilweise sehr problematische – Wirkung sowohl auf die eigene Schuldgemeinschaft als auch auf die Adressatinnen und Adressaten innerhalb und außerhalb dieser Gemeinschaft haben. Nicht in jedem Fall sind Schuldbekenntnisse also angemessen; es muss vermieden werden, dass diese die Täterinnen und Täter zu sehr »entblößen« oder »stigmatisieren« und so starke Asymmetrien entstehen, dass ein Zusammenleben von Betroffenen und Täterinnen und Tätern verunmöglicht wird. Im schlimmsten Fall können Schuldbekenntnisse ihrerseits gewaltförmig sein – nicht nur für Opfer, sondern auch für Täterinnen und Täter.

Öffentliches stellvertretendes Schuldbekennen ist somit in seiner Ambivalenz wahrzunehmen. Es kann (entgegen der Intention des Sprechenden) zu einer Abwehr der Schuldannahme im Kollektiv beitragen. Alle hier untersuchten Bekenntnisse der Vergangenheit führten zu Kritik und Spaltungen innerhalb der Gemeinschaft, in deren Namen Unrecht begangen wurde und nun Schuld bekannt wird. Und auch hinsichtlich der Adressatinnen und Adressaten können Schuldbekenntnisse ihre Absicht verfehlen. Denn: Wer ist berechtigt, im Namen wessen ein Bekenntnis anzuerkennen? Geschweige denn zu vergeben? Welches Kirchen- und Gemeinschaftsverständnis legitimiert eine überindividuelle Schuldannahme und das Anerkennen einer solchen? Somit sind Vergebungsbitten nicht unproblematisch – besonders dann, wenn sie an Bedingungen geknüpft sind oder dem Gegenüber signalisieren, dass nur eine Annahme der Bitte ein künftiges Miteinander ermögliche. Zudem muss immer hinterfragt werden, wie sinnvoll solche Bitten an Repräsentantinnen und Repräsentanten (Kollektivsubjekte) sind, wenn ein konkretes Gegenüber fehlt, das der Bitte um Vergebung nachkommen könnte.

Wie müssten Schuldbekenntnisse und Vergebungsbitten geäußert werden, damit eine Anerkennung derselben möglich ist? Auch der Frage nach den Kriterien gelingenden Bekennens gehen Autorinnen und Autoren in ihren Beiträgen nach. Muss ein öffentliches Schuldbekenntnis vage bleiben und sollte es begangenes Unrecht nur konturenhaft benennen, um nicht Gefahr zu laufen, einzelne Fakten auszugrenzen, diese in umstrittener Weise zu gewichten oder nicht ausreichend zu berücksichtigen? Während einerseits ein detailliertes Bekenntnis des geschehenen Unrechts (zumal oft erst Generationen später) womöglich gar nicht realisierbar ist, wird andererseits argumentiert, dass nur konkret Benanntes anerkannt und einst vielleicht sogar vergeben werden kann.

Die Beiträge des vorliegenden Bandes geben einen Reflexions- und Diskussionsprozess des Forschungsnetzwerks »Schuld ErTragen. Die Kirche und ihre Schuld« wieder, das von der Deutschen Forschungsgemeinschaft gefördert wird und sich über einen Zeitraum von drei Jahren den Fragen von Reue, Schuld und Vergebung widmet. Wie bereits im ersten Sammelband, »Contritio. Annäherungen an Schuld, Scham und Reue« (2017), wurden auch für »Confessio« weitere, für die Gesamtthematik relevante Beiträge eingeholt. Wir sind dankbar für die große Bereitschaft der Forschenden, ihre Expertise in Form von eigenen Beiträgen zur Verfügung zu stellen.

Eine erste Gruppe von Texten widmet sich dem Zusammenhang von Schuld, Reue und Bekenntnis. *Klaus Kodalle* macht den Anfang mit einem Artikel, in dem er die grundsätzliche Problematik stellvertretenden Bekennens thematisiert. *Lisa Martin* geht der Frage nach, inwieweit von einer »Verdunkelung des Sündenbewusstseins« gesprochen werden kann, wie sie katholischerseits etwa in dem Dokument »Reconciliatio et Paenitentia« aus dem Jahr 1984 konstatiert wird. Sie fragt nach den Ursachen einer solchen Entwicklung und auf welche Weise ihr begegnet werden könnte. *Stephan Linck* untersucht das Problem fehlender Reue am Beispiel der evangelisch-lutherischen Kirche in Norddeutschland im Umgang mit ihrer NS-Vergangenheit.

Ein zweiter Themenkreis in diesem Buch beschäftigt sich mit der Wechselwirkung zwischen dem Bekenntnis von Schuld und der öffentlichen bzw. veröffentlichten Meinung. Medienwissenschaftlerin *Carmen Koch* diskutiert das Bild der Kirchen in den Medien mit speziellem Fokus auf die katholische Kirche und die Missbrauchsskandale der letzten Jahre. *Jutta Koslowski* analysiert Dietrich Bonhoeffers Entwurf für ein allgemeines Schuldbekenntnis der evangelischen Kirche angesichts ihres Versagens in der Nazi-Zeit und vergleicht diesen Text mit einigen der nach 1945 tatsächlich abgelegten kirchlichen Schuldbekenntnisse.

Im dritten Teil dieses Buches wird das Augenmerk darauf gelegt, welche Prozesse ausgelöst werden können, wenn Schuld öffentlich anerkannt wird. *Katharina Peetz* untersucht dies anhand der kürzlich formulierten Vergebungsbitte, die von der katholischen Bischofskonferenz in Ruanda im Hinblick auf Versäumnisse während des Genozids im Jahr 1994 vorgebracht worden ist. Sie vergleicht dieses Dokument mit dem stellvertretenden Schuldbekenntnis von Papst Franziskus und verdeutlicht, dass der Papst darin nicht nur vom Versagen einzelner »Glieder der Kirche«, sondern auch von der Kirche als Ganzer spricht und damit möglicherweise einen Paradigmenwechsel im Umgang der katholischen Kirche mit ihrer Schuld vollzogen hat. *James Keenan SJ* beschäftigt sich mit der Frage nach der Anerkennung der eigenen Schuldgeschichte auf politischer Ebene: Er vergleicht die Situation in Deutschland, wo die Auseinandersetzung mit der NS-Vergangenheit öffentlich geführt wird, mit derjenigen in den USA, wo dies seiner Überzeugung nach zu wenig der Fall ist (zum Beispiel im Hinblick auf die Vertreibung der *Native Americans* oder die Sklaverei) und fordert eine kontinuierliche Praxis der nationalen Gewissensprüfung. *Klaus Mertes SJ* geht nochmals auf die Missbrauchsvorwürfe in der katholischen Kirche ein, für deren Aufarbeitung er als Direktor des Canisius-Kollegs in Berlin Verantwortung trug. Mertes erläutert, warum er damals entschieden hat, sich nicht mit den Opfern zu solidarisieren, sondern sich mit der schuldig gewordenen Institution zu identifizieren und den Opfern als Gegenüber zur Verfügung zu stehen.

Im letzten Abschnitt dieses Buches geht es um Perspektiven der Versöhnung, wie sie sich aus der Anerkennung von Schuld entwickeln können. *Christine Schliesser* verdeutlicht dies am Beispiel des Umgangs der Dutch Reformed Church in Südafrika mit ihrer Vergangenheit in der Zeit der Apartheidpolitik; der »Lackmustest der Versöhnung«, nämlich die Wiedervereinigung mit den seit dem 19. Jahrhundert getrennten »Black«,

»Coloured« und »Indian Churches«, ist bisher freilich noch nicht gelungen. *Magdalene Frettlöh* reflektiert die Möglichkeit von Versöhnung im Horizont der juristischen Praxis der »Begnadigung« von Strafgefangenen und entfaltet ihre Überlegungen am Bespiel des Umgangs mit dem Gnadengesuch des als RAF-Terrorist verurteilten Christian Klar und der Inszenierung dieses Vorgangs in Nina Grosses Film »Das Wochenende«. Aus systematischer Perspektive auf das Kirchenrecht der katholischen Kirche beschäftigt sich der Beitrag von *Dorothea Wojtczak* mit dem Verhältnis von Schuld und Barmherzigkeit und erörtert, inwiefern dabei das Prinzip der *aequitas canonica* verwirklicht werden kann. Den Abschluss der hier versammelten Texte bildet ein Beitrag des mennonitischen Theologen *Rainer Burkart*, worin er den Versöhnungsprozess von Lutheranern und Mennoniten schildert, der auf der Vollversammlung des Lutherischen Weltbundes in Stuttgart 2010 seinen bisherigen Höhepunkt in einem Versöhnungsgottesdienst gefunden hat, der allgemein als gelungen wahrgenommen worden ist.

Mit diesem Beispiel, das als Vorbild für die Anerkennung und Aufarbeitung von Schuld und für den Beginn eines Versöhnungsprozesses betrachtet werden kann, münden die hier versammelten Texte in einer Hoffnungsperspektive. Wenngleich in diesem Buch mehr Fragen gestellt als Antworten gegeben werden können, wird dennoch deutlich, dass Versöhnung möglich ist – auch im Bereich der Kirchen, die sich mit der Anerkennung von eigener Schuld in der Vergangenheit oft schwergetan haben. Zu wirkmächtig waren die Idealvorstellung von der Reinheit bzw. »Heiligkeit« der Kirche, die bisweilen im moralischen Sinn missverstanden worden sind, und die Sorge davor, dass das Eingestehen eigener Fehler die Glaubwürdigkeit beeinträchtigen könnte. Inzwischen setzt sich zunehmend die Erkenntnis durch, dass es gerade umgekehrt ist: Je offener Menschen zu ihren Fehlern stehen, umso eher kann verlorenes Vertrauen wieder hergestellt werden. Gerade vom christlichen Glauben her, in dem das Wissen um die Schuldhaftigkeit des Menschen ebenso wie die Verkündigung der Barmherzigkeit Gottes, mit der wir uns auch gegenseitig begegnen sollen, zu den grundlegenden Überzeugungen gehören, sollte die Selbstannahme jedes Einzelnen ebenso wie der gesamten Kirche als *simul iustus et peccator* möglich sein.

Goslar und Gnadenthal, im August 2017
Julia Enxing und Jutta Koslowski

I Schuld – Reue – Bekenntnis

Öffentliche Schuldbekenntnisse im Zwielicht.

Anmaßung und Risiko stellvertretenden Handelns in Prozessen der Aussöhnung[1]

Klaus-M. Kodalle

In interpersonal and private recognition of guilt, the perpetrator can hope for forgiveness from victims. But at the communal level, when representatives issue public statements of guilt, exoneration occurs even without full forgiveness. A representative confesses in the name of a community for historical guilt, which may have occured centuries ago. Such confessions serve political hygiene and may bring about reconciliation between former enemies, both at home and abroad. The controlled testimony of collective humility is a way of influencing the historical narrative and of establishing a new authoritative interpretation of historical events. Such confessions may even avoid the term »guilt«, but there exists no authority that could grant forgiveness. The usual pattern after civil wars and dictatorships is, first amnesty, then amnesia, and last anamnesis. The last step involves credible efforts for historical truth, although such efforts often serve the interests of one's own community – its stability and future. There is no final judgment on narrative truth, which remains often contested between former enemies. Guilt across generations presupposes a metaphysical community identity, which can cause a sense of collective shame without, however, engendering personal or moral liability. The culpability of collectives for historical violations is limited, and often atrocities are trivialized, banalized, and mythologized.

Der Schwerpunkt dieses Beitrags liegt auf dem Verhältnis kollektiver Einheiten zu gravierenden Schuldereignissen in der eigenen Geschichte. Allerdings meine ich, dass das Instrumentarium zum Verständnis dieser Vor-

1 Als Hintergrund-Text zu den Kapiteln 1, 2 und 3 verweise ich auf mein Buch *Verzeihung denken. Die verkannte Grundlage humaner Verhältnisse*, München 2013.

gänge – gewiss in starker Verfremdung – aus den Bearbeitungen von Schuld in den zwischenmenschlichen Beziehungen abgeleitet wird. Deshalb setze ich – sozusagen als Vorspiel – mit einer Betrachtung der Schuldbewältigungsprozesse in Ich-Du-Beziehungen ein.

Ein Übergang zu den Schuldbekenntnissen von Personen und Gremien, die stellvertretend für ihre Gemeinschaften auftreten, bildet das Phänomen öffentlicher Schuldbekenntnisse einzelner Personen, die nur für sich selbst sprechen.

Als *pars pro toto* sei hier an das öffentliche Schuldbekenntnis des US-Präsidenten Bill Clinton erinnert. Die zufällig bekannt gewordenen sexuellen Verfehlungen Clintons während seiner Amtszeit als Präsident (die aus früheren Lebensphasen spielten zu diesem Zeitpunkt keine Rolle) lösten in den Medien und im Parlament eine Welle der Empörung aus, die, weil der Präsident über Monate hinweg die Öffentlichkeit dezidiert belogen hatte, in einem Amtsenthebungsverfahren gipfelte. In dieser Situation extremer Bedrängnis legte der Präsident in einem Fernsehstudio vor einem Millionenpublikum ein Schuldbekenntnis ab. In diesem ging es (soweit mich meine Erinnerung nicht trügt) weniger um die moralische Qualität der Vorgänge selbst als vielmehr um die Tatsache der Wahrhaftigkeit, sprich: der konstanten Ableugnung des Vorgeworfenen. Clinton rettete mit dieser letztlich durch die Medien und die parlamentarische Druckkulisse erpressten öffentlichen Beichte seine Präsidentschaft.

Unter den Schuldbekenntnissen der Stellvertreter und Stellvertreterinnen von Gemeinschaften bilden die Kirchen einen Sonderfall, da ihre Schuldlasten einerseits im Lichte des Verhältnisses zu Gott zu bewerten sind und andererseits dadurch die Ansprüche an die moralische Integrität des Gesamtkörpers »Kirche« diejenigen anderer geschichtlicher Einheiten – wie Nationen – weit überragen.

Das persönliche Schuldbekenntnis

Im zwischenmenschlichen Leben gehört fraglos das Bekennen der eigenen Schuld zum Vorgang der Reue und der Bitte um Vergebung.

Aber *wie* gehört es dazu? Auch wenn die Reue echt ist und Vergebung vom Geschädigten erbeten wird, ist es fraglich, ob der Geschädigte ein Recht darauf hat, dass ein glaubwürdig vorgebrachtes Schuldeingeständnis auch vor dem Anderen differenziert und wahrhaftig ausgebreitet wird. Hat der Andere wirklich ein »Recht« darauf, dass der Übeltäter sich seelisch vor ihm im Schuldbekenntnis entblößt? Da sind doch starke Zweifel angebracht. *Ein* Ziel der Versöhnung zwischen Opfer und Übeltäter ist ja zumeist die Wiederherstellung einer »normalen Kommunikationsmöglichkeit auf Augenhöhe«. Stellt es nicht eine Überforderung dieses neu zu gewinnenden Lebensprozesses dar, wenn ein Wissen über die Abgründe in der Seele des Anderen (das vielleicht nur Gott zukommt) die Asymmetrie der Beziehung letztlich aufrechterhält?

Die Vorstellung einer Schuld als Sünde bezieht Gott als von dem Vergehen mit Betroffenen in den Vorgang des Bekenntnisses mit ein, ja wählt ihn – wie man vielleicht sagen darf – sogar als primären Gesprächspartner, für den stellvertretend der Geistliche (der ausgewählte Mitbruder / die Mitschwester) agiert.

Nun hat sich im Prozess der Säkularisierung selbst in der katholischen Kirche die Bereitschaft zur Ohrenbeichte verflüchtigt – selbst bei jenen, die in einer gewissen Regelmäßigkeit zu den Gottesdiensten gehen.

Übrigens könnte man psychologisch die Rolle Gottes im Geschehen des Erkennens auch als die Instanz der Erzwingung größtmöglicher Ehrlichkeit interpretieren, während jede Reuebekundung gegenüber dem direkt Geschädigten tendenziell wohl, menschlich durchaus verständlich, immer auch Selbstentlastungsgründe mit transportieren wird. Gott ist es, der ins Herz sieht, nicht der andere betroffene Mensch. Entzieht sich der Mensch dieser Konfrontation mit Gott, steht zwangsläufig – so meine Vermutung – die Wahrhaftigkeit der Bekenntnis-Narration auf dem Spiel, und damit auch die Faktenwahrheit des Diskurses über das schuldhafte Ereignis oder Verhalten.

Schuldbekenntnisse post-sakral. Das geschädigte Subjekt bleibt stumm

Im Zeitalter der Individualisierung, in dem die Kirchenbindung schrumpft, verliert das Institut der Beichte mithin *auch bei Gläubigen* mehr und mehr an Relevanz. Aber das Gefühl, mit seiner Schuldlast nicht allein bleiben zu können, verschwindet nicht im gleichen Maße. Schwundformen von Beichte, nicht mehr eingebunden in kirchengemeinschaftliche Kontexte, machen sich in zuweilen bizarrer Art und Weise bemerkbar. So gibt es im Internet ein Portal ›Beichthaus‹[2], bei dem Internet-Nutzer und -Nutzerinnen ihre Verschuldungsgeschichten, die sie bereuen, vor der anonymen Internetgemeinde erzählen und abladen können. Zu drastische Berichte

2 www.beichthaus.com, [letzter Zugriff: 10. Januar 2017].

und Ausdrucksweisen erfordern von dem Leser – Beichtvater, Beichtmutter? – ein Log-in. Man ist geneigt, dies zu belächeln.

Jedoch die Form, vor einer Öffentlichkeit zu bekennen, und zwar nicht nur einzelne Torheiten und Untaten, die das Gewissen belasten, sondern das ganze Leben kritisch in den Blick zu nehmen, haben in der Nachfolge von Augustinus' *Bekenntnissen* eine eigene literarische Form hervorgebracht[3], die gänzlich unabhängig von institutionalisierter amtlich-priesterlicher Verwaltung der Vergebungsvollmacht in Gestalt der *Beichte* ist, aber doch Ausdruck eines Schuldentlastungsbedürfnisses, das nach irgendeiner Form der Kompensation der Beichte sucht. Rücken im Prozess der Säkularisierung Interpretamente wie ›Sünde‹ und ›göttliche Gnade‹ immer mehr in den Hintergrund, so erübrigt sich natürlich keineswegs das Ereignis von Schuldbekenntnissen, aber diese werden tendenziell dem Interesse an Selbstbehauptung, Selbstsicherung und Selbststabilisierung unterworfen. Im Vorausblick auf die öffentlichen Schuldbekenntnisse von Vertretern und Vertreterinnen konkret-historischer Gemeinschaften ist der Gesichtspunkt hervorzuheben: das Interesse, die Deutungshoheit über die Interpretation von Reichweite und Tiefe der Schuld sich nicht enteignen zu lassen, bestimmt allen Streit um die Formen der Schuld-Erinnerungspolitik.

Nun gebe ich in aller Kürze einige dieser ›nach-kirchlichen Lösungen‹ für das Schuldbekenntnis-Problem anhand prominenter Autoren zur Kenntnis.

Michel de Montaigne

Michel de Montaigne wird hier in Erinnerung gerufen, weil bereits dieser Humanist und Skeptiker sich von exzentrischen Reuebekundungen und ebensolchen Bußübungen abgestoßen fühlte. Er fand das nur peinlich.[4] Diese Abneigung empfand er erst recht, wenn einen diese Reue »zu bestimmten rituell vorgeschriebenen Zeiten« überkam.[5] Sofern der Begriff ›confessio‹ bei Montaigne auftaucht, ist jedenfalls die religiöse Vorstellung,

3 Dazu Ulrich Breuer, *Bekenntnisse. Diskurs – Gattung – Werk*, Frankfurt a. M. / Berlin u. a. 2000. Als literaturwissenschaftliche Arbeit mit dem Ziel einer Gattungsanalyse von Thomas Manns *Bekenntnisse des Hochstaplers Felix Krull* bereitet diese Untersuchung ausführliches begriffsgeschichtliches Material auf mit dem Ziel der »kommunikationstheoretischen« Analyse, lässt aber dabei den Aspekt des Verzeihens und Vergebens weitgehend außer Acht.

4 Michel de Montaigne, *Essays*, hrsg. und mit einem Nachwort versehen von Ralph-Rainer Wuthenow. Revidierte Fassung der Übersetzung von Johann Joachim Bode, 2. Aufl. Frankfurt a. M. 1980, 180–209: Von der Reue. Vgl. 207.

5 Vgl. a. a. O., 201.

im Durchgang durch die Reue Vergebung zu erlangen, weit entfernt. Dem Bekenntnis eigener Fehler und Schwächen gab Montaigne Ausdruck in Form eines Selbstprüfungs- und Selbstrechtfertigungsmonologs vor dem Forum der Öffentlichkeit. Konkreter: dem Kreis der Verwandten und Freunde.[6]

Jean-Jacques Rousseau

Rousseaus exzentrische, mit Anklagen durchsetzten Selbstentschuldungen in den *Confessions* bilden einen literarischen Höhepunkt der Entwicklung zu einer letztendlich solipsistisch zu nennenden Formation bzw. Deformation des Schuld-Eingestehens, in welcher das sein Versagen bekennende Subjekt noch in der Selbstanklage die Deutungshoheit über das schuldhafte Geschehen behält und sich öffentlich sichert. Wie weit man die Selbstentblößung vor Anderen treiben kann, ohne deren moralische Urteile oder Verurteilungen übernehmen zu müssen, hat Rousseau in seinen *Confessions* vorgeführt.[7] Letzter Richter über Jean-Jacques ist Rousseau selbst. Und dessen Urteil lautet unmissverständlich: »unschuldig« – Freispruch! Rousseaus eigene Lebenssituation war *vergiftet* durch den Blick der Anderen. Vor der Projektion, nur von *Zeugen der Anklage* umgeben zu sein, entwickelte sich Rousseaus Verfolgungswahn und die Gigantomanie der *exzentrischen Selbst-Entschuldigungen* und *Selbst-Rechtfertigungen*. Die Bilder der Zurückgezogenheit und Einsamkeit sind Reflexe dieser Flucht vor den Anderen und ihrem Blick, die er als Selbstverurteilung ins Innere zog. Um den Bann des feindselig-*anklagenden* Blicks der Anderen zu brechen, stilisierte Rousseau sich öffentlich lieber selbst als »Richter über Jean-Jacques«. Das bot ihm die Möglichkeit, sich nach seinem *eigenen* Urteil zu beschuldigen, aber eben auch öffentlich zu entlasten. Um diese Fiktion *als* eine ehrliche aufrecht zu erhalten, musste Rousseau von der Hypothese ausgehen, es sei möglich, sich aus der Position, besser: aus dem Blickwinkel des Anderen zu betrachten und zu beschreiben.[8] Dieser

6 Vgl. das *Vorwort* zu den *Essays*, in dem Montaigne seinen Leser direkt anspricht: Der Text sei »geschrieben für den persönlichen Gebrauch meiner Verwandten und Freunde, damit sie, wenn sie mich verloren haben (und darauf müssen sie bald gefasst sein), darin einige Züge meiner Anlagen und Meinungen wieder finden können«.

7 Jean-Jacques Rousseau, *Bekenntnisse*, 4 Bde., übersetzt von Levin Schücking, München 1971. Das Werk wird im Haupttext zitiert mit Angabe der Bandzahl und der Seitenzahl. Im Folgenden nutze ich die Darstellung: Jean Starobinski, *Das Leben der Augen*, Frankfurt a.M./Berlin/Wien 1984, 103f.

8 Vgl. *Dialogues*, in: *Schriften*, Bd. 2, hrsg. v. H. Ritter, 260; vgl. Starobinski, 130.

Gedanke ist freilich so abwegig, dass sich im Werk Rousseaus auch wiederum die Dementis dieser Konstruktion finden lassen.[9] Rousseau selbst wird schließlich das *Monstrum* Jean-Jacques mit einem angeblich *wahren* Jean-Jacques konfrontieren. Der Gedanke, dass die Wahrheit nur im Durchgang durch Irrtum und über Umwege erreichbar sein könnte und dass deshalb ›Verzeihung‹ konstitutiv den Wahrheitsdiskurs prägen müsste, erscheint einem solchen Denken schlechthin absurd. In seinen Versuchen, sich selbst zu rechtfertigen, erfindet er im dritten Abschnitt des ersten Buches der *Confessions* eine Szene, die alle kommunikativen Maßstäbe sprengt: Vor dem *Weltenrichter* präsentiert er sich selbst mit seiner Schrift und fordert die Mitwelt zur Prüfung heraus, ob ein Anderer besser sei als er. Wenn schon die Anderen auf ihn keine Lobreden halten wollen, dann tut er es eben selbst.

Johann Wolfgang von Goethe

Die Lektüre von Rousseaus *Bekenntnissen* hatte großen Eindruck bei Goethe hinterlassen. Nicht auszuschließen ist, dass er sich durch Rousseau zu seiner ganz eigenen poetischen Art, Brüche, Fehler und Schuld in der eigenen Geschichte zu bearbeiten, inspirieren ließ: Artistik der Selbst-Verzeihung.

Tout comprendre c'est tout pardonner soll Madame Germaine de Staël-Holstein (1766–1817) formuliert haben. Alles verstehen heißt, alles verzeihen.[10] Im *West-Östlichen Divan* (»Derb und Tüchtig«, 1814) dichtet Goethe: »Wenn des Dichters Mühle geht, / Halte sie nicht ein: / Denn wer einmal uns versteht, / wird uns auch verzeihn.«[11] Mit diesem Schachzug entspringt der Dichter im Grunde dem Erfordernis oder auch der Erwartung, sich gegenüber einem *bestimmten* Anderen verantworten zu müssen. Was auch immer er womöglich anderen Menschen schuldig geblieben ist, mit welchem Verhalten er sie womöglich verletzt haben mag, wird Ausdruck einer einzigen dichterischen ›Konfession‹. Indem er das Leben in die Gestalt der Dichtung übersetzt, lässt der Dichter gleichsam die Logik der Moral hinter sich.

9 Vgl. Starobinski, a. a. O., 131.

10 Dazu Jan Bauke-Ruegg, »Pardon!?«, in: *Hermeneutische Blätter* 1/2002, Zürich, 27–33.

11 Goethe, *Gedichte und Epen II*, *Werke* (Hamburger Ausgabe), hrsg. v. E. Trunz, München [15]1998, Bd. 2, 17.

Ludwig Wittgenstein,

Ludwig Wittgenstein fixierte das Bekenntnis eigener Fehler und eigenen Versagens schriftlich und hinterlegte es im Haus der Familie mit der Aufforderung, es an Betroffene und (an ihm) Interessierte weiterzugeben. Darüber hinaus hat er es sogar nicht ausschließen wollen, dass es möglich sein könnte, auch *im Namen anderer Menschen* ein Schuldbekenntnis abzugeben und diese Menschen gleichsam postmortal in einer gewissen Weise zu erlösen. Er denkt an Personen, die das Eingeständnis ihrer Irrwege »in ihrem Leben nicht losgeworden« sind, weil sie »verschlossen« blieben. Und so gibt der Philosoph der Hoffnung Ausdruck, der Verstorbene könne sich irgendwie nachträglich mit dem stellvertretend artikulierten Schuldeingeständnis identifizieren. Er schreibt: »Es wäre, als habe ich eine Schuld gezahlt, die sie schon gedrückt hat und als könnte ihr Geist mir sagen: ›Gott sei Dank, dass Du sie jetzt abgetragen hast.‹«[12]

Albert Camus

Albert Camus gab die Einsicht zu Protokoll: »Es gibt keinen einsameren Tod als den eines Menschen, der in seine Lügen und seine Verbrechen eingeschlossen stirbt.«[13] Dass der Mensch es so häufig vorzieht, in diese qualvolle Selbst-Verschlossenheit zu fliehen, lässt sich auf eine tiefliegende Furcht zurückführen: »Was der Mensch am schlechtesten verträgt, ist gerichtet zu werden.«[14] Viele Entscheidungen, die man irgendwann im Leben getroffen hat, zeitigen negative Folgen, die unrevidierbar sind. *Eine* Möglichkeit, diese Schuldlast »erträglich« zu machen, ist, sie jenem einzigen Menschen zu bekennen, dessen *Liebe* uns gewiss ist, der also »alles versteht« und »alles verzeiht«.

Das alles waren nur Vorspiele bzw. Vorkehrungen. Denn in diesem Vortrag möchte ich mich ganz und gar auf jene kollektiven Schuldsubjekte beziehen, in deren Beziehungsgefüge jeder von uns steht, ob er es will oder nicht – vorausgesetzt, er fühlt eine innere Bindung in sich (meinetwegen auf höchst zwiespältige Art) an dieses Wir. Identifikation also, bei der sogar die innere Abwehr und Abwertung phasenweise vorherrschen mag. Ich als Mitglied dieser Kirche, die seit 2000 Jahren besteht; ich als

12 Ludwig Wittgenstein, *Denkbewegungen. Tagebücher 1930–1932, 1936–1937*, hrsg. u. komm. v. I. Somavilla, 2 Bde., Frankfurt a. M. 1999, 99.

13 Albert Camus, *Tagebuch 1951–59*, Reinbek bei Hamburg 1991, 65.

14 A. a. O., 139. Hinzuweisen ist auch auf Albert Camus, *Der erste Mensch*, Reinbek bei Hamburg 1995, 362 ff.

Mitglied dieser Nation, die sich über Jahrhunderte herauskristallisiert hat.

Das ist nicht das Mitgefangen-Mitgehangen, das wir dem Mitglied einer Räuberbande unterstellen, denn mit der Bandenzugehörigkeit liegt ja eine selbst verantwortete aktive Beteiligung vor, auch wenn dann die schrecklichsten Taten von anderen Bandenmitgliedern begangen werden. Hier besteht doch kein ernsthafter Zweifel an meiner Mithaftung. Spektakulär, schwierig und undeutlich wird dieses Gefühl einer Mithaftung erst, wenn wir institutionelle Gebilde wie Staaten (und eben auch Kirchen) in den Blick nehmen und diejenigen zum Thema unserer Erörterung machen, die Schuldereignisse zu verantworten haben, die

a) weit über das hinausgehen, was einem einzelnen Subjekt – heiße es Hitler, Stalin, Mao oder Napoleon – an Schuldlast zuzurechnen ist, und was
b) weit zurückreicht über die Lebensspanne der gegenwärtigen Zeitgenossen und Zeitgenossinnen hinaus, die einerseits die Identifikation mit diesem metaphysischen Ganzen nicht abstreifen können und die andererseits weder moralisch noch rechtlich für das Übel zur Verantwortung gezogen werden können und dürfen, in dessen Bann sie dennoch stehen und zu dem sie sich in irgendeiner Weise verhalten müssen – und sei es, dass sie einen »Schluss der Debatte!« verlangen, also den berühmten Schlussstrich ziehen wollen. Ich mache nur darauf aufmerksam, dass es im Kontext einer säkularen Argumentation durchaus schwerfällt, den Befürwortern und Befürworterinnen eines solchen Schlussstriches etwas entgegenzusetzen. Man wird dabei auf Restbestände von Metaphysik, etwa in Gestalt einer Zivilreligion deutscher ewiger Schuld, und damit einer Vorstellung des Unverzeihlichen in der Geschichte angewiesen bleiben.

Eventuell kommt hier schon die Charakteristik eines deutschen Sonderweges in der Verbrechensgeschichte der Welt in den Blick, über den zu einem späteren Zeitpunkt noch zu reden sein wird.

Wir tun gut daran, zu starke Analogien zur Schuldbewältigung in Ich-Du-Verhältnissen zu vermeiden.

Die dauerhafte Entlastung, die mir ein Geschädigter zusagt, der an einer Erneuerung der Kommunikation mit mir ein vitales Interesse hat und deshalb auch meine Schuld niemals wieder zur Sprache bringen wird, um mich nicht in jenen Zustand der Verwerflichkeit zurückzuversetzen, diesen rücksichtsvollen ›Partner‹, dem ich sozusagen eine Mitsprache im

Urteil über mein Versagen zuzubilligen habe, gibt es in der Weltgeschichte nicht.

Hier ist es Sache der Staaten, sich jeweils in eigener Initiative mit den schuldhaften Vorgängen in der eigenen Geschichte ernsthaft auseinanderzusetzen.

Und in diesem Vorgang dominiert eher die verharmlosende, das eigene Kollektiv entlastende Erzählung, als eine vorbehaltlose, nüchtern analytische Bewertung der Geschehnisse. Die Frage der Deutungshoheit ist in solchen Fällen immer schon geklärt.

Die inzwischen weltweit verbreitete »Zivilbußpraxis«, durch die »öffentliche Schuldbekenntnisse zum Medium der Glaubwürdigkeitsfestigung avanciert sind«, haben ihre Funktion in der *Entlastung vom Schulddruck*. Was man offen und ehrlich bekannt hat, soll einem nicht mehr vorgehalten werden können.[15]

Wenn sich ein *fremder* Staat – wie jüngst der Deutsche Bundestag in seiner Armenien-Resolution – herausnimmt, die 100 Jahre zurückliegenden geschichtlichen Ereignisse eines anderen Staates mit den stärksten negativen (rechtlich wie historisch durchaus strittigen) Begriffen zu bewerten, so muss man sich über den Aufschrei der Empörung im anderen Land nicht wundern.

Doch ehe hier den Schuldbezogenheiten kollektiver Subjekte im Zeitalter der Säkularisierung weiter nachgegangen wird, scheint es angebracht, genau an dieser Stelle den Sonderfall des Kollektivsubjekts »Kirche« zu behandeln.

Schuldbekenntnisse der Kirche(n)

Auch die Kirchen als Langzeit-Institutionen stellen sich seit der Jahrtausendwende verstärkt dem Problem des Schuldbekenntnisses. In der katholischen Kirche hatte das Schuldbekenntnis von Papst Johannes Paul II.

15 So lautet ein Fazit von HERMANN LÜBBE in seinem Buch: »Ich entschuldige mich. Das neue politische Bußritual«, Berlin 2001. Einer anderen Funktionsbeschreibung Herrmann Lübbes (S. 40) stimme ich ebenfalls zu: Der dauerhafte Ertrag der bußpraktischen Vergegenwärtigung von Untaten »scheint die wirksame Errichtung des Verbots zu sein, diese Untaten im Nachhinein mit Rekurs auf ihre vermeintlich höheren Zwecke zu legitimieren«. »Die neue Zivilbußpraxis entzieht der Menschheitsgeschichte die mannigfachen Schleier der Leidensrechtfertigung.« Die Leidensgeschichten werden in einer Weise vergegenwärtigt, dass sie sich »durch Rekurse auf historisierungsfähige Tätermotive nicht relativieren lassen«.

zu Recht große Beachtung und Anerkennung gefunden. Der eigentliche Adressat in diesem Buß-Gottesdienst war natürlich Gott. Man müsste sich den gesamten Gottesdienst aus dem Jahre 2000 noch einmal vergegenwärtigen, um mit Klarheit sagen zu können, in welcher Weise eigentlich die *Opfer* des verwerflichen Handelns der Kirche zur Sprache gekommen sind. Der Erfurter katholische Theologe Eberhard Tiefensee hat noch jüngst hervorgehoben, dass es eine Vergebungszusage Gottes ohne Rücksicht auf die Stimme der Opfer eigentlich nicht geben könne und dürfe. Das ist ein heikles theologisches Problem, das hier ausgeklammert bleibt. Sehr wohl aber kann man festhalten, dass eine Reuebekundung im öffentlichen oder kultischen Zusammenhang, die nicht den deutlichen Willen zum Ausdruck bringt, falsche (weil menschenfeindliche) Verhaltensformen zu korrigieren, das Schuldbekenntnis als defizitär erscheinen lässt. Und meines Wissens wurde damals die übliche Praxis der Inquisitionsbehörde nicht revidiert, Theologen wie Leonardo Boff mit Schweigegeboten und anderen Drangsalierungen zu belegen.

Ein besonderes theologisches Problem stellt sich natürlich mit dem Anspruch der real existierenden Kirche, der fortlebende Christus und insofern als heiliger Körper prinzipiell sündlos zu sein. In dem Dokument einer internationalen, vom Vatikan eigens einberufenen Theologenkommission, die eine »angemessene« Interpretation des päpstlichen Bußgottesdienstes auszuarbeiten hatte, las sich dies dann so: Immer, wenn es um schändliche Handlungsweisen geht (mögen sie auch von einem Papst zu verantworten sein), handelt es sich um Taten lediglich von Söhnen und Töchtern der Kirche; immer, wenn es um Gutes und Heilsames geht, ist der verantwortliche Urheber die Kirche selbst. Diesen denkwürdigen Versuch, mit traditionalistischen Argumenten die Vision von der Schuldlosigkeit der Kirche aufrechtzuerhalten, hat zeitnah der katholische Theologe Jürgen Werbick zurückgewiesen.[16]

16 »Sündige Selbstbehauptung«. Ein Gespräch mit dem Systematiker Jürgen Werbick über die Schuld der Kirche, in: Herder Korrespondenz 54 (2000), 124–129.
Im März 2017 hat Papst Franziskus mit Bezug auf den Völkermord in Ruanda die Schuld der Kirche einbekannt und um Vergebung gebeten. Der strategische Sinn dieser Erklärung liegt auf der Hand. Nicht die Opfer stehen – gleichsam zweckfrei – im Mittelpunkt der Erinnerungspolitik, sondern das Ziel ist es, zur Aussöhnung der heutigen Gesellschaft in Ruanda beizutragen. Ausdrücklich hatte die Regierung von Ruanda ein solches Schuldbekenntnis von der Kirche gefordert und eine frühere Erklärung der ruandischen Bischöfe als unzureichend zurückgewiesen. In ihrer Erklärung waren die Bischöfe dem oben beschriebenen Schuldbekenntnis-Muster gefolgt: Schlimmster Verbrechen schuldig seien zwar Töchter und Söhne

Die evangelischen Kirchen tun sich aufgrund unterschiedlicher ekklesiologischer Prämissen mit öffentlichen Schuldbekenntnissen leichter. Ob diese Texte, wenn man sie einer kritischen Überprüfung unterzieht, dann dem Wahrheits- bzw. Wahrhaftigkeitsanspruch gerecht werden, steht auf einem anderen Blatt. Allerdings ist eine solche Überprüfung in der Regel frei von theologischen Hemmnissen dogmatischer Art. Im Gegenstandsbereich der Kritik stehen dann freilich immer wieder ganz zentrale theologisch-dogmatische Konstrukte eschatologischer oder geschichtstheologischer Art, welche die Kirchen bewogen, den schlimmsten staatlichen Verbrechensordnungen noch ihren Segen zu geben. (Ich denke hier – durchaus mit Blick auf die Theologie des 20. Jahrhunderts! – an Konzepte einer Offenbarung Gottes in der Geschichte, an die bestimmte konkrete Identifizierung der Verkörperung des Bösen in bestimmten geschichtlichen Mächten, an Kirche als kleine kämpfende Schar – umgeben vom Reich der Finsternis, an theologische Verherrlichung des Opfers usw.)

Zum kirchlichen Schuldbekenntnis gehört die Suche nach den tiefsten Ursachen der mitleidlosen Verfolgung von Mitmenschen. An dieser Stelle empfehle ich, bis zu der Verschränkung von dem dogmatischen Wahrheitsbegriff und der Exkommunikation vorzudringen, also zu einer Praxis der autoritativ verfügten Entrechtung auf Erden und im Himmel, natürlich mit dem Ziel der *physischen* Vernichtung.

Ob nun die Bischöfe und Theologen der frühen Kirche um das angemessene Verständnis der christologischen Botschaft stritten oder auch nur um Zuständigkeitsgebiete miteinander kämpften – welche Kirche darf wo missionarisch tätig werden? Immer stand durch die 2000 Jahre Christentumsgeschichte hindurch das in geistiger wie in physischer Hinsicht radikale Vernichtungsinstrument »Exkommunikation« zur Verfügung. Und kaum ein Theologe von epochaler Bedeutung blieb von dem lebensgefährlichen Häresie-Verdacht verschont (Petrus Abaelardus, Thomas, Franziskus, William von Occam, Meister Ekkehart, Blaise Pascal und viele andere).

Liest man »einschlägige« Schriften der Reformatoren – man vergleiche nur die Verdammungsurteile der Lutheraner gegenüber den Baptisten in

der Kirche (auch viele Priester), nicht aber die »heilige« Kirche selbst. In seiner Rede anlässlich des Besuchs des ruandischen Präsidenten im Vatikan hat Papst Franziskus nun dieses Muster überboten und die ›Befleckung‹ der Kirche als Institution einbekannt. – Zum Komplex Ruanda / Schuld der Kirche vgl. in diesem Band die Abhandlung von Verfasserin usw.

der »Confessio Augustana« –, so erkennt man sofort, dass die ideologische Verschränkung von fundamentalistischem Wahrheitsbewusstsein und Exklusion des Andersdenkenden sich auch in der reformatorischen Theologie fortsetzte (vergleiche auch das diktatorische Regime von Calvin in Genf, insbesondere den Fall Servet).

Ich gestatte mir, mit ein paar Sätzen geistesgeschichtlich noch weiter auszuholen:

In der antiken Philosophie hatte sich die dichotomische Entscheidung über verzeihlich – unverzeihlich allein auf die Welt des Handelns beschränkt: Eine schlimme Tat galt vor Gericht als verzeihlich (wenigstens partiell), wenn der Täter glaubhaft machen konnte, dass er zum Zeitpunkt der Entscheidung bestimmte Faktoren gar nicht wusste oder sogar gar nicht wissen konnte (vergleiche: »Vater, vergib ihnen, denn sie wissen nicht was sie *tun*!«).

Lehrer der frühen Kirche hingegen, die sich in vielen Punkten bekanntlich an die antike Philosophie, insbesondere den Platonismus, anschlossen, nahmen eine – in meinen Augen – entscheidende verhängnisvolle Weichenstellung vor: Sie unterwarfen auch den *Diskurs* über die »richtige« Lehre einer Beurteilung nicht nur nach *wahr/falsch*, sondern nach *verzeihlich/unverzeihlich*. Wer auf der Ebene des Doktrinalen vom Pfade der theologischen Rechthaber abwich, begeht danach ein *unverzeihliches* Verbrechen.[17]

Die heutigen Schuldbekenntnisse des Papstes Franziskus haben einen anderen Status als der Bußgottesdienst von Papst Johannes Paul II. Sie wenden sich direkt an Populationen oder Kommunitäten, die seit Jahrhunderten von der Kirche oder im Bunde mit der römischen Kirche unterdrückt und verfolgt wurden, wie etwa die indigene Bevölkerung Lateinamerikas, oder auch in Italien die reformatorische Kirche der Waldenser. Hier spricht der Papst Schuldbekenntnisse für jahrhunderte-

[17] Die prominenten Stimmen aus der frühen Kirche – Athanasius, Gregor von Nyssa und viele andere – finden sich mit Belegstellen zuhauf bei Karin Metzler, *Der griechische Begriff des Verzeihens. Untersucht am Wortstamm* συγγνώμη *von den ersten Belegen bis zum vierten Jahrhundert n. Chr.* [Wissenschaftliche Untersuchungen zum Neuen Testament – 2. Reihe, Bd. 44], Tübingen 1991, 262–275. Zur Rekonstruktion dieser das Freund-Feind-Denken tief in der Christentumsgeschichte verankernden Grundauffassung verweise ich auf mein Buch »Verzeihung denken« (2013), dort das Kapitel »Der Geist der Verzeihung und sein Schicksal im Christentum« (267 ff.) und darin das 5. Unterkapitel »Das Unverzeihliche im Blick: der ständige Häresie-Verdacht« (303–309).

lange Praktiken der Unterdrückung und Ausgrenzung aus. Dabei begibt er sich, wenn er die anonymen Adressaten und Adressatinnen um *Vergebung* für lange zurückliegendes Unrecht (das womöglich fortdauert) bittet, auf ein schwieriges Terrain, wie beispielsweise die Reaktion seitens der Waldenser zeigt. Sie zollten der entgegenkommenden Geste des Papstes hohen Respekt, erklärten aber dezidiert – nach einer zur Beratung dieses Sachverhalts eigens einberufenen Synode –, dass sie außer Stande seien, der römischen Kirche zu vergeben, weil sie nicht befugt seien, stellvertretend für die Opfer von Verfolgung, Folter und Mord Vergebung zuzusagen.

Hier wird deutlich, wie die selbstverständliche Verwendung von existenziellen Schlüsselbegriffen, die zudem religiös aufgeladen sind (»Vergebung«) in stellvertretenden Äußerungen, die kollektive Subjekte repräsentieren, in bedauerliche Sackgassen führen kann. Hätte der Papst die Kirche der Waldenser nach seinem eindrucksvollen Schuldbekenntnis um entgegenkommende Schritte in einem Prozess der »Aussöhnung« gebeten, wäre es schwerlich zu der auf allen Seiten Verlegenheit auslösenden Antwort der Waldenser gekommen.

Völker – nur sehr begrenzt schuldfähig?

Die Völker haben in der Regel ein Interesse daran, auch ihre schwersten Verbrechen zu banalisieren oder durch politisch-mythische Erzählung zu verharmlosen.

Die Zeit heilt alle Wunden. Der Spruch bedarf verschiedener Modifikationen.

Mit der Zeit vernarben die Wunden. Zuweilen jucken sie, zuweilen wecken sie die Erinnerung durch Phantomschmerzen. Auf jeden Fall ändert sich im Laufe der Zeit, erst recht mit dem Wechsel der Generationen, die Erzählung über die jeweiligen Geschichtsereignisse. Das Interesse an einer unbelasteten Zukunftsorientierung führt zu tendenziell verharmlosenden Narrationen, mit denen man leben kann. Wenn es sich nicht um innerstaatliche Vergangenheiten, sondern um Ereignisse handelt, die das Verhältnis zwischen Staaten belasten, so können die Bewertungen noch über Jahrhunderte hinaus auseinanderklaffen.

Zur philosophiegeschichtlichen Erinnerung sei an dieser Stelle auf Hegel verwiesen: Hegel hat in seinen Schriften durchgängig die Überzeugung vertreten, dass »[d]ie Wunden des Geistes heilen, ohne daß Narben bleiben«; die schlimme Tat werde »von dem Geiste in sich zurückgenommen«[18]. »[...] das Geschehene ungeschehen zu machen, und im Vergeben und Vergessen das Verbrechen zu vernichten«[19], sei in der Perspektive des absoluten Geistes angesagt.

Dem Durchschauen des Phänomens politischer Bekundung eines Willens zur Aussöhnung kommt man also näher, wenn man sich nüchtern klarmacht, dass nicht Opfer oder Täter und Täterinnen »das Sagen haben«, sondern dass hierfür die Perspektive des indifferenten oder betroffenen Publikums der Nachgeborenen die Vorherrschaft beanspruchen wird, mag auch ständig von Opfern sowie Tätern und Täterinnen die Rede sein. Es ist der diffuse und doch nicht gänzlich unstrukturierte Resonanzraum der öffentlichen Meinungen, in dem die Auffassungen zur Schuld und die Festlegungen dessen, was verzeihlich oder unverzeihlich ist, in quasi verselbständigter Form zirkulieren und den Einzelnen in seiner Urteilsbildung gleichsam bevormunden – und dies in durchaus wechselnden Konjunkturen von Bewertung und Abwertung der jeweils infrage stehenden Vergangenheit.

Den Betroffenen (»Opfern«) *kann* dies gegebenenfalls erleichtern, ihre Rechte aus den infamen Verletzungen ihrer Psyche und ihres Rechts geltend zu machen, falls die inkriminierten Geschehnisse nicht verharmlost und beiseite gewischt werden. Allerdings bleibt wohl immer in diesen Prozessen kollektiver Schuldbearbeitung und angestrebter, für politisch klug erachteter Aussöhnung eine Kluft zwischen den gesellschaftlich-politischen Verlautbarungen und kollektiv-mentalen Verdichtungen einerseits und der nicht-nivellierbaren Verletztheit der einzelnen Person andererseits.

Die angesprochene kollektiv-mentale Verdichtung von Überzeugungsstrukturen, die der Schuldentlastung zu dienen haben, bildet sich erforderlichenfalls in allerkürzester Zeit.

Besonders augenfällig ist dieses Beispiel aus den USA. Präsident Trumans Entscheidung, die Atom- bzw. Wasserstoffbomben über japanischen Städten abzuwerfen, resultierte aus einem zynischen Kalkül der Erprobung und Sicherung von Vorherrschaft. Hohe US-Generäle hielten 1945 diese Maßnahme für völlig überflüssig hinsichtlich der Beendigung des Krieges mit Japan.

Die Bilder von Hiroshima und Nagasaki waren dann so überwältigend entsetzlich, dass sich in kürzester Zeit der politische Mythos unter den

[18] Georg Wilhelm Friedrich Hegel, *Werke in 20 Bänden*, Bd. 3: *Phänomenologie des Geistes*, Frankfurt a. M. 1986, 492.

[19] A. a. O., 454.

Eliten und in den Medien verbreitete, erst durch diese Bomben sei Japan zur Kapitulation bewogen worden.

Das Jahr 2016 erlebte zwei spektakuläre Ereignisse einer souveränen Schuld-Erinnerungspolitik, bei der jede explizite Bezugnahme auf den Schuld-Begriff sorgfältig vermieden wurde. US-Präsident Obama reiste nach Hiroshima, vermittelte – ich denke: durchaus glaubwürdig – den Opfern und ihren Angehörigen sowie der japanischen Öffentlichkeit die Botschaft einer mitfühlenden Anerkennung des durch die Bomben ausgelösten ungeheuren Leids. Er leistete damit als erster amerikanischer Präsident einen Beitrag zur Aussöhnung, ohne ausdrücklich ein schuldhaftes Verhalten der seinerzeitigen US-Administration einzuräumen. Dafür hätte ihm in der amerikanischen Gesellschaft auch der Rückhalt gefehlt. Ähnlich verhielt sich dann der japanische Ministerpräsident Abe, der es im Rahmen einer strategischen Politik der Aussöhnung für geboten hielt, nach Pearl Harbor zu reisen, um dort der Toten des Feindes zu gedenken und die heutige Verbundenheit der beiden Nationen zu betonen. Auch in dieser Rede wurde jede Andeutung eines Schuldeingeständnisses vermieden.

Weiterhin beeindruckt folgendes Phänomen: Beim Kollektivsubjekt ist häufig eine Verdrängung der eigenen Schuld mittels der Beschwörung der abgründigen Schuld anderer Feinde zu beobachten:

Die Vernichtung der Urbevölkerung auf dem amerikanischen Kontinent hat selbstverständlich in den gründungsmythologischen Erzählungen in den USA keinen Platz. Stattdessen erinnert man sich in vielen großen Metropolen der Vereinigten Staaten in Gestalt von Holocaust-Museen des singulären Verbrechens der Deutschen.

Um ein Bewusstsein von dieser kollektiven Schuldkompensation zu wecken, stellte einmal der amerikanisch-jüdische Historiker Peter Novick die rhetorische Frage, was man in den USA wohl davon hielte, wenn die Deutschen in Berlin ein Museum zur Erinnerung an die verbrecherische Ursprungsgeschichte der USA eröffnen würden.[20]

Ich halte schon jetzt fest: In der Regel geht es in den Verlautbarungen der Völker bezüglich der eigenen Schuld weder um ein Ringen mit objektiver Geschichtswahrheit noch um ein Bemühen, gegenüber den Opfern der eigenen Geschichte Gerechtigkeit walten zu lassen.

Jüngst wurde ein Text von Hans Blumenberg veröffentlicht, in dem dieser sich sehr kritisch mit Hannah Arendt und ihrem Eichmann-Buch

20 Vgl. Peter Novick, Nach dem Holocaust. Der Umgang mit dem Massenmord, Stuttgart 2001.

auseinandersetzt. In diesem Text wird ganz deutlich, dass Blumenberg, bezogen auf ein Staatsgebilde wie den jungen Staat Israel, das Bedürfnis, Stabilität durch Gründungsmythen, auch negative Gründungsmythen, zu erzielen, für elementar wichtiger ansieht als das Bemühen um die angemessene Erfassung historischer Wahrheit. Anders gesagt: Wenn der Gründungsmythos des jungen Staates Israel darin besteht, eine Verkörperung der absoluten Existenzbedrohung zu haben, deren man durch Hinrichtung Herr geworden ist, dann sind Untersuchungen zur Person Eichmanns, wie Arendt sie vorgelegt hat, nur ärgerliche Ablenkungen vom Wesentlichen. Eichmann wird bekanntlich bei Arendt als bornierter Bürokrat und Technokrat von bescheidenem geistigen Zuschnitt dargestellt.[21]

Auch Historikerinnen und Historiker unterliegen dem Zeitgeist und dessen Tabuisierungen. Eine sogenannte objektiv wissenschaftliche Wahrheit über Ereignisse, die das Schicksal ihrer Völker bestimmten, ist von ihnen nicht zu erwarten. Dennoch sind sie noch am ehesten berufen, internationale Sprachregelungen zu finden, mit denen es sich leben lässt, indem zum Beispiel strittige Vorgänge – wie ethnisch motivierte Vertreibungen – so lange umdefiniert werden, bis sie für beide Seiten erträglich erscheinen.[22] Mit dem demokratisch herbeigeführten Wechsel der Regime können erzielte Kompromisse bezüglich der Geschichtsschreibung im Zeichen neuer Geschichtspolitik auch wieder revidiert werden.

So genießen auch heute noch (oder erneut!) markante Figuren wie Napoleon, Mao oder Stalin bei ihren Völkern weiterhin hohe Anerkennung, ja Verehrung, obwohl ihnen der Tod von zig Millionen Menschen anzulasten ist.

Die kollektive Identifikation mit diesen Gestalten der Geschichte ist erklärungsbedürftig. Offenkundig ist diese Identifikation mit den Errungenschaften, für die diese »Helden« stehen, stärker als die Gewichtung ihrer Verbrechen. Vielleicht ist es ein kollektives Schamgefühl, welches sich dagegen wehrt, die Dimension dieser gigantischen Verbrechen öffentlich einzugestehen – und vor allem: der eigenen Nation zuzurechnen. Diese mit starker Verdrängungsleistung einhergehende Abwehrhaltung wird dann offenbar durch ebenfalls unbewusste Kräfte der Idealisierung kompensiert.

[21] Ahlrich Meyer, Ein Schlüsseltext Blumenbergs. Der Feind und die Notwendigkeit des Mythos, in: NZZ vom 28.02.2014.

[22] Als Beispiel kann die Arbeit der deutsch-polnischen Schulbuch-Kommission dienen.

Wir sind Weltmeister, wir sind Papst – aber auch: *wir sind Hitler?*
So, wie es ein familiäres, soziales politisches »Wir-Bewusstsein« gibt, welches uns irgendwie hinterrücks an eine wie auch immer amorphe kollektive Mentalität bindet[23] – der sozialdemokratische Staatsrechtslehrer Hermann Heller hat in der Zeit der Weimarer Republik diesen Begriff umkreist[24] –, so gibt es anscheinend ein sehr wirkmächtiges *kollektives Schamgefühl*, welches auch jene Mitglieder einer Gruppe oder einer Sozietät voll erfasst, die sich persönlich keine Schuldlast zuzuschreiben haben. Im Schatten dieses allgemeinen Schamgefühls angesichts der ungeheuerlichen Verbrechen, die im Namen der Gruppe begangen wurden, können sich auch die verantwortlichen Täter und Täterinnen leicht verbergen, sofern man es in bestimmten Phasen der Geschichte aus Schamgefühl vorzieht, das vergangene Übel zu beschweigen, anstatt es ans Licht zu ziehen. Stellvertretende Scham-Empfindung – auch »Fremdscham« oder (wie bei Michael Schefczyk) »Mitgliedschaftsscham« genannt[25] – kann sich zu einer politischen Kultur verdichten, über deren Aufrechterhaltung in politischen und kulturellen Medien regelrecht mittels hypermoralischer Rhetorik gewacht wird, bis es zu einem Umschlag aus Überdruss am Fremdscham-Oktroi kommt (vgl. Martin Walsers Friedenspreis-Rede).

Die Geschichte wird also immer aus der Perspektive eines apologetischen oder eines anklagenden Imperativs erzählt. Die lebhafte Debatte, die vor zwei Jahren in Deutschland das Buch eines Australiers über den Ersten Weltkrieg auslöste, in dem die Erzählung über die deutsche Kriegsschuld ganz leicht revidiert wurde, ist hier insofern erwähnenswert, als man anlässlich der Diskussionen um dieses Buch aus dem Munde von Fachleuten immer wieder einmal zu hören bekam, dass ein Deutscher schwerlich ein Buch mit diesem Tenor hätte vorlegen dürfen. Er wäre als Revisionist und Chauvinist verschrien worden. Die Diskussionen der

23 Man assoziiert auch sofort den Unterschied zwischen »Gemeinschaft« und »Gesellschaft« (und dem entsprechenden soziologischen Klassiker FERDINAND TÖNNIES, *Gemeinschaft und Gesellschaft. Grundbegriffe der reinen Soziologie*, Darmstadt ^{4}2005, Nachdr. der 8. Aufl. von 1935). Natürlich ist dieses Wir-Bewusstsein ganz elementar ein *Gemeinschaftsgefühl*.

24 Vgl. HERMANN HELLER, Politische Demokratie und soziale Homogenität, in: Probleme der Demokratie. Schriftenreihe der Deutschen Hochschule für Politik in Berlin und des Instituts für Auswärtige Politik in Hamburg, Heft 5, Berlin-Grunewald 1928.

25 Vgl. MICHAEL SCHEFCZYK, *Verantwortung für historisches Unrecht*, Berlin 2011, 159: Mit »Mitgliedschaftsscham« bezeichnet der Verfasser ein »Gefühl, das Personen für moralische Fehler von Mitgliedern einer Gruppe empfinden, der sie selber angehören«.

Historiker und Historikerinnen waren heftig, aber sachlich. Spektakulär allerdings ist das öffentliche Interesse an dieser Debatte und der 100.000-fache Verkaufserfolg des Buches, dessen Resonanz in den Medien erheblich war. Hier zeigt sich, dass auch Menschen, die ansonsten der Geschichte und ihrer Interpretation vielleicht wenig Aufmerksamkeit schenken, sich alarmiert fühlen, wenn eine kollektive Schuldfrage wieder hochkocht und es womöglich darum geht, aus kleinen Relativierungen und komplexen Betrachtungen, wie denen des Australiers Christopher Clark[26], Hoffnungsschimmer der Schuldentlastung für die eigene Nation zu ziehen – obwohl man, im Unterschied zu anderen beteiligten Ländern an diesem ersten großen Weltkrieg im 20. Jahrhundert, sich nicht widersetzte, als die Gedenksteine und Tafeln mit den Namen der Gefallenen vielerorts beseitigt wurden.

Kleiner Exkurs: Venedigs Schuld und seine Amnesie

Geht man in der abendländischen Geschichte nur weit genug zurück, stößt man auf Beispiele kollektiver Scham und Verdrängung, die ungläubiges Erstaunen erwecken. Das größte Verbrechen des Mittelalters, welches alle Welt erschaudern ließ, war das Blutbad, das Kreuzfahrer unter der Anleitung Venedigs im 13. Jahrhundert in Konstantinopel anrichteten. Angesichts der Empörung in aller Welt wurde das Verbrechen in Venedig so intensiv beschwiegen, dass im 15. Jahrhundert selbst die Gelehrten in der Serenissima nicht mehr zu sagen wussten, woher eigentlich diese wunderbaren Skulpturen – wie die Rösser auf dem Markusdom – stammten. Das war über Jahrhunderte für die venezianischen Gelehrten ein mühsamer Prozess der schamvollen Spurenentdeckung.[27]

Nun hat der französische Philosoph Jacques Derrida große Beachtung gefunden, als er zu bedenken gab, das 20. Jahrhundert sei auch als ein »Jahrhundert der Vergebung« zu verstehen und dies durchaus auch mit Blick auf die Überwindung staatsverbrecherischer Systeme. Tatsächlich ist

[26] Christopher Clark, *Die Schlafwandler: Wie Europa in den Ersten Weltkrieg zog*, München 2013.

[27] Vgl. Johannes Fried, Schuld und Mythos. Die Eroberung Konstantinopels (1204) im kulturellen Gedächtnis Venedigs, in: Das Recht und seine historischen Grundlagen. Festschrift Elmar Wadle zum 70. Geburtstag, hrsg. von Titiana J. Chiusi, Thomas Gergen und Heike Jung (Schriften zur Rechtsgeschichte, Heft 139), Berlin 2008, 239–281.

nicht zu übersehen, dass es in der Geschichte noch nie eine Zeit gegeben hat, in der so wie im 20. Jahrhundert das stellvertretende Bitten um Vergebung seitens staatlicher Repräsentanten den öffentlichen Diskursraum durchdrungen hat – trotz oder gerade wegen der Exzesse des Bösen: KZ, Gulag, ethnische Säuberungen im großen Stil. Aus den vielen spektakulären Beispielen von öffentlich angesichts schuldvergifteter Vergangenheit um Vergebung Bittenden, verweise ich als *pars pro toto* auf die eindrückliche Rede des australischen Premiers Rudd, der die Aborigines in einem offiziellen Akt um Vergebung für das ihnen in der Geschichte zugefügte Unrecht bat. Seine große Rede ist ein wirklich beeindruckendes Dokument.[28] Und die Politik der stellvertretenden Schuldeingeständnisse und Vergebungsbitten wird fortgesetzt: Anfang August 2016 bat die neugewählte Präsidentin von Taiwan die indigene Bevölkerung um Verzeihung für all das Unrecht, welches ihr seitens der chinesischen Mehrheitsgesellschaft angetan worden ist. Ein Vertreter der Entrechteten zollte in seiner Ansprache der Präsidentin Anerkennung für diese Entschuldigungsbitte und forderte Bemühungen um praktische Wiedergutmachung. Elementare Fragen bleiben allerdings zu stellen: Kann eigentlich von *Reue* im ernsthaften Sinne des Wortes in diesen öffentlichen Verlautbarungen – Schuldbekenntnisse im Gewande der Vergebungsbitte – die Rede sein? Und bedarf nicht das Prinzip stellvertretenden Handelns, das in diesen öffentlichen Manifestationen ständig im Spiel ist und das die klaren funktionalen Zuordnungen im politisch-repräsentativen System der Demokratie weit übersteigt, nicht einer näheren Durchleuchtung? Abgesehen davon, dass die genannten öffentlichen Schuldeingeständnisse und Vergebungsbitten kein historisches Subjekt finden, welches stellvertretend für alle Opfer die Vergebung zusagen könnte, werden den Opfern die beschleunigten Prozesse der Aussöhnung häufig voreilig erscheinen. Sie können sich des Eindrucks nicht erwehren, es bliebe das unsägliche Grauen, das sie persönlich erlebt haben und das als Trauma fortwirkt, »irgendwie« unberücksichtigt. Allerdings kommt es auch freilich seltener vor, dass die Opfer selbst zu Befürwortern und Befürworterinnen einer Politik der Aussöhnung und ihrer Intensivierung und Beschleunigung werden.

Nimmt man die Eigendynamik der sozialen Resonanzen des Schuld- und Aussöhnungskomplexes in den Blick, stößt man also immer wieder auf die Spannungen zwischen kollektivem Aussöhnungsinteresse bzw. der Fixierung auf ewige Schuld einerseits und der Unangepasstheit des einzel-

28 Der australische Premier Kevin Rudd hat die besagte »Sorry«-Rede am 13.02.2008 vor dem Parlament gehalten. Vgl. The Australian, 13. Februar 2008.

nen Opfers bzw. Täters andererseits. Bewegt man sich auf dieser Grenze, ergeben sich Einsichten und Folgerungen, die in der Perspektive des unnachsichtigen rein-moralischen Blicks nur schwer auszuhalten sind. Als *extra-ordinär* eingestufte geschichtliche Ereignisse extremer Menschenverachtung, für die – über alle Vergleiche erhaben – *Singularität* beansprucht wird, geraten unweigerlich in den Sog einer Logik der *Vergleichbarkeit.* Im Grunde handelt es sich um unaufhebbare *Aporien des kollektiven Lebens*. In ihnen spiegelt sich eine fundamentale Grundspannung zwischen den prinzipiellen Geltungsansprüchen von Moral und Recht einerseits und der Unerlässlichkeit von Gnade andererseits, die in der Weltgeschichte natürlich nur im Rücken der Subjekte Wirkung entfaltet. Walter Benjamin sprach geradezu vom »Sturm der Vergebung«, der – Böses und Schuld nivellierend – durch die Geschichte rast.[29]

Zu bedenken ist, was es für die Wahrnehmung der singulären Schuld – genannt »Holocaust« – bedeutet, wenn der Holocaust immer mehr zu einer universalen Metapher oder Matrix wird, d. h. in öffentlichen Diskussionen gleichsam enthistorisiert und als Folie für die Vergegenwärtigung kollektiver Schuld und damit auch für Schuldbekenntnisse verwendet wird.

Amnestie – Amnesie – Anamnesis

Mit Blick auf die staatsbezogene Verbrechensgeschichte des 20. Jahrhunderts kristallisiert sich eine Grundstruktur heraus, die sich durch drei große ›A‹ kennzeichnen lässt: Amnestie – Amnesie – Anamnesis. Unter Amnestie ist die Verkündung der Straffreiheit für bestimmte, an sich strafwürdige Handlungen zu verstehen. Amnesie bezeichnet ein Vergessen, Verschweigen, Verdrängen, Tabuisieren bestimmter schuldhafter Handlungskomplexe. Und Anamnesis bezieht sich auf das Wieder-ins-Gedächtnis-Rufen einer verdrängten Schuldlast und der Klärung des Verhältnisses zu dieser schuldvergifteten Vergangenheit sowie praktische und symbolische Akte der Wiedergutmachung einschließlich einer entsprechenden Erinnerungspolitik.

Man könnte hinsichtlich des Zusammenwirkens dieser drei Impulse in der Weltgeschichte geradezu von einer Art Gesetzmäßigkeit reden (so-

[29] Siehe WALTER BENJAMIN, »Die Bedeutung der Zeit in der moralischen Welt« (fr. 72), in: *Gesammelte Schriften*, hrsg. v. R. TIEDEMANN / H. SCHWEPPENHÄUSER, Band VI, 1985, 98.

fern man diesen Begriff nur weich und unexakt genug fasst). Von alters her war mit dem friedensstiftenden Institut der Amnestie auch die Amnesie verbunden: Das strikte Gebot, nach diesem Akt der Friedensstiftung nicht mehr die angeblich oder wirklich Schuldigen anzuprangern, die für das überwundene Desaster verantwortlich sind.

Gerade nach Systemwechseln (hier wären die Übergangsprozesse nach Diktaturen beispielsweise in Europa oder Lateinamerika zu durchleuchten) geht die Bemühung um einen Neuanfang des Gemeinwesens in der Regel mit Amnestiegesetzen einher, die der Verfolgung der für den überwundenen Staatsterror Verantwortlichen einen Riegel vorschieben. Der Grund ist natürlich nicht zartfühlende Rücksichtnahme, sondern die klare Einsicht, dass Macht und Einfluss der institutionell Entmachteten noch stark sind und weit in die Gesellschaft hineinreichen und somit der Neustart durch die alten Kräfte jederzeit widerrufen werden könnte. Mit Blick auf die deutsche Vereinigung ist beispielsweise daran zu erinnern, dass die CDU-Bundestagsfraktion in den neunziger Jahren um des inneren Friedens willen die Pläne für ein Amnestiegesetz »in der Schublade« hatte. Es kam nicht zur Verwirklichung, weil die Einsprüche der ehemaligen DDR-Oppositionellen zu vehement waren.

Wie spiegelt sich also die Konstellation von Amnestie – Amnesie – Anamnesis in einzelnen politischen Kulturen wider?

- In *Italien* hat es nie eine juristische Verfolgung von Kriegsverbrechen gegeben, obwohl im Abessinien-Feldzug mehr als eine halbe Million Afrikaner und Afrikanerinnen (auch unter Einsatz von Giftgas) ermordet wurden. Mussolini genießt weiterhin oder wieder starke Verehrung, an seinem Grab werden Kundgebungen abgehalten und Gottesdienste gefeiert.
- In *Frankreich* verkündete man, als der Zweite Weltkrieg vorbei war, nach einer kurzen Zeit wilder Abrechnungen das Vergeben-und-Vergessen um der Einheit der Nation willen. Erst in unseren Tagen nimmt man widerwillig zur Kenntnis, dass der Eifer, mit dem die französischen Behörden Juden verfolgten, oftmals weit die Vorgaben der deutschen Besatzer übertraf. Das Erinnerungsbild, das im Frankreich einer staatlich mit strafbewehrten Gesetzen gelenkten und kontrollierten Erinnerungspolitik von der eigenen Rolle in den geschichtlichen Konflikten (Kolonialpolitik; Algerien) gezeichnet wird, ist ein Bild der Verharmlosungen eigener Schuld.
- In Belgien ist die Kollaboration der Flamen ebenso wenig Thema eines öffentlichen Schuldbewusstseins wie die grauenhafte, über Leichen gehende Kolonialpolitik in Afrika (Kongo).

- Die *Niederlande* sind ein besonders extremes Beispiel für Verdrängung und Vergessen. Bis in die Schichten der gebildeten Eliten ist die Unwissenheit über die Tatsache verbreitet, dass die Bevölkerung in Holland – im Gegensatz beispielsweise zu Dänemark – besonders bereitwillig und übereifrig bereit war, die jüdischen Mitbürger und Mitbürgerinnen der deutschen Mordmaschinerie zuzuliefern.
- In Dänemark wiederum nimmt man erst neuerdings aufgeregt und beschämt zugleich zur Kenntnis, welche Verbrechen dort nach 1945 an deutschen Jugendlichen begangen wurden, die man zwang, mit bloßen Händen die von der Wehrmacht gelegten Minen aus dem Sand zu graben – mit massenhaft tödlichen Folgen. Der Film »Unter dem Sand« (2015; Regie Martin Zantvliet) transportierte vor kurzem diese Ereignisse ins öffentliche Bewusstsein, die von Historikern zehn Jahre früher untersucht worden waren.
- In *Spanien* durften die Verbrechen der Franquisten im Bürgerkrieg (2. Hälfte der dreißiger Jahre) ebenso wenig erwähnt werden, wie der Toten des Gegners gedacht werden durfte. Auch nach dem Ende des Franco-Regimes und dem Übergang zur Demokratie war eine der Bedingungen für den Machtverzicht Francos und die Etablierung einer konstitutionellen Monarchie die Aufrechterhaltung dieses Schweige-Gebots. Nirgends durfte der Opfer öffentlich gedacht werden – mit Ausnahme der ›Helden‹ der franquistischen Bewegung. Erst in den letzten Jahren mit dem Hinsterben der letzten Zeugen im Alter von 90 und mehr wurden da und dort die Massengräber identifiziert, in denen Hunderte und Tausende von Opfern des Bürgerkrieges verscharrt wurden.
- Auf dem *Balkan* sorgte die stabile Herrschaft Marschall Titos in Jugoslawien dafür, dass die Verbrechen der von ihm angeführten Partisanen an Besatzern (Italienern) wie an eigenen Mitbürgern und Mitbürgerinnen unter einem Bann des Schweigens und Verschweigens standen.[30] Erst in den letzten Jahren wurde ein Massengrab nach dem anderen gefunden – was vielen Repräsentanten und Repräsentantinnen der in den neuen Balkanländern herrschenden Eliten äußerst unwillkommen ist. Als in Kroatien und Italien zwei Ex-Kommunisten als Staatspräsidenten amtierten, bezichtigten sie sich gegenseitig, eine chauvinistische Erinnerungspolitik ihrer jeweiligen Nation zu befürworten.

Diese Beispiele könnten beliebig insbesondere mit Blick auf Mittel- und Osteuropa (Polen, Rumänien usw.) fortgesetzt werden.

30 Vgl. Marisa Madieri, *Wassergrün. Eine Kindheit in Istrien*, Wien 2004 (1987).

Zwischenergebnis

In den unterschiedlichsten politischen Kulturen auch des ›Westens‹ ist eine starke Verkettung von kollektiver Selbstamnestierung und Amnesie zu verzeichnen – durch Verdrängung, Verschweigen und verordnetes Vergessen. Diese *Amnesie-Zeit* umfasst, wie geschichtliche Beispiele zeigen, zuweilen mehr als hundert Jahre, *mindestens* aber ein bis zwei Generationen.

Der westdeutsche Umgang mit der NS-Vergangenheit fügt sich passgenau in dieses Schema: Nach kollektiver Amnesie und Selbstamnestierung angesichts einer zerstörten äußeren und inneren Welt, nach verschiedenen Gesetzen, die direkt oder indirekt Amnestien nicht nur für sogenannte Mitläufer und Mitläuferinnen, sondern auch für Verbrecher des Eichmann-Typs bewirkten (teilweise wurden diese Gesetze von wieder in hohe Ämter gelangten NS-Juristen im Bundesjustizministerium vorbereitet), intensiviert sich die anamnetische Bearbeitung der Schuldlast Deutschlands im gesellschaftlich-politischen Raum mit jener Generation, die unter dem Schirm einer »Gnade der späten Geburt« (H. Kohl) agierte.

Es entspricht der hier aufgewiesenen Art von »Gesetzlichkeit« – Temporalität der Bewältigung kollektiver Schuld –, dass erst im Jahr 2016 das höchste Gericht der Bundesrepublik anlässlich des in Lüneburg verurteilten SS-Mannes Oskar Gröning zu einer Rechtsprechung gefunden hat, die der juristischen Verharmlosung des gigantischen Verbrechens ein Ende setzt: Nunmehr gelten auch Buchhalter und Buchhalterinnen und Wachmannschaften, denen kein einzelner Tötungsakt nachgewiesen werden kann, als juristisch mitverantwortlich für das Funktionieren der Mordmaschinerie.

Welche extremen zeitlichen Dimensionen bei solchen Prozessen in Betracht zu ziehen sind, ist wiederum am Beispiel Spaniens ablesbar: 500 Jahre nach der Vertreibung der sephardischen Juden aus dem Gebiet der christlichen Könige haben die Parlamente von Spanien und Portugal in der Bemühung um Wiedergutmachung – Anamnesis und ihre praktischen Folgen – Sonderregelungen beschlossen, welche es in einem verkürzten Verfahren möglich machen, den Nachfahren jener Verfolgten von einst die Staatsbürgerschaft Spaniens bzw. Portugals zu verleihen. (Es ist nicht von Belang, ob diese über zwei Millionen Menschen darauf Wert legen, *tatsächlich* wieder Spanier oder Spanierin zu werden, sondern es geht um eine anamnetische Symbolhandlung.)

Ähnliche anamnetische Aufgeschlossenheit für eigene Schuldverstrickungen auf dem Gebiet der Sklaverei ist in Europa (Frankreich, England) und in Nordafrika, wo die Sklavenjäger beheimatet waren, vermutlich noch lange nicht zu erwarten. In der französischen Hafenstadt Nantes beispielsweise, die besonders vom Sklavenhandel profitierte, drohte der Versuch eines indirekten Schuldbekenntnisses – die Errichtung eines Denkmals – am Widerstand der aufgebrachten Bürger zu scheitern.[31]

Diese Beschreibungen von kollektivpsychologischen oder kollektivpsycho-pathologischen Strukturen werfen ein Licht auf die Bedeutung der Zeit in der Ökonomie der moralischen Welt. Es zeigt sich: das an Moralprinzipien orientierte Urteil kommt systematisch gesehen an einer anderen Stelle ins Spiel. Vielleicht kommt es, *historisch* betrachtet, immer zu früh oder zu spät.

Einen Durchbruch in der Neufassung und Beschleunigung der zeitlichen Verhältnisse bezüglich der AAA-Konstellation stellt ohne Zweifel die Großtat Mandelas in Südafrika dar. Um einen blutigen Bürgerkrieg, aber auch eine unbeholfene juristische Bearbeitung der Verbrechen des Apartheidregimes und der oppositionellen Kampforganisationen abzuwenden, entschied man sich für die Einsetzung einer Wahrheits- und Versöhnungskommission, die (unter der Leitung des Bischofs Tutu) gezielt der (interessengeleiteten) Amnesie entgegenwirken sollte. In der Arbeit der Kommission wurde ganz bewusst die Korrelation von Schuldbewusstsein und Reue hintangesetzt, zugunsten der wahrheitsgemäßen Aufklärung dessen, was passiert ist, durch die Täter selbst. Je glaubwürdiger deren Bemühen ausfiel, die unentschuldbaren Verbrechen zu gestehen und auch genau zu beschreiben, desto höher war für sie die Wahrscheinlichkeit, von einer innovativen Amnestie-Regelung profitieren zu können (wobei natürlich die Bekundung von Reue dieser Zielsetzung förderlich war).

Ist Südafrika in diesen Beobachtungen zur AAA-Konstellation mit seiner klaren Anti-Amnesie-Position ein Sonderfall, so ist der Umgang mit dem DDR-Unrecht der andere Fall, in dem eine *Grundentscheidung gegen Amnesie* geschichtswirksam geworden ist – wenngleich unter ganz anderen historischen Kräfteverhältnissen. Auch in der DDR hätte das Regime wie in anderen Ostblockstaaten abgewickelt werden können: Der Stasi-Apparat bleibt intakt, man lässt die befreiten Massen sich einige Monate abreagieren, zieht dabei, so gut es noch geht, im Hintergrund die Fäden,

[31] Zu den genaueren Umständen vgl. STEFAN SIMONS, Mahnmal in Nantes. Die späte Reue der Sklavenhandel-Metropole, in: SPIEGEL ONLINE, 23.04.2012.

und dann wird eine neue Demokratie nach westlichen Vorgaben geschaffen, in der die alten Eliten im neuen Mantel der demokratischen Rhetorik das Sagen haben, wie in Rumänien oder in den Balkanstaaten. Im Fall des Zusammenbruchs der DDR konnte das nicht so ablaufen, weil durch den Anschluss an die Bundesrepublik deren Standards von Recht und Moral zum Maßstab der Aufarbeitung der Diktatur gemacht wurden. Das war um der Freiheitsentwicklung willen gut so für dieses Land und für die Entwicklung des entsprechenden Normbewusstseins. Auf der anderen Seite ging das mit dieser unsäglichen moralisch-politischen Überheblichkeit einher. Wurde einerseits so der Trend zur Amnesie – nicht zuletzt auch mittels der gigantischen sogenannten Gauck-Behörde – aufgehalten, führt die West-Ost-Asymmetrie andererseits doch zur Verhärtung von Ressentiment-Milieus, in denen man von Schuldeingestehen und ›Aussöhnung‹ nichts wissen will. Man verweigert schlicht die Teilnahme an diesem Diskurs: Abschottung gegen Anamnesis.

Die Verkürzung der Schweigezeiten und die Durchbrechung der Verdrängungsprozesse ist zweifellos auch das Ergebnis einer nach dem Zweiten Weltkrieg einsetzenden neuen Menschenrechtspolitik, die gerade auch im Blick auf staatlich Handelnde die Verbrechen gegen die Menschlichkeit als schlechthin *zeitüberlegen*, weil unverjährbar, kodifizierte. Vor diesem Hintergrund einer Weltöffentlichkeit lassen sich die nationalistischen Verdrängungsmechanismen auf lange Sicht nicht mehr so leicht etablieren. Dafür bieten die Konflikte auf dem Balkan seit Beginn der neunziger Jahre des 20. Jahrhunderts und deren »Bewältigung« zahlreiche einschlägige Beispiele.

Riskante Stellvertretung: Avantgarde der Aussöhnung

Völker / Gesellschaften / ›die‹ Öffentlichkeit / ›die‹ öffentliche Meinung: in diesen Resonanzräumen hält sich über sehr lange Zeit das Gefühl des Ressentiments, des Vergeltens: die unterschwellige, versteinerte Gestalt der Freund-Feind-Bezüglichkeit.

Immer wieder betreten *Vor-Läufer der Aussöhnung* die politische Szene, die, auch auf das Risiko hin, von ihren Gemeinschaften desavouiert zu werden, den Schritt wagen, auf den (ehemaligen) Feind zuzugehen, auch auf dem Wege von Schuldbekenntnissen, die auf die Gesamtheit eines Volkes bezogen sind.

Mit welch hohem Risiko ein solches Vorgehen behaftet ist, zeigt das Schicksal des Friedensnobelpreisträgers Izak Rabin, der dem Palästinenserführer Arafat die Hand reichte und danach von einem israelischen Extremisten erschossen wurde. Man mag es pathologisch nennen, dass die Gesellschaften trotz Wissenschaft und Aufklärung, trotz Differenzierung und Subjektivierung die Freund-Feind-Gefühlslagen wie ein stets aktivierbares Reservoir in sich verkapselt mitschleppen. Insofern bleibt unberechenbar, ob die Gesellschaften den »vorlaufenden« Repräsentanten und Repräsentantinnen der Aussöhnung und deren (immer sehr pauschal gehaltenen) »Einräumungen« von Schuld des jeweiligen eigenen Kollektivsubjekts folgen oder ob sie auf den archaisch anmutenden Sedimenten beharren und ihren Repräsentanten und Repräsentantinnen die Gefolgschaft verweigern.

Im Blick auf die Opfer politischer Gewalt stellt sich die nie endgültig entscheidbare Frage: *Wer vertritt sie?* Jede Stellvertretung der Opfer – und auch der Täter und Täterinnen (?) – ist immer auch eine Bemächtigung, und zugleich doch ein Gegenwärtighalten des verletzten Rechts.

Nirgends wurde dies in allerletzter Zeit so augenscheinlich wie 2015 in Srebrenica, dem Ort des letzten Ereignisses einer ›ethnischen Säuberung‹ in Europa. Zu einer Gedenkveranstaltung in Bosnien, an der hochrangige Persönlichkeiten aus aller Welt teilnahmen, war auch der serbische Ministerpräsident Vucic angereist – ein Mann, der sich vom einstigen nationalistischen Scharfmacher zu einem politischen Akteur gewandelt hat, der die Aussöhnung mit den bosnischen Muslimen im Namen Serbiens betreiben will (nicht zuletzt in dem strategischen Interesse, Serbien näher an die EU heranzuführen).

Dieser Politiker bezeichnete das von Serben begangene Verbrechen als eine *monströse* Tat. Als der Staatsmann bei der Gedenkstätte erschien, um die Opfer zu ehren, umarmte ihn eine der ›Mütter von Srebrenica‹, die das mutig Sich-Vorwagende (»Avantgardistische«) dieser politischen Geste einzuschätzen wusste. Als der Serbe schließlich sein Gebinde am Denkmal niederlegen wollte, trafen ihn die Steine derjenigen im Gesicht, die sich als die »wahren« Sachwalter der Opfer verstanden. – Es kann ein vitales politisches Interesse bestehen, die Schuld an einer horrenden Tat gleichsam zu verewigen, sie als *unverzeihlich* zu brandmarken.

›Aussöhnung‹ in der deutschen Nachkriegsgeschichte

Zieht man die besondere Stellung Deutschlands zu den Juden und Jüdinnen für die Zeit nach 1945 in Betracht, dann ist – allein schon unter dem Zeit-Gesichtspunkt – die wohl spektakulärste Durchbruchserfahrung von (allgemein gehaltenem) Schuldeingeständnis und Wille-zur-Aussöhnung das Ereignis der unter Adenauer und Ben Gurion ausgehandelten Verträge. Natürlich wirkten auf beiden Seiten mächtige politische Interessen mit! Und dennoch erschlossen sich so auch Wege für die einzelnen Bürger und für einzelne gesellschaftliche Gruppierungen und Verbände, tastend Kontakte aufzubauen und vorsichtig und taktvoll Wege der Aussöhnung zu beschreiten. – Dass die Holocaust-Überlebenden in Israel für diese Politik ihres eigenen neuen Landes wenig übrig hatten, steht auf dem berühmten »anderen Blatt«. Es ist eine brutale Tatsache, dass die mit öffentlichen Schuldeingeständnissen einhergehenden Prozesse einer politischen Aussöhnung zwischen ehemaligen Feinden sich – nicht immer, aber auch nicht selten – ohne Rücksicht auf die wirklichen Opfer der Geschichte vollziehen. Selbst die gegenwärtig in Planung befindliche Errichtung eines Museums zur Erinnerung an die Politik der Vertreibung im 20. Jahrhundert spiegelt den Antagonismus zwischen politisch-strategischem Interesse an »Aussöhnung« (welches »wissenschaftlich« abgefedert wird) und dem Interesse der Millionen deutschen Vertreibungsopfer und ihrer Verbände, ihre Leidensgeschichte zu vergegenwärtigen und der kollektiven Erinnerung einzuschreiben.

Für eine Politik der Aussöhnung in Europa zur allmählichen Überwindung des Eisernen Vorhangs war eine Vertrauen schaffende Versöhnungspolitik gegenüber dem von Deutschland geschundenen Polen eine entscheidende Voraussetzung. Kluge Diplomatie war unerlässlich und Aussöhnung vorbereitende Manifeste – wie die Ost-Denkschrift der evangelischen Kirche (EKD) – spielten eine nicht geringe Rolle. Aber einen Durchbruch durch die Mauern des Ressentiments stellte Willy Brandts Kniefall in Warschau dar. Das war eine in ihrer symbolischen Kraft (und Bedeutungsoffenheit!) weitreichende Geste des Schuldeingeständnisses durch eine selbst unbelastete Persönlichkeit. Diese Geste hinterließ in Polen einen tiefen Eindruck; in Deutschland jedoch spaltete sie das Volk. Es ist sehr zweifelhaft, ob Willy Brandt in jenem historischen Augenblick die Zustimmung der Mehrheit in Deutschland auf seiner Seite hatte. Indessen – wir bleiben bei dem Gesichtspunkt »Avantgarde der Aussöhnung« – ist zu konstatieren: Der Schritt des Bundeskanzlers war in der Gesellschaft der Bundesrepublik und zwischen Deutschen und Polen wiederum von »avantgardistischen« Gruppen vorbereitet worden. Denn auch für das Handeln Brandts und Egon Bahrs mussten Schneisen in das Dickicht der Vorurteile in den Bevölkerungen geschlagen werden. Es war auf beiden Seiten von Oder und Neiße ein unerhörter Vorgang, als 1965 die katholischen Bischöfe Polens an ihre Amtsbrüder in Deutschland eine Erklärung schickten, in der es hieß: »Wir vergeben und bitten um Vergebung [...]«. Für wen eigentlich sprachen sie? Für *die* Katholiken und Katholikinnen Polens? Für die polnische Nation? Für die Millionen getöteter Opfer? Mit welcher Befugnis? Die Antwort kann nur lauten: Sie schufen oder verstärkten den Resonanzraum für den Geist der Versöhnung, obwohl die politischen Grundentscheidungen in beiden Ländern noch abgrundtief umstritten waren. Die polnischen und deutschen Bischöfe waren in ihren Antworten auf die Herausforderungen der Zeit *voreilig*. Sie gingen ein Wagnis ein, als sie – ihren Völkern vorauseilend – mit ihren Schuldbekenntnissen – *die vage bleiben mussten!* – diese Bresche in die Mauer der Ressentiments schlugen.

Es sei hier noch vermerkt, dass diese berühmte Formel »wir vergeben und bitten um Vergebung« inzwischen auch in andere zwischenkirchliche und zwischenstaatliche, einst von Feindschaft bestimmte Verhältnisse, zur Eröffnung von Aussöhnungsprozessen eingebracht worden ist.[32]

Der deutsche Sonderweg: Schuldbekenntnisse als Zivilreligion[33]

Theodor Wiesengrund Adorno als Katalysator der Schuldgefühle

Die Rolle, die der Philosoph Theodor W. Adorno als Katalysator eines Schuldentlastungsversprechens nach 1950 in der Bundesrepublik spielte, als die Generation der Söhne von angeblich wirklich oder nur möglicher-

32 Beispiel: Das Verhältnis zwischen der polnischen und der ukrainischen Nation ist tief gestört wegen der fürchterlichen Massaker an der Zivilbevölkerung auf beiden Seiten der Grenze (1943). Die Bischöfe Polens und der Ukraine riefen am 28. Juni 2013 gemeinsam zu Versöhnung und Vergebung auf. Unter ausdrücklicher Bezugnahme auf die Erklärung der polnischen Bischöfe an die deutschen Amtsbrüder von 1965 heißt es in dem Dokument: »Damit unser Gebet fruchtbar ist, sagen wir einander die Worte: ›Wir vergeben und wir bitten um Vergebung‹, denn diese Worte besitzen bereits eine historische Kraft beim Werk der Versöhnung zwischen den Nationen.« »Die christliche Vergebung ist ein bedingungsloser Wert, der sogar größte Schandtaten umfasst, wie etwa den Mord an unschuldigen Menschen, den Genozid oder eine Zwangsumsiedlung«, liest man in der Bekanntmachung des Präsidiums der polnischen Bischöfe. https://g2w.eu/... /855-polen-polnische-und-ukrainische-bischoefe-unterzeichnen-aufr, [letzter Zugriff: 28. Mai 2017].

33 Einige Passagen dieses Kapitels sind entnommen aus: Klaus-Michael Kodalle, Vergebung oder Nachsicht? Klärung des Phänomens öffentlicher Entschuldigung, in: Berliner Theologische Zeitschrift, Beiheft 2013, hrsg. v. N. Slenczka, Leipzig 2013, 165–183.

weise belasteten Vätern und Müttern sich in Frankfurt zu einer verschworenen Schülergemeinde fand, die in dem jüdischen Lehrer, mit dem sie sich vorbehaltlos bis in den Sprachgestus und eine für unantastbar gehaltene Terminologie hinein identifizierte, kann als Musterbeispiel für eine geradezu ins Sektiererische gesteigerte Schuldentlastungshoffnung gelten. Adorno, der in zurückliegender Zeit seine jüdischen Wurzeln auf das ›W‹ (für Wiesengrund) reduziert hatte, phantasierte sich in Träumen, angesichts der sich kritiklos seiner Philosophie unterwerfenden jungen Leute, für die er das Bild des edlen Juden verkörperte, selbst als Lehrer in einer Talmudschule. In radikaler Identifizierung mit dem aus dem Exil zurückgekehrten Lehrer (der einst den Abwurf der US-Atombomben über Deutschland, statt über Japan, gewünscht hatte) ermächtigte sich eine ganze Intellektuellengeneration, die Wächterinstanz über das deutsche Schuldbewusstsein zu übernehmen.

Der Frankfurter Psychoanalytiker Christian Schneider hat diese Zusammenhänge in seinen Veröffentlichungen freigelegt[34] – und natürlich heftigen Widerspruch von Seiten der Anhängerschaft Adornos geerntet. Alexander Mitscherlich, der sich als Psychologe der *Kritischen Theorie* anschloss, kann hier beispielhaft herangezogen werden. Im Bunde mit Ernst Jünger und Carl Schmitt verachtete er die Weimarer Republik – schwang sich dann aber in der Bundesrepublik dazu auf, »den« Deutschen die »Unfähigkeit zu trauern« vorzuhalten. Sein Schüler Tilmann Moser hat sich sehr kritisch mit diesem Buch (das ja ein großer Bestseller war) auseinandergesetzt und diese sogenannte »Unfähigkeit« einer traumatisierten Bevölkerung, im absoluten Tiefpunkt der Existenz in einer zerstörten Welt Trauerarbeit zu leisten, sehr eindringlich hinterfragt.[35]

[34] Zu diesem Themenkomplex vgl. CHRISTIAN SCHNEIDER / CORDELIA STILLKE / BERND LEINEWEBER, Trauma und Kritik: Zur Generationengeschichte der Kritischen Theorie, Münster 2000. Aufschlussreich auch CHRISTIAN SCHNEIDER, Deutsche Spezifik. Achtundsechziger: Eine Antwort auf Friedmar Apel, in: *F.A.Z.* vom 12. Juli 2006 (Nr. 159), 3.

[35] TILMANN MOSER, Die Unfähigkeit zu trauern: Hält die Diagnose einer Überprüfung stand? Zur psychischen Verarbeitung des Holocaust in der Bundesrepublik, in: Psyche 46 (1992), 389–405. Inwiefern Alexander Mitscherlich sich seinen eigenen biographischen Verstrickungen nicht stellen mochte, wird erörtert in der Jenaer Magisterschrift von Stefan Schwarzkopf, Alexander Mitscherlich und die ›Konservative Revolution‹. Ein Beitrag zur Persistenz gesellschaftlicher Leitbilder in der deutschen Geistesgeschichte, Jena 2000. Vgl. auch die Biographie von MARTIN DEHLI, »Leben als Konflikt«. Zur Biographie Alexander Mitscherlichs, Göttingen 2007.

Indem sie als Verlierer und Verliererinnen der Geschichte und als so oder so Mitschuldige und Mithaftende an einem verbrecherischen Regime ihre eigenen abgründigen Leiderfahrungen nicht artikulieren durften, sondern tief in sich vergraben mussten – manche Frauen weinten über die ihnen widerfahrene Gruppenvergewaltigung erst auf dem Totenbett –, brachten sie in der Tat kein Mitleid mit fremdem anonymen Leiden auf, selbst wenn sie die Verbrechen nicht leugneten und wussten, dass die deutsche Schuld nicht zu relativieren und politisch wie rechtlich und moralisch zu »übernehmen« war. Das Modell, das sich gleichsam prototypisch an der Adorno-Schule herauskristallisierte, fand – idealtypisch betrachtet – seine Ausweitung im Bewusstsein der 68er-Generation: Die hypermoralische Emphase der Schuld-Anklage im Sinne des Mitscherlich-Vorwurfs hatte ihr psychologisches Fundament in der abstrakten Identifikation mit den Opfern des Holocaust. Stellvertretend für die unbußfertigen Väter und Mütter leistete man Abbitte. Und maß sich zugleich die Rolle des gnadenlosen Richters über die Geschichte an. In dieser Kultur hat das stellvertretend abgelegte Schuldbekenntnis einen hohen Anerkennungswert, auch wenn es folgenlos bleibt, ja selbst wenn es grundlos ist oder so verspätet und außerhalb eines geschichtlich-politischen Handlungskontextes, dass man fast nicht umhinkommt zu unterstellen, in dieser zivilreligiösen Kultur der Unnachsichtigkeit diene das Schuldbekenntnis dazu, Beifall und Anerkennung für so viel »Mut« »einzuheimsen«.

Selbst in der Untergangsphase der DDR brachten Kräfte der Oppositionsbewegung diese zivilreligiöse Mentalität zum Ausdruck. Am 4. November 1989 kam ca. eine halbe Million Menschen zu einer von den DDR-Behörden genehmigten, von Künstlern und Künstlerinnen organisierten Demonstration auf dem Berliner Alexanderplatz zusammen. Zentrales Thema aller Ansprachen war die Forderung nach Sicherstellung bürgerlicher Freiheiten in einer neu zu gestaltenden Ordnung der DDR (von Wiedervereinigung war noch nicht die Rede). Vertreter und Vertreterinnen der Bürgerrechtsbewegung ergriffen ebenso das Wort wie (Reumütigkeit bekundende) Vertreter und Vertreterinnen des SED-Establishments (zum Beispiel der ehemalige Chef der DDR-Auslandsspionage Markus Wolf). Dieses freiheitsgeschichtliche Großereignis in der noch bestehenden DDR, bei dem alle Redner und Rednerinnen in unterschiedlichen Akzentsetzungen eine neue Ordnung der Freiheit und des Rechts beschworen hatten, endete erstaunlicherweise mit der Forderung nach einem öffentlichen Schuldbekenntnis des Staates. Ein gewisser Konrad Elmer trat an die Mikrofone und rief anklagend aus, er vermisse in all diesen Reden ein klares öffentliches Schuldbekenntnis! Was dieser Redner dabei im Sinn hatte, war nicht etwa die den SED-Regime anzulastende Verletzung der Menschenrechte im Inneren; was dem Redner vielmehr vorschwebte, war etwas viel Abstrakteres, nämlich ein mehr als 20 Jahre zurückliegendes geschichtliches Ereignis: die Niederschlagung der Freiheitsbewegung in der ehemaligen Tschechoslowakei 1968 durch Truppen des Warschauer Paktes. Ein öffentliches Schuldbekenntnis des Staates DDR gegenüber den Bürgerinnen und Bürgern der Tschechoslowakei sei ein Gebot der Stunde. Diese Intervention, eine moralische Rückrufaktion in die Geschichte, wirkte im Kontext der aktuellen Euphorie der Oppositionsbewegung, endlich den öffentlichen Raum erobern zu können, befremdlich. Bei näherer Erkundung der Hintergründe dieses Redners stellt sich heraus, dass er evangelischer Pfarrer war, der als Repräsentant der konspirativ neu gegründeten sozialdemokratischen Partei SDP Rederecht erhalten hatte. Elmer, der später der ersten frei gewählten Volkskammer der DDR, danach bis 1994 dem Bundestag angehörte, hält in einem Rückblick auf sein Wirken (auf seiner Homepage) fest: »so konnte ich als mein Herzensanliegen den abertausend Demonstranten zurufen: ›... Wir Sozialdemokraten werden jede zukünftige Regierung daran messen, ob sie hier (im Blick auf die Mitwirkung unserer alten Regierung an der Niederschlagung des *Prager Frühlings*) zu einem wirklichen Schuldbekenntnis fähig ist‹«.

Wohlgemerkt, ein öffentliches Schuldbekenntnis angesichts von Opfern kann hohe Achtung und Anerkennung verdienen; anders steht es aber mit den verspäteten, gewissermaßen kontextlosen und deshalb *selbstgefälligen* Schuldbekenntnissen, die ich hier beispielhaft anführen will:

Fragwürdige Schuldbekenntnisse. Beispiele:

1) Jahrzehntelang kämpfte ein Chemiekonzern auf allen gerichtlichen Ebenen dagegen an, Verantwortung für die Toten und die Behinderten zu übernehmen, die durch sein Medikament Contergan zu Schaden gekommen waren. 50 Jahre nach den Ereignissen erklärte ein Sprecher des Konzerns, es sei nun Zeit, eine gewisse Schuld des Konzerns einzugestehen und die Opfer um Vergebung zu bitten. Man wolle ein Denkmal für sie errichten.
2) Das Unglück von Eschede ist als eine der größten Bahnkatastrophen Deutschlands in die Geschichte eingegangen. In den Gerichtsprozessen konnten der Bahn keine Fehler oder anderes die für Haftung relevantes

Versagen nachgewiesen werden. Obwohl die Bahn erhebliche Zahlungen freiwillig leistete, blieb von Seiten der Opfervertreter und Opfervertreterinnen sowie der Hinterbliebenen der starke Vorwurf im Raum, niemals habe sich je ein Verantwortlicher der Bahn bei ihnen entschuldigt. Bahnchef Grube – damals relativ neu im Amt – legte in einem Interview dar, dass die Bahn keinen Anlass hatte, eine Schuld einzugestehen. Aber wenn und sofern es dem inneren Frieden dienen sollte, werde er – übrigens als erster Bahnchef – zu der jährlichen Gedenkveranstaltung in Eschede reisen und die Opfer bzw. die Hinterbliebenen um Entschuldigung bitten. So tat er es.

3) Der hessische Landtag hielt es 2012 für angebracht, einen einstimmigen Beschluss (auf Antrag der Grünen) zu fassen, in dem er sein Bedauern darüber zum Ausdruck brachte, dass vor vielen Jahrzehnten Menschen wegen ihrer sexuellen Veranlagung nach dem damals geltenden Paragraph 175 belangt worden sind. – Selbstverständlich hat der hessische Landtag von heute nichts mit einer heute als überholt geltenden Gesetzgebung zu tun, die die damalige Auffassung von Sittlichkeit und Normalität spiegelte. Aber darauf kommt es offenkundig auch gar nicht an. Vielmehr darf das Gremium mit einer gewissen wohlwollenden beifälligen Zustimmung in der Öffentlichkeit für diese außerordentlich mutige Bekundung der Sensibilität rechnen. Persönlich frage ich mich allerdings, welche der vor Jahrzehnten gültigen Paragraphen, die nach heutigen Maßstäben nicht mehr zu vertreten sind, der Hessische Landtag demnächst aufgreifen wird. Ich denke etwa an die massive Benachteiligung unehelich geborener Kinder, an die gesetzlich abgesicherte Bevormundung der Ehefrau durch den Mann, an den berühmten Kuppeleiparagraphen und anderes mehr. Man darf gespannt sein. – Allemal wird an diesem Beispiel deutlich: Man geht davon aus, das Schuldeingeständnis müsse von der Öffentlichkeit honoriert werden, selbst wenn die natürliche oder künstliche Person (Institution) mit dem beklagten Vorgang nichts zu tun hat.

4) Sobald man sich zeitlich im Nahbereich der schuldhaften Ereignisse bewegt, sind Schuldbekenntnisse öffentlicher Personen nicht mehr wohlfeil zu haben. Die Kölner Oberbürgermeisterin Reka sieht bis heute (Sommer 2016) keinerlei Anlass, Fehler bezüglich der Aufrechterhaltung der Ordnung im öffentlichen Raum während der Silvesternacht 2015/2016 einzuräumen, während immerhin ihr Polizeipräsident die in jener Nacht belästigten und vergewaltigten Frauen um Vergebung gebeten hat. Dies wäre wohl sinnlos, wenn Fehler und Versäumnisse gar nicht vorgelegen hätten.

5) Hinsichtlich des unter Punkt 4 Ausgeführten ist die Rolle der Medien bzw. der öffentlichen Meinung besonders beachtenswert. Sie drängt – egal wie komplex die Sachlage ist und wie undurchschaubar die partiellen Verantwortlichkeiten sind – auf klare Schuldbekenntnisse. Irgendeiner muss die Rolle des Sündenbocks übernehmen. Ich erinnere an die Bitterkeit und Enttäuschung in den Medien, als sich der Oberbürgermeister von Duisburg weigerte, konfrontiert mit vielen Opfern (21 Tote) einer Massenpanik bei einem musikalischen Großevent (Loveparade), diese Rolle zu übernehmen, denn eine eindeutige Verantwortung für bestimmte Versäumnisse konnte ihm ja nicht nachgewiesen werden.
6) Armenien-Resolution:
Der besondere Eifer, öffentlich Schuldbekenntnisse abzulegen, kulminierte 2016 in der Resolution des Deutschen Bundestages zu den türkischen Verbrechen an den Armeniern. Die Regierung des Deutschen Reiches hatte Kenntnis von den grauenhaften Ereignissen und hatte es aus strategischen Gründen unterlassen, dem wichtigen Kriegsverbündeten in den Arm zu fallen.
Dass hier eine Art von (freilich weder rechtlicher noch womöglich auch schwer erfassbarer moralischer) Mitschuld der kaiserlichen Reichsregierung vorliegt, wird man wohl nicht bestreiten können. Völkerrechtlich sehr wohl strittig ist aber der Begriff des Genozids, den der Deutsche Bundestag in früheren Resolutionen mit guten Gründen vermieden hatte. Dieser Begriff, der ins Völkerrecht eingeführt wurde, um Verbrechen wie einer Wiederholung von Staatsverbrechen nach Art des Holocausts vorzubeugen, ist inzwischen zu einem Kampfbegriff mutiert, der Aussöhnung eher verhindert als fördert.

Türken und Armenier waren bereits auf einem guten Wege, sich zu verständigen und sich auf die Einsetzung einer internationalen Historikerkommission zu einigen. Durch Deklarationen wie diejenigen aus Deutschland werden ganz offensichtlich die Fronten eher verhärtet. Aber solche Erwägungen greifen natürlich nicht, wenn das öffentliche Schuldbekenntnis, welches stellvertretend für vergangene Generationen ausgesprochen wird (die bis auf wenige Amtsträger von ihrer Schuld gar nichts ahnten), den Nachgeborenen das Gefühl moralischer Integrität und Überlegenheit verleiht.

Das nächste öffentliche Schuldbekenntnis ist in Vorbereitung. Zwar ist – im Zeichen praktizierter Wiedergutmachung – Namibia seit Jahrzehnten ein privilegierter Empfänger deutscher Entwicklungshilfe, doch ein

Sonderbeauftragter der Bundesregierung ist in Namibia bereits unterwegs, um mit den verschiedenen Stämmen – es handelt sich ja nicht nur um die Herero – Verhandlungen über die Wiedergutmachungszahlungen zu führen, die mit dem nächsten öffentlichen Schuldbekenntnis verbunden sein werden.

Wer solche Bußrituale kritisiert oder gar ironisiert, muss mit empörten Reaktionen der Meinungswächter rechnen. Diese operieren politisch-strategisch mit dem Instrument ›Schuld‹ als einem politisch-religiösen bzw. zivilreligiösen Hebel. Als solcher ist Schuld bestens zu gebrauchen, wenn sie nicht mehr religiös aufgehoben oder aufhebbar ist. Dann durchwuchert sie die ganze, säkulare Gesellschaft als unverzeihliche, als ewige Schuld.

Ich schließe diese Beispielsammlung mit dem bitteren Fazit eines Adorno-Schülers ab. Peter Furth, FU-Professor, Doktorvater von Rudi Dutschke und Impulsgeber der Studenten- und Studentinnenbewegung von 1968, kritisiert heute, 68 habe eine Wächter- und Wächterinnengeneration hinterlassen.[36]

Furth: »Ich selbst war früher auch so: Meinen Schwiegervater, der als Jude und Sozialdemokrat in Buchenwald war, habe ich als deutsch-nationalen Bonzen gebrandmarkt. Das bereue ich heute.« Jener überzeugte Republikaner, Fraktionsführer im preußischen Landtag, habe gewusst, »dass man für eine Republik Volk und Nation braucht«. Die Berufung auf »Antifaschismus« sei heute »ein moralisches Herrschaftsmittel« geworden, »das der Ausgrenzung von Andersdenkenden dient«. »Als Kulturrevolution hat 68 gewonnen, ihr Siegespreis ist die politische Korrektheit, die allenthalben zu einer semantischen Politik geführt hat.«[37]

36 Die Zitate stammen aus einem Interview mit dem Sozialphilosophen Peter Furth, »Die 68er-Revolte hat eine Wächtergeneration hinterlassen«. Das Gespräch führte Timo Frasch, in: *F.A.Z.* vom 05.08.2008.

37 Im selben Gespräch erläutert Furth: »Die Achtundsechziger haben in dem absoluten Glauben, moralisch im Recht zu sein, versucht, sich über die Conditio humana, über die Dinge, die Natur hinwegzusetzen. Kein Gott und keine Autorität, keine Rücksicht schien ihnen mehr nötig, der Mensch selbst war ihnen Weg und Ziel. Wer nicht auf dem Weg zur emanzipierten Menschheit mitmachte, wurde aus der Menschheit ausgegrenzt. Das ist etwas anderes, als aus einem Ruderverein geworfen zu werden.« Das Ziel der antiautoritären Ideologie sei klar, »alle vermittelnden Instanzen zwischen dem Individuum und der Gesellschaft – Familie, politische und juristische Institutionen, Traditionen, Ethnien – zu entwerten. Die Folge ist, dass der einzelne unmittelbar und schutzlos den Kräften des Marktes ausgesetzt ist und nur die Stärksten überleben.« »Man kommt nicht umhin festzustellen, dass der Achtundsechziger-Bewegung etwas Totalitäres anhaftete.«

Was Peter Furth diagnostisch aufgezeigt hat, sind die Strukturen eines gnadenlosen Verhältnisses zur eigenen Geschichte. Der so verengte Blick behindert auch das Verstehen der Mentalitäten im Nachkriegsdeutschland.

Jüngst hörte ich einmal das Volkslied:

»Ich hab mich ergeben
Mit Herz und mit Hand,
Dir Land voll Lieb' und Leben
Mein deutsches Vaterland!«

Mit zwei Studenten machte ich den Test; beide zögerten keinen Augenblick mit dem Urteil: »Ein Lied von Rechtsradikalen«. Diese Meinung wird niemanden verwundern, denn auf uns alle wirkt dieses nationale Pathos ja befremdlich, wenn nicht sogar kitschig. Aber die beiden Studenten waren dann doch äußerst erstaunt, als sie hörten, dass am 23. Mai 1949, im Anblick des zerstörten Deutschland die Frauen und Männer des Parlamentarischen Rats dieses Lied gesungen haben – zum Abschluss jener Sitzung, in der das Grundgesetz für die Bundesrepublik Deutschland angenommen wurde. Ganz offenbar war »Deutschland« für diese Menschen eine tief empfundene Sinn-Einheit gemeinschaftlichen Lebens, die die Möglichkeiten einer freiheitlichen sittlichen Ordnung umfasste, welche auch nicht durch das System des von Staats wegen organisierten Völkermords gänzlich ruiniert worden waren. Ihr eigenes gemeinsames erfolgreiches Ringen um eine Neuordnung des Staates stand dafür ein. Indem sie jenes Lied anstimmten, bekräftigten sie, im Pathos einer zivilreligiösen Geste, dass der Glaube an ein besseres Deutschland nicht nur eine in Paragraphen gefügte »Kopfgeburt« war.[38]

Bemerkung zum Schluss

Wenn es zutrifft, dass – im internationalen Vergleich – von einer deutschen Sonderentwicklung gesprochen werden kann, werden zweifellos künftige Generationen einen anderen Weg des Erinnerns deutscher Schuld beschreiten. Die Konturen dieser andersartigen Erinnerungspolitik zu be-

[38] Das Lied fungierte zunächst als Nationalhymne, bis es durch die dritte Strophe des Deutschlandlieds abgelöst wurde.

schreiben, überfordert mich. Befände sich Europa nicht in einer momentan ausweglos erscheinenden Krise der EU, mit auseinanderstrebenden nationalen Tendenzen, würde sich meine Hoffnung auf eine gemeinsame europäische Erinnerungspolitik richten.

Zum Problem der verweigerten Erkenntnis der Sünde[1]

Lisa Martin

The present discourse on hamartiology seems to agree that the concept of »sin« is in a crisis. As a matter of fact, many people have difficulties grasping the meaning of »sin« outside its liturgical space. At the same time, one can make out a change in the perception of sin. The apostolic exhortation »Reconciliatio et Paenitentia« (1984) states that »the moral conscience of many people becomes seriously clouded« (No. 18). A variety of attempts to explain this development have been made, along with diverse suggestions for how to encounter the challenge. This essay uses »Reconciliatio et Paenitentia« as a starting point to investigate possible reasons for the present loss of the sense of sin. Its thesis is that an interconnection of parallel processes is responsible. Concluding, this essay asks how the Church can address the noticed loss.

Im Apostolischen Schreiben *Reconciliatio et Paenitentia* von 1984 heißt es:

»Der Verlust des Sündenbewußtseins ist also eine Form oder eine Frucht der *Verneinung Gottes* nicht nur in ihrer atheistischen, sondern auch in ihrer säkularisierten Spielart. [...] In einer solchen Situation ist die Verdunkelung oder Schwächung des Sündenbewußtseins das Ergebnis

1 Wenn im Folgenden von *Sünde* die Rede ist, so berücksichtigt der Begriff *Sünde* in Unterscheidung zu (bloß sittlicher) Schuld ausdrücklich die theologische Dimension im Sinne einer Schuld vor Gott.
Vgl. zum Verständnis auch: Katechismus der Katholischen Kirche (KKK): »Um zu verstehen, was die Sünde ist, muß man zunächst den tiefen Zusammenhang des Menschen mit Gott beachten. Sieht man von diesem Zusammenhang ab, wird das Böse der Sünde nicht in ihrem eigentlichen Wesen – als Ablehnung Gottes, als Widerstand gegen ihn – entlarvt, obwohl sie weiterhin auf dem Leben und der Geschichte des Menschen lastet.« (Art. 386)

einer Ablehnung jeden Bezuges zur Transzendenz im Namen des Verlangens nach personaler Autonomie«[2].

In diesem kurzen Zitat finden sich drei zentrale Aussagen, die die gegenwärtige Problematik des Sündenbewusstseins illustrieren, nämlich zuallererst, dass es einen *Verlust des Sündenbewusstseins* gebe, dieser zweitens Folge bzw. *Frucht der Verneinung Gottes* sei und drittens, dass der Mensch stattdessen nach *personaler Autonomie* verlange. Inwiefern diese Aussagen zutreffen, bzw. zu korrigieren oder zu ergänzen wären, soll Gegenstand der nachfolgenden Überlegungen sein. Sie bilden zugleich den formalen Rahmen der sich anschließenden Analyse.

Über den »Verlust des Sündenbewusstseins«

Betrachtet man die seit dem II. Vatikanischen Konzil zahlreich erschienenen Beiträge zur Sündenthematik, so scheint man sich weitgehend einig zu sein, dass gegenwärtiges Sündenverständnis und -bewusstsein in der *Krise* sind bzw. *problematisch* geworden sind. Das eingangs zitierte Apostolische Schreiben *Reconciliatio et paenitentia* spricht mit deutlichen Worten von einem »fortschreitende[n] Schwinden und sogar Erlöschen des Sündenbewußtseins« (Art. 18). Bei den meisten Menschen reduziere sich das Sündenbewusstsein lediglich noch auf das, »was den Menschen beleidige«.[3] Michael Sievernich spricht in diesem Zusammenhang von der »Problematik der Rede von Schuld und Sünde in der Gegenwart«[4] und weist darauf hin, dass das gegenwärtige Problem v. a. darin bestehe, in angemessener Weise von *Schuld* und *Sünde* außerhalb des kirchlichen Kontextes zu sprechen. Während *Sünde* nämlich im liturgischen Vollzug der Kirche nach wie vor seinen festen Ort habe, so gelte dies weniger für den säkularen Raum. Dort finde der Begriff *Sünde* allenfalls noch ironische Verwendung, was auf eine semantische Verschiebung hindeute.[5] Ähnlich beschreibt es Gerhard Ebeling: Ihm zufolge leben selbst heutige Christinnen und Christen in einer Umwelt, »für deren Aufbau und Lebensrhythmus die Vorstellung der Sünde keine Rolle mehr spielt. Es ist eine Welt,

[2] Apostolisches Schreiben *Reconciliatio et Paenitentia* (Johannes Paul II.), 1984, Art. 18.

[3] Ebd.

[4] MICHAEL SIEVERNICH, Schuld und Sünde in der Theologie der Gegenwart, Frankfurt a. M. 1982, 15.

[5] Vgl. a. a. O., 15 f.

die weder die Sprache besitzt, Sünde auszusprechen, noch Orte der Vollmacht, um von Sünde loszusprechen, und die darüber hinaus beides nicht zu vermissen scheint«[6]. War in früheren Zeiten das gesamte Leben – von der Taufe bis zur letzten Ölung – selbstverständlich auf die Wirklichkeit der Sünde ausgerichtet,[7] verliert diese zunehmend an Bedeutung und als Folge dessen ebenso die Vergebung. Hanns-Stephan Haas spricht darum gar von einer »tiefgreifenden Krise«, die in erster Linie eine Krise der Kirche sei, da diese sich als Folge des skizzierten Wandels zuallererst vor die Aufgabe gestellt sehe, die Relevanz der Vergebung wieder neu entfalten und deutlich machen zu müssen.[8] Bernhard Häring legt weiter dar, dass die Krise im Sprechen von *Schuld und Sünde* nicht zuletzt in dem Umstand begründet sei, dass der heutige Mensch generell Schwierigkeiten habe, Heiliges zu erkennen und sich darum schwer tue, einen Verstoß gegen Heiliges zu verstehen und anzuerkennen. Vielmehr werde der Begriff *Sünde* (fälschlicherweise) v.a. dann gebraucht, wenn es um sozialen Druck, Sanktionen oder gesellschaftliche Tabus gehe.[9] Dafür mitverantwortlich sei Josef Römelt zufolge u.a. der Säkularismus der Gegenwart, der im Verdacht stehe, den »unheimlichen Entschuldungsmechanismus«[10] unserer Zeit befördert zu haben. Dies führt er nicht zuletzt darauf zurück, dass der Mensch sich angesichts der vielfältigen Verstrickungen immer häufiger als unfrei und ohnmächtig erfahre und darum auch nur bedingt bereit sei, Verantwortung zu übernehmen. Es fehle dem Menschen daher weniger an der Einsicht eigener Schuld, sondern vielmehr werde ihm die Fähigkeit zu sündigen generell aberkannt.[11]

Einig sind sich alle genannten Autoren, dass das Sündenbewusstsein in der Krise ist.

6 Gerhard Ebeling, Wort und Glaube. Beiträge zur Fundamentaltheologie, Soteriologie und Ekklesiologie (Bd. 3), Tübingen 1975, 197.

7 Vgl. a.a.O., 196.

8 Vgl. Hanns-Stephan Haas, »Bekannte Sünde«. Eine systematische Untersuchung zum theologischen Reden von der Sünde in der Gegenwart, Neukirchen-Vluyn 1992, 4–11.

9 Vgl. Bernhard Häring, Sünde im Zeitalter der Säkularisation, Graz 1974, 13.

10 Das vielfach zitierte Wort vom »unheimlichen Entschuldungsmechnanismus« geht auf J. B. Metz und dessen Kommentar zum Synodendokument »Unsere Hoffnung« (1975) zurück: J. B. Metz, Vergebung der Sünden. Theologische Überlegungen zu einem Abschnitt aus dem Synodendokument »Unsere Hoffung«, StZ 195 (1977), 119–128.

11 Vgl. Josef Römelt, Christliche Ethik in moderner Gesellschaft. Bd. 1. Grundlagen, Freiburg i. Br. 2008, 169–171.

Dass außerhalb des kirchlichen Rahmens eine semantische Verschiebung des Sündenbegriffs stattgefunden hat, scheint unstrittig. Die Rede von *Schuld* und *Sünde* gestaltet sich problematisch, da der Begriff in seiner ursprünglichen, religiösen Bedeutung nicht mehr verstanden und inzwischen v.a. unter ironischen aber auch kasuistischen und moralistischen Aspekten betrachtet wird.[12] Infolge dieser Verwässerung des Sündenbegriffs erscheint es nicht mehr ganz abwegig, von einem gänzlichen Verlust des Sündenbewusstseins zu sprechen: Wo *Sünde* nicht mehr verstanden wird, kann sich in logischer Konsequenz auch kein Bewusstsein dafür entwickeln. Bedeutet dies zugleich auch ein Schwinden des Schuldbewusstseins, weil man etwa generell Schwierigkeiten hat, die eigene Schuld zu er- und bekennen. Josef Römelts Analyse trifft darum m. E. einen entscheidenden Punkt, auf den ich im dritten Teil noch einmal zu sprechen kommen werde.

Die »Verneinung Gottes« als Ursache für den Verlust des Sündenbewusstseins

Auf die Frage, wie es zu dem Verlust des Sündenbewusstseins gekommen ist, gibt *Reconciliatio et Paenitentia* als Hauptursache die »Verneinung Gottes« bzw. die »Ablehnung jeden Bezuges zur Transzendenz« an, geht aber darüber hinaus auch auf vorangegangene gesellschaftliche Umbrüche und Entwicklungen ein, die derartige Säkularisierungstendenzen befördert hätten. Eine Sichtung einschlägiger Beiträge zur Sündenthematik zeigt hinsichtlich der Ursachen zum Verlust des Sündenbewusstseins ein weitestgehend einheitliches Bild. Neben der »Verneinung Gottes« werden dort weitere vier Ursachen vorrangig angeführt: 1. Die falsche bzw. sehr einseitige Sündenlehre der Kirche, 2. humanwissenschaftliche Erkenntnisse, 3. die Religionskritik der Aufklärung und 4. der rasante technische und wissenschaftliche Fortschritt der Moderne. Auffallend ist, dass der in

[12] Darauf verweisen bereits die Brüder Grimm im *Deutschen Wörterbuch*: »In weiterer entwicklung verliert sünde, mehrfach abgestuft (II C), an moralischem gewicht, um sich seit ende des 18. jh., in der aufklärung, zum religiös-sittlich neutralen begriff abzuschwächen (III) und sich in ernsthaft sachlichem (III A) und in scherzhaftem oder ironischem gebrauch (III B) jüngerer sprache mannigfach zu verzweigen. diese entwicklung, als ganzes ein beispielfall für die wachsende säkularisierung des geistigen lebens.« Zitiert nach: Brüder Grimm: Deutsches Wörterbuch: http://woerterbuchnetz.de/DWB/?sigle=DWB&mode=Vernetzung&lemid=GS56746#XGS56746, [letzter Zugriff: 22. April 2016].

Reconciliatio et Paenitentia so stark gemachte Bedeutungsverlust des Gottesglaubens in Folge von Säkularisierung und Atheismus in anderen Beiträgen verhältnismäßig wenig Raum einnimmt.[13] So erachtet Bernhard Häring den schleichenden Atheismus in Bezug auf das Sündenverständnis zwar als problematisch, sieht darin aber auch einen wichtigen Anstoß für die Theologie, »den Sündenbegriff und den gesamten Sündentraktat gründlich zu revidieren«[14]. Auch Gerhard Ebeling erkennt einen Zusammenhang zwischen dem Verlust des Gottesglaubens und dem Verlust des Sündenbewusstseins. Für ihn stellt sich die Frage, »ob mit dem Verblassen des Gottesgedankens und dem Ermatten des Glaubens der Begriff der Sünde seine Überzeugungskraft verlor; oder ob aus Ermangelung eines Sündenverständnisses, das die eigene Erfahrung traf und aufdeckte, der Gottesglaube seinen entscheidenden Bezug zur Erfahrung einbüßte und innerlich ausgehöhlt wurde«[15]. Trotz eines komplizierten Ineinandergreifens der beiden Faktoren vermutet Ebeling, dass »das primäre Movens nicht das Fraglichwerden Gottes war, sondern das Undeutlichwerden und Unverbindlichwerden des Redens von Sünde«[16].

In beiden Fällen scheint mir die Analyse unzureichend. Während *Reconciliatio et Paenitentia* betont, dass die Verneinung Gottes der Verdunkelung des Sündenbewusstseins vorangeht, gehen beide Autoren dagegen von einer umgekehrten Ursächlichkeit aus. Häring deutet an, dass ein von der Theologie revidierter Sündenbegriff und Sündentraktat die atheistischen Tendenzen aufhalten könnte. Dies würde letztlich bedeuten, dass nicht Säkularisierungstendenzen und Atheismus den Sündenbegriff verwässert haben, sondern dass vielmehr umgekehrt der unklar gewordene Sündenbegriff die Auflösung des Gottesgedankens begünstigt habe. Deutlicher formuliert es Ebeling, der in dem Undeutlich-Werden der Rede von *Sünde* das Fraglich-Werden Gottes grundgelegt sehen will. Dass ein kau-

13 Auffallend ist etwa, dass Michael Sievernich in seiner Dissertation »Schuld und Sünde in der Theologie der Gegenwart« von 1982 zunächst nur vier Gründe benennt. Erst in seinem Aufsatz »Die christliche Auffassung von Schuld und Umkehr« von 1983 fragt Sievernich, ob die Schwierigkeiten mit Schuld und Umkehr nicht auch zutiefst mit der Verdrängung oder gar dem Verlust des Gottesgedankens zusammen[hängen]«.
Vgl. Michael Sievernich, Die christliche Auffassung von Schuld und Umkehr, in: Michael Sievernich / Klaus Seif (Hg.), Schuld und Umkehr in den Weltreligionen, Mainz 1983, 19–42.

14 Häring, Sünde im Zeitalter der Säkularisation, 35.

15 Ebeling, Wort und Glaube, 199.

16 Ebd.

saler Zusammenhang zwischen dem Schwinden des Sündenbewusstseins und dem Verblassen des Gottesbewusstseins besteht, scheint unstrittig. Mit Blick auf die Kausalität deutet jedoch einiges darauf hin, dass der Bedeutungsverlust des Gottesgedankens den Ausgangspunkt dieser Entwicklung markiert. Inwiefern dieser Wandel als Ausdruck eines generellen Wandels von einer theozentrischen zu einer anthropozentrischen Sicht gelesen werden kann, wird in einem späteren Schritt ausführlicher erläutert. Zunächst aber sollen die vier weiteren, zuvor genannten Gründe grob skizziert werden, da diese ebenfalls im Verdacht stehen, diesen Wandel begünstigt zu haben.

Einen auffallend großen Raum nimmt die Kritik an der kirchlichen Verkündigungspraxis in der Ursachenanalyse ein. Besonders zwei Punkte werden immer wieder genannt: In der Kritik steht zum einen eine überkommene und moralisierende Sündenlehre, die eine Haltung der Furcht vor Sünde und der Angst vor Gottes Strafe hervorgebracht habe, zum anderen steht die Kirche selbst in der Kritik. Ihr größtes Interesse sei es allzu lange Zeit gewesen, so der Vorwurf, ihre Autorität und Machtstellung zu wahren. Im 19. Jahrhundert sei dann zu dem Wunsch nach weniger Rigorismus und autoritären Strukturen die Tendenz getreten, Kirche und Christentum gänzlich in Frage zu stellen. So kritisiert Michael Sievernich etwa, dass sowohl in der kirchlichen Verkündigung als auch innerhalb der Theologie nicht selten in einer »verengten oder bisweilen gar falschen Art und Weise von Schuld und Sünde die Rede war«[17]. Die überkommene Sündenlehre der Kirche habe zum einen ein moralisierendes Heilsverständnis[18] gefördert und zum anderen habe sie falsche Sündenängste entstehen lassen und dazu geführt, dass »die kirchlichen Bußverfahren eher als zusätzlich belastende denn als befreiende Vorgänge empfunden wurden«[19]. Fatale Folge eines derart einseitigen und verengten Sündenverständnisses sei daher gewesen, dass »Schulderfahrung und Umkehrbereitschaft abhanden zu kommen drohen«[20]. In der Darlegung der Gründe für die »epochalen Schwierigkeiten« folgt Hanns-Stephan Haas der Argumentation Sievernichs und benennt ebenfalls den »Plausibilitätsschwund christlichen Redens von Sünde und Schuld durch die kirchliche Theorie und Praxis«[21]. Und auch Gerhard Ebeling teilt die Auffassung, dass das tradi-

17 Sievernich, Schuld und Sünde, 16f.

18 Vgl. a.a.O., 17.

19 Sievernich, Schuld und Umkehr, 21.

20 Ebd.

21 Haas, Bekannte Sünde, 11.

tionelle kirchliche Sündenverständnis, »das in statuarischen Normen gründet, die dem Menschen als fremde Satzungen von außen auferlegt sind«[22] an der Krise des Sündenverständnisses und der Situationsveränderung Mitschuld trage. Zudem habe eine »gefährliche[n] Moralisierung des Sündenverständnisses« eine Krise der Moral ausgelöst, die mitunter auch Folge einer Verengung des Sündenbegriffes auf die Sexualmoral sei, »die für das kirchliche Sündenverständnis so verhängnisvoll zentral geworden war«[23]. Auch das Apostolische Schreiben *Reconciliatio et Paenitentia* räumt ein, dass es im Bereich des kirchlichen Denkens und Lebens Tendenzen gegeben habe, die den Niedergang des Sündenbewusstseins begünstigt hätten. So hätten auch Theologie und Lehramt zu großer Verwirrung beigetragen, indem sie lange Zeit die Sünde überall vermutet und damit eine übergroße Furcht vor Strafen geschaffen hätten, während heute dagegen *Sünde* in der Verkündigung mit Blick auf die Botschaft von der übergroßen Liebe Gottes relativiert würde und jede (auch berechtigte) Strafe nahezu kategorisch ausgeschlossen werde.

Dass die Kirche durch ihre Verkündigung lange Zeit ein einseitiges und teils problematisches Sündenverständnis befördert hat, wird somit auch von kirchlicher Seite nicht bestritten. Ob sie aber als Hauptursache verantwortlich gemacht werden kann, scheint zumindest fraglich. Spätestens mit dem II. Vatikanischen Konzil und dessen pastoraler Neuausrichtung zeigt sich die Kirche um eine Anpassung der Sünden- und Bußpastoral bemüht.

Neben der einseitigen Sündenmoral der Kirche nennen Sievernich und Ebeling »[d]ie aufklärerische Kritik am Christentum und seiner Moral im 19. Jahrhundert«[24] als weiteren Grund für die heutige Krise, wenngleich letzterer den Schwerpunkt weniger auf die Kritik der Aufklärung an sich legt, sondern in erster Linie wiederum die Reaktion der Kirche als kritikwürdig betrachtet. Der eigentliche Grund sei nicht zuletzt die Antwort der Theologie auf die Forderung der Aufklärung nach eigenständigem, rationalem Denken. Deren »pseudotheologische Gängelung der Vernunft« habe die Gegenseite noch bestärkt, und mit dem Pochen auf Vernunftgründe sei in der Folge auch die Sprache verkümmert, die heute weder den Sachverhalt der Sünde noch des Heiligen adäquat auszudrücken vermag.[25] Louis Monden dagegen erachtet v. a. jene Impulse und Forderungen

22 Ebeling, Wort und Glaube, 198.
23 A. a. O., 200.
24 A. a. O., 17f., Vgl. auch: Sievernich, Schuld und Umkehr, 21.
25 Vgl. Ebeling, Wort und Glaube, 202.

der Aufklärung, die eine Loslösung von äußeren Strukturen zum Inhalt haben als maßgeblich. Er beschreibt den durch die Aufklärung angestoßenen Prozess der *Selbstentdeckung des Menschen*, der sich durch ein immer stärker aufkeimendes *Bedürfnis nach reifer Selbstständigkeit* auszeichne. Jede Form der Abhängigkeit, der Versklavung, der Unterdrückung oder Benachteiligung durch die herrschenden Eliten galt es abzuschaffen und auf dem Weg zur Selbstbefreiung scheint es vielen ebenso notwendig, sich von jedweder Bindung an religiöse Mächte zu lösen. Diese Forderung ist das zentrale Anliegen der systematisch geführten Religionskritik. Personale Autonomie und die Umkehrung aller bisherigen Verhältnisse erschienen als einzig probates Mittel soziale Ungleichheiten aufzuheben.

Als weiteren entscheidenden Grund für den Verlust und Wandel des Sündenbewusstseins werden die Erkenntnisse der Humanwissenschaften genannt. Das Anliegen der modernen Humanwissenschaften sei es, in der Auseinandersetzung um die Sündenthematik u. a. genetische Erklärungen für menschliches Entscheiden und Handeln ausfindig zu machen.[26] Dabei würden die Ergebnisse von Psychologie, Psychiatrie, Soziologie, Ethologie und Pädagogik das »Bewußtsein von Freiheit, Schuld und Verantwortung eher abschwächen als stärken«[27]. Zudem würde eine ideologische Anwendung dieser Wissenschaften oftmals versuchen »Schuld psychologisch aufzulösen oder gesellschaftskritisch auszureden und die ›Umkehr‹ des Menschen über die Veränderung der Sozialsysteme erreichen«[28].

Zuletzt wird schließlich noch die Erfahrung einer durch Industrialisierung und Globalisierung beschleunigten und undurchsichtiger gewordenen Welt angeführt. Der technische Fortschritt, der ein rasantes Wachstum und überregionalen Handel ermögliche, bedeute zugleich zunehmende Urbanisierung, Anonymisierung und breitere Verteilung von Zuständigkeit und damit von Verantwortung. Nach Louis Monden hat sich der Mensch durch den technischen Fortschritt zwar nahezu unbegrenzte Möglichkeiten geschaffen, das Streben nach eigenständiger Verantwortlichkeit werde aufgrund der angestiegenen Komplexität des Lebens und auch »durch die Gefahr der Robotisierung und Depersonalisierung, die der heutige gesellschaftliche Apparat mit sich bringt«[29] jedoch ständig bedroht. Permanenter Fortschritt erscheine dem modernen Menschen einerseits als unabdingbar und unbedingt erstrebenswert, andererseits scheine er dabei »zugleich

26 Vgl. SIEVERNICH, Schuld und Sünde, 18f. Vgl. Reconciliatio et Paenitentia, Art. 18.
27 SIEVERNICH, Schuld und Umkehr, 22.
28 Ebd.
29 LUIS MONDEN, Sünde, Freiheit und Gewissen, Salzburg 1968, 80.

dermaßen im Streit mit seinem Freiheitswillen zu sein, daß er wohl äußere Bindungen gelassen hinnimmt, aber von diesem neuen Versklavungsprozeß seine innere Gewissensentscheidung keineswegs antasten lassen will«[30]. Als Folge dessen lasse sich der Mensch heute in seiner Entscheidungsfindung ausschließlich vom eigenen Gewissen und keiner weiteren, äußeren Instanz mehr leiten. Jeder äußere Einfluss werde mehr noch schlicht als Angriff auf die innerste Freiheit erfahren.[31] Ein einheitliches Sündenverständnis bzw. -bewusstsein zu formen wird dadurch erschwert, wenn nicht sogar unmöglich. In Anbetracht des technischen Fortschritts, der durch die Globalisierung noch einmal gesteigert wurde, sei der Mensch aufgrund der immer undurchsichtiger werdenden Verstrickungen noch viel mehr in die Pflicht genommen, Verantwortung zu übernehmen. Gleichzeitig steige damit aber auch die Möglichkeit zu versagen und schuldig zu werden. Der Mensch bewegt sich damit ständig in einem unentwirrbaren Knäuel von übergroß gewordener Freiheit, Gefahr des Scheiterns und eigener Ohnmacht.[32] Er sehe sich dadurch noch viel mehr im Konflikt zwischen eigener Verantwortung und gleichzeitiger Hilflosigkeit. Zwar ist der Mensch durch den enormen technischen Fortschritt in der Lage, die physischen Übel wie Krankheiten, Naturkatastrophen, Seuchen etc. effektiver zu bekämpfen, gleichzeitig habe das moralische Übel, so Ebeling, das Menschen einander antun, zugenommen. Nach Ebelings Ansicht ist dies jedoch kein Indiz dafür, dass der Mensch an sich böser geworden sei, sondern dass die Menschheit im Ganzen böser dran ist und »einen ungleich schwereren Kampf gegen das Böse zu führen« habe und zwar »um so (sic!) mehr, je weniger der Einzelne haftbar zu machen und je mehr er anonymen Mächten und gesellschaftlichen Strukturen ausgeliefert ist, in denen sich Prinzipien des Bösen kristallisieren und zugleich tarnen«[33]. Dies habe zur Folge, dass sich der Mensch angesichts des Bösen viel häufiger als ohnmächtig und verlassen erfahre. Michael Sievernich erkennt darin ein entscheidendes Problem der gegenwärtigen Schulderfahrung, nämlich »daß dem Rückgang des Verständnisses für personale Schuld eine Zunahme des Verständnisses für die ›objektive‹ Schuld entspricht, in welche die Subjekte leidvoll verstrickt sind«[34]. So erfährt sich der Mensch angesichts des vielfältigen Bösen in der Welt heute noch viel häufiger als

30 Ebd.
31 Vgl. ebd.
32 Vgl. RÖMELT, Christliche Ethik in moderner Gesellschaft, 169–171.
33 EBELING, Wort und Glaube, 197.
34 SIEVERNICH, Schuld und Sünde, 21.

Opfer und fühlt sich im Umkehrschluss weniger für das Böse mitverantwortlich: »Im Bewußtsein des modernen Menschen scheint das – in vielfältiger Gestalt und Benennung auftauchende Böse – eine besondere Rolle als Widerfahrnis zu spielen, als Verstrickung oder Gefangenschaft in eine Wirklichkeit, als deren Opfer und nicht Täter er sich fühlt«[35]. Dies habe folglich entscheidenden Einfluss auf das Sakrament der Buße, dessen Kern das Bekenntnis der eigenen Sünden bilde.[36]

Alle genannten Ursachen für das Schwinden des Schuld- und Sündenbewusstseins sind zutreffend, gerade in dem zuletzt Gesagten deutet sich aber eine noch viel tiefer greifende Dimension an, die weniger das Sündenverständnis als den modernen Menschen selbst zum Thema der Analyse erhebt. Die Frage bleibt nämlich bestehen, warum es dem heutigen Menschen so schwer fällt, *Sünde*, in einem nichtreligiösen Kontext aber auch *Schuld*, zu bekennen? Ist dies nicht in erster Linie eine Frage, die den Menschen in seiner ganzen Person angeht? Sievernichs Überlegung, dass sich der heutige Mensch angesichts des vielfältigen Bösen häufiger als Opfer erfahre und sich im Umkehrschluss weniger für das Böse mitverantwortlich fühle, scheint ein entscheidender Zugang zu sein. Ich stimme mit Haas überein, dass in der vielfach angeführten überholten Sündentheologie der Kirche nur ein Teilaspekt dieses Wandels gegeben ist. Er kritisiert weiter, dass grundsätzlich davon ausgegangen werde, »daß der moderne Mensch gegenüber früheren Epochen ›Sünde‹ ganz anders bzw. gar nicht mehr erfährt. Der Versuch einer Beschreibung der Sündenerfahrung früherer Epochen wird aber gar nicht erst unternommen.«[37] Wie es sich auch schon bei Sievernich andeutet, sei die eigentliche Krise ihm zufolge darum weniger eine Krise des Begriffs als eine Krise des Menschen selbst:

> »Das Problem einer heutigen Sündenlehre besteht nicht darin, daß unsere Zeit Schwierigkeiten mit dem Reden von Sünde hat, sondern das Problem unserer Zeit ist – in einer gegenüber früheren Epochen zugespitzten Weise – die Sünde bzw. die Verweigerung ihrer Erkenntnis. Konsequent gedacht lenkt dies den Blick auf eine Krise des Menschen selber. Die beschworenen epochalen Schwierigkeiten mit dem Sündenverständnis samt ihrer vielfältigen Behebungsversuche sind nur Symptome dieses Grundproblems und folglich mit dem Interesse an einer Ausklammerung der Erfahrung des eigenen Sün-

[35] A. a. O., 22.
[36] Vgl. a. a. O., 23.
[37] HAAS, Bekannte Sünde, 15.

derseins in Verbindung zu sehen. Die theologische Aufgabe kann deshalb nicht darin bestehen, ›Sünde‹ den allgemeinen Verstehensbedingungen und Erfahrungen unserer Zeit ›anzupassen‹. Vielmehr muß die Theologie die verweigerte Erkenntnis der Sünde als das Problem unserer Zeit aufweisen. Die Theologie schuldet ihrer Zeit also die hamartiologische Diagnose des modernen Menschen in seinem geistesgeschichtlich gewachsenen Selbstverständnis und seinen Lebensumständen.«[38]

Haas kritisiert, dass die vielfach genannten Probleme mit dem Sündenverständnis ebenfalls nur Ausdruck bzw. Symptom einer viel umfänglicheren Entwicklung seien und plädiert darum für eine stärkere anthropologische Auseinandersetzung, die sich der Sündenthematik nicht in erster Linie über den Sündenbegriff, sondern über den Menschen nähere.

Schließlich möchte ich zur dritten und letzten Behauptung des Eingangszitates übergehen – die »Ablehnung jeden Bezuges zur Transzendenz im Namen des Verlangen nach personaler Autonomie«.

Das »Verlangen nach personaler Autonomie«

In obigem Zitat betont Haas, dass nicht der gewandelte Sündenbegriff selbst, sondern die Verweigerung der Erkenntnis der Sünde das eigentliche Problem unserer Zeit darstellt. Er spricht nicht etwa von fehlender bzw. mangelnder Einsicht, sondern von der aktiven Verweigerung der Erkenntnis. Eine moralisierende Verkürzung des Sündenverständnisses infolge von Aufklärung, einseitiger Sündenlehre und humanwissenschaftlicher Erkenntnisse reicht dann aber als Erklärung nicht mehr aus. Falls dem so wäre, müsste man dieser Verkürzung von theologischer Seite auf irgendeine Art entgegenwirken können, wie man es in neuerer Zeit von kirchlicher Seite häufig versucht hat. Wie bereits oben angedeutet, scheint der Wandel des Sündenverständnisses darum mehr noch Ausdruck eines grundlegenden Wandels von einer theozentrischen zu einer anthropozentrischen Sicht zu sein. Damit zusammenhängend ändern sich nicht zuletzt gesellschaftliche Einbindung und Wertvorstellungen des Menschen. Es handelt sich daher, wie Haas feststellt, nicht nur um eine Krise des Sündenbewusstseins, sondern um eine »Krise des modernen Menschen« an sich. Noch vor 200 Jahren waren Kirche und Gesellschaft auf sämtlichen

[38] A. a. O., 40.

Ebenen vernetzt und Gott sowie Religion nicht nur die abstrakte Vorstellung einer Minderheit. Das gesamte Leben eines Christen war »auf Befreiung von der Sünde und auf Stärkung im Kampf gegen die Sünde und ihre Folgen ausgerichtet«[39]. Im Europa des 21. Jahrhunderts dagegen spielt der »gelebte« Glaube, abgesehen von den christlichen Feiertagen und den diversen Lebensabschnittsfeiern (Taufe, Hochzeit, Beerdigung etc.), eine untergeordnete Rolle. Zu fragen wäre zunächst, wie Gott zugunsten personaler Autonomie in seiner für den Menschen existenziellen Bedeutung an Relevanz verlieren konnte und in einem weiteren Schritt welche Faktoren den Wandel vom Theozentrismus zum Anthropozentrismus begünstigten.

Der Sozialphilosoph Charles Taylor beschreibt diese Entwicklung als einen zunächst schleichenden Prozess, bei dem das Weltbild des Mittelalters, das Gott im Zentrum sieht, auf lange Sicht zunächst vom Deismus und schließlich vom Anthropozentrismus (in Teilen auch vom Atheismus) abgelöst wurde. Ihren vorläufigen Höhepunkt erreichte diese Entwicklung schließlich im 19. Jahrhundert. Gott selbst existiere in einem deistischen Weltbild zwar weiterhin als Schöpfer und Ursprung der Welt sowie als Wohltäter, der nur unser Bestes im Sinn habe, greife in unser Leben ansonsten aber nicht weiter ein. Mit der Überzeugung, dass Gott in dieser Welt eigentlich gar keine Wunder wirke und auch ansonsten nicht lenkend eingreife, bröckelt zunächst die Notwendigkeit, Gott weiterhin zu ehren und ihm durch fromme Gebete und Werke zu gefallen. Allmählich habe sich zudem die Auffassung durchgesetzt, Gott habe die entscheidenden Kräfte, die Welt und uns zum Besseren zu wenden, ganz an uns übergeben.[40] Bis ins 16. Jahrhundert galt die Vorstellung, so Taylor, dass nur eine kräftige spirituelle Medizin Ordnung schaffen könne und der Mensch aufgrund seiner Sündhaftigkeit notwendigerweise von der Gnade Gottes und dessen helfendem Eingreifen abhängig sei. Diese Vorstellung schwindet nun schrittweise, und die göttlichen Hilfsmittel erscheinen zunehmend als überflüssig – ist der Mensch doch, wenn er nur fest auf sich selbst und seine Fähigkeiten vertraut, in der Lage, aus eigener Kraft ein geordnetes, diszipliniertes und sündloses Leben zu führen. Mit der Überzeugung, dass Gott uns mit einem freien Willen ausgestattet habe, damit wir zu mündigen und freien Menschen werden, die ihr Leben selbständig in die Hand nehmen und die Welt gestalten, werde allmählich auch die

[39] EBELING, Wort und Glaube, 196.

[40] Vgl. CHARLES TAYLOR, Ein säkulares Zeitalter, Frankfurt 2009, 401.

Vorstellung eines stellvertretenden Sühnetodes Christi in den Hintergrund gerückt. Entscheidenden Aufschwung erfährt dieser Gedanke in der Aufklärung, die das *Ich* letztlich zum (bei Descartes auch methodischen) Ausgangspunkt allen Nachdenkens und Philosophierens erhebt. Guardini beschreibt, wie sich das Interesse der modernen Wissenschaften, das zunächst der Erkundung und Erforschung der Welt gilt, schließlich auch auf die Erforschung des Menschen richtet: »Der Mensch der neuen Zeit fühlt das Unerforschte als verlockend. [...] Er fühlt die Möglichkeit, sich in die endlose Welt zu wagen und sich zu ihrem Herrn zu machen. Gleichzeitig bildet sich das neuzeitliche Persönlichkeitsbewußtsein heraus. Das Individuum wird sich selbst interessant. Beobachtung und psychologische Analyse wenden sich ihm zu. Das Gefühl für das Menschlich-Außerordentliche erwacht. Der Begriff des Genies gewinnt eine entscheidende Bedeutung«[41]. Dass zunächst der Gottesgedanke und schließlich auch das Sündenbewusstsein an Relevanz verlieren musste, scheint vor diesem Hintergrund nicht verwunderlich. An der biblischen Erzählung vom Sündenfall (Gen 3) lässt sich diese Entwicklung besonders deutlich illustrieren, die daraufhin mehrere Neuinterpretationen erhielt. So erfährt die zumeist negativ konnotierte Lesart nun eine Positivierung des Sündenfalls und befördert nicht zuletzt eine Neuinterpretation der *felix culpa*. Im ursprünglichen Sinne geht die Auffassung von der *felix culpa* auf das Exsultet der Osternacht zurück. Dort wird die adamitische Schuld, die das Böse in die Welt gebracht hat, aufgrund der Erlösung durch Jesus Christus, der diese für alle Zeiten aufgehoben hat, als »glückliche Schuld« neu gedeutet. Die *felix culpa* der Aufklärung dagegen qualifiziert sich nicht mehr anhand ihrer Erlöserfigur zur »glücklichen Schuld«, sondern die Erzählung in Gen 3 enthält in dem Sinne positives Potenzial, als dass sie die Entwicklung des Menschen zu einem vernunftbegabten Wesen beschreibt, dem durch den Sündenfall erst die Augen geöffnet werden und damit ein Erkennen von Gut und Böse möglich werden. Es ist in erster Linie ein Lobgesang auf den Menschen und nicht mehr auf den Erlöser Jesus Christus. Das Werden von Vernunft stellt in diesem Fall die positive Folge des Sündenfalls dar, das vollkommen unabhängig von irgendeiner Erlöserfigur als ein positives Ereignis verstanden wird. Daraus erwächst die Forderung, so sieht es Christine Axt-Piscalar, dass der Sündenfall »jeweils individuell zu vollziehen [ist] und [dieser] erhält einen positiven Sinngehalt, indem er als kon-

[41] Romano Guardini, Das Ende der Neuzeit. Ein Versuch zur Orientierung, Würzburg 1950, 42.

stitutiv für die Entwicklung von Vernunft und Freiheit sowohl menschheitsgeschichtlich als auch individualgeschichtlich behauptet wird«[42]. Das Streben nach personaler Autonomie deutet sich hier einmal mehr an. Man betrachtet die Sündhaftigkeit des Menschen zwar weiterhin als unvermeidbar, erachtet die Neigung zum Bösen aber durch sittliche Erziehung als prinzipiell beherrschbar. Johann Gottfried Herder sieht im Fall des Menschen einen unumgänglichen, notwendigen Lernprozess: »Eben weil der Mensch alles lernen muß, ja weil es sein Instinkt und Beruf ist, alles wie seinen geraden Gang zu lernen, so lernt er auch nur durch Fallen gehen und kömmt oft nur durch Irren zur Wahrheit«[43]. Der Religion und dem Christentum im Besonderen kommt dann nur noch die Rolle einer Moralreligion zu, die den Menschen pädagogische Vorbilder, aber keinen Erlöser geben kann.

Infolge des wissenschaftlichen Fortschritts, v. a. innerhalb der Evolutionsbiologie, fällt nun auch der letzte, bis dato einzig Gott vorbehaltene Aufgabenbereich des Schöpfers an den Menschen – zunächst in der Kunst, allmählich aber auch in den Natur- und technischen Wissenschaften. Das Lob auf die schöpferische Kraft des Menschen findet vorerst seinen Ausdruck im Genie-Kult des 18. und 19. Jahrhunderts. In der Kunst, v. a. der Literatur, wird der Mensch als dasjenige Wesen besungen, das aufgrund seiner außergewöhnlichen Verstandesleistung in der Lage ist, völlig neue Welten zu erschaffen und damit selbst zum Schöpfer emporsteigen kann. Das Vertrauen in den eigenen Intellekt steigt und mit der Aufklärung wird die Vernunft als einzig zuverlässige Urteilsinstanz postuliert. Ebenso erwacht nun »das Verlangen nach individueller Bewegungsfreiheit und damit das Gefühl, durch die Autorität eingeengt zu sein«[44]. Wie bereits angedeutet, hält Monden dazu fest, dass mit der Loslösung von den Autoritäten auch bisher gängige Wertvorstellungen, die Halt und Orientierung gaben, immer weiter zersetzt wurden[45]. Der moderne Mensch untersteht jetzt in erster Linie seinem Gewissen und weniger der Weisung Gottes oder sonstigen Autoritäten. Mit der Unabhängigkeit und der Selbstbestimmung steigt jedoch die Verantwortung des Menschen. Gleichzeitig werden die Zuständigkeiten in einer globalisierten Welt und angesichts der immer größeren

42 Christine Axt-Piscalar, Sünde VII. Reformation und Neuzeit, in: TRE (Bd. 32), Berlin / New York 2001, 410.

43 Johann Gottfried Herder, Ideen zur Philosophie der Geschichte der Menschheit IV, 4.6. Mit einem Vorwort von G. Schmidt, Wiesbaden 1985, 119.

44 Guardini, Das Ende der Neuzeit, 34.

45 Vgl. Monden, Sünde, Freiheit und Gewissen, 79f.

technischen Möglichkeiten immer undurchsichtiger und die Gefahr, an der dazugewonnenen Freiheit zu scheitern, größer.

Hinzu kommt, dass das neuhumanistische Ideal des 19. Jahrhunderts zwar eine enorme Aufwertung des Individuums befördert und auch das Recht auf Selbstbestimmung gestärkt hatte, gleichzeitig ist es aber mit dem Anspruch verbunden, das Bestmögliche zu erreichen. Die »neue« Pflicht eines jeden Menschen ist es nun, seine Talente und Fähigkeiten zu seinem eigenen Wohl wie auch dem der Gesellschaft voll auszuschöpfen.[46] Die Forderung nach schulischer Bildung für alle Schichten lebt aus der Überzeugung, dass der Einzelne in seinem Leben grundsätzlich Höheres erreichen kann. Im Zuge von Globalisierung und Industrialisierung gelingt es dem Menschen häufiger und schneller bisherige Grenzen zu überschreiten. Aus der anfänglichen Wunschvorstellung entwickelt sich schließlich eine Anspruchshaltung. Unsere gegenwärtige, vorrangig an Leistung orientierte Gesellschaft, kann als Produkt dieser Entwicklung betrachtet werden. Scheitern ist in diesem System nicht mehr vorgesehen. Vergessen wird dabei, dass das Scheitern ebenso wie das Streben danach, noch mehr zu wissen und zu können, zwei Seiten einer Medaille sind, die das menschliche Wesen beschreiben. Einen anthropologischen Zugang geben die Erzählungen der Genesis – vom Sündenfall, von Kain und Abel und auch der Turmbau zu Babel, die jene menschliche Erfahrung ins Bild setzen. Alle drei Erzählungen handeln von dem menschlichen Verlangen, die von Gott gesetzten Grenzen zu überschreiten. Schon in den Psalmen des Alten Testamentes ist von der Universalität der Sünde die Rede, in die jeder Mensch hineingeboren wird.[47] Die Texte lehren, dass selbst der gutmütigste und frömmste Mensch nicht in der Lage ist, ohne Schuld oder Sünde zu leben. Diese menschliche Erfahrung trägt sich durch das Alte wie Neue Testament. Mit dem Kreuzestod Jesu wird hierfür eine neue Perspektive eröffnet. Der Mensch darf heute aus der Hoffnung leben, dass Jesus Christus alle Sünden (alte wie neue) auf sich genommen hat. Sich seiner Sünden bewusst zu sein und dennoch nicht verzweifeln zu müssen, ist der Kern der durch und durch positiven Erfahrung am Kreuz, wo die *culpa* zur *felix culpa* wird. Trotz seiner Unvollkommenheit darf der Mensch darauf vertrauen, dass sich der Wert bzw. die Würde seines Seins am Ende eben

46 Vgl. hierzu auch Immanuel Kant, Grundlegung zur Metaphysik der Sitten, Stuttgart 2015, 54–56.

47 In Psalm 51 heißt es etwa »Siehe, in Schuld bin ich geboren, und in Sünde hat mich meine Mutter empfangen« (Ps 51,7) und in Psalm 130: »Würdest du, Herr, unsere Sünden beachten, Herr, wer könnte bestehen?« (Ps 130,3).

nicht an den Verfehlungen oder Leistungen bemisst. Wo die Möglichkeit des Scheiterns aber generell verdrängt bzw. ausgeschlossen wird, steigt die Wahrscheinlichkeit, das eigene Versagen nach außen zu verlagern und zu relativieren. Damit wächst auch die Tendenz »Irrtum und Schuld nur im Bereich der Gesellschaft zu sehen« (RP, Art. 18). Als Gründe für eigenes Verfehlen werden dann zumeist die Gesellschaft als Ganze oder die Umstände genannt – es drückt sich darin jene Erkenntnisverweigerung aus, von der Haas spricht.[48]

Aufgrund der Individualisierungstendenzen einerseits, bei gleichzeitig zunehmender Verstrickung in globale Zusammenhänge andererseits, lassen sich Zuständigkeiten sowie die Frage nach der Schuld immer weniger klar benennen und lösen. Dies bedeutet aber nicht zwangsläufig, dass der Mensch Schuld nicht mehr wahrnimmt oder wahrzunehmen in der Lage ist, vielmehr sind die Umstände, in denen Schuld erfahren wird, deutlich komplexer. Durch das Eingebunden- und Verstricktsein in globale Systeme werden wir viel häufiger mit Schuld konfrontiert, die etwa aus der Ausbeutung und Unterdrückung ärmerer Länder resultiert. Zugleich erfahren wir als Einzelne aber auch die Grenzen dieses Systems, die es uns nur bedingt erlauben auszubrechen, und nur wenige andere, »bessere« Handlungsoptionen bereithalten. Damit steigt das von Sievernich benannte Gefühl, sich selbst angesichts der vielfältigen Missstände in der Welt eher als Opfer denn als Täter wahrzunehmen. Eigene Schuld zu erkennen und zu benennen, wird dadurch deutlich erschwert.

»Gesundes Sündenbewusstsein?« – Annäherungen aus anthropologischer Sicht

Dass sowohl Sündenbewusstsein als auch Schuldbewusstsein infolge einer »Verdunkelung« bzw. eines »Verlustes« des Gottesbewusstseins in eine Krise geraten sind, scheint unstrittig. Als Grund für die *Verneinung Gottes* wurde das *Verlangen nach personaler Autonomie* angeführt. Ziel dieses Strebens nach Unabhängigkeit von sämtlichen autoritären (religiösen) Instanzen war dabei das Verlangen nach Freiheit und Individualität. Wie

48 Tragische prominente Beispiele hierfür waren zuletzt etwa Karl-Theodor zu Guttenberg, Christian Wulff oder auch Adolf Sauerland. In allen Fällen wurde ein öffentliches Schuldbekenntnis gefordert, das meist unter viel Aufmerksamkeit der Öffentlichkeit erst nach längerem Hin und Her in Form eines Amtsrücktritts abgegeben wurde.

sich gezeigt hat, ist aber gerade das Gegenteil eingetreten. Noch nie waren die globalen und gesellschaftlichen Verstrickungen so groß wie heute. Es hat sich gezeigt, dass die Bereitschaft bzw. die Fähigkeit Schuld anzuerkennen umso schwieriger wird, je komplexer die politischen und gesellschaftlichen Strukturen sind, in die der Mensch eingebunden ist. Dies gilt sowohl für eigenes Versagen, wie auch kollektive bzw. strukturelle Schuld.

Reconciliatio et Paenitentia schlägt angesichts dieser Entwicklungen vor, dass »das echte Sündenbewußtsein wieder neu zu formen [ist], [...] um die schwere geistige Krise, die den Menschen unserer Zeit bedrückt, anzugehen. [...] Es besteht die berechtigte Hoffnung, daß vor allem im christlichen und kirchlichen Bereich ein gesundes Sündenbewußtsein wieder aufbricht. Dem dienen eine gute Katechese, erhellt durch die biblische Theologie des Bundes, ein aufmerksames Hören auf das Lehramt der Kirche, das unaufhörlich den Gewissen Licht bietet, und eine vertrauensvolle Annahme ihres Wortes sowie eine immer sorgfältigere Praxis des Bußsakramentes« (RP, Art. 18).

Ob diese »Lösungsvorschläge« tatsächlich die eigentliche Krise erfassen, bleibt fraglich. Es scheint jedoch so, dass sie angesichts der konstant rückläufigen Beichtzahlen in den vergangenen dreißig Jahren nur wenig messbaren Erfolg aufweisen können. Ein notwendiger Zugang scheint mir neben allen theologischen und hamartiologischen Diskursen eine stärkere anthropologische Auseinandersetzung zu sein, die sich der Sündenthematik nicht in erster Linie über die Sünde, sondern über den Menschen nähert.

Die Unschuld der Schuldigen.

Wie die evangelisch-lutherische Kirche Norddeutschlands nach 1945 mit der NS-Vergangenheit umging

Stephan Linck

This article examines the Nazi-past in the Northern German Lutheran Churches through three examples. First, the Stuttgart Declaration of Guilt of was widely rejected and charged with neglecting to criticize war crimes committed by the Allied Forces. The second example follows the professional career of Martin Redeker who became Professor of Theology at the University of Kiel in 1936, and then continued his career at the university as well as a politician after 1945, although he had been a firm Nazi-follower and radical antisemite before 1945. The third example concerns the pastor und provost Ernst Biberstein who left the Church and participated in mass executions of Jews as a member of the Einsatzgruppen. He was sentenced in the Nuremberg Trials but pardoned in 1958 because of political pressure on the part of the Church. These examples show that large segments of the Lutheran Church in Northern Germany failed to confront complicity in National Socialism and their own antisemitism.

Das deutsche Wort für Schuld hat eine doppelte Bedeutung, die im Lateinischen durch zwei Worte gefüllt wird: *causa* und *culpa*. Die eine Bedeutung fragt wertungsfrei nach Ursachen und Bedingungen für eine Entwicklung, die andere Deutung hingegen hat die moralische Wertung und Verantwortung zum Inhalt. Hinzu kommt die Frage der juristischen Schuld: sie wird durch Gerichte bewertet und geahndet und unterscheidet sich hiermit von den Fragen nach *causa* und *culpa*, die als selbstreflexiver Prozess ohne eine außenstehende Instanz beantwortet werden können.

Nach der Niederlage des Nationalsozialismus im Mai 1945 stand die Schuldfrage im Zentrum gesellschaftlicher und kirchlicher Diskussionen. Von deutscher Seite wurde vehement eine Kollektivschuld bestritten, da die Verbrechen des Nationalsozialismus jeweils durch individuelles Handeln verursacht waren. Dass die Frage nach Schuld vor allem in Bezug auf ihre strafrechtliche Relevanz diskutiert wurde, verstärkte womöglich die Abwehrreflexe, über moralische Schuld zu diskutieren.[1]

Im folgenden sollen die drei Aspekte von Schuld jeweils exemplarisch an einzelnen Auseinandersetzungen der Nachkriegszeit in Norddeutschland dargestellt und untersucht werden: Die Auseinandersetzung mit der moralischen Schuld am Beispiel der Diskussion um die Stuttgarter Schulderklärung 1945; die Frage der Schuld im Sinne von *causa* anhand der Diskussion um den NS-Theologen Martin Redeker und die Neuaufstellung der Kieler Theologischen Fakultät; und schließlich der Umgang mit der juristischen Schuld anhand der Auseinandersetzung um die Begnadigung des Ex-Propstes und Massenmörders Ernst Szymanowski-Biberstein.[2]

Die Stuttgarter Schulderklärung und ihre Rezeption

Direkt zu Kriegsende hatte es in der späteren Führung der schleswig-holsteinischen Landeskirche noch eine Bereitschaft zur kritischen Reflexion gegeben. So hatte der spätere Bischof Halfmann zu Beginn am Anfang des Waffenstillstands in Norddeutschland am 6. Mai in Flensburg (zu diesem Zeitpunkt das letzte Machtzentrum des NS-Staates) zur Bußfertigkeit aufgerufen:

> »Herr aus der Tiefe rufen wir zu dir: lass uns nicht vergehen im Feuer deiner Gerichte. Herr du hast uns in den Staub geworfen und gedemütigt, und unser Volk der Rache seiner Feinde ausgeliefert: Ach Herr, lass uns nicht verderben. Sondern erwecke uns, dass wir Dich suchen in Gehorsam, Buße und Demut. Mache den Geist Jesu Christi stark, dass unser armes Volk merke, es sei noch

1 Vgl. insbesondere Katharina von Kellenbach, Theologische Rede von Schuld und Vergebung als Täterschutz, in: Katharina von Kellenbach / Bjorn Krondorfer / Norbert Reck (Hg.), Von Gott reden im Land der Täter. Theologische Stimmen der dritten Generation seit der Shoah, Darmstadt 2001, 46–67. Von Kellenbach warf zudem die Frage nach dem Zusammenhang christlicher Vergebungsdiskurse und der Unfähigkeit fast aller NS-Täter auf, die eigene Schuld zu bekennen. S. Katharina von Kellenbach, Christliche Vergebungsdiskurse im Kontext von NS-Verbrechen, in: Lucia Scherzberg (Hg.), Theologie und Vergangenheitsbewältigung, 179–195.

2 Der Aufsatz basiert auf der Untersuchung: Stephan Linck, Neue Anfänge? Der Umgang der evangelischen Kirche mit der NS-Vergangenheit und ihr Verhältnis zum Judentum. Die Landeskirchen in Nordelbien. Band 1: 1945–1965, Kiel 2013, und Band 2: 1965–1985, Kiel 2016.

der Heiland da. Herr wir sterben, wenn du nicht hilfst – wir haben nichts mehr, worauf wir bauen sollen, als dich allein. Erbarme dich über all der unaussprechlichen Not.«[3]

Am darauffolgenden Sonntag versuchte er, die »Schuld unseres Volkes« zu benennen und bekannte: »die wir die Wahrheit wussten« hätten geschwiegen und seien »mitverstrickt« in diese Schuld.[4] Angesichts der Tatsache, dass Halfmann bereits im Spätsommer 1941 um die Einsatzgruppenmorde wusste, waren dies sehr vorsichtige Worte.[5] Und er unterließ es, dieses Wissen konkret zu benennen. Dennoch ließen ihn die ablehnenden Reaktionen noch zurückhaltender werden. In einem Rundschreiben vom Mai 1945 an die schleswig-holsteinische Geistlichkeit beantwortete er die Frage »Sollen wir unsere Sünden konkret benennen?«, dass nur die eigenen Sünden der christlichen Gemeinde zu bekennen seien, »wenn es sich um Volkssünden handelt, dann: Vorsicht, dass wir nicht in der Schande wühlen«.[6]

Nachdem Halfmann Präses der Landeskirche geworden war, bemühte er sich wiederum öffentlich Schuld zu benennen. Hierbei nahm er aber zunehmend Rücksicht auf die sich angesichts des Flüchtlingselends verändernde Stimmung und formulierte noch vorsichtiger und relativierender.[7] Reumann zufolge war hierfür bei Halfmann die Angst bestimmend, die Zustimmung der Bevölkerung zu verlieren.

In der Hamburgischen Landeskirche sah es nicht wesentlich anders aus. Ursula Büttner schildert anschaulich, wie auf den Vorschlag des Hamburger Kaufmanns Kurt Woermann reagiert wurde, der im Juni 1945 anregte, den 1. September als Tag des Kriegsbeginns als allgemeinen Bußtag zu begehen. Mit scharfen Worten wurde Woermann vom noch amtierenden Hamburger Landesbischof Tügel darauf verwiesen, dass die »Hauptschuldigen« am Zweiten Weltkrieg die »Sieger von 1918 und 1945« seien,

3 Schlussgebet der Predigt Pastor Wilhelm Halfmanns vom 06. Mai 1945 in Flensburg. Landeskirchliches Archiv Kiel (LKAK), 92.04, Nr. 12.

4 Klauspeter Reumann, Der Kirchenkampf in Schleswig-Holstein 1933 bis 1945, in: Schleswig-Holsteinische Kirchengeschichte: Bd. 6.1 Kirche zwischen Selbstbehauptung und Fremdbestimmung, Neumünster 1998, 111–473, 412.

5 Vgl. Reumann, Kirchenkampf, 384 f.

6 Wilhelm Halfmann, »*Wie sollen wir heute predigen?*« Rundschreiben an die schleswig-holsteinischen Geistlichen vom Mai 1945, abgedruckt in Kurt Jürgensen, Stunde der Kirche. Die Ev.-Luth. Landeskirche Schleswig-Holsteins in den ersten Jahren nach dem Zweiten Weltkrieg, Neumünster 1976, 261 ff.

7 Reumann, Kirchenkampf, 412 ff.

»niemals aber das deutsche Volk!«.[8] Auch hier bestand aber ein deutlicher Gegensatz zwischen den intern zugegebenen Kenntnissen der deutschen Verbrechen und der öffentlichen Positionierung.[9]

Der Ton in der Lübecker Landeskirche war deutlich schärfer. Bereits in seiner Predigt am 6. Mai beschrieb der Führer der Lübecker Bekennenden Kirche (BK), Propst Pautke, die Situation des deutschen Volkes als »Vernichtung«.[10] Zwar differenzierte Pautke in den folgenden Monaten diese Sicht und benannte die deutschen Verbrechen öffentlich, aber auch er bediente vornehmlich die Abwehrreflexe und pauschalen Zurückweisungen von Schuld.[11]

In dieser Atmosphäre stand das Treffen des Rates der EKD in Stuttgart mit Vertretern des Ökumenischen Rates der Kirchen am 18. und 19. Oktober 1945.[12] Der Generalsekretär des Ökumenischen Rates, Visser't Hooft, machte die Erwartung der Ökumene deutlich, die sie gegenüber der Evangelischen Kirche in Deutschland hatte. In dieser Situation des direkten Drucks war es der Präsident Hans Asmussen, der die vielzitierten Worte fand: »Wohl haben wir lange Jahre hindurch im Namen Jesu Christi gegen den Geist gekämpft, der im nationalsozialistischen Gewaltregiment seinen furchtbaren Ausdruck gefunden hat; aber wir klagen uns an, dass wir nicht mutiger bekannt, nicht treuer gebetet, nicht fröhlicher geglaubt und nicht brennender geliebt haben.«[13] Eine wichtige Ergänzung setzte Martin Niem-

8 Zitiert nach Ursula Büttner, Orientierungssuche in heilloser Zeit: der Beitrag der evangelischen Kirche, in: Ursula Büttner / Bernd Nellesen (Hg.), Die zweite Chance. Der Übergang von der Diktatur zur Demokratie in Hamburg 1945–1949, Hamburg 1997 (Publikationen der Katholischen Akademie Hamburg, Band 16), 85–107, 91.

9 Vgl. Büttner, Orientierungssuche, 92f.

10 Hansjörg Buss, »Entjudete« Kirche. Die Lübecker Landeskirche zwischen christlichem Antijudaismus und völkischem Antisemitismus (1918–1950), Paderborn 2011, 416.

11 Ebd. 416f.

12 Vgl. u. a. Kurt Jürgensen, Schuldbekenntnis, in: Klauspeter Reumann (Hg.), Kirche und Nationalsozialismus. Beiträge zur Geschichte des Kirchenkampfes in den evangelischen Landeskirchen Schleswig-Holsteins (Schriften des Vereins für Schleswig-Holsteinische Kirchengeschichte Reihe I Bd. 35), Neumünster 1988; 381–406; Martin Greschat (Hg.), Im Zeichen der Schuld: 40 Jahre Stuttgarter Schuldbekenntnis, eine Dokumentation. Neukirchen-Vluyn 1985; Martin Greschat, Die evangelische Christenheit und die deutsche Geschichte nach 1945. Weichenstellungen in der Nachkriegszeit, Stuttgart 2002, 131–164.

13 Kirchliches Jahrbuch für die Evangelische Kirche in Deutschland 1945–1948, hrsg. von Joachim Beckmann, Gütersloh 1950, 26f.

öller durch, es war die Absage an jedes Aufrechnen von Leid: »Durch uns ist unendliches Leid über viele Länder und Völker gebracht worden.«

Dies war eine Erklärung an den Ökumenischen Rat und nicht für die deutsche Öffentlichkeit bestimmt. Der Rat der EKD ahnte die Kritik, obwohl hier sehr zurückhaltend formuliert worden war. Schließlich wurde die Benennung konkreter von Deutschland begangener Verbrechen vollständig vermieden.

Durch eine Indiskretion gelangte die Erklärung aber an die alliierte Lizenzpresse, sodass das evangelische Kirchenvolk sie am 27. Oktober 1945 in den Zeitungen unter der Überschrift »Evangelische Kirche bekennt Deutschlands Kriegsschuld« sah.

Die Art und Weise, wie das Stuttgarter Schuldbekenntnis im Oktober bekannt wurde, traf die schleswig-holsteinische Kirchenleitung unvorbereitet, auch wenn sie inhaltlich nicht so fern von den Formulierungen war. Erst zeitgleich mit der kirchlichen Basis erfuhr man durch die Medien davon.[14] Sogleich erhielt sie zahlreiche Reaktionen aus der Landeskirche. Die Altonaer Pastoren Laackmann, Petersen und Waßner reagierten bereits auf die Rundfunknachrichten vom Schuldbekenntnis und schrieben vom beginnenden Misstrauen der Bevölkerung gegenüber der Kirche. Der Rundfunk berichte von Entschließungen der Evangelischen Kirche in Deutschland (EKiD) über »deutsche Schuld« und sogar »die Kriegsschuld Deutschlands«. »Wir können es uns nicht denken,« so die Pastoren, »dass solche Entschließungen in der Leitung der EKiD gefasst sind, die einer Würdelosigkeit der Deutschen Vorschub leisten.«[15]

Dass ehemalige Deutsche Christen (DC) wie der Langenhorner Pastor Töwe gemeinsam mit seinem Kirchenvorstand in scharfer Polemik protestierte, war naheliegend.[16]

Ebenso scharf reagierte der ehemalige Schleswiger Bischof Völkel, der Mitglied der Vorläufigen Kirchenleitung (VKL) war, auf das Schuldbekenntnis. Er schrieb:

[14] Vgl. u. a. JÜRGENSEN, Stunde der Kirche, 231ff.

[15] Schreiben der Pastoren Laackmann, W. Petersen und Waßner an die VKL vom 25. 10. 1945. LKAK, 20.01, Nr. 241.

[16] Schreiben vom 30. 10. 1945, LKAK, 20.01, Nr. 241. S. STEPHAN LINCK, Ausstellungstexte, in: ANNETTE GÖHRES / STEPHAN LINCK / JOACHIM LISS-WALTER (Hg.), Als Jesus »arisch« wurde. Kirche, Christen, Juden in Nordelbien 1933–1945. Die Ausstellung in Kiel. Bremen 2003, 26–79, 58.

»Man muss doch niemals bei der Schuldfrage 1918/19 außer Acht lassen. Versailles ist nun doch die Grundwurzel allen Übels, vom politischen Standpunkt aus betrachtet. [...] Ich habe den Eindruck, dass Barth [...] jetzt von seiner schweizerisch-demokratisch-pazifistischen Einstellung aus einen unheilvollen politischen Einfluss auf die Leitung der Deutschen Evangelischen Kirche gewinnt.«[17]

Aber auch der Vorsitzende des Bruderrates der BK, Pastor Treplin, schrieb an Halfmann:

»Was sagen Sie zu der Erklärung des Rates der E.K.i.D.? Sie erregt große Bedenken bei ernstgerichteten Leuten der Gemeinde. Ich kann diese Bedenken freilich in der Schärfe, wie sie geäußert werden, nicht teilen; aber ich meine, dass diese Erklärung nicht so stehen bleiben darf, ohne dass ihr ein Wort an die Feindmächte zum Nürnberger Prozess folgt, in dem ihnen gesagt wird, dass sie nicht das Recht hätten, die Weltrichter zu spielen.«[18]

Der Historiker Kurt Jürgensen nannte die Proteste und ihre Begründungen »erschütternd« und Werner Jochmann schrieb nicht frei von Polemik von »einem penetranten Selbstmitleid«, mit dem »diese Christen ausschließlich ihr eigenes Los und das ihres Volkes bejammerten«.[19]

In Reaktion auf die Proteste schrieb der Rat der EKiD zwar eine Zahl von relativierenden Erklärungen. Es ist aber sein Verdienst, dass er von der Schulderklärung von Stuttgart nicht abrückte. Im Gegenteil: Hans Asmussen merkte in einem Schreiben an den schleswig-holsteinischen Bruderrat an, dass die schärfsten Proteste aus Norddeutschland kamen und konstatierte: »Je kirchlicher eine Gegend, desto seltener der Protest.«[20]

Die schleswig-holsteinische Landeskirche versandte schließlich im November ein »Wort zum Bußtag 1945: Sind wir schuldig?«. Darin bekannte man zwar grundsätzlich die Schuld, dem Nationalsozialismus nicht widerstanden zu haben. Hier ähnelte das Wort dem Schuldbekenntnis. Es wurde

17 Abschrift Brief Völkels an die VKL vom 29.10.1945. LKAK, 20.01, Nr. 241.

18 Schreiben Pastor Treplin an Halfmann vom 29.10.1945, LKAK, 20.01, Nr. 696.

19 Vgl. Werner Jochmann, Evangelische Kirche und politische Neuorientierung in Deutschland 1945, in: Werner Jochmann, Gesellschaftskrise und Judenfeindschaft in Deutschland 1870–1945, Hamburg 1988, 298–315, 312.

20 Schreiben Asmussens vom 27.11.1945, abgedruckt in: Jürgensen, Stunde der Kirche, 296ff.

allerdings nicht das Leid benannt, das Deutschland über andere Völker gebracht hatte.[21] Es sind nur wenige, die dies kritisierten, wie der mit einem Dienstauftrag in Glinde tätige Berliner BK-Theologe D. Hellmut Traub. Am 9. Februar 1946 warf er der Kirchenleitung ihr Verhalten zum Schuldbekenntnis vor:

> »Die Kirchenleitung hat einfach geschwiegen zu dieser Erklärung, sie hat es zugelassen, dass von ihren Kanzeln erklärt werden konnte, dass es sich hier um eine interne Angelegenheit handele, die durch Verrat an die Öffentlichkeit gekommen sei, und mit der man deshalb nichts zu tun haben brauche, die auch dem Nationalempfinden widerspräche. Die Kirchenleitung hat keinerlei Anstalten getroffen, den Gemeinden, die durch die Veröffentlichung in der Zeitung in Unruhe gekommen sind, eine eindeutige, mutige, sich aneignende Antwort und Erklärung zu geben. [...] Jetzt schreiben die Feinde viel und halten uns unsere Sünden vor, und freilich will ein Schuldbekenntnis eine freiwillige Sache sein. Der es aber erzwingt, ist Gott. Sollte denn unser Gott nicht auch durch unsere Feinde so, und das heißt so gnädig an uns handeln, dass er durch sie es *unserer Freiwilligkeit* ablockt: Ja, ich habe gesündigt. Vergib die Schuld.«[22]

Auf der folgenden Sitzung des Landeskirchenamtes wurde beschlossen, Traub die Interniertenfürsorge in Neumünster Gadeland zu übertragen, ohne dass auf sein Schreiben eingegangen wurde. Die Diskussion innerhalb der Landeskirche in dieser Frage hielt dennoch an. Selbst in der Frauenhilfe der Altonaer Christianskirche wurden Schuldbekenntnis und Erwiderungen in den Sitzungen im Dezember 1945 und Januar 1946 erörtert.[23] Schließlich äußerte sich das Gemeindeblatt[24] in einem programmatischen Beitrag auf der Titelseite der ersten Ausgabe 1947 abschließend. Unter der Überschrift »Was wir mit hinübernehmen« ging der neu ernannte Kieler Propst Johannes Lorentzen ausführlich auf die Bedeutung des Schuld-

[21] Vgl. Kurt Jürgensen, Die Schulderklärung der Evangelischen Kirche in Deutschland und ihre Aufnahme in Schleswig-Holstein, in: Klauspeter Reumann, Kirche und Nationalsozialismus, 381–406, 395.

[22] Schreiben Hellmut Traub an die Kirchenleitung der schleswig-holsteinischen Landeskirche vom 09.02.1946. LKAK, 20.01, Nr. 677 (Hervorhebung im Original).

[23] Protokollbuch der ev. Frauenhilfe der Christianskirchengemeinde. Kirchenkreisarchiv Hamburg-West Bestand Kirchenkreisarchiv Altona (KKA Altona), Nr. 1933.

[24] Es handelte sich um die Neuausgabe von »Am Sehrohr der Zeit«, das vorerst unter dem Titel »Gemeindeblatt im Raum der evangelisch-lutherischen Landeskirche Schleswig-Holstein-Lauenburg, Lübeck und Eutin« seit Juli 1946 erschien.

bekenntnisses ein.[25] Dabei sprach er der Kirche eine eigene Schuld für ihr Handeln während der NS-Zeit ab: »Denn wo gab es außerhalb des Raumes der Kirche Gruppen und Bewegungen, die auf ihrem Gebiet in so offener und zusammengefasster Form Widerstand geleistet hätten, wie es die Kirche und vor allem die ›Bekennende Kirche‹ getan hat?«

Ausdrücklich schloss Lorentzen – ein exponiertes Mitglied der BK – die außerhalb der BK stehenden Kirchenleute in den »Widerstand« mit ein und erklärte letztlich die gesamte Entnazifizierung der Kirche für überflüssig.

Auch in der Hamburger Landeskirche vollzog sich eine ähnliche Positionierung. Der Nachfolger und Vorgänger Tügels im Bischofsamt, Simon Schöffel, benannte die Schulderklärung »einseitig« und verteidigte sie in der Synode als geistliches Wort vor Gott und keine politische Erklärung. Letztere hätte die Schuld am deutschen Volk benennen müssen.[26] Intern war die Kritik schärfer. In ihrer 12. Sitzung am 1. November 1945 nahm die Einstweilige Hamburger Kirchenleitung vom Stuttgarter Schuldbekenntnis »mit Bedauern Kenntnis. Sie sieht in dieser Erklärung ein nicht zu rechtfertigendes Eingeständnis einer einseitigen Kriegsschuld und vermisst ein Wort der gemeinsamen Schuld aller Völker.«[27]

Eine ähnliche Einschätzung gab es auch in der Lübecker Landeskirche, in der das Stuttgarter Schuldbekenntnis dem Protokoll des Kirchenrats zufolge großes Befremden in den Gemeinden ausgelöst hatte.[28] Da die Meinungsbildung in der Landeskirche aber zu uneinheitlich war, enthielt man sich öffentlicher Äußerungen.

Der Eutiner Landespropst Wilhelm Kieckbusch hingegen reagierte auf das Stuttgarter Schuldbekenntnis mit einem Brief an Landesbischof Theophil Wurm, in dem er von »politischer Kurzsichtigkeit« sprach. »Derartige Kundgebungen«, so Kieckbusch, würden »stets politisch ausgeschlachtet werden und dann nur Unheil anrichten.«[29]

Insgesamt zeigt der Umgang mit der Schuldfrage und konkret mit dem Stuttgarter Bekenntnis, dass in den nordelbischen Landeskirchen zwar bei Teilen der Theologenschaft ein Wissen um die eigene Schuld und die Notwendigkeit, diese zu benennen, da war. Die vorherrschende Nicht-

25 Gemeindeblatt Nr. 1, Ausgabe Januar 1947, 1.

26 Büttner, Orientierungssuche, 93.

27 Protokoll der 12. Sitzung, 01. 11. 1945, der einstweiligen Kirchenleitung, LKAK, 32.01.01., Nr. 48.

28 Buss, »Entjudete« Kirche, 418.

29 Zitiert nach Lawrence D. Stokes, Die Eutiner Landeskirche zwischen Novemberrevolution und Nationalsozialismus, in: Klauspeter Reumann, Kirche und Nationalsozialismus, 133–151, 146f.

bereitschaft der kirchlichen Mehrheit, die eigene Mitverantwortung an der Katastrophe wahr zu haben, setzte sich aber durch. Die Angst vor Akzeptanzverlust in der Gemeinde und der deutschen Mehrheitsbevölkerung war hier bestimmend. Der Traum von der Volkskirche brachte die Landeskirchen dazu, sich an Stimmungen auszurichten und gefällig das deutsche Leid zu betonen.

Der Fall Redeker und die Kieler Theologische Fakultät

Im Fall des Systematischen Theologen Martin Redeker geht es um die Frage einer Schuld im Sinne von *causa*: Der 1900 geborene Redeker war 1933 der NSDAP beigetreten, hatte 1934 eine Professur in Münster erhalten und war seit der nationalsozialistischen Neuordnung der Theologischen Fakultät 1936 Ordinarius für Systematische Theologie in Kiel.[30] Als Rundfunkprediger und in Publikationen vertrat er völkisch-rassistisches Christentum, das sich in klarem Widerspruch zu christlicher Lehre befand. Als Mitarbeiter des Eisenacher Instituts zur Erforschung und Beseitigung des jüdischen Einflusses auf das deutsche kirchliche Leben, war er kirchenpolitisch in einem radikal-antisemitischen Teil der evangelischen Kirche verortet, der die nationalsozialistische Judenverfolgung offensiv unterstützte und in einigen Landeskirchen, darunter der schleswig-holsteinischen, den Ausschluss der Christen jüdischer Herkunft erreichte.[31] 1945 ging es um die Frage, wie mit jemandem umzugehen sei, der in der Öffentlichkeit und in der theologischen Lehre Häresie betrieben hatte und der Verfolgung das Wort geredet hatte.

[30] Vgl. Jendris Alwast, Die Theologische Fakultät unter der Herrschaft des Nationalsozialismus, in: Hans-Werner Prahl (Hg.), Uni-Formierung des Geistes. Universität Kiel im Nationalsozialismus, Bd. 1, Kiel 1995, 87–137; sowie Hansjörg Buss, Die Kieler Theologische Fakultät im NS-Staat, in: Christoph Cornelissen / Carsten Mish (Hg.), Wissenschaft an der Grenze. Die Universität Kiel im Nationalsozialismus, Essen 2009, 99–117.

[31] Zur Biografie Redekers vergleiche Matthias Wolfes, Martin Redeker, in: BBKL XVI (1999), 1317–1329; sowie Hansjörg Buss, Lokales Fenster. Prof. Dr. Martin Redeker (1900–1970) – Ein Kieler Theologe und Mitglied des Landtags, in: Präsident des schleswig-holsteinischen Landtags (Hg.), Kirche, Christen, Juden in Nordelbien 1933–1945. Die Ausstellung im Landeshaus, Kiel 2006, 35–45, Hansjörg Buss, »Ein Leben zwischen Christen-, Haken- und Verdienstkreuz« Der Kieler Theologe Martin Redeker, in: Hans-Werner Prahl / Hans-Christian Petersen / Sönke Zankel (Hg.), Uni-Formierung des Geistes: Universität Kiel und der Nationalsozialismus Bd. 2, Kiel 2007, 99–132.

Das Besondere am Fall Redeker ist, dass dieser sein Verhalten im Nationalsozialismus nach Kriegsende schlicht negierte, direkt nach seiner Entlassung als Marinepfarrer nach Kiel zurückkehrte und bereits im Sommer als kommissarischer Dekan begonnen hatte, sich am Neuaufbau der Universität zu beteiligen.[32] Redeker gelang es in den folgenden Jahren, eine entnazifizierungsbedingte Entlassung zu vermeiden. Dies ist insofern bemerkenswert, als es in seinem Fall erhebliche Widerstände der Kirchenleitung, der Bekennenden Kirche und in der NS-Zeit zwangsemeritierter Dozenten gab.

Von Seiten der Vorläufigen Kirchenleitung hatte es schon im Sommer 1945 Widerspruch gegen eine Weiterbeschäftigung Redekers gegeben.[33] Formal hätte aber eine Entlassung durch die Militärregierung erfolgen müssen, und dieser gab man keine Informationen über Redekers NS-Belastung; der andere Weg wäre über die Universität gegangen, und hier verweigerte Dekan Heinrich Rendtorff die Entlassung Redekers.[34]

Rendtorff war von 1926 bis 1930 Lehrstuhlinhaber für Praktische Theologie gewesen, danach Landesbischof in Mecklenburg geworden, bis er 1934 durch den radikalen DC Walter Schultz abgelöst worden war. Rendtorff stand kirchenpolitisch rechts und hatte auch 1933 seine Aufnahme in die NSDAP beantragt; nach seiner Absetzung war er Pfarrer in Stettin geworden und Mitglied im Bruderrat der pommerschen BK. Am Kriegsende war er nach Schleswig-Holstein geflüchtet und mit seiner Familie in Neustadt untergekommen, wo er im Mai 1945 auf Martin Redeker traf, der dort als Marinepfarrer tätig war. Redeker organisierte Rendtorff und seiner Familie ein Quartier und versprach ihm dort – also bevor die Universität an eine Wiederaufnahme des Lehrbetriebs denken konnte – einen Lehrstuhl in Kiel; daraus resultierte eine Freundschaft Rendtorffs zu Redeker.[35] Im Herbst 1945 war Rendtorff Mitglied der Vorläufigen Kir-

32 ALWAST, Geschichte der Theologischen Fakultät, 213.

33 Schreiben Halfmanns an den Rektor der Uni Kiel, Prof. Dr. Creutzfeldt vom 26.08.1945. LKAK Dok 94, Redeker Nr. 20.

34 Rendtorff bemühte sich zwar oberflächlich um die Rückkehr Volkmar Herntrichs, dem die Fakultät 1935 die Lehrbefugnis entzogen hatte, seine diesbezügliche Darstellung in einem Schreiben an den Bruderratsvorsitzenden Treplin am Heiligabend 1945 erscheint aber kaum stimmig angesichts der späteren Äußerungen Herntrichs über den Vorgang. In dem Schreiben an Treplin wurde aber insgesamt deutlich, dass Rendtorff keine Notwendigkeit einer Neuordnung der Fakultät sah. Rendtorff an Treplin vom 24.12.1945, LKAK 20.01, Nr. 113.

35 Vgl. PAUL TOASPERN, Als Hochschullehrer (1945–1960), 71–90, 71ff.; sowie HANS

chenleitung geworden und hatte den Lehrstuhl für Praktische Theologie übernommen.[36] Die Bemühungen Rendtorffs um die Rückkehr der von der Kieler Universität vertriebenen Theologen waren dergestalt, dass keiner nach Kiel zurückkehrte und dadurch eine Entlassung der nationalsozialistischen Theologen nicht opportun erschien.[37]

1947, nachdem die Neuordnung der Landeskirche in Grundzügen festgelegt worden war, startete der Bruderrat der schleswig-holsteinischen BK eine weitere Initiative zur Neuordnung der Fakultät. Er forderte die Kirchenleitung auf, sich »der Sache der Fakultät als die im Augenblick wichtigste Frage, die einer Lösung harrt« anzunehmen. Konkret bedauerte der Bruderrat, »dass Männer wie die Brüder Kurt Dietrich Schmidt und Engelland nicht unter den Lehrenden seien, wohl aber nach wie vor Herr Prof. Redeker.« Ausdrücklich wies der Landesbruderrat darauf hin, dass in Hamburg eine theologische Fakultät in Planung sei »und dass dieser Tatbestand sich ungünstig auf den Besuch der Kieler Fakultät auswirken wird.«[38]

Gleichzeitig schrieb der Landesbruderrat die Genannten mit der Bitte um eine Stellungnahme an. Engelland antwortete, er sei zu einer Übernahme eines Lehrstuhls bereit, hätte aber seit einem wohlwollenden Schreiben Rendtorffs 1946 nichts mehr gehört. K.D. Schmidt belegte die Mitarbeit Redekers in der bekenntniswidrigen »Kommenden Kirche« des Bremer Bischofs Weidemann und im »berüchtigten Jenaer Institut zur Erforschung des Judentums« und erklärte ihn als »kirchlich untragbar«. »Ich habe deshalb«, so Schmidt weiter, »vom ersten Tage an, da die Frage meiner Rückkehr nach Kiel auftauchte, erklärt, dass ich mit Prof. Redeker nicht in einer Fakultät zusammen sein wolle, und sehe bisher keine Möglichkeit, diese Stellungnahme zu ändern.«[39] Der ebenfalls angeschriebene Herntrich verwies auf fehlende Worte des Bedauerns über das an ihm geschehene Unrecht des Entzugs der Lehrbefugnis 1935 und kommentierte lakonisch: »Es gibt eine Grenze, die man nicht überschreiten soll und an der man auch auf seine eigene Würde achten soll.«[40]

Wilhelm Hertzberg, Kollege, Dekan und Rektor, 91–100, 91ff.; beide in: Paul Toaspern (Hg.), Arbeiter in Gottes Ernte. Heinrich Rendtorff Leben und Werk, Berlin 1963.

36 Alwast, Geschichte der Theologischen Fakultät, 224.

37 Mulert starb vor seiner angekündigten Rückkehr. Matthias Wolfes / Hermann Mulert, in: BBKL Band 15, Herzberg 1999, 1043–1110.

38 Schreiben des Landesbruderrates, Pastor Thedens, an die schleswig-holsteinische Kirchenleitung vom 17.06.1947. LKAK 98.040, Nr. 364.

39 Schreiben K.D. Schmidt an Pastor Thedens vom 18.07.1947, ebd.

40 Herntrich an Pastor Thedens am 06.09.1947, ebd.

Im November 1947 schrieb der Landesbruderrat einen letzten Appell an die Kirchenleitung. Darin hieß es:

»Herr Prof. Redeker steht durch seine Vergangenheit nicht auf der Bekenntnisgrundlage unserer Kirche. Es ist uns nicht bekannt, dass er in einem offenen Wort seinen früheren Weg als Irrweg bezeichnet hat. Wir müssen ihn daher als den sehen, der er war. Dass ein solcher Mann im ersten theologischen Examen mitprüfen konnte, ist nicht nur sachlich unmöglich, es ist auch untragbar in einer Kirche, die auf dem Grunde der Heiligen Schrift Alten und Neuen Testaments steht.«[41]

Bischof Halfmann antwortete im Namen der Kirchenleitung, man habe sich um die Ablösung Redekers bemüht, es seien aber nicht ausreichend Belege für Redekers Bekenntniswidrigkeit vorgelegt worden – man teilte hier zwar sichtbar die Einschätzung, sah aber andere in der Beweispflicht. Redeker habe die Entnazifizierung überstanden, jetzt bleibe nur noch der Weg der »politischen Denunziation. Diesen Weg können wir nicht gehen.«[42] Auf die Frage der Wiederberufung der in der NS-Zeit Entlassenen ging er nicht weiter ein. Der Feststellung, dass Redeker als bekenntniswidrig einzustufen sei und daher als Lehrender und Prüfender des theologischen Nachwuchses untragbar sei, widersprach Halfmann zwar nicht, maß aber dieser Frage keine größere Brisanz bei.

Dennoch war Redeker weiterhin Thema: 1948 wurde die »Angelegenheit Redeker« in der Kirchenleitung verhandelt[43], und 1949 formulierte Halfmann im Zusammenhang mit der Berufung Hans Asmussens in einem offenen Brief: »Wir haben schon einige andere bedeutende Männer zu unserem Leidwesen verloren, die außerhalb unserer Landeskirche mit Anerkennung arbeiten (Herntrich, K. D. Schmidt, Engelland).«[44] Was Halfmann meinte: Die drei Genannten hatten in Hamburg begonnen, die Kirchliche Hochschule aufzubauen, und stellten dort die Hälfte der

41 Schreiben des Landesbruderrats vom 10. 11. 1947, ebd.

42 Schreiben Halfmanns an den Landesbruderrat vom 10. 12. 1947, ebd.

43 Inhaltliches ist dem Protokoll nicht zu entnehmen. Protokoll der Kirchenleitung vom 20.08.1948, LKAK 20.01, Nr. 131.

44 Halfmann Anfang September 1949 an die Kieler Pastoren (zitiert in einem Schreiben an Herntrich vom 17. 09. 1949 und wortähnlich an Prof. Dr. Meinhold). Diese Darstellung wies Meinhold in einem Schreiben an die Kirchenleitung, 15. 09. 1949, scharf zurück. Die Genannten hätten ja nicht gewollt (bzw. Engelland sei nicht gut genug gewesen). LKAK 20.01, Nr. 218.

(sechs) hauptamtlichen Dozenten.[45] Die Gründung der Kirchlichen Hochschule in Hamburg war der wohl wichtigste Baustein für die 1953 daraus erfolgte Gründung der Hamburger Theologischen Fakultät.[46] In diesem Sinn ist die fehlende Entnazifizierung der Theologischen Fakultät in Kiel mit der Entstehung der Hamburger Theologischen Fakultät eng verknüpft. Dabei steht die Person Martin Redekers sicher im Vordergrund. Er stand aber beispielhaft für die gesamte Fakultät, die sich nach 1945 im Wesentlichen aus dem Personal speiste, das nach der *de-facto*-Auflösung der alten Fakultät 1933–35 in den Lehrkörper aufgenommen worden war.

Die Kieler Kirchenleitung fand sich in folgenden Jahren mit dem Status quo der Kieler Fakultät ab, nicht zuletzt auch, weil man von der Kooperation mit dem Politiker Redeker profitierte.[47] Dass dies auch die Kreise der ehemaligen BK betraf, machte der Chronist der schleswig-holsteinischen BK, Propst Johann Bielfeldt, in seiner Schrift zum Kirchenkampf deutlich, indem er die Geschichte der Theologischen Fakultät während der NS-Zeit im Sinne der Selbstdeutung Redekers und Meinholds falsch darstellte und die Zerstörung der Kieler Fakultät nicht thematisierte.[48]

Nachdem Redeker die ersten Nachkriegsjahre überstanden hatte und seine Entlassung damit unwahrscheinlich geworden war, betrieb er seine Karriere in den folgenden Jahren in zwei Richtungen: innerhalb der Hochschule und in der Politik.

An der Universität war Redeker 1950 Dekan der Theologischen Fakultät geworden und bemühte sich danach um das Rektorenamt der Universität,[49] in das er 1955 gewählt wurde. Antisemitische Äußerungen, die er bei einem England-Aufenthalt getätigt hatte, machten ihn aber untragbar für das Amt, sodass er nach seiner Amtseinführung zurücktreten musste.[50] 1959 war er zwar wieder im Gespräch für das Rektorenamt, die Themati-

45 Hauptamtlich: Hans Engelland, K. D. Schmidt, Leonhard Goppelt, Volkmar Herntrich, Theodor Knolle, Simon Schöffel, Paul Schütz. Vgl. Rainer Hering, Theologie im Spannungsfeld von Kirche und Staat. Die Entstehung der Evangelisch-Theologischen Fakultät an der Universität Hamburg 1895 bis 1955, Berlin 1992, 349.

46 Vgl. hierzu insgesamt Hering, Theologie im Spannungsfeld.

47 Die Kooperation ging so weit, dass Bischof Halfmann und Kirchenamtspräsident Epha 1958 offiziell Ministerpräsident von Hassel aufforderten, Redeker auf der Landesliste der CDU gut abzusichern. Vgl. Linck, Neue Anfänge? Bd. 1, 290.

48 Johann Bielfeldt, Der Kirchenkampf in Schleswig-Holstein 1933–1945, Göttingen 1964, 52–54.

49 Vgl. Akte LKAK 22.02, Nr. 333.

50 Vgl. Buss, »Ein Leben ...«, 113f.

sierung seiner NS-Vergangenheit durch den Journalisten und SPD-Abgeordneten Jochen Steffen verhinderte dies aber.[51]

Politisch gelang es Redeker zwar, von 1954 bis 1967 als Vertreter des Evangelischen Arbeitskreises (EAK) ein Landtagsmandat für die CDU zu erhalten; das von ihm angestrebte Amt des Kultusministers erhielt er aber 1954 nicht.[52] 1958 gelang es ihm, den traditionell sozialdemokratischen Wahlkreis Kiel-West zu gewinnen. Im Vorfeld der Landtagswahlen hatte Redeker zusammen mit dem Chef des Evangelischen Presseverbands Nord, Wolfgang Baader,[53] versucht, einen Vortrag zu verhindern,[54] den Martin Niemöller unter dem Titel »Der Antisemitismus als Bedrohung der Kirche«, auf Einladung der Kieler ESG am 6. Februar 1958 hielt.[55] Eine Nominierung für eine Bundestagskandidatur scheiterte 1961. Bei der Landtagswahl 1962 verlor er sein Direktmandat und zog über die Landesliste in den Landtag.

Als 1968 Redekers Emeritierung anstand, versuchte dieser, durch die Gründung einer Schleiermacher-Forschungsstelle seine Tätigkeit an der Theologischen Fakultät zu verlängern. Dies nahm der Doktorand des Historikers Karl Dietrich Erdmann, Hans-Peter Mensing, zum Anlass, die NS-Vergangenheit Redekers in der Studentenzeitschrift »res nostra«[56] zu thematisieren.[57] Mensing dokumentierte etliche Zitate aus Redekers Veröffentlichungen, die Bekenntnisse zum Nationalsozialismus, völkischen Rassismus und Antisemitismus enthielten. Er verband dies mit Fragen an die Universität, die Theologische Fakultät, das Landeskirchenamt und die

51 Vgl. a. a. O., 114f.

52 Linck, Neue Anfänge? Bd. 1, 286.

53 Vor 1945 war der Pressemann Wolfgang Baader NSDAP-Mitglied und Mitarbeiter des Sicherheitsdienstes der SS gewesen. Vgl. Linck, Neue Anfänge?, Bd. 2, 289.

54 LKAK 20.01, Nr. 408.

55 Vgl. »Antisemitismus auch Schuld der Kirche«. Kirchenpräsident Niemöller sprach auf Einladung der Evangelischen Studentengemeinde vor Kieler Studenten. Kieler Volkszeitung (VZ) vom 08. 02. 1958.

56 »res nostra« existierte von 1964 bis 1969 und wurde von verschiedenen Hochschulgruppen, darunter der Sozialistische Deutsche Studentenbund und der Ring Christlich-Demokratischer Studenten, gemeinsam herausgeben. Vgl. Sebastian Lehmann, res nostra. Schlaglichter aus der Kieler Studentenbewegung in Titelbildern. Demokratische Geschichte (DG) 19 (2008), 235–254.

57 Hans-Peter Mensing, Die sogenannte Bewältigung. Ein Leben zwischen Christen-, Haken- und Verdienstkreuz, in: res nostra Nr. 23 (Dezember 1967), 5–12. Mensing thematisierte ebenfalls die Ernennung von Prof. Dr. Enno Freerksen zum Professor für Experimentelle Medizin. Der SS-Hauptsturmführer Freerksen war 1932 in die NSDAP eingetreten, war Gaudozentenführer Schleswig-Holstein und wurde dennoch 1945 Ordinarius. Vgl. Ernst Klee, Personenlexikon, 163.

CDU, wie es möglich sei, dass sich Redeker trotz seiner Bekenntniswidrigkeit und seines Antisemitismus niemals für seine NS-Vergangenheit verantworten musste, sondern stattdessen eine derart herausragende Rolle als Theologe, Professor und Politiker innehatte. Nach Erscheinen der Veröffentlichung forderte die Fachschaft in einer Versammlung am 16. Januar 1968 die Theologische Fakultät und das Landeskirchenamt öffentlich zu einer Stellungnahme auf. Der Dekan Prof. Kraft schrieb daraufhin der Fachschaft am 22. Januar eine Mitteilung, wonach er die Veröffentlichung der Anfrage vor erfolgter schriftlicher Beantwortung durch die Fakultät dahingehend verstehe, dass es nicht Ziel der Fachschaft gewesen sei, Antworten zu erhalten.[58] Das Landeskirchenamt hingegen lud vier Vertreter der Fachschaft zu einem Gespräch am 26. Januar, an dem Bischof Petersen, Präsident Grauheding und die Oberlandeskirchenräte Schwarz und Schmidt teilnahmen.[59] Bei diesem Gespräch bestanden die studentischen Vertreter auf einer schriftlichen Stellungnahme. Diese erfolgte durch ein Schreiben der Kirchenleitung am 9. Februar, das zuvor vertraulich an Dekan Kraft, Prof. Redeker und Verbandsdirektor Wolfgang Baader geschickt worden war. Das Schreiben war auf der Sitzung der Kirchenleitung am 2. Februar 1968 mit der Theologischen Fakultät abgestimmt worden.[60] Hierin verwies die Kirchenleitung auf die erfolgte Entnazifizierung, benannte verschiedene Formalia und nahm inhaltlich keine Stellung. Im Gegenteil, die Thematisierung von Redekers Äußerungen vor 1945 wurde als Verstoß gegen christliche Lehre interpretiert:

> »In unserer Verantwortung vor dem 8. Gebot können wir es nicht billigen, dass gegen einzelne Persönlichkeiten immer wieder erneut alte Beschuldigungen in einseitiger polemischer Zuspitzung vorgebracht werden, obwohl sie in der Vergangenheit bereits verschiedentlich klargestellt werden konnten.«[61]

Hiervon grenzten sich die Professoren Engelland[62], Hahn, Maas und Schultz in einer Stellungnahme vom 1. März 1968 klar ab, indem sie eine Stellungnahme auch zu konkreten Einzelfragen für »unumgänglich« er-

58 Schreiben H. Kraft vom 22.01.1968, abgedruckt in Zwischen den Zeilen (ZdZ) Nr. 8 (März 1968), 13.

59 A. a. O., 14.

60 Niederschrift der Sitzung der Kirchenleitung vom 01./02. Februar 1968 und Sonderakte Redeker, LKAK 98.31, Nr. 119.

61 Schreiben der Kirchenleitung an die Theol. Fachschaft, Herrn Kalden, vom 09.02.1968, ebd.

62 Engelland hatte 1963 doch einen Ruf nach Kiel angenommen.

klärten.[63] Sie bescheinigten jeder Generation nicht nur die Berechtigung, sondern »die Aufgabe, sich über die Zeit ihrer Väter und Lehrer, die sie nicht mehr selbst miterlebt hat, ein Urteil zu bilden.« Auf die NS-Zeit bezogen forderten sie, Äußerungen für die Periode bis zur Pogromnacht 1938, der Eskalation bis 1942 und »der Zeit des Zusammenbruchs 1943–1945« jeweils unterschiedlich zu bewerten: »Zumindest bei dem deutlichen Hervortreten der verbrecherischen Ziele und Praktiken des damaligen Regimes mussten vielen Menschen die Augen aufgehen, und zur Diffamierung und Ausrottung der Juden durfte kein Theologe seine Zustimmung geben.« Angesichts von Redekers Veröffentlichungen der Jahre 1938 bis 1942 bot diese Herangehensweise die Möglichkeit eines vernichtenden Urteils über ihn.

Im folgenden Punkt forderten die Professoren aber ein »gemeinsames Streben nach Klärung der Vergangenheit« und versuchten sichtbar eine Brücke für Redeker bzw. den Dekan zu bauen:

> »Irrtum und Fehlentscheidungen wird es immer geben, jede klare, rückhaltlose und echte Distanzierung kann aber weiterhelfen. Das Ringen um die unverkürzte Wahrheit darf in einer theologischen Fakultät schon gar nicht zur Ruhe kommen, und das gilt keineswegs nur im Blick auf die Wahrheit Gottes, die unsere Existenz bestimmt und trägt, sondern auch im Blick auf konkrete Gegebenheiten. Wahrheitsfindung wird allerdings nur dort möglich sein, wo Vertrauen, Respekt, Bereitschaft zu gegenseitiger Hilfe und zum rechten Verhältnis auf allen Seiten vorhanden sind. Die Wahrheit kann nicht ohne Liebe sein; aber es wäre fatal, wenn man unter Berufung auf die Liebe der Wahrheit nicht mehr die Ehre geben würde.«[64]

Als sich im Zuge der Auseinandersetzungen die Studierenden durchgesetzt hatten und Redekers Emeritierung unter Abgabe all seiner Funktionen und Ehrenämter erfolgt war, stellte dies gleichzeitig den Schlussstrich unter die Auseinandersetzung mit seiner NS-Theologie dar.[65] Eine tiefer gehende Auseinandersetzung mit den theologischen Konzeptionen der Deutschen Christen und ihrer Nachwirkung nach 1945 fand ebenso wenig

63 Erklärung von D. Engelland, Dr. Hahn, Dr. Maaß, D. Dr. Schultz vom 01.03.1968, abgedruckt unter dem Titel: Eine Stellungnahme ist unumgänglich. Kieler Professoren zur Beurteilung theologischer Äußerungen aus der Zeit 1933–1945, in: ZdZ Nr. 8 (März 1968), 23f.

64 Ebd.

65 LINCK, Neue Anfänge?, Bd. 2, 141.

statt wie eine weitergehende Reflektion des Antisemitismus, den Redeker als Theologe vertrat. Dies war kein bewusstes Verdrängen und Nichtthematisieren, sondern lag vielmehr daran, dass in Kiel anderen Themen eine größere Bedeutung beigemessen wurde.[66] Die Art und Weise, wie sich die Landeskirche mit den Verhältnissen an der Theologischen Fakultät arrangiert hatte, ist insofern befremdend, als hier der eigene theologische Nachwuchs ausgebildet wurde. Hierarchie und Macht hatten stärkeren Einfluss bei der Ausbildung zum Amt der Verkündigung als theologische Glaubwürdigkeit.

Schuld und Vergebung: der Fall Ernst Szymanowski/Biberstein

Anders verhielt es sich im Fall des einstigen Kaltenkirchener Pastors Ernst Biberstein, der die Kirche verlassen und zur SS konvertiert schließlich als Chef eines Einsatzkommandos in Rostow Massenmorde direkt verantwortet hatte. Biberstein war im Nürnberger Einsatzgruppenprozess zum Tode verurteilt worden, bis seine Strafe in lebenslängliche Haft umgewandelt wurde. Der Umgang mit seinem »Fall« und seiner Person war in der schleswig-holsteinischen Landeskirche ausgesprochen uneinheitlich.[67]

Der 1899 in Hilchenbach geborene Ernst Szymanowski war als Sohn eines Bahnbeamten in Neumünster aufgewachsen. Nach Kriegsteilnahme ab 1917 gelangte er nach erfolgtem Studium bereits 1924 ins Pfarramt. 1926 erfolgte der Eintritt in die NSDAP. 1933 bemühte Szymanowski sich um eine Propststelle: Nach erfolglosen Bemühungen in Neumünster wurde er Propst von Segeberg. Kirchenpolitisch agierte Szymanowski ausgesprochen radikal und war der herausragendste Akteur des völkisch-antisemiti-

[66] Dies kann aber durchaus symptomatisch gesehen werden. Vgl. BERND-A. RUSINEK, Von der Entdeckung der NS-Vergangenheit zum generellen Faschismusverdacht – akademische Diskurse in der Bundesrepublik der 60er Jahre, in: AXEL SCHILDT / DETLEF SIEGFRIED / KARL CHRISTIAN LAMMERS (Hg.), Dynamische Zeiten: die 60er Jahre in den beiden deutschen Gesellschaften (Hamburger Beiträge zur Sozial- und Zeitgeschichte Bd. 37), Hamburg 2000, 114–147.

[67] Der folgende Abschnitt basiert auf STEPHAN LINCK, Eine mörderische Karriere: der schleswig-holsteinische Theologe Ernst Szymanowski/Biberstein, in: MANFRED GAILUS / CLEMENS VOLLNHALS (Hg.), Völkische Theologen im »Dritten Reich« (Berichte und Studien 70), Göttingen 2016, 153–173. Vgl. u. a. GERHARD HOCH, Zwölf wiedergefundene Jahre: Kaltenkirchen unter dem Hakenkreuz, Bad Bramstedt o. J. [1980]; Ernst Klee, Persilscheine und falsche Pässe. Wie die Kirchen den Nazis halfen, Frankfurt a. M. 1991, 142ff.

schen Bundes für Deutsche Kirche, für den er 1935 die erste deutschkirchliche Konfirmation durchführte und damit den Kirchenkampf im Land polarisierte. Im selben Jahr wurde Szymanowski Oberregierungsrat im Reichskirchenministerium, 1936 trat er der SS bei, 1938 aus der Kirche aus. 1940 wechselte er von der Allgemeinen SS zum Reichssicherheitshauptamt, wurde 1941 Gestapochef von Oppeln, nachdem er vorher seinen Familiennamen »germanisiert« hatte: Aus Szymanowski wurde Biberstein. 1942 wurde er Chef des Einsatzkommandos 6 der Einsatzgruppe C und befehligte Massenmord. Zu Kriegsende floh er nach Neumünster. Dort wurde er verhaftet und 1948 im Nürnberger Einsatzgruppenprozess des Mordes angeklagt. Seine Vernehmung als Beschuldigter wurde von der Presse als eine Offenbarung der Peinlichkeit beschrieben:

> »Selbst die übrigen Angeklagten in diesem Prozess hatten nur ein sarkastisches Lächeln für ihren Mitangeklagten, dem es vorbehalten blieb, eines der erbärmlichsten Kapitel in der daran gewiss nicht armen Geschichte der Nürnberger Prozesse gegen das unmenschliche Treiben der SS-Einsatzgruppen zu kennzeichnen.«[68]

Auf Befragen erklärte sich der Angeklagte als Vertreter religiöser Toleranz, die auch für Juden gelte, und von denen er nicht gewusst habe, dass sie in Konzentrationslager geschickt worden seien. Seinen Eintritt in die SS begründete er damit, dass diese »damals als die idealste selbstloseste Verkörperung des Nationalsozialismus«[69] gegolten habe. Da er als Christ und Theologe argumentierte, fragte ihn der Richter Musmanno, ob er sich mit seinem Kirchenaustritt 1938 vom Christentum abgewandt hätte. Biberstein: »Im Gegenteil, durch meinen Kirchenaustritt blieb ich meiner alten religiösen Einstellung, die ich von Jugend auf hatte, treu.«[70]

Es war nicht seine absurde Verteidigungsstrategie, sondern die seltsamen Äußerungen eines Theologen, die das öffentliche Interesse an seinem Fall weckten. Der leugnende SS-Scherge, der sich darauf berief, Theologe zu sein, war einzigartig und führte zu ausführlicher Presseberichterstat-

[68] Unfassbare Aussagen in Nürnberg. Der Zynismus eines Geistlichen – Die »humanitären« Hinrichtungen. In: Telegraf vom 09.03.1948.

[69] Ernst Biberstein in der Zeugenvernehmung durch den Vorsitzenden Richter Michael A. Musmanno am 20.11.1947 in Nürnberg. Protokoll des Einsatzgruppenprozesses. Staatsarchiv Nürnberg (StAN), KV-Prozesse, Fall 9 A 32-33 (künftig nur: Protokoll), 2788.

[70] A.a.O., 2790f.

tung. Das Gericht verurteilte ihn schließlich zum Tode. Grundlage hierfür waren seine eigenen Einlassungen: Biberstein hatte seine erste Zeugenaussage, der zufolge während seiner Zeit als Chef des Einsatzkommandos zwei- bis dreitausend Menschen hingerichtet worden seien, bestätigt und seine Teilnahme an zwei Massenhinrichtungen seines Kommandos durch Erschießung und Vergasung beschrieben. Letztere Tötungsart sei »menschlich angenehmer« gewesen, da die Gesichter der Ermordeten, als man die Leichen aus dem Gaswagen schaffte, »einen durchaus friedlichen Eindruck machten«.[71]

Am 1. November 1953 trat der in Landsberg inhaftierte Biberstein in seiner Heimatgemeinde Neumünster wieder in die Kirche ein.[72] Als ein Vierteljahr später der Landeskirchenamtspräsident Herbert Bührke starb, erhielt Bischof Wilhelm Halfmann ein Kondolenzschreiben von Biberstein: »In gehorsamster Ehrerbietung bin ich, der ich immer noch in der tiefsten Erniedrigung als Kriegsverurteilter leben muss, Eurer Magnifizenz ergebener Biberstein.«[73]

Von Halfmann um eine Stellungnahme zu diesem Vorgang gebeten, schrieb Bibersteins einstiger Kollege in Kaltenkirchen, Pastor Johannes Thies, an den Bischof:

> »Trotz allem aber ist es menschlich wohl verständlich, dass er das vom ihm verfasste Beileidsschreiben zugleich zum Anlass nimmt, um auf seine gewiss nicht beneidenswerte Lage aufmerksam zu machen, und dass dieser Hinweis die unausgesprochene Bitte enthält, etwas für ihn zu tun. Aber was könnte von landeskirchlicher Seite für ihn getan werden? Er gehörte ja zur ›Gruppe Ohlendorf‹, die vor allem in der Ukraine an zahlreichen Vergasungen beteiligt war. Wie man hörte, war er zum Tode verurteilt. Dieses Urteil ist dann infolge eines Erlasses des Kontrollrates, der alle weiteren Hinrichtungen untersagte, offenbar nicht mehr vollstreckt worden.«[74]

Diese Antwort ist insofern bemerkenswert, weil sie das einzige Schriftstück der innerkirchlichen Korrespondenzen der folgenden Jahre ist, in dem ausdrücklich die Mordtätigkeit Bibersteins benannt und als wahr angenommen wurde.

71 Protokoll, 2665.
72 Archiv der Kirchengemeinde Neumünster (AKN), Akte Wiedereintritte.
73 Biberstein an Halfmann vom 18. 02. 1954 (PA Herbert Bührke, LKAK, 12.03, Nr. 158).
74 Thies an Halfmann vom 03. 03. 1954. PA Herbert Bührke, LKAK, 12.03, Nr. 158.

Offenbar kam es danach von dritter Seite zu einer Anfrage an die Landeskirche. Darauf beschloss die Kirchenleitung am 27. Oktober 1954 beim Tagesordnungspunkt »Rehabilitierungsverfahren Bieberstein«: »Kirchenleitung rät den beiden Pröpsten, die um ihre Beteiligung bei dem Verfahren gebeten worden sind, sich nicht zu beteiligen.«[75] Nachdem man auf sein Schreiben nicht weiter reagiert hatte, suchte Biberstein 1955 wieder Kontakt zu seiner alten Landeskirche und bat offen, ihn bei seinen Bemühungen um vorzeitige Haftentlassung zu unterstützen. Hintergrund war, dass die Amerikaner inzwischen vorzeitige Entlassungen der in Landsberg einsitzenden NS-Verbrecher im Rahmen des »Parole«-Verfahrens zuließen. Danach war die Freilassung an den Nachweis einer Beschäftigung und eines ehrenamtlichen Bewährungshelfers gebunden.[76]

Soweit ersichtlich waren Bibersteins Bemühungen bei der Landeskirche nicht sehr engagiert und umgekehrt tat man sich bei der Kirche schwer mit ihm. Beispielhaft hierfür ist die Antwort des Direktors des Landesvereins für Innere Mission in Rickling an Propst Steffen auf seine Anfrage, Szymanowski-Biberstein im Raum des Landesvereins zu beschäftigen:

> »Wir können wohl sagen, dass wir im Laufe der letzten 10 Jahre meist ganz in der Stille versucht haben, manchem, der irgendwie gescheitert war, wieder eine neue Möglichkeit zu geben. Wir werden dazu auch immer bereit sein. Im Falle S. wird es mir allerdings doch etwas schwer, weil es sich hier nach meiner Auffassung nicht nur um ein Versagen, sondern um einen Verrat an der Kirche Jesu Christi gehandelt hat und weil man – jedenfalls nach dem Brief, den Sie mir vorlasen – nicht den Eindruck haben kann, dass hier ein grundlegender Wandel geschehen ist.«[77]

Im Oktober 1956 schließlich fuhr Propst Richard Steffen nach Landsberg, um Biberstein zu besuchen und sich ein Bild von ihm zu machen. Steffen

[75] Protokoll der Kirchenleitung vom 27. 10. 1954. LKAK, 20.01 LK Schleswig-Holstein – Kirchenleitung, Nr. 131.

[76] Das amerikanische Verfahren der Freilassung auf »Parole« meinte eine dauerhafte Beaufsichtigung und Betreuung der auf »Parole« Freigelassenen durch ehrenamtliche Bewährungshelfer, die hier als Bürgen bezeichnet wurden. Vgl. Norbert Frei, Vergangenheitspolitik. Die Anfänge der Bundesrepublik und die NS-Vergangenheit, München 1999, 295.

[77] Direktor der Ricklinger Anstalten an Propst Steffen vom 28. 12. 1955. Kirchenkreisarchiv Altholstein Bestand Kirchenkreisarchiv Neumünster, Nr. 2534. Für den Hinweis danke ich Hansjörg Buss.

war als Neumünsteraner Propst zuständig und offenbar bereits von Bibersteins Ehefrau kontaktiert worden. Der Bericht, den Steffen unmittelbar nach seiner Reise nach Landsberg abfasste, ist ein beeindruckendes Dokument des Zeitgeistes des Jahres 1956. Steffen hatte die Reise offenbar unvorbereitet angetreten. Im Gespräch mit Biberstein ließ er sich dessen Deutung seiner Karriere erzählen, ohne im Stande zu sein, sie aufgrund anderer Informationen zu hinterfragen. Außer auf Bibersteins Erzählungen bezog sich Steffen lediglich auf den oben zitierten Spiegel-Artikel, dessen Wahrheitsgehalt er aber sichtbar in Frage stellte:

»Im Staatssicherheitsdienst hatte er es zu tun mit russischen Saboteuren und Partisanen. Es sind auch in seiner Kommandostelle während seiner Zeit Erschießungen vorgekommen, aber Einzelerschießungen von Personen, die gerichtlich abgeurteilt waren. [...] Um noch einmal auf die Erschießungen zu kommen, die ja in dem Zeitungsbericht eine große Rolle spielen, so ist noch einmal zu betonen, dass Massenerschießungen während seiner Zeit nicht vorgekommen sind. [...] Erschießungen einzelner kriegsgerichtlich Verurteilter hat er nicht selbst ausgeführt, wohl aber gelegentlich teilgenommen. [...] Im Augenblick der Erschießung sah B. in seiner Dienststelle in den ordentlich gerichtlich Abgeurteilten Saboteure und Partisanen, die die Schärfe des Schwertes des Staates traf. [...] Aber gegen das Grundsätzliche seiner Haltung ist m. E. nichts einzuwenden. Das wird auch rechtlich anerkannt. Welche Not das bedeutet, weiß jeder, der als Pastor in militärischer Dienststellung in eine solche Situation hineingestellt wurde. Ich bin dankbar, dass sie mir persönlich erspart geblieben ist.«[78]

In der Sache hatte Biberstein also Steffen gegenüber selbst die eigenen Aussagen vor Gericht geleugnet. Offenbar hatte Steffen keine Hintergrundkenntnisse, dies zu erkennen, aber auch kein Interesse, sich welche anzueignen. Steffen übernahm Bibersteins Darstellung ohne zu überprüfen. Einzig der Kirchenaustritt Bibersteins wurde ernsthaft problematisiert:

»Ein wunder Punkt ist natürlich sein Kirchenaustritt. Man muss ihn wohl im Zusammenhang mit der ganzen kirchlichen Lage damals sehen. [...] Bezeichnend ist, dass er sagte: ›Leider bin ich nie zum Kirchenaustritt aufgefordert worden, dann hätte ich es bestimmt nicht getan.‹ Andererseits wäre ihm, wenn er in seiner Heimatkirche gewesen wäre, nie der Gedanke gekommen.

[78] Bericht Steffen, 2–3.

> B. nimmt aber für sich glaubhaft in Anspruch, dass er sich immer als Christ und Theologe gefühlt und gehalten habe, und dass er auch Heydrich gegenüber immer betont habe, dass ihm nichts zugemutet werden könne, was dagegen verstoße. Und das sei ihm auch zugebilligt worden. Er sagte, und zwar nicht überheblich, sondern einfach als seine innere Überzeugung, dass es wohl gut wäre, wenn jedes Pastors persönliche Haltung im Leben so anständig sein würde, wie seine es war. Er ist sich, abgesehen von der Beurteilung seines Kirchenaustritts, bewusst, in allen äußeren Dingen vor Gott und Menschen ein gutes Gewissen zu haben. Er sagt es schlicht und überzeugt! Vielleicht vermisst man bei diesen und ähnlichen Äußerungen zu seiner Rechtfertigung ein deutliches Bekenntnis zur inneren Schuld, wie wir alle im Rückblick auf die ganze verwirrende Zeit mehr oder weniger um Schuld wissen. Solche Gedanken sind B. gewiss nicht fremd. Sie auszusprechen, mag ihm in dieser besonderen Lage wohl zu billig erschienen sein.«[79]

Die Wiedergabe Steffens lässt eine ähnliche Erzählstruktur vermuten, wie sie Biberstein im Einsatzgruppenprozess angewandt hatte. Da war er sichtbar geistig überfordert, zu realisieren, dass er – statt seinen Kopf aus der Schlinge zu ziehen – sich um Kopf und Kragen redete. Hier zeigte sich ein Massenmörder, dessen Lügen frei von jeglicher Reflexion waren. Eine solch wirklichkeitsferne Selbstdeutung konnte nur Erfolg bei Menschen haben, die genau diese Sicht hören und glauben wollten. Wie kam nun Steffen zu einer derart naiv-apologetischen Übernahme der Bibersteinschen Selbstdeutungen? Der 1896 in Lügumkloster als Sohn des späteren Propstes von Tondern, Wilhelm Steffen, geborene Richard Steffen war 1933 Mitglied der NSDAP und der DC geworden. Die vorbehaltlose Unterstützung der Nationalsozialisten war Voraussetzung, dass ihm Ende 1933 das Neumünsteraner Propstenamt übergeben wurde. Als er 1937 aus der NSDAP ausgeschlossen wurde – er hatte den Kreisleiter wegen dessen öffentlicher Ablehnung des Alten Testaments kritisiert –, schrieb er in einer Bittschrift an Gauleiter Hinrich Lohse:

> »Ich bin zwar erst 1933 Parteigenosse geworden. Aber ich habe versucht, mich dann als solcher zu betätigen. Anfang 1934 trat ich hier in den SS Motorsturm ein und habe dort in freudiger Dienstbereitschaft für meinen Führer und sein Werk gestanden. Als wir bei der traurigen Röhm-Affäre in Alarm lagen, da war ich selbstverständlich zum Einsatz bereit, wohin immer wir gerufen worden wären, um das wahr zu machen, was wir so oft auf unsern

[79] Ebd.

Märschen sangen:›Für Adolf Hitler kämpfen wir, das schwören wir aufs Neu.‹«[80]

Auch wenn Steffen sich aus den DC zurückzog und kirchenpolitisch mäßigte, hatte er doch biografische Ähnlichkeiten mit Biberstein.[81] Das »Wissen um die Schuld« in der »verwirrenden Zeit«, von der Steffen schrieb, deutet diesen Hintergrund an. Steffens Wirklichkeit ausblendende Empathie erklärt sich wohl am ehesten in einer Übertragung: der Überlegung, wo er selbst stände, wenn er damals keine Grenzen gezogen hätte oder diese nicht von den Nationalsozialisten gezogen worden wären. Damit er dieses Bild aufbauen konnte, durfte er die Verbrechen Bibersteins in ihrer Dimension ebenso wenig wahrnehmen, wie dessen Leugnen. Stattdessen gab er den Gefängnisseelsorger wieder:

»Pastor Dreger lässt den verantwortlichen Herren unserer Kirche ausdrücklich sagen, dass unsere Kirche sich s. E. Bibersteins annehmen müsse. Einmal schon nach dem Wort der Schrift: ›So ein Bruder fällt, so helft ihm wieder zurecht, Ihr, die Ihr geistlich seid.‹ Dann aber auch, weil die Haltung Bibersteins das besonders nahe lege. Er betonte auch noch besonders, dass er ihn immer als einen demütigen Menschen kennengelernt habe. [...] Mich selbst hat all das, was ich so erfuhr, doch sehr bewegt. Und ich bin beschämt darüber, wie leicht man doch einem Bruder Unrecht tun kann und wie schnell man zu lieblosem aburteilendem Wort bereit ist.«[82]

Steffen votierte für eine Anstellung Biberstein durch die Kirche. Er hielt sogar eine spätere Beschäftigung im Dienst der Verkündigung für möglich und schloss seinen Bericht mit den Worten: »Vielleicht haben wir dabei doch auch etwas wieder gutzumachen, was wir bisher versäumt haben!«[83]

Der Bericht Steffens stieß aber nicht durchgängig auf die von ihm erhoffte Zustimmung. Die fantasievolle Darstellung von Szymanowski-Bibersteins kirchenpolitischer Entwicklung, die Steffen ungefiltert wiedergege-

80 Durchschrift des Schreibens von Steffen an Hinrich Lohse vom 03.06.1937. PA Steffen, LKAK, 12.03, Nr. 1770. Aus der SS war Steffen 1936 aufgrund seiner Kirchenmitgliedschaft entlassen worden.

81 In seiner Selbstdeutung verwandelten sich die Ausschlüsse aus SS und NSDAP fast zu Belegen einer Verfolgung. Vgl. Steffen an Halfmann vom 12.03.1946. LKAK, 22.05, Nr. 740.

82 Bericht Steffen, 4.

83 A.a.O., 5.

ben hatte, war Anlass zu kritischer Reflexion. Während im Lauf des Jahres die Voraussetzungen geschaffen wurden, Biberstein zeitlich befristet in Neumünster anzustellen, schrieb Bischof Halfmann an den Pastor von Lohbrügge und ehemaligen nationalsozialistischen Landesbischof Adalbert Paulsen und bat ihn diesbezüglich um eine Stellungnahme. Paulsen korrigierte in seiner Antwort die Darstellung Bibersteins und wies darauf hin, dass Szymanowski einer der radikalsten Anhänger der Deutschkirche gewesen sei. Dennoch würdigte er es als einen »Akt christlicher Hochherzigkeit«, dass man ihm »in seinem Elend« helfen wolle.[84] Das Schreiben Paulsens wurde von Halfmann mit dem Vermerk »Vorsicht« ergänzt und darauf hingewiesen, dass man das Urteil kennen müsse. Hier wird eine Zurückhaltung gegenüber den Aussagen Bibersteins sichtbar.

Im Lauf des Jahres 1957 wurde vom Landeskirchenamt Geld bereitgestellt, das dem Kirchengemeindeverband Neumünster zur Verfügung gestellt wurde, um Biberstein ein halbes Jahr anzustellen.[85] Andere Anstellungsträger fanden sich nicht. Von einer längeren, gar unbefristeten Stelle war nicht mehr die Rede – das Nürnberger Urteil gelangte anhaltend nicht zu den Akten. Biberstein war unter den letzten Gefangenen, die 1958 in Landsberg freigelassen wurden.[86] Auf Bibersteins Freilassung reagierte der Pressedienst des Schweizerischen Israelitischen Gemeindebundes, indem er eine Zusammenstellung von Zitaten Bibersteins aus dem Einsatzgruppenprozess unter dem Titel »Das war einst ein ›Pfarrer‹!« veröffentlichte.[87] Als diese im »Deutschen Pfarrerblatt« nachgedruckt wurde, antwortete Propst Steffen unter der Überschrift »Die Dinge liegen ganz anders«. Darin mahnte er Vorsicht in der Verwertung der (ihm weiterhin unbekannten) Nürnberger Prozessakten an und resümierte: »Nach meiner Überzeugung

84 Paulsen an Halfmann vom 19.11.1957. LKAK, 12.03, Nr. 1215: PA Szymanowski.

85 Die Bürgschaft übernahm der Neumünsteraner Propst Richard Steffen in Rücksprache mit dem Präsidenten des schleswig-holsteinischen Landeskirchenamtes Dr. Epha und der schleswig-holsteinischen Kirchenleitung, deren Mitglied er war. Aufgrund dieser Absprachen wurde Biberstein befristet beim Kirchengemeindeverband Neumünster angestellt, die Finanzierung der Stelle erfolgte gemeinsam mit der schleswig-holsteinischen Landeskirche. LKAK, 20.01, Nr. 130: Sitzungen der Kirchenleitungen; Nr. 192: Sitzungsprotokolle des Landeskirchenamtes; sowie Personalakte Szymanowski.

86 Zu den Begnadigungen vgl. Thomas Alan Schwartz, Die Begnadigung deutscher Kriegsverbrecher. John J. McCloy und die Häftlinge von Landsberg. In: Vierteljahreshefte für Zeitgeschichte, 38 (1990), 375–414; Frei, Vergangenheitspolitik, 266–306.

87 »Das war einst ein ›Pfarrer‹!« Pressedienst des Schweiz. Israelitischen Gemeindebundes vom 16.06.1958. Abgedruckt im Deutschen Pfarrerblatt, 16/1958, 372f.

ist B. kein Verbrecher. Was übrig bleibt an Schuld vor Menschen und Gott, ist menschlich gestraft genug und geistlich in Gottes Vergebung gestellt. Sollten wir nicht auch vergeben können?«[88]

Während seiner befristeten kirchlichen Anstellung bemühte sich Biberstein um eine feste Anstellung bei der Kirche. Hierfür schrieb er im August 1958 einen 14-seitigen Bericht über seinen Lebensweg an die Kirchenleitung. Aber auch hier belog er die Kirche selbst in Teilen seiner Vita, über die die Kirchenleitung bestens Bescheid wusste.[89] Seine Beschäftigung endete nach einem halben Jahr. Bis zu seiner Pensionierung arbeitete Biberstein in wechselnden Arbeitsverhältnissen. Er starb am 8. Dezember 1986 in Neumünster.

Das kirchliche Engagement im Fall Biberstein war insgesamt überschaubar und auf landeskirchlicher Ebene nicht von Eigeninitiativen getragen. Von einem »massiven kirchlichen Einsatz« zugunsten Bibersteins kann nicht die Rede sein.[90] Gerade verglichen mit dem kirchlichen Engagement in anderen Fällen war man hier ausgesprochen zurückhaltend. Der Einsatz beschränkte sich im Wesentlichen auf den Neumünsteraner Propst Steffen, der aber auch zu nicht mehr als einer befristeten Anstellung Bibersteins bereit war. Soweit ersichtlich war diese Zurückhaltung aber nicht dem Ausmaß der Bibersteinschen Verbrechen geschuldet – bei allen beteiligten Seiten ist ein Desinteresse an der Überprüfung des Gerichtsverfahrens und der ihm zugrunde liegenden Vorwürfe festzustellen. Vielmehr hatte der Kirchenaustritt Bibersteins und sein kirchenpolitisches Agieren vor 1945 eine größere Bedeutung für das zurückhaltende Engagement von kirchlicher Seite. Dass die juristische Bewertung von Schuld

88 Propst Steffen, Die Dinge liegen ganz anders. In: Deutsches Pfarrerblatt, 18/1958, 420.

89 Bezeichnenderweise ist Bibersteins »Bericht über meinen Lebensweg seit meinem Ausscheiden aus dem Kirchendienst im Jahre 1935« vom 22. 08. 1958 in den Unterlagen der schleswig-holsteinischen Landeskirche nicht auffindbar, obwohl er an die »hohe Kirchenregierung« (14) gerichtet ist. Landesarchiv Schleswig-Holstein (LASH), Abt. 352, Nr. 949.

90 Rainer Hering, Die evangelisch-lutherischen Kirchen nördlich der Elbe und ihre nationalsozialistische Vergangenheit, in: Janina Fuge / Rainer Hering / Harald Schmid (Hg.), Das Gedächtnis von Stadt und Region, Hamburg 2010, 90–109, 100; ders., »Einer antichristlichen Dämonie verfallen«. Die evangelisch-lutherischen Kirchen nördlich der Elbe und die nationalsozialistische Vergangenheit, in: Bea Lundt (Hg.), Nordlichter. Geschichtsbewusstsein und Geschichtsmythen nördlich der Elbe, Köln 2004, 355–370, 364; ders., Szymanowski, Ernst, in: Biographisches Lexikon für Schleswig-Holstein und Lübeck, Bd. 13, Neumünster 2011, 445–447.

nicht nur eine Strafe für die Täter und Täterinnen, sondern auch Gerechtigkeit für die Opfer bedeutet, spielte keine erkennbare Rolle.

Dieser Aspekt zeigt sich bei allen drei Beispielen: Die Opfer des Nationalsozialismus waren ebenso wenig im Blick des kirchlichen Denken und Handelns, wie die Opfer eigenen Handelns. Zwar wurden die Christen und Christinnen jüdischer Herkunft, die von der schleswig-holsteinischen und der Lübecker Landeskirche 1941/1942 ausgeschlossen worden waren und die den Völkermord überlebt hatten, 1945 wieder in die Kirche aufgenommen und die entlassenen Geistlichen wieder eingestellt. Die Verursacher ihres Ausschlusses wie der Antisemit Prof. Redeker blieben aber konsequenzenlos in ihren Ämtern. Diejenigen, die sich bereits schwer taten, eine allgemein theologische Schulderklärung abzugeben, waren vollständig außer Stande, sich den Ursachen und dem konkreten schuldhaften Handeln der Kirche zu stellen.

Dieses Verhaltensmuster übertrug sich aber auch auf die folgende Theologengeneration: Erst in den 1990er Jahre erfolgte eine Thematisierung des Falles Redeker innerhalb der Theologischen Fakultät.[91] Ähnliches gilt auch für den Fall von Ernst Szymanowski/Biberstein, der ab Anfang der 1980er Jahre beharrlich von dem Lokalhistoriker der ehemaligen Gemeinde Szymanowskis, Gerhard Hoch in die Landeskirche hineingetragen wurde.[92] Offizielle Schulderklärungen zum kirchlichen Verhalten in der NS-Zeit und konkret zum kirchlichen Antisemitismus verabschiedete die Synode der Nordelbischen Synode erst 1998 und 2001.[93]

91 Vgl. Alwast, Die Theologische Fakultät unter der Herrschaft des Nationalsozialismus, 87.

92 Gerhard Hoch, Ernst Szymanowski-Biberstein. Die Spuren eines Kaltenkirchener Pastors. Gedanken zu einem in Deutschland einmaligen Fall, Neumünster 2009.

93 Erklärung der Synode der Nordelbischen Evangelisch-Lutherischen Kirche zur Aufhebung antijüdischer Kirchengesetze vom 18.09.1998, abgedruckt in: Annette Göhres / Stephan Linck / Joachim Liss-Walter (Hg.), Als Jesus »arisch« wurde. Kirche, Christen, Juden in Nordelbien 1933–1945. Die Ausstellung in Kiel. Bremen 2003, 12–14 und Erklärung der Synode der Nordelbischen Evangelisch-Lutherischen Kirche vom 22.09.2001, a.a.O., 15–17.

II Schuld — Bekenntnis — Öffentlichkeit

»Von Helden und Kriminellen« – das mediale Bild der Kirchen und ihres öffentlichen Umgangs mit Schuld in den Missbrauchsfällen

Carmen Koch

The Church is a social agent participating in public discussions and therefore finds itself also in the spotlight. If a representative of the church crosses ethical, moral, and especially, legal lines, a public scandal is all but certain. In the case of sexual violence committed by church representatives, it was not only the assault itself that led to public outrage, but also the subsequent response and communication about it. In too many cases, the crisis communication failed, guilt was hidden, or was admitted too late. The reputation of the church was harmed. This article provides an overview of the operations of the news media and introduces studies that explore the relationship between the church and the media, focusing on the sex abuse scandals. These studies show that the reputation of the church was damaged as a result of flawed crisis communication. The essay concludes with suggestions for public handling of guilt by the church in front of the media.

1 Einleitung

Religionsgemeinschaften bewegen sich in einem Spannungsverhältnis zwischen Privat und Öffentlich. Der Glaube ist etwas sehr Persönliches, die Religionsausübung und Transzendenzerfahrungen etwas Halbprivates oder Privates. Als große gesellschaftliche Akteurinnen mit langer Tradition, welche die Werte und das kulturelle Verständnis in Deutschland und der Schweiz mitgeprägt haben, stehen christliche Kirchen allerdings stark im Licht der Öffentlichkeit. Sie haben die Möglichkeit sich einerseits aktiv in aktuelle Debatten einzuschalten (dies wird von den Mitgliedern auch gewünscht[1]), andererseits über ihr Engagement, karita-

[1] Vgl. REINER APP / THOMAS BROCH / MARTIN MESSINGSCHLAGER, Zukunftshorizont Kir-

tive Tätigkeiten und ihre Dienstleistungen zu berichten. Häufig bestehen jedoch Hemmungen die »guten Taten» offensiv zu kommunizieren, wie Interviews mit Religionsvertretern und -vertreterinnen in der Schweiz zeigen.[2] Schließlich werden die Kirchen selber beobachtet und sind damit auch öffentlicher Kritik ausgesetzt. Wenn sie Schuld auf sich laden, werden die Medien dies anprangern.

Die mediale Darstellung ist für die Reputation der Kirchen und ihre Mission wichtig, denn die öffentliche Wahrnehmung und Meinung des »Anderen« wird stark durch die Medien geprägt. Sie sind ein zentraler Player, wenn es darum geht, Bilder von Akteurinnen und Akteuren, seien dies Institutionen, wie z. B. Unternehmen oder eben die Kirche sowie Bevölkerungsgruppen, z. B. ethnische Minderheiten oder Angehörige einer Glaubensgemeinschaft, zu vermitteln. Je fremder einem dieser Akteur oder diese Akteurin ist, desto stärker fällt das Medienbild bei dessen / deren Einordnung und Bewertung ins Gewicht. So weisen Studien nach, dass das Islambild stark durch die Medien bestimmt wird, da weite Teile der Gesellschaft keinen persönlichen Kontakt zu Muslima und Muslimen pflegen.[3] Viele Deutsche sowie Schweizerinnen und Schweizer sind christlich sozialisiert, was ihnen ein gewisses Grundverständnis für das Christentum mit auf den Weg gibt. Vor diesem Hintergrundwissen wird die öffentliche Darstellung in einen Kontext gestellt, differenzierter betrachtet, allenfalls relativiert. Allerdings stellen Stolz et al.[4] eine fortschreitende Entfremdung der Menschen in der Schweiz von den institutionalisierten Landeskirchen fest, was dazu führt, dass »[...] das Medienbild der Organisation ›Kirche‹

che: Was Katholiken von ihrer Kirche erwarten; eine repräsentative Studie, Ostfildern 2014.

2 Vgl. Dahinden / Vinzenz Wyss / Carmen Koch / Guido Keel, Die Darstellung von Religionen in Schweizer Massenmedien: Schlussbericht: NFP58 Religionsgemeinschaften, Staat und Gesellschaft, Chur und Winterthur, (2009), in: http://www.nfp58.ch/files/downloads/NFP58_Schlussbericht_DahindenU.pdf, [letzter Zugriff: 01. Juni 2017].

3 Vgl. Nadine D. Müller / Anika Steinert / Kateryna Esselbach / Sophia Zimmerling, Medien und Islam – eine gefährliche Mischung?, in: Wolfgang Frindte / Nico Dietrich (Hg.), Muslime, Flüchtlinge und Pegida: Sozialpsychologische und kommunikationswissenschaftliche Studien in Zeiten globaler Bedrohungen, Wiesbaden 2017, 139–57, 153f.

4 Vgl. Jörg Stolz / Judith Könemann / Mallory S. Purdie / Thomas Engelberger / Michael Krüggeler, Religiosität in der modernen Welt: Bedingungen, Konstruktionen und sozialer Wandel, Schlussbericht NFP58, Lausanne (2017), in: http://www.nfp58.ch/files/downloads/Schlussbericht_Stolz.pdf, 33, [letzter Zugriff: 25. Juli 2017].

und ihrer Vertreter eine immer größere Rolle für die Wahrnehmung der Kirchen und das Verhalten ihrer Mitglieder«[5] spielt.

In diesem Beitrag wird kurz erläutert wie Nachrichtenmedien funktionieren, um dann zu zeigen, wie sie über die Kirche berichten und wie Skandale ihren Niederschlag gefunden haben. Laden Kirchenvertreterinnen und -vertreter Schuld auf sich, liegt ein Skandal nicht fern. Davon lassen sich in den vergangenen Jahren einige benennen (z. B. Missbrauchs- und Veruntreuungsvorwürfe gegenüber Bischof Walter Mixa, die Vatileaks-Affäre, Skandal um die Geldverschwendung durch Franz-Peter Tebartz-van Elst). Im Zentrum der Diskussion hier stehen jedoch die zahlreichen Fälle sexualisierter Gewalt durch Vertreter der katholischen Kirche und der öffentliche Umgang damit. Es wird dann ausgeführt wie es um die Reputation der Kirche steht und wie ihre Krisenkommunikation gewirkt hat, um abschließend den öffentlichen Umgang mit Schuld und die Folgen davon zu diskutieren.

2 *Wie der Journalismus »tickt«*

Um die Rolle der Medien in der öffentlichen Thematisierung und Verarbeitung der kirchlichen Schuld nachvollziehen zu können, ist ein Verständnis der journalistischen Funktionsweise wichtig. Journalismus hat die Aufgabe die Welt zu beobachten und Realität abzubilden. Dies kann nur eine subjektive Realität sein, denn die journalistische Arbeit ist geprägt von zahlreichen Entscheidungen durch den Journalisten oder die Journalistin. Vor der Berichterstattung laufen Prozesse des Auswählens und Fokussierens, d. h. es muss entschieden werden, welche Ereignisse und welche Ausschnitte davon aufgegriffen werden sowie welche Perspektive genau beleuchtet wird. Bei der Aufbereitung wird wiederum selektiert, hervorgehoben und betont (vgl. dazu den Framing-Ansatz) sowie das Ereignis narrativ in eine Geschichte eingebettet. Hierbei wird gerne auf bestehende Mythen, z. B. die des Helden (David gegen Goliath) oder des Opfers, zurückgegriffen.[6] Damit setzt der Journalist oder die Journalistin eine wichtige und nötige Aufgabe um, nämlich jene der Komplexitäts-

5 Christian Kolmer, Mediatisierung, Personalisierung, Skandalisierung: Eine Langzeitanalyse zeigt, wie die Kirche in den Jahren 2001 bis 2013 im Fernsehen dargestellt wurde, Communicatio Socialis 47 (2014), 244–249, 244.

6 Vgl. Carmen Koch, Religion in den Medien: Eine quantitative Inhaltsanalyse von Medien in der Schweiz, Konstanz 2012, 31 ff.

reduktion. Um diese bewältigen zu können, erfolgt der Rückgriff auf Stereotypen. Die Medien produzieren diese nicht allein, sondern verwenden bestehende Stereotypen und bestätigen sowie verfestigen diese mit ihrer Berichterstattung.[7] Dies ist ein logisches Vorgehen, das aus der Funktionsweise des Journalismus resultiert. Trotzdem können Stereotypen problematisch werden, insbesondere dann, wenn sie Integration verhindern und/oder Abgrenzung und Ausschluss begünstigen. Wissenschaftliche Beobachtungen der Medien können Verzerrungen und einseitige Medienbilder zurückspiegeln, Journalistinnen und Journalisten sind aber auch gefordert, ihre Arbeit regelmäßig selber zu hinterfragen. Um dem Anspruch, eine subjektive Realität abzubilden, möglichst nahe zu kommen, berücksichtigen sie im Idealfall Qualitätskriterien. Bezogen auf das journalistische Handeln sind dies Unabhängigkeit, Richtigkeit, Fairness, Aktualität, Relevanz, Originalität, Interaktivität und Transparenz, bezogen auf das journalistische Produkt Vielfalt, Unparteilichkeit, Verständlichkeit, Sinnlichkeit, Attraktivität und Nutzwert.[8]

Bei der Auswahl der Ereignisse dienen sogenannte Nachrichtenfaktoren als Leitplanken dafür, ob eine Nachricht als berichtenswert angesehen wird. Es gibt eine Vielzahl davon und sie variieren je nach Autor oder Autorin leicht. Dazu gehören u. a. Personalisierung, Prominenz, Überraschung, Kontroverse, Aggression, Sexualität, Emotionen und Erfolg, um nur einige beispielhaftzu nennen.[9] Das Vorkommen dieser Faktoren bei einem Ereignis erhöht die Chance, dass es von Medien aufgegriffen wird. Festgestellt wurde, dass solche Nachrichtenfaktoren häufig auch einem Ereignis »zugeschrieben« werden, z. B. indem aus einem Betroffenenkreis die persönliche Geschichte eines Akteurs oder einer Akteurin erzählt wird (Personalisierung) oder eine prominente Person zum Vorfall zitiert wird (Prominenz).[10]

7 Vgl. Travis Linn, Media Methods That Lead to Stereotypes, in: Paul M. Lester / Susan D. Ross (Hg.): Images that injure: Pictorial stereotypes in the media, Westport 2003, 23–28.

8 Vgl. Klaus Meier, Journalistik, Konstanz 2011, 230.

9 Vgl. Michaela Maier / Georg Ruhrmann / Kathrin Klietsch, Der Wert von Nachrichten im deutschen Fernsehen. Ergebnisse einer Inhaltsanalyse 1992–2004. Landesanstalt für Medien Nordrhein-Westfalen (LfM), (2006), in: http://www.lfm-nrw.de/downloads/nachrichtenanalyse_1992–2000.pdf, [letzter Zugriff: 01. Dezember 2009].

10 Vgl. Joachim Friedrich Staab, Nachrichtenwert-Theorie. Formale Struktur und empirischer Gehalt. Freiburg i. Br. 1990, 98.

Skandale, wie eben die Aufdeckung sexueller Übergriffe von Geistlichen oder die Geldverschwendung durch einen Bischof, erfüllen viele solcher Nachrichtenfaktoren, u. a. natürlich Negativität und häufig auch Personalisierung. Unter Skandalen sind Ereignisse oder Handlungen zu verstehen, die gesellschaftliche Werte oder Normen überschreiten, was verurteilt und öffentlich gemacht wird.[11] Skandalberichterstattung kann sich »[...] als gesellschaftlich hochrelevant und funktional erweisen, da mit ihr auf Missstände, Werte- oder Normverletzung aufmerksam gemacht und Diskurse über grundlegende Werte und Normen in Gang gesetzt werden können«.[12] Das Aufdecken und Aufarbeiten skandalöser Vorgänge gehört unterdessen zur journalistischen Routine.[13]

Im Folgenden soll aufgezeigt werden, wie das Medienbild der katholischen und evangelisch-reformierten Kirche aussieht und wie sich Skandale darin niederschlagen.

3 Kirche in den Medien

Wie die Nachrichtenmedien über die christlichen Kirchen berichten, wurde bislang wenig untersucht. Hier soll auf drei Studien rekurriert werden: zum einen meine eigene Studie[14], in welcher Religionen in zahlreichen Schweizer Nachrichtenmedien (Print, Radio, Fernsehen) im Jahr 2008 und 1998 untersucht wurden. Verwiesen wird auf die knapp 1600 untersuchten Beiträge aus dem Jahr 2008, welche Religion oder einen religiösen Akteur bzw. eine religiöse Akteurin im Zentrum behandeln. Die Berücksichtigung der ganzen Bandbreite an Religionsgemeinschaften im Sample ermöglicht einen direkten Vergleich zwischen verschiedenen Religionsgruppen und eine Einordnung der Ergebnisse. Zum anderen werden Resultate aus der Untersuchung von Christian Kolmer,[15] welcher die Darstellung der katholischen und protestantischen Kir-

11 Vgl. JOHN B. THOMPSON, Political Scandal: Power and visibility in the media age, Cambridge 2008, Kapitel 1.

12 MARK LUDWIG / THOMAS SCHIERL, »Mediated Scandals und ihre Folgeeffekte. Eine einführende Betrachtung der Risiken und Relevanz medialer Skandalberichterstattung«, in: MARK LUDWIG / THOMAS SCHIERL / CHRISTIAN VON SIKORSKI (Hg.), Mediated Scandals: Gründe, Genese und Folgeeffekte von medialer Skandalberichterstattung, Köln 2016, 16–32, 17.

13 Vgl. KOLMER Mediatisierung, 246.

14 Vgl. KOCH, Religion in den Medien.

15 Vgl. KOLMER, Mediatisierung.

che in den Hauptabendnachrichten von ARD und ZDF in den Jahren 2001 bis 2013 analysiert hat, und jener Studie von Stephanie von Luttitz,[16] welche Zeitungen in Deutschland und Österreich von September 2012 bis Februar 2014 hinsichtlich der Darstellung der Kirche verglichen hat, hinzugezogen.

2008 war das Christentum noch die am häufigsten genannte Religionsgemeinschaft in den Schweizer Nachrichtenmedien mit oder über religiöse Akteurinnen und Akteure. Kolmer stellt 2015 in Deutschland jedoch fest, dass der Islam das Christentum als meistgenannte Religion abgelöst hat.[17] Auf einen Bericht über christliche Kirchen entfallen bis zu 3,6 Beiträge über den Islam. Früher wie heute erhält die katholische Kirche deutlich mehr mediale Aufmerksamkeit als die evangelisch-reformierte.[18] In seiner Langzeitanalyse von 2001 bis 2013 erkennt Kolmer eine Spitze der Menge an Beiträgen im Jahr 2010, dies nach und aufgrund des Öffentlichwerdens der Missbrauchsfälle am Canisius-Kolleg. Besonders viel Beachtung erhielt die katholische Kirche außerdem 2013 aufgrund des Rücktritts des Papsts sowie der darauf folgenden Neuwahlen.[19]

Glaube ist kein mediales Thema

Ein negatives Ereignis war in jedem Dritten Beitrag über die katholische Kirche Ursache für die Berichterstattung, bei Beiträgen mit oder über die reformierte Kirche basierte jeder fünfte Beitrag auf einem negativen Ereignis und wenn es um den Islam ging, war in mehr als der Hälfte ein negatives Ereignis Auslöser für den Beitrag. Einen stattlichen Anteil machen in Beiträgen über das Christentum Ereignisse neutraler Valenz aus. Beiträge positiver Valenz finden sich über das Christentum deutlich häufiger als in der Berichterstattung über »nicht-christliche« Religionsgemeinschaften. Es sind dort 24% bei Beiträgen mit/über die katholische Kirche, 36% bei Beiträgen mit/über die evangelisch-reformierte Kirche, während es bei Beiträgen mit/über den Islam nur gerade 10% sind.[20] Jeder zehnte

16 Vgl. STEPHANIE VON LUTTITZ, Kirchliche Analphabeten: Der öffentliche Diskurs zwischen den Medien und der katholischen Kirche, Berlin 2016.

17 Vgl. CHRISTIAN KOLMER, Der Terror überdeckt alles (2015). In: http://de.mediatenor.com/de/bibliothek/newsletter/797/der-terror-ueberdeckt-alles, [letzter Zugriff: 24. Juli 2017].

18 Vgl. KOCH, Religion in den Medien, 179; KOLMER 2014, 246.

19 Vgl. KOLMER, Mediatisierung, 245.

20 Vgl. KOCH, Religion in den Medien, 207.

Beitrag hat eine politische Komponente. Der Berichterstattung über Katholizismus liegt außerdem in jedem vierten Beitrag das Thema Kriminalität zugrunde. Religion ist immerhin in rund der Hälfte der Beiträge über die katholische und reformiert-protestantische Kirche ein Thema, womit alle Beiträge gemeint sind, die sich mit der Kirche an sich beschäftigen, z. B. Veranstaltungen der Kirche, Feiertage aber auch Personalentscheide oder Diskussionen der kirchlichen Moral. Dies ist deutlich häufiger der Fall als bei anderen Religionsgemeinschaften[21], bei welchen im Vergleich auch religiöse Dimensionen wie Rituale, religiöses Wissen oder Transzendenzerlebnisse auffallend seltener auftreten. Jeder dritte Beitrag mit/über die katholische Kirche sowie etwas mehr als die Hälfte der Beiträge über die evangelisch-reformierte Kirche enthält eine dieser Dimensionen.[22] Auch in der Studie von von Luttitz wird deutlich, dass der Glaube wenig Beachtung in der Berichterstattung erhält. Verwaltungsthemen und Personen stehen im Vordergrund, gefolgt von der kirchlichen Lehre, wobei diese Kategorie v. a. Fragen der Sexual- und Morallehre, Ehe und Familie oder Zölibat enthält. Nach dem Thema Spiritualität (z. B. kirchliche Feierlichkeiten/Feiertage) folgen bereits die Themenfelder Skandale, Dialog, Medienevents und die Reformdebatte.[23] Dass das Religiöse so kurz kommt, obwohl im Zentrum eine religiöse Akteurin steht, ist wenig erstaunlich, da sich der »[...] eher intime Vorgang der Glaubenspraktizierung medial schwer vermitteln lässt.«[24] Außerdem weist er wenig Neuigkeitswert auf.

Insgesamt sind bei der Berichterstattung über das Christentum Status und Nähe besonders wichtige Nachrichtenfaktoren, ebenfalls Betroffenheit (im Sinne von Reichweite). Auffällig ist, dass in vier von fünf Beiträgen eine prominente Person vorkommt. Eine Personalisierung findet in zwei Dritteln der Beiträge statt. Negative Nachrichtenfaktoren haben zwar im Vergleich weniger Gewicht als die bereits genannten, wenn man es aber kritisch betrachtet, findet doch in fast jedem zweiten Beitrag mit/über die katholische Kirche eine Kontroverse statt, in jedem dritten spielt Misserfolg/Schaden eine Rolle und der Nachrichtenfaktor Kriminalität tritt in jedem fünften Beitrag auf. Dabei ist zu beachten, dass mehrere Faktoren gemeinsam auftreten können. Insgesamt enthalten 56 % der Beiträge

21 Vgl. a. a. O., 203.

22 Vgl. a. a. O., 211.

23 Vgl. von Luttiz, Kirchliche Analphabeten, 143 f.

24 Christian Klenk, Franziskus – der Medienstar, in: Communicatio Socialis 47 (2014), 72–93, 226.

über/mit der katholischen Kirche einen negativen Nachrichtenfaktor, bei der evangelisch-reformierten Kirche ist es nur jeder dritte Beitrag. Bemerkenswert ist, dass diese negativen Nachrichtenfaktoren alle bei der Berichterstattung mit/über andere, »nicht-christliche« Religionsgemeinschaften noch deutlich häufiger auftreten; dies in mindestens 70 bis hin zu 78% der Beiträge.[25] In seiner Analyse erkennt Kolmer seinerseits eine Zunahme von Personalisierung und Skandalisierung in der Berichterstattung über die Kirche.[26]

Von Gut und Böse

Wird die christliche Konfession genannt, sind die Akteure meistens Geistliche. Diese spielen in Berichten über andere Religionsgemeinschaften wie dem Islam oder Judentum eine klar untergeordnete Rolle. Sie werden viel stärker durch Mitglieder repräsentiert. Auffallend ist die große Bedeutung des Papstes in den Medien, der 2008 in 16% der Beiträge mit/über Katholizismus auftritt.[27] Zum Zeitpunkt der Untersuchung war noch der eher zurückhaltende Papst Benedikt XVI. im Amt, mit Franziskus wurde 2013 jedoch ein Papst gewählt, der einen sehr offenen Umgang mit Journalistinnen und Journalisten pflegt: »Franziskus bietet den Medien idealen Stoff: verständlich und gut für Schlagzeilen, ein sympathischer Prominenter an der Spitze der katholischen Kirche, der mit Konventionen bricht, der für Überraschungen gut ist und der mit seinen Worten Erwartungen weckt, die Kirche werde bald große Reformen erfahren.«[28] »Der Papst ist damit ein Schlüsselfaktor für die Wahrnehmung der Kirche gerade bei jenen Menschen, die keinen persönlichen Kontakt mehr zu den Gemeinden im Land haben.«[29] Das bringt das Risiko mit sich, dass die Stimmung umkippen kann, wenn Papst Franziskus erste Entscheidungen zur katholischen Dogmatik und Moral trifft, die in der Öffentlichkeit nicht goutiert werden.

Über die katholischen Akteurinnen und Akteure wurde 2008 in jedem dritten Beitrag die Geschichte eines Helden oder der »guten Mutter« erzählt, jemand der sich für andere aufopfert und sich selber hintenanstellt. Ähnlich häufig werden sie in das narrative Muster des/der Schuldigen

[25] Vgl. KOCH, Religion in den Medien, 260f.
[26] Vgl. KOLMER, Mediatisierung, 245.
[27] Vgl. KOCH, Religion in den Medien, 272.
[28] KLENK, Franziskus – der Medienstar, 91.
[29] KOLMER, Mediatisierung, 248.

oder gar Kriminellen eingepasst. Auch bei den protestantischen Akteuren und Akteurinnen halten sich die Muster Krimineller/Schuldiger und gute Mutter/Heldin die Waage, allerdings treten sie jeweils nur in 16–17% der Beiträge auf.[30] Katholiken und Katholikinnen werden gerne mal als konservativ (15% der Akteure) beschrieben, aber auch als Personen, die nicht wegschauen, wenn etwas passiert (17%), die uneigennützig sind und eine helfende Hand bieten (12%). Solch eindeutigen Attribuierungen lassen sich bei den Protestanten und Protestantinnen nicht finden. Insgesamt wird rund ein Drittel der Katholiken und Katholikinnen in den Medien mit positiven Attributen umschrieben, ein Viertel mit negativen. Im Vergleich zum Islam ist damit 2008 das Medienbild der katholischen Akteure und Akteurinnen viel besser. Muslime und Muslima werden in rund der Hälfte der Beiträge negativ attribuiert, nur in 18% positiv.

Kirche in der Kritik

Die aktuellere Studie von von Luttiz kommt zu ähnlichen Ergebnissen: »Insgesamt ist die kirchenbezogene Tendenz in der gesamten Berichterstattung neutral. Wenn eine Wertung erfolgt, so ist diese meistens eher positiv. Es zeigt sich jedoch, dass Qualitätszeitungen geringfügig häufiger negativ berichten als Boulevardmedien.«[31] Sie stellt von September 2012 bis Februar 2014 insgesamt 17% Beiträge fest, deren Tendenz für die Kirche negativ bis sehr negativ ausfällt.[32]

Die Analysen von Kolmer, welcher Daten des Instituts für Medienanalysen »Media Tenor« ausgewertet hat, lassen ein kritisches Bild der katholischen Kirche erkennen, das seit 2009 von einer Mehrheit negativer Berichte geprägt ist. Insbesondere in den Jahren 2009 und 2010 ist ein Überhang von einem Fünftel negativer Beiträge vorhanden.[33]

30 Vgl. Koch, Religion in den Medien, 297.
31 von Luttiz, Kirchliche Analphabeten, 348.
32 Vgl. a. a. O., 188.
33 Vgl. Kolmer, Mediatisierung, 247.

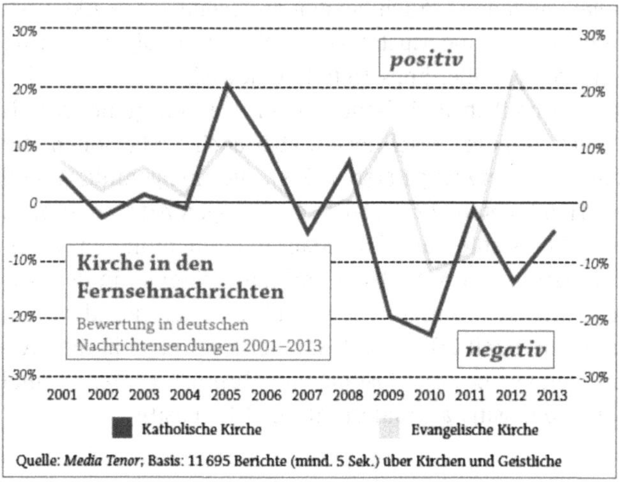

Abbildung: Kirche in den Fernsehnachrichten übernommen von Kolmer 2014.[34]

Dazu tragen nicht nur die Verbrechen sexualisierter Gewalt in kirchlichen Einrichtungen bei, sondern ebenfalls die Rolle der katholischen Kirche bzw. ihrer Vertreter darin. So ist nebst dem Verbrechen auch die Reaktion der Kirche darauf zu einem medialisierten Skandal geworden. Schulische und kirchliche Entscheidungsträger und -trägerinnen rückten dann in den Vordergrund der Berichterstattung wie Hahn, Schüller und Wode in ihrer inhaltsanalytischen Untersuchung von ARD und ZDF 2010 zum Thema Kirchenrecht festgestellt haben: »So trat in der Berichterstattung neben die Frage nach der individuellen Schuld der Täter die Schuld der zuständigen kirchlichen Autoritäten, die zur Aufklärung der Taten verpflichtet gewesen wären, diese aber verschleierten.«[35]

Die Fälle von Versetzungen statt Bestrafung, das Verdeckthalten der Geschehnisse und schlussendlich die zögerliche Reaktion auf die Aufdeckung haben zur Ausweitung der Berichterstattung geführt.[36] Die »Häppchentaktik«, nur so viel zuzugeben wie nötig, lässt Journalistinnen und Journalisten aufhorchen. Es wurde systematisch recherchiert und Stück für Stück wurden weitere moralische (und zum Teil rechtliche) Überschrei-

34 Vgl. ebd.

35 Judith Hahn / Thomas Schüller / Christian Wode, Kirchenrecht in den Medien, Konstanz/München 2013, 129.

36 Vgl. Kolmer, Mediatisierung, 246f.

tungen öffentlich dokumentiert. Nach dem Aufdeckungsjahr 2010 hat sich die Berichterstattung etwas beruhigt. Kolmer hält aber fest, dass die Kritik an der katholischen Kirche von 2001 bis 2013 konstant geblieben sei.[37] Burkhardt macht in seiner Skandalforschung verschiedene Phasen der Skandalberichterstattung aus, vom Bekanntwerden, über die Kontextualisierung, der öffentlichen Anhörung der Betroffenen, dem Messen und Bewerten am öffentlichen Moralkontext, über das Richten von Schuld und Unschuld, bis hin zur Abschwungphase, in der zurückgeblickt wird, und schließlich der Einkehr des medialen Normalzustandes.[38] Die Berichterstattung über die Missbrauchsfälle in der katholischen Kirche ist weitgehend diesem Muster gefolgt, wobei die Abschwungphase nie ganz überwunden wurde, weil regelmäßig neue Fälle aufgedeckt werden. Es liegt in der Natur der Medien, dass bei neueren Ereignissen ähnliche Fälle aus der Vergangenheit bei der journalistischen Aufarbeitung wieder in Erinnerung gerufen werden.

Immerhin hat die Wahl von Jorge Mario Bergoglio zu Papst Franziskus dem Medienbild der katholischen Kirche gut zugetragen und die positive Seite der katholischen Kirche wieder mehr in den Vordergrund gerückt. So haben positive Beiträge nach dem Amtsantritt stark zugenommen (mehr als das Doppelte im Vergleich zu dem Jahr vor Amtsantritt).

Ambivalentes Medienbild der Kirche

Insgesamt muss von einem sehr ambivalenten Medienbild der katholischen Kirche gesprochen werden; sie ist es ja vor allem, die Medienaufmerksamkeit erreicht. Insgesamt und insbesondere im Vergleich mit anderen Religionsgemeinschaften kamen 2008 die christlichen Kirchen positiv weg. Ein zentraler Aspekt ist dabei sicherlich, dass sie als Religionsgemeinschaften wahrgenommen wurden, indem auch religiöse Dimensionen und die kirchlichen Moralvorstellungen Gegenstand der Berichterstattung waren. Andere Religionsgemeinschaften hingegen wurden eher als politische denn als religiöse Akteurinnen dargestellt. Zurückgeführt werden kann dies auf die christliche Tradition in der Schweiz und Deutschland, wodurch die Kirchen noch eine gewisse Selbstverständlichkeit in der öffentlichen Wahrnehmung genießen. Ihre Traditionen prägen den öffentlichen Kalender und werden von den Medien auch entsprechend thematisiert.

37 Vgl. a. a. O., 248.
38 Vgl. Steffen Burkhardt, Medienskandale: Zur moralischen Sprengkraft öffentlicher Diskurse, Köln 2015, 348 f.

Im Vergleich zu anderen Religionsgemeinschaften traten die christlichen Akteurinnen und Akteure häufiger mit positiven Ereignissen in Erscheinung und die Akteurinnen und Akteure selbst wurden seltener negativ attribuiert. Nichtsdestotrotz wurden auch bereits 2008 kritische Stimmen laut, das narrative Muster des Kriminellen und Schuldigen hat sich neben jenem der »guten Mutter« und des Helden ebenfalls etabliert. Die Ambivalenz zeigte sich deutlich mit der Darstellung des Papstes als Helden auf der einen Seite, der pädophilen Geistlichen und der katholischen Kirche als Schuldige/Kriminelle auf der anderen.

4 Wie steht es nun um die Reputation der Kirchen?

Wie wirkt sich nun dieses ambivalente Medienbild auf die Kirchen und ihre Reputation aus?

Skandale schaden in der Regel dem Skandalisierten, seine Reputation wird aberkannt oder negiert. Abstreiten, Verleugnen oder das Verstoßen gegen eigene Prinzipien kann gar eine expressive Skandalisierung auslösen und den Ruf des Akteurs dauerhaft schädigen.[39] Das Medienbild beeinflusst also die Reputation der Kirche und damit das Vertrauen in sie. Die Kirchen haben ihre Reputation über Jahrtausende aufgebaut und sich ein Vertrauenspolster aufgebaut, an dem zahlreiche Skandale zerren.

Winter-Pfändler hat in der Schweiz eine Reputationsstudie durchgeführt, im Rahmen derer er 360 Studierende der Pädagogischen Hochschule (PH), 949 Kantonsparlamentarierinnen und -parlamentarier und 61 Theologiestudierende befragt hat.[40] Sicherlich muss sich das Sampling die Kritik der Einseitigkeit und Nicht-Repräsentativität gefallen lassen, dennoch sind die Ergebnisse richtungsweisend.

Die Studie lässt erkennen, dass der gesellschaftliche Beitrag der Kirche erkannt wird, z. B. wird der Aussage »Die Kirche ist nützlich« oder »Die Kirche vermittelt wichtige moralisch-ethische Werte« mehrheitlich zugestimmt. Allerdings geben insbesondere PH-Studierende an, ein ungu-

[39] Vgl. MARK EISENEGGER, Negierte Reputation – Zur Logik medienöffentlicher Skandalisierungen, in: MARK LUDWIG/THOMAS SCHIERL/CHRISTIAN VON SIKORSKI (Hg.), Mediated Scandals: Gründe, Genese und Folgeeffekte von medialer Skandalberichterstattung, Köln 2016, 33–57, 43, 37.

[40] Vgl. URS WINTER-PFÄNDLER, Kirchenreputation. Forschungsergebnisse zum Ansehen der Kirchen in der Schweiz und Impulse zum Reputationsmanagement, St. Gallen 2015.

tes Gefühl zu haben, wenn sie an die Kirche denken. Das Vertrauen, das wichtig ist für das Gefühl der Verbundenheit, fehlt. Dies auch weil sie glauben, dass die katholische Kirche Mühe habe, aus begangenen Fehlern zu lernen. Die wahrgenommene Rückständigkeit der Kirche (deutlich höhere Zustimmung für die katholische als für die evangelisch-reformierte Kirche), enttäuschende Erfahrungen und der fehlende Glaube sind wichtige Gründe, die Austrittsüberlegungen anleiten; bei den PH-Studierenden zusätzlich auch die Kirchensteuern. Als Reputationsrisiken gehören zu den Top 4 bei den Politikerinnen und Politikern sowie den Studierenden die Fälle von Kindesmissbrauch, kirchliche Standpunkte (z. B. bei Fragen zu Sexualmoral, Gleichstellung von Mann und Frau), das Festhalten am Zölibat und die Verweigerung der Frauenordination und die Aussagen aus dem Vatikan.[41]

In einer anderen Studie von App, Broch und Messingschlager wurden 2004 4.000 Katholiken und Katholikinnen aus der Diözese Rottenburg-Stuttgart und 1.000 Nicht-Kirchenangehörige aus der Region Württemberg befragt.[42] Zwei Drittel der Mitglieder geben an, dass sie der Kirche vor allem aufgrund von Ritualen, auf die sie nicht verzichten wollen (z. B. Heirat), aber auch aufgrund der Prägung angehören.[43] Jeder Vierte hat allerdings schon ernsthaft über einen Austritt nachgedacht: Die Gründe reichen von Entfremdung (35%), finanzieller Natur (15%), Glaubenszweifel (14%) bis zu dem Verhalten der Kirche im Rahmen der Missbrauchsfälle (12%).[44] Erkennbar wird, dass die Missbrauchsfälle in der katholischen Kirche als stark verbreitet wahrgenommen werden, lediglich 14% glauben, dass sie nicht/eher nicht verbreitet seien. Die Kommission für die Aufarbeitung sexuellen Missbrauchs ist drei Vierteln der Katholiken und Katholikinnen sowie 65% der Nichtkatholiken und Nichtkatholikinnen bekannt, an deren positive Wirkung glauben allerdings nur 56% bzw. 44%. Ebenfalls erhöht die Kommission die Glaubwürdigkeit der Kirche nur bedingt, lediglich 52% der Katholiken und Katholikinnen, 33% der Nichtkatholiken und Nichtkatholikinnen sind davon überzeugt, dass sie einen positiven Effekt hat. Noch kritischer sind die Befragten bezüglich der Frage, ob die Kirche alle notwendigen Konsequenzen gezogen habe. Dem stimmen nur 40% der Katholiken und Katholikinnen sowie 25% der Nichtkatholiken und

41 Vgl. a. a. O.,133–157.
42 Vgl. App/Broch/Messingschlager, Zukunftshorizont Kirche.
43 Vgl. a. a. O., 35.
44 Vgl. a. a. O., 50.

Nichtkatholikinnen zu. Der offensive Umgang der Kirche mit dem Thema Missbrauch wird hingegen befürwortet.[45]

Die zunehmende kritische Haltung gegenüber den Kirchen äußerte sich 2016 ebenfalls in der sozialwissenschaftlichen Studie »Vertrauensmonitor«, im Rahmen derer 1.000 Deutsche befragt wurden. Auf die Frage »Wem können Sie vertrauen?« haben bei den Kirchen nur gerade 29% der Befragten zugestimmt.[46]

Damit wird deutlich, dass die Fälle sexualisierter Gewalt den Kirchen und ihrer Mission schaden – Vertrauens- und Reputationsverlust sind wahrnehmbare Folgen. Eine gekonnte Krisenkommunikation kann dies nicht verhindern, aber sicherlich abschwächen und das Fundament für neue Vertrauensbildung legen.

Mangelhafte Krisenkommunikation

Die Kirchen befinden sich inmitten einer Krise. Krisen können definiert werden als »... ungeplante und ungewollte Prozesse von begrenzter Dauer und Beeinflussbarkeit sowie mit ambivalentem Ausgang. Sie sind in der Lage, den Fortbestand der gesamten Unternehmung substantiell und nachhaltig zu gefährden oder sogar unmöglich zu machen.«[47] Die unmittelbaren Folgen eines Vertrauensverlustes zeigt Kolmer: »Ein bekanntes Beispiel sind die sogenannten ›Austrittswellen‹ nach dem Bekanntwerden eines Skandals im kirchlichen Raum.«[48] Dabei ist eine Mithaftung anderer Konfessionen wahrscheinlich, z. B. spürte auch die evangelisch-reformierte Kirche unmittelbar die Folgen des Skandals um den ehemaligen Limburger Bischof Franz-Peter Tebartz-van Elst in Form von Mitgliederschwund.[49]

Im Falle eines Skandals ist Krisenkommunikation mit gut überlegten, ehrlichen Botschaften wichtig, um Vertrauen zu schaffen und die Krisenbewältigung voranzutreiben.[50] Niederhäuser fasst aus der Praxislitera-

45 Vgl. a. a. O., 122–127.

46 Vgl. ARAG Trend Vertrauensmonitor (2016), in: https://www.arag.com/medien/pdf/die-arag/presse/charts_vertrauensmonitor2016.pdf, [letzter Zugriff: 15. Juli 2017].

47 Ulrich Krystek, Unternehmungskrisen. Beschreibung, Vermeidung und Bewältigung überlebenskritischer Prozesse in Unternehmungen, Wiesbaden 1987, 6.

48 Kolmer, Mediatisierung, 244.

49 Vgl. ebd.

50 Vgl. Armin Töpfer, Krisenkommunikation. Anforderungen an den Dialog mit Stakeholdern in Ausnahmesituationen, in: Beate F. Schmid / Boris Lyczek (Hg.), Un-

tur verschiedene Grundsätze der Krisenkommunikation zusammen[51]: In der Krise soll der Chef sprechen und zwar persönlich. Er soll schnell und regelmäßig mit einheitlichen und verständlichen Botschaften kommunizieren und zwar offen und ehrlich. Die Krisenkommunikation der katholischen Kirche hat diese Grundsätze nicht berücksichtigt, wie Florian Digtes beanstandet.[52] Sie habe sich abgeschottet, versucht zu manipulieren, abzulenken, Informationen bewusst verschwiegen, stattdessen leere PR-Botschaften publiziert und Interviews blockiert. Und noch viel wichtiger: Sie habe es verpasst, mit empathischen Botschaften einen emotionalen Zugang zu den Menschen zu finden. Auch Unternehmensberater Matthias Michael wirft der Kirche im Falle der Missbrauchsskandale unprofessionelle Kommunikation vor[53]: Der damalige Papst habe nicht rechtzeitig kommuniziert; eine one voice-Strategie wäre angebracht und nötig gewesen. Während auf der einen Seite die stark hierarchischen Strukturen eine one-voice Strategie begünstigen, sind auf der anderen Seite die Größe der katholischen Kirche sowie die internen Unstimmigkeiten sicherlich Hindernisse, die sie erschweren. Nicht förderlich für eine gute Krisenkommunikation ist es, wenn diese internen Unstimmigkeiten medial ausgetragen werden, wie dies teilweise der Fall war, da »[...] die Strukturen der katholischen Kirche einen Interessenausgleich zwischen Klerus und Laien erschweren. Kritiker aus den eigenen Reihen kommen in solchen Situationen leichter in den Medien als in den Gremien zu Wort.«[54] Schlussendlich hat das Fehlen einer einheitlichen, empathischen und als ehrlich wahrgenommenen Botschaft Folgen. Die Wahrnehmung der katholischen Kirche durch Beobachter und Beobachterinnen wird von diesen ersten Eindrücken nachhaltig geprägt und eine einmal gebildete Meinung lässt sich nur schwer verändern. Dieses Phänomen wird auch als »Perseveranzeffekt« bezeichnet.[55]

ternehmenskommunikation. Kommunikationsmanagement aus der Sicht der Unternehmensführung. Wiesbaden 2006, 351–398, 362.

51 Vgl. Markus Niederhäuser, Krisenkommunikation – Strategien und Instrumente. Folien zum CAS Kommunikationsmanagement, ZHAW Winterthur, 2016.

52 Vgl. Florian Ditges, Gefährdete Marke: Zur Krisenkommunikation der katholischen Kirche im Missbrauchsskandal, Communicatio Socialis 43 (2010), 188–198, 193.

53 Vgl. Matthias Michael zitiert in Melanie Verofnik, Medienkampagne oder schlechtes Krisenmanagement? Podiumsdiskussion zur Berichterstattung über Missbrauchsfälle in der Katholischen Kirche. Communicatio Socialis 43 (2010), 3: 317–319, 319.

54 Kolmer, Mediatisierung, 247.

55 Vgl. Ditges, Gefährdete Marke, 193.

Es gibt aber positive Beispiele: Im Fall der Aufdeckung der zahlreichen Fälle sexualisierter Gewalt am Berliner Canisius Kolleg wählte Rektor Klaus Mertes SJ den offensiven Weg und wandte sich in einem Brief an die rund 600 Schüler der betroffenen Jahrgänge. Der Brief wurde kurz darauf öffentlich. Mertes schließt den Brief mit folgenden Worten: »Seitens des Kollegs möchte ich durch diesen Brief dazu beitragen, dass das Schweigen gebrochen wird, damit die betroffenen Einzelnen und die betroffenen Jahrgänge miteinander sprechen können. In tiefer Erschütterung und Scham wiederhole ich zugleich meine Entschuldigung gegenüber allen Opfern von Missbräuchen durch Jesuiten am Canisius-Kolleg.«[56] Die Entschuldigung erfolgt ehrlich und empathisch, was von der Öffentlichkeit und von Opfern entsprechend goutiert wurde. Mertes SJ machte richtig, was vielerorts falsch gelaufen ist. Er regelte die Fälle nicht nur intern, sondern trat damit nach Außen und benannte die Schuld der Kirche öffentlich. Nur so war es möglich, die Strukturen, die solche Missbrauchsfälle ermöglichten oder zumindest versteckten, zu durchbrechen. Das Vorgehen von Mertes SJ, das öffentlich Werden des Briefes und der damit entstandene mediale Druck rüttelte die katholische Kirche wach und löste eine umfassende Aufklärungs- und Aufdeckungsarbeit aus, wie es wohl sonst nicht möglich gewesen wäre. Diese Entscheidung wurde allerdings kirchenintern nicht von allen gutgeheißen, einige hätten die Jesuiten als »Nestbeschmutzer« bezeichnet, wie Thomas Busch an einer Podiumsdiskussion berichtet.[57]

5 Große Fallhöhe mit Folgen – oder: vom Umgang mit Schuld

Die Fallhöhe für die Kirchen bzw. Religionsgemeinschaften ist generell besonders hoch, gelten sie doch als die moralische Instanz per se und haben damit Vorbildfunktion. So groß wie die soziale Anspruchshaltung ist die Gefahr der Enttäuschung und Skandalisierung. In den Fällen sexualisierter Gewalt wird indes nicht nur eine moralische, sondern auch eine

[56] Klaus Mertes zitiert in Welt N24, Brief des Canisius-Kolleg, So entschuldigt sich der Rektor für den Missbrauch (2010), in: https://www.welt.de/vermischtes/article6014879/So-entschuldigt-sich-der-Rektor-fuer-den-Missbrauch.html, [letzter Zugriff: 28. Juli 2017]. – Siehe auch den Beitrag von Klaus Mertes SJ in diesem Band.

[57] Vgl. Thomas Busch, Öffentlichkeitsreferent der Deutschen Provinz der Jesuiten, zitiert in Melanie Verhofnik, Medienkampagne oder schlechtes Krisenmanagement?, 319.

persönliche und rechtliche Grenze weit überschritten. Vertrauens- und Schutzpersonen begehen einen Machtmissbrauch. Zur Schwere der Tat kommt dazu, dass sie von einem Geistlichen begangen wurde und damit etwas besonders »Scheinheiliges« hat: »Sadisten im geistlichen Gewand« titelt z. B. die Frankfurter Allgemeine Zeitung FAZ[58] über die Aufdeckungen im Abschlussbericht im Juli 2017 zu den Missbrauchsfällen bei den Regensburger Domspatzen. Solche Vergehen alleine lösen bei Bekanntwerden unweigerlich einen breiten medialisierten Skandal aus und führen zu einem Reputationsverlust der Kirche. Wie die Kirche nun mit dieser Schuld umgeht, hat, wie sich gezeigt hat, ebenfalls Potential für einen Skandal. Viele Entscheidungen wurden als moralisch fragwürdig, aber auch als (kirchen-)rechtswürdig bezeichnet, »in den Augen der Presse ein Ausweis dafür, dass der Schutz des kirchlichen Rufes als Priorität bewertet wurde«.[59] Wenn selbst das kirchliche Recht zum Schutz des Rufes der Kirche ausgehebelt wird, gilt dies als doppeltes Versagen. In dem Fall der systematischen Missbrauchsfälle bei den Regensburger Domspatzen wird dem Kardinal Müller von der FAZ vorgeworfen: »Müller steht exemplarisch für jene Kirchenführer, die mehr darauf achteten, den Ruf ihrer Institution zu schützen, als den Opfern gerecht zu werden. Er und Leute seines Schlags haben damit freilich das Gegenteil erreicht.«[60] Gleichzeitig wird aber das offensive Vorgehen seines Nachfolgers gelobt. Trotz positiver Beispiele muss der katholische Kirche insgesamt eine »[...] (Nach-)Lässigkeit im Umgang mit Öffentlichkeitsarbeit im Allgemeinen und Krisen-PR im Besonderen sowie das Reduzieren ausschließlich auf ›Schönwetter-PR‹«[61] vorgeworfen werden.

Medien als Stein des Anstoßes für den Umgang mit Schuld

Die Presse hat im Fall der sexualisierten Gewalt in den kirchlichen Reihen eine wichtige normative Funktion erfüllt. Durch die anhaltende Befassung mit dem Thema und der Enthüllung von strukturellem Unrecht konnten die Fälle sexualisierter Gewalt nicht als Einzelfälle abgetan werden. Au-

58 Vgl. Albert Schäfer, Sadisten im Geistlichen Gewand (2017), in: Frankfurter Allgemeine Zeitung, http://www.faz.net/aktuell/politik/inland/domspatzen-bericht-zu-missbrauchsfaellen-vorgelegt-15111839.html, [letzter Zugriff: 20. Juli 2017].

59 Hahn/Schüller/Wode, Kirchenrecht, 130.

60 Veser Reinhard, Nicht einmal die halbe Wahrheit (2017). In: Frankfurter Allgemeine Zeitung, http://www.faz.net/aktuell/politik/regensburger-domspatzen-nicht-einmal-die-halbe-wahrheit-15111770.html, [letzter Zugriff: 20. Juli 2017].

61 Ditges, Gefährdete Marke, 194.

ßerdem wurde so eine Diskussion über die Strukturen innerhalb der Kirche, welche solche Missbräuche zulassen, angestoßen: »Nicht zuletzt auf medialen Druck lässt sich zurückführen, dass länderweit Aufarbeitungskampagnen in Gang gesetzt wurden und der rechtliche Rahmen der Strafverfolgung angepasst wurde.«[62] So löste die Medienberichterstattung und die daraus resultierende öffentliche Empörung, die binnenkirchliche Diskussion dieses lang vernachlässigten Themas aus und diente ferner als Verstärkerin der kirchlichen Such- und Reformbewegungen.[63]

6 Fazit

Wie gezeigt wurde, baut die Kirche auf einem soliden Reputationsfundament auf. Das zeigen inhaltsanalytische Untersuchungen wie auch Befragungen. Ihre historische Tradition in Deutschland und der Schweiz sind für die Wahrnehmung sicherlich Pluspunkte. Die gesellschaftlichen Leistungen der Kirchen werden anerkannt und geschätzt. Die Skandale und wie die katholische Kirche damit umgegangen ist, haben aber zu einem Vertrauensverlust geführt. Der Perseveranzeffekt ist nachhaltig spürbar, indem etwa nicht daran geglaubt wird, dass die Kirche aus ihren Fehlern lernen kann oder dass sie genügend tut, um die sexuellen Missbräuche aufzuarbeiten. Die rückblickende Aufarbeitung der zahlreichen Fälle, aber auch die vorausplanenden Reformen der Strukturen sind nötig, um Vertrauen zurückzugewinnen. Wichtig dabei ist vor allem die Analyse, wieso diese Übergriffe so lange verschwiegen und keine kirchenrechtlichen Maßnahmen ergriffen wurden. Christian Schicha, Professor für Kommunikationswissenschaft, ermahnt: »Es muss demokratische Strukturen geben, damit ein Diskurs und nicht nur ein Dialog zustande kommt.«[64]

Wie viel die Kirchen zur Verhinderung der sexualisierten Gewalt in ihren Reihen hätten beitragen können, benötigt Aufarbeitungszeit. Klar ist aber: In einem solch großen dispersen System lassen sich Verfehlungen durch Kirchenangehörige nicht vollends verhindern, dafür sind die katholische wie auch die evangelisch-reformierte Kirche zu groß, zu dispers und zu menschlich. Die Krise um die Rolle der katholischen Kirche bei der Aufdeckung der Fälle sexualisierter Gewalt hätte jedoch mit der Aner-

62 Hahn/Schüller/Wode, Kirchenrecht, 128.

63 Vgl. ebd.

64 Christian Schicha, zitiert in Verofnik, Medienkampagne oder schlechtes Krisenmanagement?, 319.

kennung von Schuld und einer gekonnten Krisenkommunikation abgewendet werden können. Dies ist ganz im Sinne vom früheren US-Aussenminister Henry Kissinger, der sagt »An issue ignored is a crisis invited«. Oder anders ausgedrückt: Wie mit der Schuld öffentlich umgegangen wird, ist entscheidend für die öffentliche Wahrnehmung, das Vertrauen und schlussendlich für das zukünftige Gelingen der kirchlichen Mission.

Dietrich Bonhoeffers Entwurf eines Schuldbekenntnisses im Vergleich mit öffentlichen Schuldbekenntnissen der evangelischen und katholischen Kirche nach der Shoah

Jutta Koslowski

This article examines the plan for a general confession of sin, which was drafted by the famous German theologian Dietrich Bonhoeffer in the year 1940. It is contained in his unfinished book Ethics and aims to envision the attitude of the Church after the end of the Hitler era. First, Bonhoeffers confession is represented in full length (since it is, despite of its significance, not quite well known). Then, the structure of Bonhoeffers text is analyzed, as it is composed in the traditional form of a »Gewissensspiegel«, following the ten commandments. Subsequently, the design of Bonhoeffer is compared with other public confessions which have been delivered by the Churches since the breakdown of the nazi-regime. Finally, the qualities of Bonhoeffers confession are highlighted – which are not least to be found in the personal credibility of its author.

1 Einleitung

Die Schuld, welche die Kirche im Laufe ihrer Geschichte auf sich geladen hat, ist groß. In letzter Zeit bahnen sich Versuche eines offeneren Umgangs damit an, und es sind etliche Schuldbekenntnisse entstanden, die das Bemühen um Umkehr zeigen. Obgleich es auch schon in früheren Jahrhunderten vereinzelte kirchliche Schuldbekenntnisse gegeben hat – am bekanntesten vielleicht jenes von Papst Hadrian VI. (1459–1523), das er durch seinen Legaten am 3. Januar 1523 auf dem Reichstag in Nürnberg verlesen ließ:[1]

[1] Vgl. Heinrich Schreckenberg, Hadrians Schuldbekenntnis, in: Christ in der Gegenwart, Jg. 65, 2013, 515.

»Wir wissen, dass es an diesem Heiligen Stuhl schon seit einigen Jahren viele greuliche Missbräuche in geistlichen Dingen und Vergehen gegen die göttlichen Gebote gegeben hat, ja, dass eigentlich alles pervertiert worden ist. So ist es kein Wunder, wenn sich die Krankheit vom Haupt auf die Glieder, d. h. von den Päpsten auf die unteren Kirchenführer ausgebreitet hat. Wir alle, d. h. wir Kirchenführer und Priester, sind abgewichen; ein jeder sah auf seinen Weg, und da ist schon lange keiner mehr, der Gutes tut, auch nicht einer.[2] [...] Soweit wir selbst betroffen sind, darfst Du versprechen, dass wir jede Anstrengung unternehmen werden, dass als erstes diese Kurie, von der wohl das ganze Übel ausgegangen ist, reformiert wird [...]. Dazu fühlen wir uns umso mehr verpflichtet, als wir sehen, dass die ganze Welt eine solche Reform sehnlichst begehrt.«[3]

Der wohl gravierendste Einschnitt in der kirchlichen Schuldgeschichte vollzog sich im 20. Jahrhundert, durch die Zeit der *Shoah*. Dies hat zu einer Zäsur im theologischen Denken geführt, die unter dem Namen »Theologie nach Auschwitz« bekannt geworden ist. All jene Reaktionen, die durch Schuld hervorgerufen werden können – von Verdrängung und Verleugnung über Beschönigung, sowie mehr oder weniger umfassendes Bekennen bis hin zu Akten der »Wiedergutmachung« – wurden durch die *Shoah* in bisher unbekanntem Ausmaß ausgelöst.

Es ist aufschlussreich, verschiedene kirchliche Schuldbekenntnisse miteinander zu vergleichen, die teilweise gesammelt vorliegen,[4] weil sich dabei gewisse Entwicklungstendenzen erkennen lassen. Doch ist dies eine Aufgabe, die eine umfangreiche Studie erfordert, da es so viele unterschiedliche Bekenntnisse gibt: offizielle Dokumente und private Texte; Worte, die tatsächlich ausgesprochen worden sind, ebenso wie literarische Entwürfe; Bekenntnisse aus der katholischen Kirche, den evangelischen Kirchen oder anderen Konfessionen oder auch Bekenntnisse auf ökumenischer Basis (ganz abgesehen von Schuldbekenntnissen aus anderen Religionen oder aus dem säkularem Bereich). Selbst wenn man sich bei der Analyse auf *kirchliche* Bekenntnisse im Hinblick auf die *Shoah* beschränkt, ist dies ein weites Feld.[5] Deshalb soll im Folgenden *ein* ein-

2 Vgl. Jes 53, 6; Ps 14, 3.

3 In: HEIKO A. OBERMANN (Hg.), Die Kirche im Zeitalter der Reformation (Kirchen- und Theologiegeschichte in Quellen, Bd. 3), Neukirchen-Vluyn [4]1994, 92–94, 93.

4 Vgl. z. B. LUIGI ACCATTOLI, Wenn der Papst um Vergebung bittet. Alle »mea culpa« Johannes Pauls II. an der Wende zum dritten Jahrtausend, Innsbruck 1999.

5 Auch hierzu gibt es Sammelausgaben, die für die neuere Zeit noch um zahlreiche

zelnes dieser Schuldbekenntnisse herausgegriffen und näher betrachtet werden.

2 Dietrich Bonhoeffer: Entwurf eines kirchlichen Schuldbekenntnisses

Es handelt sich dabei um einen Text des Theologen Dietrich Bonhoeffer, der sich in seinem berühmten Werk »Ethik« findet. Dies ist eine der Hauptschriften Bonhoeffers, die er jedoch zu seinen Lebzeiten nicht vollenden konnte.[6] Sie liegt nur in Fragmenten vor, die *postum* von seinem Freund Eberhard Bethge geordnet und herausgegeben worden sind.[7] Bethge war ein enger Vertrauter und Weggefährte Bonhoeffers in dessen letzten, entscheidenden Jahren und hat sich als Bonhoeffers Nachlassverwalter und Biograph bleibenden Verdienst erworben. In der Ethik gibt es einen Abschnitt, der mit dem Titel »Schuld, Rechtfertigung, Erneuerung« überschrieben ist.[8] Entsprechend seines theologischen Grundansatzes[9] entfaltet Bonhoeffer hier Aspekte der Hamartiologie in konsequent *christologischer Perspektive* – auf der Basis seiner Soteriologie, die zur damaligen Zeit (vor den innerem Umbrüchen und dem Neuansatz, wie er sich später in den Gefängnisbriefen manifestiert[10]) im traditionellen Horizont verblieb. Er schreibt:

weitere Texte zu ergänzen sind – für den Bereich der katholischen Kirche z. B. Klemens Richter (Hg.), Die katholische Kirche und das Judentum. Dokumente von 1945–1982. Mit Kommentaren von Ernst Ludwig Ehrlich und Erich Zenger, Freiburg 1982; aus evangelischer Perspektive Ulrich Schwemer (Hg.), Christen und Juden. Dokumente der Annäherung, Gütersloh 1991; vgl. Hans Hermann Henrix / Wolfgang Kraus (Hg.), Die Kirchen und das Judentum, Bd. 1: Dokumente von 1945–1985, Paderborn/Gütersloh ³2001; Hans Hermann Henrix / Wolfgang Kraus (Hg.), Die Kirchen und das Judentum, Bd. 2: Dokumente von 1986–2000, Paderborn/Gütersloh 2001.

6 Geschrieben zwischen 1940 und 1943 im Kloster Ettal, im Elterrnhaus in Berlin und auf Gut Kieckow.

7 Erstveröffentlichung München 1949; jetzt in: Dietrich Bonhoeffer, Ethik (Dietrich Bonhoeffer Werke, Bd. 6), hrsg. von Ilse Tödt u. a., Gütersloh 2015. Im Folgenden zitiert als DBW 6 mit Angabe der Seitenzahl.

8 DBW 6, 125–136.

9 Vgl. Ernst Feil, Die Theologie Dietrich Bonhoeffers. Hermeneutik – Christologie – Weltverständnis, München/Mainz 1971.

10 Dietrich Bonhoeffer, Widerstand und Ergebung. Briefe und Aufzeichnungen aus der Haft, hrsg. von Eberhard Bethge u. a. (Dietrich Bonhoeffer Werke, Bd. 8), Gütersloh 2015 [Erstveröffentlichung 1951].

»Umkehr gibt es nur auf dem Weg der Erkenntnis der Schuld an Christus. Nicht Verfehlung und Verirrung hier und dort, Übertretung eines abstrakten Gesetzes, sondern der Abfall von Christus [...] muss als Schuld erkannt werden. Echte Schulderkenntnis erwächst nicht aus den Erfahrungen der Auflösung und des Verfalls, sondern für uns, die wir ihm begegneten, allein an der Gestalt Christi selbst.«[11]

Für Dietrich Bonhoeffers Verständnis des christlichen Glaubens war die *Kirche* eine zentrale Größe. Nicht umsonst hat er sich in seiner Promotionsschrift unter dem Titel »*Sanctorum Communio*« intensiv mit der Ekklesiologie befasst.[12] Bonhoeffer prägte die bekannte Formulierung, die Kirche sei »Christus als Gemeinde existierend«.[13] Im Unterschied zu einem im liberalen Protestantismus verbreiteten Verständnis, wonach der Glaube eher Privatsache des Einzelnen sei, sich als Gewissensentscheidung bewähre oder sich im familiären, beruflichen oder politischen Leben vollziehe, beharrte Bonhoeffer auf der *sozialen Gestalt des Glaubens* – und für diese sei die Kirche konstitutiv. Deshalb deutete Bonhoeffer Schuld in ihrer ekklesiologischen Dimension:

»Der Ort, an dem diese Schulderkenntnis wirklich wird, ist die Kirche. Das darf jedoch nicht so verstanden werden, als ob die Kirche neben anderem, was sie ist und tut, auch noch der Ort echter Schulderkenntnis ist. Sondern die Kirche ist eben jene Gemeinschaft von Menschen, die durch die Gnade Christi zur Erkenntnis der Schuld an Christus geführt worden ist. Dass die Kirche der Ort der Schulderkenntnis ist, ist also eine tautologische Aussage. Wo es anders wäre, wäre die Kirche nicht mehr Kirche.«[14]

In diesem Sinne ist es zu verstehen, wenn Bonhoeffer im Folgenden über das *Bekenntnis* der Schuld nachdenkt. Er legt dafür einen Text vor, eine beispielhafte Formulierung – und zwar zunächst für das Bekenntnis des *Einzelnen*. Denn »es ist zunächst die ganz persönliche Sünde jedes Einzelnen, die hier als vergiftende Quelle für die Gemeinschaft erkannt wird.«[15] Dieses persönliche Schuldbekenntnis ist ziemlich kurz und allgemein gehalten. Es lautet:

11 DBW 6, 125.

12 Dietrich Bonhoeffer, Sanctorum Communio (Dietrich Bonhoeffer Werke, Bd. 1), Gütersloh 2015 [Erstveröffentlichung 1930].

13 A. a. O., 126 u. ö.

14 DBW 6, 126.

15 A. a. O., 127.

»Ich bin schuldig des ungeordneten Begehrens,
ich bin schuldig des feigen Verstummens, wo ich hätte reden sollen,
ich bin schuldig der Unwahrhaftigkeit und der Heuchelei angesichts der Gewalt,
ich bin schuldig der Unbarmherzigkeit und Verleugnung der ärmsten meiner Brüder,
ich bin schuldig der Untreue und des Abfalls von Christus.«[16]

Ungleich länger und ausführlicher ist Bonhoeffers Entwurf für ein Schuldbekenntnis der Kirche als Ganzer, der sich daran anschließt. Dadurch wird noch einmal deutlich, wie sehr Bonhoeffer den christlichen Glauben nicht vom Einzelnen, sondern von der Gemeinschaft her denkt. Dieses kirchliche Schuldbekenntnis ist für heutige Leser und Leserinnen eine Herausforderung – wegen inhaltlicher Zumutungen aufgrund seines Konservatismus und seiner Totalität,[17] und nicht zuletzt wegen seines Umfangs. Die Versuchung ist groß, diesen Text nur in Auszügen wiederzugeben, vielleicht nur die eingängigen Passagen und auch heute noch wegweisenden Sätze daraus zu zitieren – doch dann wäre der Eindruck verzerrt, und außerdem würde seine spezifische Struktur nicht sichtbar. Deshalb wird dieser Text, der im Folgenden analysiert werden soll, hier zunächst in voller Länge abgedruckt:

»Die Kirche bekennt,
ihre Verkündigung von dem einen Gott,
der sich in Jesus Christus für alle Zeiten offenbart hat
und der keine anderen Götter neben sich leidet,
nicht offen und deutlich genug ausgerichtet zu haben.
Sie bekennt ihre Furchtsamkeit, ihr Abweichen, ihre gefährlichen Zugeständnisse.
Sie hat ihr Wächteramt und ihr Trostamt oftmals verleugnet.
Sie hat dadurch den Ausgestoßenen und Verachteten
die schuldige Barmherzigkeit oftmals verweigert.

16 DBW 6, 128.

17 Bonhoeffer schreibt hierzu: »Das Bekenntnis der Schuld geschieht ohne Seitenblicke auf die Mitschuldigen. Es ist streng exklusiv, indem es alle Schuld auf sich nimmt. Wo noch gerechnet und abgewogen wird, dort tritt die unfruchtbare Moral der Selbstgerechtigkeit an die Stelle des Schuldbekenntnisses angesichts der Gestalt Christi. Eben weil nicht die einzelne Verfehlung, sondern die Gestalt Christi der Ursprung des Schuldbekenntnisses ist, darum ist dies ein bedingungsloses und vollständiges«. DBW 6, 126f.

Sie war stumm, wo sie hätte schreien müssen,[18]
weil das Blut der Unschuldigen zum Himmel schrie.
Sie hat das rechte Wort in rechter Weise zu rechter Zeit nicht gefunden.
Sie hat dem Abfall des Glaubens nicht bis aufs Blut widerstanden
und hat die Gottlosigkeit der Massen verschuldet.

Die Kirche bekennt,
den Namen Christi missbraucht zu haben,
indem sie sich seiner vor der Welt geschämt hat
und dem Missbrauch dieses Namens zu bösen Zwecken nicht kräftig genug gewehrt hat.
Sie hat es mitangesehen, dass unter dem Deckmantel des Namens Christi Gewalttat und Unrecht geschah.
Sie hat aber auch die offene Verhöhnung des heiligsten Namens ohne Widerspruch gelassen
und damit Vorschub geleistet.
Sie erkennt, dass Gott den nicht ungestraft lassen wird,
der so wie sie seinen Namen missbraucht.

Die Kirche bekennt sich schuldig
an dem Verlust des Feiertags, an der Verödung ihrer Gottesdienste,
an der Verachtung der sonntäglichen Ruhe.
Sie hat sich an der Rastlosigkeit und Unruhe,
aber auch an der Ausbeutung der Arbeitskraft über den Werktag hinaus schuldig gemacht,
weil ihre Predigt von Jesus Christus schwach und ihr Gottesdienst matt war.

Die Kirche bekennt,
an dem Zusammenbruch der elterlichen Autorität schuldig zu sein.
Der Verachtung des Alters und der Vergötterung der Jugend
ist die Kirche nicht entgegengetreten
aus Furcht, die Jugend und damit die Zukunft zu verlieren,
als wäre ihre Zukunft die Jugend!
Sie hat die göttliche Würde der Eltern
gegen eine revolutionierende Jugend nicht zu verkündigen gewagt
und hat den sehr irdischen Versuch gemacht, ›mit der Jugend zu gehen‹.
So ist sie schuldig an der Zerstörung unzähliger Familien,

18 Dies erinnert an das bekannte Diktum Dietrich Bonhoeffers: »Nur wer für die Juden schreit, darf auch gregorianisch singen.«

an dem Verrat der Kinder an ihren Vätern,
an der Selbstvergötterung der Jugend
und damit an ihrer Preisgabe an den Abfall von Christus.

Die Kirche bekennt,
die willkürliche Anwendung brutaler Gewalt,
das leibliche und seelische Leiden unzähliger Unschuldiger,
Unterdrückung, Hass, Mord gesehen zu haben,
ohne ihre Stimme für die zu erheben,
ohne Wege gefunden zu haben, ihnen zu Hilfe zu eilen.
Sie ist schuldig geworden am Leben der Schwächsten und wehrlosesten Brüder Jesu Christi.

Die Kirche bekennt,
kein wegweisendes und helfendes Wort gefunden zu haben
zu der Auflösung aller Ordnung im Verhältnis der Geschlechter zueinander.
Sie hat der Verhöhnung der Keuschheit
und der Proklamation der geschlechtlichen Zügellosigkeit
nichts Gültiges und Starkes entgegenzusetzen gewusst.
Sie ist über eine gelegentliche moralische Entrüstung nicht hinaus gekommen.
Sie ist damit schuldig geworden an der Reinheit und Gesundheit der Jugend.
Sie hat die Zugehörigkeit unseres Leibes zum Leib Christi
nicht stark zu verkündigen gewusst.

Die Kirche bekennt,
Beraubung und Ausbeutung der Armen,
Bereicherung und Korruption der Starken stumm mitangesehen zu haben.

Die Kirche bekennt,
schuldig geworden zu sein an den Unzähligen,
deren Leben durch Verleumdung, Denunzieren, Ehrabschneidung vernichtet worden ist.
Sie hat den Verleumder nicht seines Unrechtes überführt
und hat so den Verleumdeten seinem Geschick überlassen.

Die Kirche bekennt,
begehrt zu haben nach Sicherheit, Ruhe, Friede, Besitz, Ehre,
auf die sie keinen Anspruch hatte,
und so die Begierde der Massen nicht gezügelt, sondern gefördert zu haben.

> Die Kirche bekennt sich schuldig aller zehn Gebote,
> sie bekennt darin ihren Abfall von Christus.
> Sie hat die Wahrheit Gottes nicht so bezeugt,
> dass alles Wahrheitsforschen, alle Wissenschaft ihren Ursprung in der Wahrheit erkannte;
> sie hat die Gerechtigkeit Gottes nicht so verkündigt,
> dass alles menschliche Recht in ihr die Quelle eigenen Wesens sehen musste;
> sie hat die Fürsorge Gottes nicht so glaubhaft zu machen vermocht,
> dass alles menschliche Wirtschaften von ihr aus seine Aufgabe in Empfang genommen hätte.
> Durch ihr eigenes Verstummen ist die Kirche schuldig geworden
> an dem Verlust an verantwortlichem Handeln,
> an Tapferkeit des Einstehens und Bereitschaft, für das als recht Erkannte zu leiden.
> Sie ist schuldig geworden an dem Abfall der Obrigkeit von Christus.«[19]

3 Analyse von Bonhoeffers Schuldbekenntnis

Bonhoeffer schrieb diesen Text um das Jahr 1940 – zu einer Zeit, als der Zweite Weltkrieg gerade begonnen hatte zu wüten, als die Wannsee-Konferenz mit ihrem Beschluss zur systematischen Ermordung aller europäischen Juden noch bevorstand, als die dunkelsten Jahre der nationalsozialistischen Diktatur und des Versagens der Kirche noch in der Zukunft lagen. Bonhoeffer schaut sozusagen über diese Zukunft hinaus und stellt sich vor, wie sie eines Tages in der Vergangenheit liegen wird. Insofern beschreibt sein Text eher eine Zukunftsperspektive als einen Rückblick – genau genommen eine besondere Art der »*Voraus-Rückschau*«. Bonhoeffers Tätigkeit für die Bekennende Kirche durch die illegale Ausbildung von Vikaren (in Form von Predigerseminaren bzw. Sammelvikariaten) war 1939 endgültig unterbunden worden, und er hatte sich in den politischen Widerstand begeben. Als Doppelagent in der Widerstandsgruppe unter Admiral Canaris konspirierte er mit den Alliierten und mit verschiedenen Kräften in Kirche und Gesellschaft, um eine zukünftige Neuordnung für die Zeit nach dem geplanten Sturz Hitlers zu entwerfen. In diesem Kontext ist auch sein Entwurf für ein kirchliches Schuldbekenntnis zu verstehen: Die Kirche sollte *vorbereitet* sein für die »Zeit danach« – wenn ein freies

19 DBW 6, 129–132.

Wort wieder möglich, aber zunächst noch schwierig sein würde. Insofern ist das Verhalten der Kirche angesichts der Herausforderung durch die Diktatur das hauptsächliche Anliegen dieses Bekenntnisses – es zieht sich wie ein roter Faden hindurch und ist auch zwischen den Zeilen erkennbar.

Dennoch ist dies keineswegs das einzige Thema von Bonhoeffers Schuldbekenntnis. Denn der Text folgt in seinem Aufbau der Zählung der Zehn Gebote. Bonhoeffer benutzt den Dekalog – hierin einer verbreiteten pastoralen Praxis folgend – als »Gewissensspiegel«. Zugleich steht Bonhoeffer damit in der Tradition des von ihm sehr geschätzten Martin Luther, der in seinem Kleinen und Großen Katechismus die Maßstäbe des christlichen Lebens erläuterte, indem er die Zehn Gebote auslegte. So handelt es sich hier tatsächlich um ein »großes« und *allgemeines Schuldbekenntnis*, das ein breites Spektrum an Inhalten anspricht – dem idealtypischen Anspruch nach die Gesamtheit der Grundthemen, welche das Verhältnis zu Gott und der Menschen untereinander betreffen. Es entspricht Bonhoeffers oben skizziertem ekklesialen Grundverständnis des christlichen Glaubens, dass jeder der zehn Abschnitte mit den Worten beginnt: »Die Kirche bekennt ...«

Bonhoeffer nennt im ersten Satz Gott, »der keine anderen Götter neben sich leidet« und nimmt damit Bezug auf das erste Gebot (»Du sollst keine anderen Götter haben neben mir.«) Der zweite Absatz beginnt mit den Worten »Die Kirche bekennt, den Namen Christi missbraucht zu haben« und reflektiert das zweite Gebot (»Du sollst den Namen des Herrn, Deines Gottes, nicht unnütz gebrauchen.«) Während Bonhoeffer mit seiner Aktualisierung der Zehn Gebote in diesen ersten beiden Absätzen auf die Verhältnisse im sogenannten »Dritten Reich« eingeht, scheint er dieses Problemfeld im dritten Absatz zu verlassen, denn hier knüpft er an das dritte Gebot an (»Du sollst den Feiertag heiligen.«) und beklagt den Verlust der Sonntagsruhe.

Das vierte Gebot lautet nach lutherischer Zählung »Du sollst deinen Vater und deine Mutter ehren«. Deshalb geht er jetzt auf die Familienbeziehungen ein – und spricht sich gleichsam selbst aus der Seele. Denn Dietrich Bonhoeffer hatte ein ausgesprochen konventionelles Familienbild: die elterliche Autorität des Vaters war in seiner Familie unangefochten.[20]

[20] Vgl. etwa die Biographie von Dietrich Bohoeffers Zwillingsschwester Sabine, die über den Vater schreibt: »Unser Vater war wohl die letze Autorität für uns. Sagte unsere Mutter ›Papa möchte das nicht gern‹, so genügte dies, dass es nicht geschah. Wenn unser Vater das Zimmer betrat, wäre es unmöglich gewesen, dies zu igno-

Auch mit seiner Kritik an der Jugendbewegung und der kirchlichen Jugendarbeit seiner Zeit (»als wäre ihre Zukunft die Jugend!«) greift Bonhoeffer einen seiner Lieblingsgedanken auf, den er auch anderweitig artikuliert. Hier wird eine Stärke von Bonhoeffers Schuldbekenntnis deutlich – die zugleich seine Schwäche ist: Dieses Bekenntnis ist pointiert und drückt die individuellen Überzeugungen seines Verfassers aus. Es beruht jedoch nicht auf einem breiten Konsens, wie er in kirchlichen Dokumenten zum Ausdruck kommt, die von mehreren Verfassern gemeinsam erarbeitet werden; deshalb hätte Bonhoeffers Schuldbekenntnis wohl nie zu einem offiziell verkündeten Text werden können.

Das fünfte Gebot (»Du sollst nicht töten.«) wird in Bonhoeffers Bekenntnis so konkretisiert, dass die Kirche sich des Schweigens angesichts der »willkürliche[n] Anwendung brutaler Gewalt« durch das Nazi-Regime schuldig gemacht hat. Hier wird ein charakteristischer Zug sichtbar, der sich auch in zahlreichen anderen Schuldbekenntnissen nach der *Shoah* findet – nämlich dass vor allem *Unterlassungssünden* (und nicht *Begehungssünden*, also sogenannte »Tatsünden«) angesprochen werden.[21] Dies ist kritisch zu vermerken, denn es kann als eine Form des Ausweichens und der Beschönigung betrachtet werden; jedenfalls wird auf diese Weise nicht benannt, welche Schuld die Täter und Täterinnen aktiv auf sich geladen haben. Immerhin kann als Begründung angeführt werden, dass eine solche Form des Schuldbekenntnisses der Struktur des Dekalogs entspricht, denn hier ist ja auch weniger davon die Rede, was die Menschen *tun* sollen, als was sie *nicht tun* sollen (acht Verbote stehen zwei Geboten gegenüber, so dass man vielleicht eher von den »Zehn Verboten« sprechen sollte).

Das sechste Gebot (»Du sollst nicht ehebrechen.«) veranlasst Bonhoeffer zu einem kritischen Wort angesichts der »Auflösung aller Ordnung im Verhältnis der Geschlechter zueinander«. Auch hier zeigt sich wieder sein konservatives Weltbild, wenn er die »Proklamation der geschlechtlichen Zügellosigkeit« und den Verlust »der Reinheit und Gesundheit der Jugend« beklagt.[22]

rieren.« SABINE LEIBHOLZ-BONHOEFFER, Vergangen, erlebt, überwunden. Schicksale der Familie Bonhoeffer, Gütersloh ²1977, 25. – Aufschlussreich sind auch Bonhoeffers literarische Reflexionen über seine Familie in: DIETRICH BONHOEFFER, Fragmente aus Tegel (Dietrich Bonhoeffer Werke, Bd. 7), Gütersloh 2015.

21 Besonders stark ausgeprägt findet sich dies im Stuttgarter Schuldbekenntnis von 1945 (s. u.).

22 Gedacht ist wohl beispielsweise an Promiskuität, wie Bonhoeffer sie im Berlin der »Goldenen Zwanziger Jahre« erlebt hat, und an die Verbreitung von Geschlechts-

Das siebente Gebot (»Du sollst nicht stehlen.«) aktualisiert Bonhoeffer im Hinblick auf die Korruption, die sich in der NS-Zeit und insbesondere während der Kriegsjahre angesichts der Knappheit an lebenswichtigen Gütern u.a. durch einen blühenden Schwarzmarkthandel bemerkbar machte.[23]

Im Hinblick auf das achte Gebot (»Du sollst nicht falsch Zeugnis reden wider deinen Nächsten.«) spricht Bonhoeffer von Verleumdung und Denunziation, die im totalitären Spitzel-Staat des »Dritten Reichs« an der Tagesordnung waren – und wiederum vom Mitschuldigwerden der Kirche durch Schweigen.

Im neunten Gebot heißt es: »Du sollst nicht begehren deines Nächsten Haus«. Bei Bonhoeffer wird daraus: »Die Kirche bekennt, begehrt zu haben nach Sicherheit, Ruhe, Friede, Besitz, Ehre, auf die sie keinen Anspruch hatte ...«.

Im zehnten Gebot wird das zuvor Gesagte noch einmal wiederholt. Bonhoeffer tut das Gleiche, indem er im zehnten und letzten Abschnitt seines Glaubensbekenntnisses zusammenfassend schreibt: »Die Kirche bekennt sich schuldig aller zehn Gebote«. Hier wird schließlich die Quelle explizit genannt, aus der Bonhoeffers Schuldbekenntnis seine Inspiration schöpft.

4 Vergleich mit anderen kirchlichen Schuldbekenntnissen nach der Shoah

Bonhoeffers Voraus-Rückschau ist in gewisser Weise Realität geworden. Fünf Jahre nachdem er seinen Text verfasst hatte, war das »Dritte Reich« (das ein Tausendjähriges sein sollte) untergegangen – nicht ohne zuvor Millionen unschuldiger Menschen in den Tod gerissen und Deutschland in Schutt und Asche gelegt zu haben. Bereits wenige Monate später, vom 27. bis zum 31. August 1945, fanden in dem kleinen Ort Treysa Verhandlungen zur Neugründung der Evangelischen Kirche in Deutschland (EKD)

krankheiten wie Syphilis, die damals noch nicht heilbar war und tödlich verlaufen konnte. Der Vater Karl Bonhoeffer war als Ordinarius an der Berliner Charité beruflich mit derartigen Problemen beschäftigt.

23 Die Familie Bonhoeffer gehörte zwar zum wohlhabenden Großbürgertum im damaligen Berlin, hatte sich aber schon im Ersten Weltkrieg geweigert, auf dem Schwarzmarkt einzukaufen, sodass die Lebensmittel knapp waren und man zur Versorgung auf den eigenen Garten und die Ziege darin angewiesen war.

statt. Bei dieser Gelegenheit wurde das Thema *Shoah* im »*Wort an die Gemeinden*« kurz erwähnt – was dazu gesagt worden ist, kann man jedoch kaum als »Schuldbekenntnis« bezeichnen, sondern eher im Gegenteil als eine Art Unschuldsbeteuerung. Der Text lautet:

> »Wo die Kirche ihre Verantwortung ernst nahm, rief sie zu den Geboten Gottes, nannte beim Namen Rechtsbruch und Frevel, die Schuld in den Konzentrationslagern, die Misshandlung und Ermordung von Juden und Kranken und suchte der Verführung der Jugend zu wehren.«[24]

Immerhin werden hier keine verschleiernden Formulierungen, sondern korrekte Begriffe verwendet: Juden, Kranke, Konzentrationslager, Ermordung, Schuld. Dies ist ein wichtiges Kriterium für die Bewertung derartiger Texte, das keineswegs immer erfüllt wird, wie die Betrachtung weiterer Beispiele zeigt. Man muss sich bewusst machen, dass ein totalitäres Regime wie der NS-Staat für die Durchführung seiner Verbrechen darauf angewiesen ist, diese zu verschleiern, und dass dafür die *Sprache* ein zentraler Ansatzpunkt ist. So wird aus Menschen »lebensunwertes Leben«, »Menschenmaterial« oder gar »Ungeziefer«, zivile Opfer werden als »Kollateralschäden« bezeichnet usw. Wann immer Sprache manipuliert wird, ist dies ein ernstzunehmendes Alarmsignal, da die Sprache unser Bewusstsein und letztlich unser Handeln prägt. Deshalb ist es ebenso schwierig wie notwendig, sich in Schulderklärungen von der *Sprache der Täter* frei zu machen und die *Sprache der Opfer* zu wählen, die zumeist nüchtern und klar erscheint.

Kurz darauf, nämlich am 18. und 19. Oktober 1945, fand in Stuttgart eine Sitzung des Rates der Evangelischen Kirche in Deutschland statt, bei der auch eine Delegation von internationalen Vertretern der Ökumene anwesend war. Dies bot den Anlass, um das erste offizielle Schuldbekenntnis zur Shoah von evangelischer Seite abzulegen, die sogenannte »*Stuttgarter Erklärung*«. Hier die entscheidende Passage im Wortlaut:

> »Mit großem Schmerz sagen wir: Durch uns ist unendliches Leid über viele Völker und Länder gebracht worden. Was wir unseren Gemeinden oft bezeugt haben, das sprechen wir jetzt im Namen der ganzen Kirche aus: Wohl haben wir lange Jahre hindurch im Namen Jesu Christi gegen den Geist gekämpft, der im nationalsozialistischen Gewaltregiment seinen furchtbaren Ausdruck

24 Henrix/Kraus, Die Kirchen und das Judentum, Bd. 1, 528.

gefunden hat; aber wir klagen uns an, dass wir nicht mutiger bekannt, nicht treuer gebetet, nicht fröhlicher geglaubt und nicht brennender geliebt haben.«[25]

Eine Bitte um Vergebung findet sich in diesem Text nicht (das wäre wohl auch verfrüht und für die Opfer eine Überforderung gewesen). Stattdessen steht hier die im Zusammenhang von Schuldbekenntnissen ungewöhnliche Formulierung, welche dem Zitat eine gewisse Berühmtheit verschafft hat: »wir klagen uns an«. Diese Aussage ist theologisch fragwürdig, denn nach christlichem Verständnis vollzieht sich das Bekenntnis von Schuld im Horizont von Vergebung, und die Anklage sollte jedenfalls nicht das letzte Wort haben (wenngleich sie zu einem Versöhnungsprozess dazugehört). Wenn sie jedoch erhoben wird, sollte dies durch die Opfer (oder gegebenenfalls durch einen Staatsanwalt) und nicht durch die Täter und Täterinnen selbst geschehen – sonst besteht die Gefahr, dass die Täter und Täterinnen aus begreiflichen Gründen die Seite wechseln und gewissermaßen die Rolle der Opfer einnehmen. In diesem Fall würden sie sich ihrer Verantwortung entziehen – auch wenn dies durch starke Worte verschleiert wird.

Wofür klagt sich die Kirche im Stuttgarter Schuldbekenntnis an? Dass sie »nicht mutiger bekannt, nicht treuer gebetet, nicht fröhlicher geglaubt und nicht brennender geliebt« hat. Hier wird das Versagen nicht beim Namen genannt, sondern es werden Grundvollzüge kirchlichen Lebens aufgezählt, von denen dann jeweils im Modus des Komparativs und der Verneinung eingeräumt wird, dass die Kirche hier mehr hätte leisten sollen.

Eine weitere bekannte Erklärung wurde am 8. April 1948 anlässlich des dritten Jahrestages der Beendigung des Zweiten Weltkriegs vom Bruderrat der Evangelischen Kirche in Deutschland auf seiner Sitzung in Darmstadt abgegeben (deshalb auch *»Darmstädter Wort«* genannt). Es ist bezeichnend für diesen Text, dass das verabschiedende Gremium sich selbst im ersten Satz als »Reichsbruderrat« betitelt, also mit einem Begriff aus der Zeit des Nationalsozialismus, obwohl dieser damals längst abgeschafft war. Die Gebundenheit an die Denkstrukturen, die man eigentlich überwinden wollte, ist hier mit Händen zu greifen, sodass die eigentliche Absicht, nämlich Umkehr zu tun, vereitelt wird und sich geradezu in ihr Gegenteil verkehrt. Einige Auszüge aus diesem Text mögen dies verdeutlichen:

[25] Ebd.

»Wir sind betrübt über das, was in der Vergangenheit geschah, und darüber, dass wir kein gemeinsames Wort dazu gesagt haben. [...] Jetzt, wo uns vergolten wird, was wir an den Juden verschuldet haben, wächst die Gefahr, dass wir uns vor dem Gericht Gottes in einen neuen Antisemitismus flüchten und so noch einmal das alte Unheil heraufbeschwören.«[26]

Das Hauptanliegen dieses Textes besteht nicht darin, ein Schuldbekenntnis abzulegen, sondern Grundsätze für eine christliche Theologie des Judentums zu formulieren. Dabei wird an der verhängnisvollen Abrogationstheologie weiterhin festgehalten, und der jüdische Erwählungsanspruch, Gottes auserwähltes Volk zu sein, wird abgelehnt:

»Indem Gottes Sohn als Jude geboren wurde, hat die Erwählung und Bestimmung Israels ihre Erfüllung gefunden. Einem anderen Verständnis Israels muss die Kirche grundsätzlich widerstehen, und damit auch dem Selbstverständnis des Judentums, als sei es Träger oder Künder einer allgemeinen Menschheitsidee oder gar der Heiland der Welt. Indem Israel den Messias kreuzigte, hat es seine Erwählung und Bestimmung verworfen. [...] Die Erwählung Israels ist durch und seit Christus auf die Kirche aus allen Völkern, aus Juden und Heiden, übergegangen.«[27]

Geradezu atemberaubend ist die Art und Weise, wie in dieser Erklärung die Vernichtung des Europäischen Judentums Gott bzw. den Juden und Jüdinnen selbst zur Last gelegt wird. Damit wird die Verantwortung von den Tätern und Täterinnen auf die Opfer abgeschoben und ihnen die Schuld an ihrem eigenen Leid gegeben:

»Israel unter dem Gericht ist die unaufhörliche Bestätigung der Wahrheit, Wirklichkeit des göttlichen Wortes und die stete Warnung Gottes an seine Gemeinde. Dass Gott nicht mit sich spotten lässt, ist die stumme Predigt des jüdischen Schicksals, uns zur Warnung, den Juden zur Mahnung, ob sie sich nicht bekehren möchten zu dem, bei dem allein auch ihr Heil steht.«[28]

Anschließend wird die Mitverantwortung der Kirche für Antijudaismus und Genozid thematisiert:

26 A. a. O., 541.
27 A. a. O., 542.
28 Ebd.

> »Bitter musste sich rächen, dass nicht nur im Raume des Volkes, das immerhin unter christlichem Zeichen zu stehen schien, [...] sich der Antisemitismus regte und mehrte, sondern dass auch die Stimmen führender Christen in diesem Chor nicht fehlten. Und als endlich der radikale, rassisch begründete Antisemitismus von innen unser Volk und unsere Gemeinden zersetzte und sie von außen in seine brutale Gewalt zwang, war die Kraft des Widerstands nicht vorhanden [...]. In christlichen Kreisen entzog man sich der Verantwortung und rechtfertigte sich dafür mit dem über Israel verhängten Fluch. [...] Damit haben wir Christen die Hand geboten zu all dem Unrecht und dem Leid, das unter uns an Israel geschah. Indem Gottes Wort uns solches lehrt, erkennen wir mit Scham und Trauer, wie sehr wir uns an Israel verfehlt haben und wieviel wir ihm schuldig geblieben sind.«[29]

Mit den Worten »Scham und Trauer« wird hier eine emotionale und existenzielle Dimension angesprochen, die für jeden Versöhnungsprozess unverzichtbar ist. Theologisch gesprochen geht es dabei um des Aspekt der *contritio* (Reue), welche in der katholischen Bußpastoral eine Bedingung für die Erteilung der Absolution darstellt.

Die nächste evangelische Erklärung auf nationaler Ebene wurde im April 1950 von der Synode der Evangelischen Kirche in Deutschland abgegeben, das »Wort zur Judenfrage«.[30] Es wird oft auch als »Wort zur Schuld an Israel« bezeichnet, weil hier endlich ein (wenn auch kurzes) Bekenntnis zur (Mit-)Schuld der Kirche an der Shoah abgelegt wird:

> »Wir sprechen es aus, dass wir durch Unterlassen und Schweigen vor dem Gott der Barmherzigkeit mitschuldig geworden sind an dem Frevel, der durch Menschen unseres Volkes an den Juden begangen worden ist.«[31]

Auch deutet sich hier erstmals die Überwindung der jahrhundertealten Tradition der Abrogationstheologie und damit ein Ansatz für eine »Theologie nach Auschwitz« an, denn die Kirche bekennt sich zur bleibenden Erwählung des Volkes Israel. Vermutlich hat die zwei Jahre zuvor erfolgte Gründung des Staates Israel, welche nicht nur Juden und Jüdinnen, sondern vielen Menschen auf der ganzen Welt wie ein Wunder der Geschichte erschienen ist, sowie die hierdurch ausgelösten Diskussionen mit zu dieser Neubewertung beigetragen.

29 A. a. O., 542 f.
30 A. a. O., 549.
31 Ebd.

»Wir glauben, dass Gottes Verheißung über dem von ihm erwählten Volk Israel auch nach der Kreuzigung Jesu Christi in Kraft geblieben ist.«[32]

Die erste Erklärung von katholischer Seite erfolgte durch den *»Gemeinsamen Hirtenbrief«* der deutschen Bischöfe nach dem beendeten Krieg vom 23. August 1945 (also wenige Tage vor dem evangelischen Dokument von Treysa).[33] In diesem Text geht es nicht um ein Schuldbekenntnis, sondern darum »nach dem furchtbaren Zusammenbruch jetzt einen neuen Anfang [zu] machen«.[34] Die katholische Kirche in Deutschland macht dem Staat gegenüber ihre Interessen geltend, z. B. durch die Forderung nach Wiedererrichtung der katholischen öffentlichen und privaten Schulen und die Berufung auf diesbezügliche Konkordate aus der Vorkriegszeit. Den Gläubigen wird die Morallehre der Kirche eingeschärft, etwa die Ablehung von Suizid und Abtreibung.[35] Sie werden dazu ermahnt, tapfer am Wiederaufbau mitzuwirken und sich gegenseitig zu unterstützen.[36] Vor allem aber wird in diesem Hirtenbrief dem gläubigen katholischen Volk für seine Haltung in der zurückliegenden Zeit der Verfolgung gedankt:

»Unser erstes Wort sei ein Wort innigen Dankes an unseren Klerus und unsere Diözesanen für die unerschütterliche Treue, die sie der Kirche in schweren Zeiten gehalten haben. [...] Wir danken aus tiefstem Herzen euch christlichen Eltern, dass ihr mutig für die katholische Schule eingetreten seid, allen Einschüchterungen und Drohungen zum Trotz [...]. Auch dir, liebe Jugend, gilt unser besonderer Dank. Ihr seid bis aufs Blut für eure Ideale eingestanden, und euere Haltung war uns Trost und Stütze in einem menschlich aussichtslos

32 Ebd.
33 A. a. O., 233–239.
34 A. a. O., 236.
35 A. a. O., 236 f.
36 »Ein schwerer Winter liegt vor uns. Er würde nicht leichter werden, wenn wir mutlos die Hände in den Schoß legten oder aus einer Art Verzweiflung uns von radikalen Strömungen fortreißen ließen. Nein, wir wollen in gläubigem Gottvertrauen mutig Hand anlegen, treu und unentwegt arbeiten, in selbstloser Liebe einander helfen, in rechter Verbundenheit zueinander stehen. Helft einander mit Wäsche und Kleidung sowie mit dem notwendigen Hausrat! Unterstützt euch gegenseitig beim Wiederaufbau eurer zerstörten Wohnungen! Bietet denen, die heimatlos geworden sind, in herzlicher Liebe ein gastliches Dach und teilt mit ihnen den Tisch! An die Landbevölkerung richten wir die ernste Bitte, zu gerechten Preisen die Lebensmittel abzugeben und ihrer Ablieferungspflicht gewissenhaft nachzukommen, nicht aber ihre Produkte für sich allein oder für die benachbarten kleineren Städte zurückzuhalten.« A. a. O., 237.

erscheinenden Kampfe. Wir danken all den Priestern und all den Laien, die so zahlreich und so unerschrocken für Gottes Gesetz und Christi Lehre eingetreten sind. Viele sind im Kerker durch Misshandlungen wahre Bekenner geworden, und viele haben für ihre Überzeugungen das Leben geopfert. Wie erwärmt die Erinnerung daran unser Herz, dass immer und immer wieder Katholiken jeden Standes und Alters sich nicht gescheut haben, Volksgenossen fremden Standes zu beschützen, zu verteidigen, ihnen christliche Liebe zu erweisen.«[37]

So wichtig es ist, dass diejenigen, welche gegen die Nazi-Diktatur Widerstand geleistet haben, durch die katholische Kirche Anerkennung erfahren – sie hätten dieser nicht im Nachhinein, sondern während der Zeit der Verfolgung bedurft und haben damals zumeist vergeblich darauf gewartet. Und auch wenn es zahlreiche Beispiele von Zivilcourage und Opferbereitschaft gegeben hat, so ist das Bild einer allgemeinen katholischen Gegenbewegung, wie es hier das Herz der Bischöfe »erwärmt«, gewiss zu positiv gezeichnet. Die Aufarbeitung der katholischen Mitverantwortung im »Dritten Reich« war einer späteren Zeit vorbehalten[38] und dauert noch bis in die Gegenwart an. Immerhin wird in diesem ersten Hirtenwort auch die Schuldfrage thematisiert:

»Und dennoch: Furchtbares ist schon vor dem Kriege in Deutschland und während des Krieges durch Deutsche in den besetzten Ländern geschehen. Wir beklagen es zutiefst: Viele Deutsche, auch aus unseren Reihen, haben sich von den falschen Lehren des Nationalsozialismus betören lassen, sind bei den Verbrechen gegen menschliche Freiheit und menschliche Würde gleichgültig geblieben; viele leisteten durch ihre Haltung den Verbrechen Vorschub, viele sind selber Verbrecher geworden. Schwere Verantwortung trifft jene, die aufgrund ihrer Stellung wissen konnten, was bei uns vorging, die durch ihren Einfluss solche Verbrechen hätten hindern können und es nicht getan haben, ja diese Verbrechen ermöglicht und sich dadurch mit den Verbrechern solidarisch erklärt haben.«[39]

37 A. a. O., 234.

38 Vgl. z. B. Rolf Hochhuth, Der Stellvertreter. Schauspiel. Mit einem Vorwort von Erwin Piscator, Reinbek 1963; Daniel Jonah Goldhagen, Die katholische Kirche und der Holocaust. Eine Untersuchung über Schuld und Sühne, Berlin 2002.

39 A. a. O., 235.

Die Bischöfe wenden sich von Anfang an dagegen, sich der Last der Vergangenheit durch eine Kollektivschuld-These zu entledigen und treten für eine differenzierte Gewissensprüfung ein:

> »Es ist eine Forderung der Gerechtigkeit, dass immer und überall die Schuld von Fall zu Fall geprüft wird, damit nicht Unschuldige mit den Schuldigen leiden müssen.«[40]

Ein Schuldbekenntnis im eigentlichen Sinn erfolgt von Seiten der katholischen Kirche erst durch das *»Gebet für die ermordeten Juden und ihre Verfolger«*, das auf Anordnung der Deutschen Bischofskonferenz am 11. Juni 1961 in allen katholischen Kirchen Deutschlands gebetet werden sollte:

> »Wir bekennen vor Dir: Mitten unter uns sind unzählige Menschen gemordet worden, weil sie dem Volke angehörten, aus dem der Messias dem Fleische nach stammt. Wir bitten Dich: Führe alle zur Einsicht und Umkehr, die auch unter uns mitschuldig geworden sind durch Tun, Unterlassen und Schweigen. Führe sie zur Einsicht und Umkehr, damit sie sühnen, was immer sie gefehlt.«[41]

Von den Schuldigen wird hier allerdings in der dritten und nicht in der ersten Person gesprochen – ebenso wie in der Konzilserklärung *Nostra Aetate* vom 28. Oktober 1965, deren entscheidende Passage hier in Erinnerung gerufen wird:

> »Im Bewusstsein des Erbes, das sie mit den Juden gemeinsam hat, beklagt die Kirche, die alle Verfolgungen gegen irgendwelche Menschen verwirft, nicht aus politischen Gründen, sondern auf Antrieb der religiösen Liebe des Evangeliums, alle Hassausbrüche, Verfolgungen und Manifestationen des Antisemitismus, die sich zu irgendeiner Zeit und von irgend jemandem gegen die Juden gerichtet haben.«[42]

Auch wenn man berücksichtigen muss, dass hier auf weltkirchlicher Ebene gesprochen wird, dass es um das Verhältnis zu allen nichtchristlichen Re-

40 Ebd.

41 A. a. O., 242.

42 In: Karl Rahner / Herbert Vorgrimler (Hg.), Kleines Konzilskompendium. Sämtliche Texte des Zweiten Vatikanums, Freiburg [27]1998, 359.

ligionen geht, dass in Bezug auf das Judentum die Schuldfrage nicht im Vordergrund steht und dass im Hinblick auf die Schuld nicht allein die *Shoah* zu berücksichtigen ist, so muss diese Erklärung – zwanzig Jahre nach dem verheerenden Völkermord an den Juden und Jüdinnen – als ungenügend bezeichnet werden. Der Grund dafür ist (neben verständlichen Abwehrmechanismen) auf *theologischer* Ebene zu suchen: Die katholische Dogmatik hält in ihrer Ekklesiologie an der *Heiligkeit der Kirche* als einer der vier *notae ecclesiae* fest. Deshalb führt sie eine Unterscheidung ein, wonach zwar die einzelnen Glieder der Kirche schuldig werden können, nicht aber die Kirche als solche. Abgesehen davon, dass eine solche Unterscheidung fragwürdig erscheint, ist aus evangelischer Sicht einzuwenden, dass die Einsicht vom Menschen als *»simul iustus et peccator«* auch auf die Kirche als Kollektivsubjekt angewendet werden sollte. Dies würde ermöglichen, den Grundsatz *»ecclesia semper reformanda«* genuin anzuerkennen und im Bezug auf die Kirche von der notwendigen Umkehr zu sprechen, von Reue, von Schuld, Bekenntnis und Vergebung.

Ein solcher Schritt würde ein theologisches Umdenken erfordern, für das sich vereinzelte Ansätze erkennen lassen. Obgleich auch in neueren Erklärungen der katholischen Kirche die Grenze zwischen der »Kirche« und ihren »Gliedern« sorgfältig gewahrt wird,[43] ist die Sprache offener und der Inhalt deutlicher geworden. So heißt es in der *»Erklärung über das Verhältnis der Kirche zum Judentum«* der deutschen Bischöfe vom 28. April 1980:

> »Allzu oft ist in der Kirche, besonders in Predigt und Katechese, in falscher und entstellender Weise über das Judentum gesprochen worden. Falsche Einstellungen waren die Folge. Wo immer Fehlhaltungen und Fehlurteile vorliegen, sind unverzüglich Umdenken und Umkehr geboten.«[44]

Hier ist zwar nicht von Schuld *der Kirche*, aber von Verfehlungen *in der Kirche* die Rede. Noch einen Schritt geht das »Wort der Bischöfe zum Verhältnis von Juden und Christen aus Anlass des 50. Jahrestages der Novemberpogrome 1938« unter dem Titel *»Die Last der Geschichte annehmen«*

[43] Vgl. z.B. das Dokument »Wir erinnern: Eine Reflexion über die Schoa« vom 16. März 1998, worin es heißt: »Wir bedauern zutiefst die Fehler und das Versagen jener Söhne und Töchter der Kirche.« In: Hans Hermann Henrix / Wolfgang Kraus (Hg.), Die Kirchen und das Judentum, Bd. 2: Dokumente von 1986–2000, Paderborn/Gütersloh 2001, 117.

[44] In: Rendtorff/Henrix, Die Kirchen und das Judentum, 275.

vom 20. Oktober 1988 weiter. Denn hier wird konkret das Versagen der Amtsträger, insbesondere der Bischöfe, benannt. Da die katholische Kirche eine episkopale Verfassung hat, ist die Hierarchie für das Selbstverständnis der Kirche konstitutiv, und wenn die Bischöfe schuldig werden, kann sich die Kirche davon nicht distanzieren, sondern ist auf Vergebung angewiesen. So heißt es in dem Dokument bezüglich der Reichspogromnacht:

> »Nirgendwo kam es zu Protestkundgebungen. Heute beklagen viel, dass auch die christlichen Kirchen damals kein öffentliches Wort der Verurteilung gesprochen haben. Gewiss, viele Priester und Laien sind wegen offener Kritik an den antijüdischen Ausschreitungen den NS-Behörden gemaßregelt worden. [...] Unsere Vorgänger im Bischofsamt hingegen haben keinen gemeinsamen Kanzelprotest erhoben.«[45]

Folgerichtig wird explizit festgestellt, »dass die Kirche, die wir als heilig bekennen und als Geheimnis verehren, auch eine sündige und der Umkehr bedürftige Kirche ist.«[46]

5 Schluss

Ein Vergleich dieser verschiedenen kirchlichen Schuldbekenntnisse nach der *Shoah* zeigt zum einen charakteristische Unterschiede zwischen evangelischen und katholischen Verlautbarungen, zum anderen eine gewisse Entwicklung hin zu mehr Offenheit in beiden Kirchen. Was aber trägt dieser Vergleich in Bezug auf das Hauptthema dieses Beitrags bei, nämlich den Entwurf Dietrich Bonhoeffers für ein kirchliches Schuldbekenntnis?

Eine Besonderheit von Bonhoeffers Schuldbekenntnis liegt darin, dass hier die Kirche klar als Subjekt der Verfehlungen benannt wird. Überdeutlich kommt dies zum Ausdruck, indem jede der dem Dekalog nachempfundenen »Strophen« dieses Bekenntnisses refrainartig mit den Worten beginnt: »Die *Kirche* bekennt ...«.[47] Dadurch unterscheidet sich dieser literarische Text von allen bisher in der Realität abgelegten christlichen

45 Berliner Bischofskonferenz / Deutsche Bischofskonferenz / Österreichische Bischofskonferenz: »Die Last der Geschichte annehmen«. Wort der Bischöfe zum Verhältnis zwischen Christen und Juden aus Anlaß des 50. Jahrestages der Novemberpogrome 1938, Bonn 1988, 4.

46 A. a. O., 7.

47 Hervorhebung J. K.

Bekenntnissen. Hierin liegt der spezifische Beitrag von Bonhoeffers Entwurf.

Auch unterscheidet sich Bonhoeffers Schuldbekenntnis durch seinen universalen Horizont. Obgleich er zweifellos die Schuld der Kirche im »Dritten Reich« vor Augen hatte, beschränkt er sich nicht darauf, sondern gebraucht die Zehn Gebote als Gewissensspiegel, um das gesamte Spektrum menschlicher Lebensvollzüge in die Selbstprüfung einzubeziehen. Hierin ist Bonhoeffers Text allenfalls dem berühmten Schuldbekenntnis von Johannes Paul II. vergleichbar, welches der Papst am 12. März 2000 im Petersdom in Rom abgelegt hat und das ähnlich umfassend angelegt war.[48] Doch trotz der Breite an Themen bleibt Bonhoeffers Bekenntnis nicht allgemein, sondern wird ganz konkret – wobei die aufgezählten Verfehlungen wohl eher exemplarisch zu verstehen sind. Aber auch in dieser Funktion leisten sie einen wichtigen Beitrag, denn sie machen deutlich, dass Schuld niemals abstrakt ist, sondern konkret benannt werden muss, wenn ein Weg zur Versöhnung eröffnet werden soll.

Freilich gibt es auch Ähnlichkeiten zwischen Bonhoeffers Entwurf und tatsächlich ausgesprochenen Bekenntnissen – zum Teil bis in die Formulierung hinein. So etwa, wenn Bonhoeffer gleich zu Beginn die Kirche bekennen lässt, ihre Verkündigung »nicht offen und deutlich genug ausgerichtet zu haben«. Dieser Modus der Verneinung in Verbindung mit einer Quantifizierung wiederholt sich in der Stuttgarter Erklärung, in der die Kirche beklagt, dass sie »nicht mutiger bekannt« hat.

Wird in Bonhoeffers Bekenntnis die Sprache der Opfer gesprochen? Wohl kaum in ausreichender Weise. Im fünften Absatz, der sich auf das Gebot »Du sollst nicht töten« bezieht, kommt das Wort »Juden« nicht vor. Immerhin ist die Rede von der »willkürliche[n] Anwendung brutaler Gewalt« und von »Mord«. Die verfolgten Juden werden als »Brüder Jesu Christi« bezeichnet. Eberhard Bethge widmet in seinem Beitrag »Dietrich Bonhoeffer und die Juden« dieser Formulierung einen Abschnitt und schreibt:

> »Bonhoeffer sagt nicht einfach: [Die Kirche ist schuldig geworden] ›am Leben der Juden‹. Möglicher Grund für die verdeckte Wortwahl wäre, dass ein Konspirateur die notwendige Camouflage nicht mit geschriebenen Abschnitten über das Leiden der Juden verletzten sollte, weil Schriftliches gefunden werden konnte. [...] Der wirkliche Grund ist wohl von theologischer Qualität. Mit diesem Wort ›Brüder Jesu Christi‹ vollzieht Bonhoeffer im Bekennen der eige-

48 Vgl. Henrix/Kraus, Die Kirchen und das Judentum, Bd. 2, 151–156.

nen und der kirchlichen Schuld einen Akt der inneren Solidarisierung mit den Opfern des Holocaust und respektiert zugleich die verschuldete Distanz. Das wird jetzt möglich, weil Bonhoeffer nun im Begriff steht, mit dem Eintritt in die Verschwörung eben für diese ›Brüder‹ Reputation und Leben aufs Spiel zu setzen. Juden ›Brüder‹ zu nennen, das gab es damals in der Bekennenden Kirche überhaupt noch nicht. Von ›jüdischen Brüdern‹ hatte man in der Bekennenden Kirche seit 1933 immer nur in Bezug auf die getauften Nichtarier gesprochen, auch Bonhoeffer selber. Nie hatte man es im Zusammengehören mit den Juden als Juden gekonnt. So scheint mir (bis auf weitere Belehrung), dass an dieser Stelle tatsächlich zum ersten Mal in Kreisen der Bekennenden Kirche im vollen Sinne von den zur Vernichtung geführten Juden insgesamt als von ›Brüdern‹ geredet wird.«[49]

Aufgrund dessen kommt diesem Schuldbekenntnis nach Meinung des Bonhoeffer-Experten Bethge eine Schlüsselstellung zu:

»Hier befinden wir uns an einem Angelpunkt der Bedeutung Bonhoeffers für das Problem Juden und Christen: Die Sprache dieses Bekenntnisses lässt die Sprache der Beerbungstheologie, der Straftheologie, der Missionstheologie und die Haltung hinter diesen Theologien fast versunken erscheinen. Vielleicht kann man an dieser Stelle von einem aktuellen Durchbruch zu einer kommenden Theologie nach dem Holocaust sprechen insofern, als mit diesem Akt einer bußfertigen Annahme der Verbundenheit als Brüder dieser bekennende Christ sich anschickt, selbst Teil des Holocaust zu werden.«[50]

Inwieweit Bonhoeffers Schuldbekenntnis tatsächlich als Vorläufer zu einer »Theologie nach Auschwitz« betrachtet werden kann, mag dahingestellt bleiben – gewiss ist jedoch, dass sein besonderer Wert nicht zuletzt auf der persönlichen Glaubwürdigkeit seines Verfassers beruht, der mit seinem eigenen Leben dafür einstand. Auch wenn hier Formulierungen analysiert worden sind (und bei einem so gewichtigen Text wie einem kirchlichen Schuldbekenntnis gehört jedes Wort »auf die Goldwaage gelegt«), so ist es letztlich die – nicht messbare, aber deutlich spürbare – *Haltung* ehrlicher Reue, die ein Bekenntnis annehmbar und Versöhnung möglich macht.

49 Eberhard Bethge, Dietrich Bonhoeffer und die Juden, in: Heinz Kremers (Hg.), Die Juden und Martin Luther – Martin Luther und die Juden. Geschichte, Wirkungsgeschichte, Herausforderung, Neukirchen-Vluyn 1985, 211–248, 240f.

50 A. a. O., 241.

III Schuld – Öffentlichkeit – Anerkennung

Die »Sünden und Fehler der Kirche«[1] bekennen.

Eine Auseinandersetzung mit der Vergebungsbitte der ruandischen Bischöfe vom 20. November 2016[2]

Katharina Peetz

In November 2016, the Rwandan Bishop Conference formally asked for forgiveness for the role that some members of the Catholic Church – lay people, priests, religious men and women – had played in the 1994 genocide. Surprisingly, only a few months later, Pope Francis issued his own apology going much further than that of the Rwandan Bishops by confessing not only sins and failures of individual members of the Church but also the sins and failings of the Church itself. Thus, the Pope interprets the Church's involvement in the genocide as both individual and institutional. This article offers an in-depth analysis of the Rwandan Bishops' apology. It discusses in what way this is an important step forward in the Rwandan peacebuilding and reconciliation process. It is shown that even though critical issues remain, the apology can be interpreted as a substitutional act of symbolic reparation aimed at the genocide survivors.

Umstrittene Vergebungsbitte

Als die ruandische Bischofskonferenz zum Abschluss des Heiligen Jahres der Barmherzigkeit am 20. November 2016 um Vergebung für die Beteiligung der Katholischen Kirche am Genozid von 1994 bat, wurde sie dafür

1 Papst entschuldigt sich für Rolle der Kirche beim Genozid in Ruanda, in: *sz-online* vom 21.03.2017, unter http://www.sueddeutsche.de/panorama/katholische-kirche-papst-entschuldigt-sich-fuer-rolle-der-kirche-beim-genozid-in-ruanda-1.3429198, [letzter Zugriff: 03. Mai 2017].

2 Der vorliegende Aufsatz wurde von der DFG im Rahmen des Projektes »Gelebte Theologie im Friedens- und Versöhnungsprozess Ruandas« (PE 2312/1-1) gefördert.

vor allem von der ruandischen Regierung kritisiert. Die bischöfliche Erklärung sei zwar als individuelle Bezeugung von Reue willkommen, problematisch sei jedoch der Versuch der Kirche, sich als Institution von jedweder Schuld für den Genozid freizusprechen.[3] Es war damals noch nicht abzusehen, dass sich Papst Franziskus am 20. März 2017 ebenfalls zur Frage der Verstrickung der Kirche in den Genozid äußern würde: »Auf der Linie der großen (Versöhnungs-)Gesten von Papst Johannes Paul II. beim Großen Jubiläum des Jahres 2000«[4] sprach er anlässlich des Besuches des ruandischen Staatspräsidenten Paul Kagames von den »Sünden und Fehler[n] *der* Kirche und ihrer Mitglieder«[5]. Für diese Sünden und Fehler erbat er die Vergebung Gottes. Der Papst räumte damit eine institutionelle Mitschuld der Kirche am Genozid ein.[6]

Im Folgenden soll vor diesem Hintergrund die umstrittene Erklärung der ruandischen Bischofskonferenz genauer analysiert werden. Eine Auseinandersetzung mit der Kolonialgeschichte und christlichen Mission beleuchtet in einem ersten Schritt die »Sünden und Fehler der Kirche« in Ruanda näher. Dem folgt – in einem zweiten Schritt – eine inhaltliche Analyse der Vergebungsbitte der Katholischen Bischöfe. Dazu kann die Autorin auf eine vollständige Übersetzung, der bislang nur in Auszügen übersetzten Erklärung, zurückgreifen[7]. Die ersten beiden Schritte bilden die Basis für eine differenzierte Auseinandersetzung mit der Vergebungsbitte der Katholischen Bischöfe. Dabei soll auch die Frage geklärt werden,

3 Vgl. Republic of Rwanda, Ministry of Local Government, Statement on the message of Rwandan Catholic Bishops vom 23.11.2016, unter: http://www.minaloc. gov. rw/index.php?id=469&tx_ttnews%5Btt_news%5D=502&cHash=d27136e84289eea685dece5c0d576f64, [letzter Zugriff: 26. April 2017].

4 Papst bekennt Mitschuld der Kirche am Genozid in Ruanda, in: *Radio Vatikan* vom 20.03.2017, unter: http://de.radiovaticana.va/news/2017/03/20/papst_bekennt_mitschuld_der_kirche_am_genozid_in_ruanda/1299875, [letzter Zugriff: 26. April 2017].

5 Papst entschuldigt sich für Rolle der Kirche beim Genozid in Ruanda, in: *sz-online* vom 21.03.2017, unter http://www.sueddeutsche.de/panorama/katholische-kirche-papst-entschuldigt-sich-fuer-rolle-der-kirche-beim-genozid-in-ruanda-1.3429198, [letzter Zugriff: 25. April 2017, Hervorhebung K. P.].

6 Papst Franziskus zum Genozid in Ruanda – Als Priester Mörder wurden, in: *taz.de* vom 06.04.2017, online unter: http://www.taz.de/!5395900/, [letzter Zugriff: 10. April 2017].

7 So konnte die Autorin die Erklärung der Bischöfe im Rahmen ihres von der DFG geförderten Projektes »Gelebte Theologie im Friedens- und Versöhnungsprozesses Ruandas« durch den ruandischen Übersetzter Christoph Mutinszi übersetzen lassen.

inwieweit sie einen angemessenen Umgang mit den »Sünden und Fehler[n] der Kirche« darstellt.

»Sünden und Fehler der Kirche« in Ruanda

Mit Blick auf die Frage der Verstrickung der Katholischen Kirche in den Genozid, bei dem 1994 in nur drei Monaten zwischen 800.000 und 1.000.000 Menschen ermordet wurden, wird vor allem die Kolonialgeschichte und insbesondere die Geschichte der christlichen Mission Ruandas relevant und zugleich kontrovers diskutiert. Ruanda war zunächst deutsche und seit dem Ende des ersten Weltkrieges belgische Kolonie. Mit der Kolonialisierung setzte auch die christliche Missionierung des Landes ein. Ab 1900 waren die katholischen »Weißen Väter« aus Belgien als erste Missionare in Ruanda tätig, 1907 folgten ihnen die protestantischen Missionare und Diakonissen der deutschen Bethel-Mission. 1909 gelangten mit den »Weißen Schwestern« auch die ersten katholischen Missionarinnen nach Ruanda. Nach dem Ende des Ersten Weltkrieges kamen Missionare der Siebenten-Tags-Adventisten aus den USA, danach Anglikaner der kirchlichen Missionsgesellschaft, schließlich dänische Baptisten, US-amerikanische Methodisten und schwedische Pfingstkirchler nach Ruanda.[8]

Unbestritten ist, dass die christlichen Missionare und Missionarinnen Hutu, Tutsi und Twa zumeist als unterschiedliche Rassen bzw. Ethnien interpretierten.[9] »Following the encounter between the West and Rwandan society, the image which was continually projected was a land dominated by a ›race‹ of ›Hamites of Caucasian origin‹ who arrived in Rwanda from Ethiopia or Egypt.«[10] In ihren Beschreibungen der unterschiedlichen

8 Vgl. Tharcisse Gatwa, Mission and Belgian Colonial Anthropology in Rwanda. Why the Churches Stood Accused in the 1994 Tragedy? What next?, in: Studies in World Christianity, 6 (2000), 1–21, 1. Zwar gibt die Publikation mit Blick auf die Siebenten-Tags-Adventisten, Anglikaner, Baptisten und Methodisten keine Auskunft darüber, ob auch Frauen als Missionarinnen tätig waren, doch ist dies m. E. sehr wahrscheinlich.

9 Octave Ugirashebuja, The Church And The Genocide in Rwanda, in: Carol Rittner / John K. Roth / Wendy Whitworth (Hg.), Genocide in Rwanda. Complicity of the Churches? St. Paul (MN) 2004, 49–63, 56. Ebenso James J. Carney, Rwanda Before the Genocide. Catholic Politics and Ethnic Discourse in the Late Colonial Era, Oxford University Press 2014, 11.

10 Vgl. Gatwa, Mission and Belgian Colonial Anthropology in Rwanda, 5.

»Rassen« bzw. »Ethnien« verbanden christliche Missionare physische und charakterliche Eigenschaften: So unterschieden sie nach Leonard Harding die »hamitischen« Tutsi, mit »hohem Körperwuchs« und »noblem Wesen«, von den als »typische Schwarze« bezeichneten Hutus mit »gedrungenem Körperbau« und »wenig anziehendem Wesen« sowie die »zwergwüchsigen Twa«.[11] In diesem Kontext erschienen die Tutsi als zum Herrschen geboren, die Hutu dagegen als »naturgemäß« Unterworfene. Die christlichen Missionare stützen dementsprechend ihre Handlungen und Politik auf die Förderung der Tutsi, was sich in der Verwaltung des Landes, im Aufbau der Kolonialwirtschaft, in den Schulen und Priesterseminaren sowie im täglichen Leben niederschlug.[12] Diese Politik war nach Harding in zweierlei Hinsicht gewaltförmig: Erstens kooperierten die Missionare mit den Kolonialmächten, sodass Bibel und Schwert Hand in Hand gingen und zweitens war ihre Sicht der Bewohner und Bewohnerinnen Ruandas von einem strukturellen Imperialismus gekennzeichnet, da allein europäisches Wissen als lehrens- und lernenswert verstanden wurde.[13]

Kontrovers diskutiert wird jedoch, wie differenziert das Rassen- bzw. Ethnizitätskonzept der christlichen Missionare war.[14] So argumentiert James J. Carney damit, dass die katholischen Missionare und Missionarinnen kein einheitliches Konzept von Ethnizität vertraten und die Kategorien »Hutu« und »Tutsi« nicht selbst erfanden, wenn sie auch deren soziale Durchlässigkeit einschränkten.[15] »The thinking that led to the genocide was not the invention of ethnicity, but the apotheosis of ethnicity: putting ethnicity policy into action.«[16] Während Forscher und Forscherinnen wie Carol Rittner[17] oder Timothy Longman[18] der Katholischen Kirche dezidiert

[11] Vgl. LEONARD HARDING, Mission und Gewalt. Zum Verhältnis von missionarischem Diskurs, Geschichtsbewusstsein und Gewalt in Ruanda, in: MIHRAN DABAG u. a. (Hg.), Kolonialismus. Kolonialdiskurs und Gewalt, München 2004, 232–260, 236–38.

[12] Vgl. HARDING, Mission und Gewalt, 239–240.

[13] Vgl. a. a. O., 255.

[14] Vgl. JAMES J. CARNEY, ›Far from having unity, we are tending towards total disunity‹: The Catholic Major Seminary in Rwanda 1950–1962, in: Studies in World Christianity 18.1 (2012), 82–102, 82ff.

[15] Vgl. CARNEY, Rwanda Before the Genocide, 15.

[16] CATHERINE NEWBURY / DAVID NEWBURY, A Catholic Mass in Kigali – Contested Views of the Genocide and Ethnicity in Rwanda, in: Canadian Journal of African Studies / Revue Canadienne des Études Africaines 33. 2/3 (1999), 292–328, 315.

[17] Vgl. CAROL RITTNER / JOHN K. ROTH / WENDY WHITWORTH (Hg.), Genocide in Rwanda. Complicity of the Churches? St. Paul: Paragon House 2004.

eine Mitschuld am Genozid geben und Matthias Björnlund[19] ihr sogar eine »genozidale Mentalität« unterstellt, urteilt Carney vorsichtiger: Die katholischen Missionare in Ruanda hätten eine Politik verfolgt, in deren Kontext der Erhalt der Institution Kirche oberste Priorität gehabt habe.[20] Die Grenzen dieser Politik, die an die Haltung der Katholischen Kirche in Deutschland während des nationalsozialistischen Regimes erinnert, werden von Longman deutlicher aufgeführt und kritischer beurteilt als von Carney. So betont Longman, dass die Beteiligung der christlichen Kirchen am Genozid durch die historische Verbindung zwischen Staat und Kirche und die Akzeptanz von ethnischer Diskriminierung durch kirchliche Leitfiguren zu erklären sei. Zugleich hätten Machtkämpfe in den christlichen Kirchen Ruandas dazu geführt, dass einige Kirchenobere den Genozid als Instrument zur Erhaltung eigener Macht und Autorität billigend in Kauf nahmen.[21] Fest steht, dass spätestens seit der ruandischen Unabhängigkeit 1962 ethnische Zugehörigkeit ein wichtiger (Macht-)Faktor in der Staatspolitik, im individuellen Empfinden[22] und im Leben der Kirche[23] darstellte. Dabei zeichnete sich gerade die Katholische Kirche durch eine große Nähe zu den postkolonialen, Hutu-dominierten politischen Regimes unter Grégoire Kayibanda (1961–1873) und Juvénal Habyarimana (1973–1994) aus. Dies führte beispielsweise dazu, dass die Kirche Menschenrechtsverletzungen der ruandischen Regierung, wie z. B. die blutigen Massaker an zahlreichen Tutsis in den Jahren 1972/73, nur halbherzig verurteilte.[24] Octave Ugirashebuja spricht ähnlich wie Longman davon, dass es im Laufe des ruandischen Bürgerkriegs von 1990–1993[25] zu einem Machterhal-

18 Vgl. Timothy Longman, Church Politics and the Genocide in Rwanda, in: Journal of Religion in Africa, 31.2 (2001), 163–186.

19 Vgl. Matthias Björnlund u. a., The Christian Churches and the construction of a Genocidal Mentality in Rwanda, in: Carol Rittner / John K. Roth / Wendy Whitworth (Hg.), Genocide in Rwanda. Complicity of the Churches? St. Paul: Paragon House 2004, 141–167.

20 Vgl. Carney, Far from having unity, 82 ff.

21 Vgl. Longman, Church Politics and the Genocide in Rwanda, 163.

22 Vgl. Peter Uvin, Ethnicity and Power in Burundi and Rwanda: Different Paths to Mass Violence, in: Comparative Politics 31.3 (1999), 253–271, 255.

23 Uvin, Ethnicity and Power in Burundi and Rwanda, 265.

24 Vgl. Ugirashebuja, The Church And The Genocide in Rwanda, 54.

25 Der Bürgerkrieg wurde durch den Angriff der Tutsi-Rebellenarmee Ruandische Patriotische Front (RPF) am 01. Oktober 1990 ausgelöst. Der Bürgerkrieg dauerte bis 1993 an und wurde im Friedensabkommen von Arusha vom 04. August 1993 nur vorläufig beendet. Vgl. Bruce D. Jones: Peacemaking in Rwanda. The dynamics of failure, Boulder/Colorado u. a. 2001, 28–30.

tungsbündnis zwischen dem Habyarimana-Regime und der Katholischen Kirche gekommen sei.[26]

Während des Genozids fanden Massaker nicht nur in Schulen statt, sondern auch in Kirchen, die eigentlich Orte des Friedensstiftens und der Zuflucht sein sollten.[27] Zwar gab es einerseits viele Kirchenangehörige, die sich über ethnische Grenzen hinweg einsetzten und Verfolgte beschützten, andererseits waren Priester, Ordensleute und Laien unterschiedlicher Denominationen direkt am Morden beteiligt.[28] Die Kirche als Institution zeichnete sich vor allem durch tatenloses Zuschauen aus. Angesichts dieser Verstrickung wurde die Kirche immer wieder zu Bekenntnis, Reue, Buße und Vergebungsbitten und letztlich auch zu dem Eingeständnis ihrer institutionellen Verantwortung aufgefordert: Da die Kirche in ihrer moralischen und spirituellen Orientierungsfunktion versagt habe, müsse sie ihre Schuld bekennen und bereuen, um ihre Beziehung zu Gott zu erneuern und ihre Glaubwürdigkeit wiederzuerlangen.[29]

Der kursorische Überblick über die Forschungen zur christlichen Missionsgeschichte Ruandas verweist nachdrücklich auf die Verstrickung der Katholischen Kirche in den Genozid. Die Kirche, die in ihrem pastoralen und prophetischen Auftrag versagte, ist auch über 20 Jahre nach dem Ende des Genozids herausgefordert, Frieden und Versöhnung in Ruanda zu fördern.[30]

Im Namen aller Christen und Christinnen ...

Dass die Kirche sich dieser Herausforderung stellt, zeigt neben der pastoralen Begleitung von Opfern sowie Tätern und Täterinnen[31] auch die Vergebungsbitte der ruandischen Bischöfe vom 20. November 2016. Sie benennt mit dem Verweis auf das Jahr der Barmherzigkeit bereits in der

26 Vgl. UGIRASHEBUJA, The Church And The Genocide in Rwanda, 55.

27 Vgl. PASCAL BATARINGAYA, Versöhnung nach dem Genozid: Impulse der Friedensethik Dietrich Bonhoeffers für Kirche und Gesellschaft in Ruanda, Kamen 2012, 29.

28 Vgl. ANNE KUBAI, Post-Genocide Rwanda: The Changing Religious Landscape, in: *Exchange* 36.2 (2007), 198–214, 204–205.

29 Vgl. GATWA, Mission and Belgian Colonial Anthropology in Rwanda, 16.

30 Vgl. ANNE KUBAI, Being church in post-genocide Rwanda. The challenges of forgiveness and reconciliation, Life & Peace Institute, Upsala 2005, 5–34, 12.

31 Vgl. COMMISSION EPISCOPALE JUSTICE ET PAIX RWANDA (Hg.), La contribution de l‹Église Catholique dans le processus d‹unité et réconciliation à travers sa Commission Justice et Paix, Étude bilan 20 ans après le genocide, Kigali 2014.

ersten Zeile ihr Fundament: Gottes Barmherzigkeit. Von diesem Fundament aus ist die Erklärung aufgespannt zwischen der Auseinandersetzung mit der Realität des ruandischen Genozids (Vergangenheit), dem Bekennen von Schuld und der Bitte um Vergebung (Gegenwart) sowie der Entwicklung eines künftigen Handlungsprogramms (Zukunft). An alle Mit-Christen und Mit-Christinnen adressiert, wurde die vierseitige Erklärung am 20. November 2016 in den ruandischen Gemeinden am Ende des Sonntagsgottesdienstes verlesen. Mit Blick auf den Genozid betonen die Bischöfe in Abschnitt 2 der Erklärung, dass Papst Johannes Paul II. der erste Mensch gewesen sei, der am 17. Mai 1994 die Massaker in Ruanda als Genozid bezeichnet habe. Der Papst habe zudem angekündigt, dass jeder und jede, der und die in den Genozid verstrickt sei, von Gott und der Geschichte für seine Taten zu Verantwortung gezogen werde. Seine Nachfolger Benedikt XVI. und Franziskus hätten die Bischöfe wiederholt aufgefordert, »not to be afraid to face our history and the consequences which may result from it«.[32] Bereits 2000 hätten die Bischöfe daher stellvertretend für alle Ruander und Ruanderinnen und insbesondere alle katholischen Christen und Christinnen, die in den Genozid involviert waren, um Vergebung gebeten.

Die nächsten Abschnitte (3–5) etablieren den Kontext für die Vergebungsbitte der Bischöfe. Eingeleitet werden sie durch einen Dank an Gottes Barmherzigkeit, der als liebender und lebenspendender Gott Ruanda reiche Gaben schenke: »because it's from Him they come from: its territory, language and culture, parent's kindness, youth's zeal, the courage of priests and ecclesiastics, the commitment of the leaders and all the people whose aim is to do what is good.«[33] Gottes Liebe wird als Ausdruck seiner Barmherzigkeit gedeutet. Diese Liebe sei die Ursache für die Menschwerdung Jesu Christi und unsere Erlösung. Als Erlöste seien wir wiederum offen für eine barmherzige Zuwendung zu unseren Nächsten. Gerade Festzeiten sind aus Perspektive der Bischöfe angemessen, um Vergebung zu erbitten (Abschnitte 6–9):

> »We are very sorry that some of the children of the Church broke their oath they had with God through the baptism and ignored his commandments; we

[32] Itangazo Ry'Abepiskopi Gatolika Bo Mu Rwanda Risoza Umwaka Wa Yubile Y'Impuhwe Z'Imana (Rwanda Catholic Bishops Announcement Which Closes The Jubilee Year of God's Mercy), Übersetzung aus dem Kinyarwanda durch C. Mutinszi, 1.

[33] Itangazo Ry'Abepiskopi Gatolika, 1.

apologize for every evil we did against God and His children; all sins in terms of selfishness, bad character, not to look after the sick, the weak and the hungry. We ask God for forgiveness because of all the sins of hatred and disharmony which took place in our country to the extent of hating our brothers because of their origin. We apologize because we often failed to show that we are the same family and some people killed the others, took away their properties and dehumanized them. We apologize for all the conflicts which characterized this country. We apologize for the crimes committed by the priests and the ecclesiastics. […]«[34]

Als Ursachen für den Genozid werden demnach »ethnischer Hass« und »Spaltung« genannt, die auch von Priestern und Ordensleuten der Kirche »geschürt« und »gesät« wurden. Die Verbrechen, die während des Genozids begangen wurden, werden zwar eher abstrakt beschrieben: »some people killed others, took away their properties and dehumanized them.«[35] Der dehumanisierende Charakter des Genozids wird aber klar benannt, ebenso dass die Täter und Täterinnen aus der Kirche selbst stammten, ja auch Priester (»Hirten«) daran beteiligt waren: »...the priests, the ecclesiastics and the Christians who were implicated in the Genocide against the Tutsi. […] they committed a serious crime against humanity.«[36] Gerade in diesem Abschnitt zeigt sich die Verflochtenheit von stellvertretender Vergebungsbitte und stellvertretendem Bekennen von individueller Schuld von Kirchenmitgliedern. Täter- und Täterinnenschaft wird von den Bischöfen verstanden als Brechen des Gelübdes, das jeder Christ und jede Christin im Sakrament der Taufe gegenüber Gott abgelegt hat sowie als Ungehorsam gegenüber seinen Geboten und als Verletzung von fundamentalen Menschenrechten. Die Bischöfe bitten stellvertretend »im Namen aller Christen« für die genannten Täter- und Täterinnen-Kategorien (Priester, Geistliche, Laien) um Vergebung, lehnen eine institutionelle Täter- und Täterinnenschaft der Kirche jedoch ab: »*the Church did not send anyone to do evil ...*«.[37]

Vor allem in Abschnitt 7 richtet sich der Blick der Bischöfe auf die Täter und Täterinnen des Genozids, die umkehren, bereuen, sich versöhnen und denjenigen, die sie verletzt haben, Gutes tun sollen. Gott wird angerufen, die Herzen der Täter und Täterinnen zu verwandeln. Die Täter

34 Itangazo Ry'Abepiskopi Gatolika, 2.
35 Ebd.
36 Ebd.
37 Ebd.

und Täterinnen werden dazu aufgefordert, sich unter Gottes Barmherzigkeit zu stellen und die Wahrheit zu sagen, um so ihre Herzen von der Sünde zu reinigen, die sie gegenüber Gott und dem ganzen Land begangen haben. Mit einem Gebet für die Opfer, die ihrerseits nicht explizit zur Vergebung aufgefordert werden, nehmen die Bischöfe auch die Folgen des Genozids in den Blick (Abschnitt 9): Kranken, Verstümmelten, Waisen, Witwen, Flüchtlingen, Leidenden soll Gott neuen Herzensmut schenken, sodass sie nicht verzweifeln, sondern an ihn glauben können, der sie nie im Stich lasse. Die Bischöfe selbst wollen mit der stellvertretenden Bitte um Vergebung einen distanzierenden Akt gegen die Verbrechen des Genozids, ideologischer Diskriminierung und Rassismus setzen (Abschnitt 8). Die Abschnitte 10–12 entwerfen in Form von an Gott gerichteten Gebeten die Vision eines erneuerten, christlichen und versöhnten Ruandas: »Fellow Christians, talking about Jubilee is also to decide to renew our Christian character.«[38] Die Bischöfe beschreiben näher, wie die Kirche, die Gesellschaft, die kirchlichen Basisgemeinden, die Jugend und die politischen Führer und Führerinnen sein und handeln sollen, um diese Vision zu verwirklichen.

a. Die Kirche soll weiterhin als Licht und Weg zu Gott in der Welt dienen, sich zum Evangelium bekennen und in ihrem Inneren durch Frieden und Harmonie charakterisiert sein.
b. Die ruandische Gesellschaft soll durch eine Kultur des wahrhaftigen Sprechens sowie durch das Bitten und Gewähren von Vergebung sowie von Einheit und Versöhnung geprägt sein.
c. Die kirchlichen Basisgemeinden erscheinen als Ort der Gemeinschaft, des Teilens von Lebenswichtigem, der barmherzigen Zuwendung zum Nächsten und der Sorge für die Verletzlichen und Verletzten.
d. Die ruandische Jugend – die einzige Hoffnung für Kirche und Gesellschaft – soll Gott kennen, ihn und ihr Vaterland lieben sowie christliche Werte leben.
e. Die ruandischen Politiker und Politikerinnen werden von den Bischöfen darauf verpflichtet, unter der Führung Gottes, für Einheit, Versöhnung und Entwicklung Ruandas zu sorgen.

In Abschnitt 13 ordnen die Bischöfe ihre Vergebungsbitte in einen Prozess ein, der noch weitergehen wird: »We will continue to think about the

[38] Itangazo Ry'Abepiskopi Gatolika, 3.

unity and reconciliation of Rwandan people and about our contribution as Catholic Christians so that Rwanda may really be a country characterized by stability, peace, unity and harmony – the true symbols of our unity with God.«[39]

Der Schlussabschnitt (14) verdeutlicht noch einmal, dass die Bischöfe ihr Bekenntnis von Schuld und ihre Bitte um Vergebung ganz bewusst in den Kontext von Gottes je größerer Barmherzigkeit stellen: »We put this entire programme in the hands of God who has created us and redeemed us by the death and resurrection of Jesus Christ.«[40]

Die Vergebungsbitte und ihre Vorläuferinnen

In den ersten Jahren nach dem Genozid – so der Eindruck vieler Überlebender – war die Haltung der Katholischen Kirche durch mangelnde Bußfertigkeit und Schuldverleugnung gekennzeichnet. So ist es auch verständlich, warum der Erklärung vom 20. November 2016 in der ruandischen Öffentlichkeit mit Skepsis begegnet wurde: »It has been 22 years since the horrors befell our country. Why didn't this mea culpa come when the wounds were still fresh?«[41] Im Rahmen dieser Einschätzung wurde zumeist übersehen, dass die Vergebungsbitte vom 20. November 2016 bereits Vorläuferinnen hat. Fünf Jahre nach dem Genozid bat der Bischof von Kibungo am 30. Dezember 1999 stellvertretend für alle Fehler, Sünden, Versäumnisse und Handlungen, die von Ruandern und Ruanderinnen und insbesondere Christen und Christinnen seiner Diözese begangen worden seien, um Vergebung. Diese hätten gespeist durch ethnischen Hass letztlich zu Massakern und zum Genozid geführt.[42] Der Erzbischof von Kigali nutze den Gottesdienst zur Feier des einhundertjährigen Bestehens der Katholischen Kirche in Ruanda im Heiligen Jahr 2000 dafür, im Namen unterschiedlicher Kategorien von Tätern und Täterinnen um Vergebung zu bitten. Er schloss dabei alle Geweihten ein, die sich in Zeiten des ethnischen Hasses und der Spaltung nicht für Brüderlichkeit und Ein-

39 Itangazo Ry'Abepiskopi Gatolika, 4.

40 Ebd.

41 Sony Ntayomby, The Catholic Church: When an apology isn't an apology, in: *The NewTimes* vom 22. 11. 2016, http://www.newtimes.co.rw/section/article/2016-11-23/205617/, [letzter Zugriff: 15. April 2017].

42 Vgl. Tharcisse Gatwa / Laurent Rutinduka (Hg.), Histoire du christianisme au Rwanda. Des orignies à nos jours, Yaoundé 2014, 320.

heit eingesetzt hätten. Auch bat er um Vergebung für die Verantwortlichen der Kirche, die es in ihren Beziehungen zum Staat an Weitsichtigkeit mangeln ließen, die Bevölkerung nicht aufgeklärt und nicht ausreichend Mut gehabt hätten, Sünden und Böses zu benennen sowie diejenigen Menschen zu verteidigen, die unter Ungerechtigkeiten gelitten hätten.[43] In ihrer Vergebungsbitte, die die ruandischen Bischöfe im Februar 2001 in einem Gottesdienst im Stadium Amahoro öffentlich aussprachen, nahmen sie zunächst die Söhne und Töchter der Kirche in den Blick, die sich von ihrem Glauben abgewandt hätten und nicht Zeugen und Zeuginnen der Liebe Gottes gewesen seien. Daneben baten die Bischöfe aber auch um Vergebung für die Priester, die sich nicht durch Barmherzigkeit ausgezeichnet, sondern Christen und Christinnen gegeneinander aufgestachelt hätten.[44]

In den unterschiedlichen Bitten wird damit insgesamt nicht nur ein Versagen von Laien, sondern auch ein Versagen der Verantwortlichen in der Kirche benannt. Die Erklärung vom 20. November 2016 ordnet sich insofern in eine Reihe von stellvertretenden Vergebungsbitten ein, die einzelne Bischöfe, aber auch die Gesamtheit der Bischöfe, rund um das Heilige Jahr 2000 geäußert haben. Die inhaltliche Analyse (s. o.) zeigt, dass die Vergebungsbitte thematische Schwerpunkte vorangehender Erklärungen aufgreift, jedoch die unterschiedlichen Ebenen menschlicher Verantwortung für den Genozid stärker im Blick hat als ihre Vorgängerinnen. So betonen die ruandischen Bischöfe einhellig, dass Christen auf allen Verantwortungsebenen schuldig geworden sind: Laien, Ordensleute und Priester haben gemordet, den Genozid ausgeführt und geplant.[45] Über die Erklärungen hinweg lässt sich ein immer deutlicheres Bekenntnis zur Schuld *auch von kirchlichen Amtsträgern* wahrnehmen.

Die Vergebungsbitte und die Frage nach der institutionellen Mitschuld der Kirche

Die ruandische Regierung kritisierte vor allem die Art, in der die Bischöfe Schuld thematisierten: Insofern die Bischöfe im Namen einiger, nicht namentlich genannter Individuen um Vergebung gebeten hätten, hätten sie versucht, die Katholische Kirche als Kirche von jeder Schuld für den

43 Vgl. Gatwa / Rutinduka, Histoire du christianisme au Rwanda, 321–322.
44 Vgl. Gatwa / Rutinduka, Histoire du christianisme au Rwanda, 322.
45 Itangazo Ry'Abepiskopi Gatolika, 2.

Genozid reinzuwaschen. Jedoch zeige der historische Befund die schuldhafte Verstrickung der Institution Kirche ganz deutlich auf. Als individueller Ausdruck von Reue sei das Bekenntnis zwar willkommen, jedoch verwiesen seine Formulierungen darauf, wie weit die Kirche noch von einem ernsthaften Eingeständnis ihrer moralischen und rechtlichen Verantwortung für den Genozid entfernt sei.[46] Demgegenüber lehnen die Bischöfe in ihrer Erklärung eine institutionelle Schuld der Kirche dezidiert ab: Es war nicht die Kirche, die Menschen mit Waffen in der Hand losgeschickt hat, um Menschen zu ermorden. Daher solle sich die Kirche – so der Vorsitzende der ruandischen Bischofskonferenz Philippe Rukamba – auch nicht als Institution entschuldigen. Die Kirche »[...] sollte nicht für die Verbrechen ihrer Mitglieder verantwortlich gemacht werden, die obendrein gegen das handelten, was wir predigen.«[47] Die ruandischen Bischöfe argumentieren damit ähnlich wie die deutschen Bischöfe am 23. August 1945 im sogenannten Fuldaer Schuldbekenntnis, in dem sie eine institutionelle Schuld der Katholischen Kirche für die nationalsozialistischen Verbrechen ablehnten und lediglich Unterlassungen und Verbrechen einzelner Mitglieder der Kirche einräumten.[48]

Jedoch ist mit Blick auf das Ausmaß des Genozids in Ruanda und des Schuldigwerdens von Christen und Christinnen danach zu fragen, ob es nicht auch Frömmigkeitsformen, Theologien, liturgische Praktiken oder kirchliche Machtinteressen gab, die das schuldhafte Fehlverhalten des Einzelnen unterstützten oder gar erst provozierten.[49] Es gibt zahlreiche For-

46 Republic of Rwanda, Ministry of Local Government, Statement on the message of Rwandan Catholic Bishops vom 23. 11. 2016, http://www.minaloc.gov.rw/index.php?id=469&tx_ttnews[tt_news]=502&cHash=d27136e84289eea685dece5c0d576f64, [letzter Zugriff: 02. Mai 2017].

47 Kirche soll sich zu Kollektivschuld bekennen, Radio Vatikan vom 28. 11. 2016, http://de.radiovaticana.va/news/2016/11/28/ruanda_kirche_soll_sich_zu_kollektivschuld_bekennen/1275330, [letzter Zugriff: 25. April 2017].

48 Vgl. Karl-Joseph Hummel, Zeitgeschichtliche Katholizismusforschung in Deutschland 1945–2000. Themen, Ergebnisse, Lücken, in: Katharina Kunter / Jens Holger Schjørring (Hg.), Europäisches und Globales Christentum/European and Global Christianity. Herausforderungen und Transformationen im 20. Jahrhundert. Challenges and Transformations in the 20th Century, Göttingen 2011, 203–253, 206f.

49 Vgl. Dirk Ansorge, »Vergib uns unsere Schuld!« Schuldbekenntnis und Versöhnungsbitten Papst Johannes Pauls II. im Heiligen Jahr 2000, in: IKaZ 42 (2013), 460f., hier 461. Vgl. dazu auch Julia Enxing, Einheit in Spannung?! Sünde und Heiligkeit in der Kirche – Erläuterungen anhand von Textpassagen aus Lumen Gentium und Unitatis Redintegratio, in: Julia Enxing / Katharina Peetz, Contritio. Annäherungen an Schuld, Scham und Reue, Leipzig 2017, 229–254.

scher und Forscherinnen, die so argumentieren – so z. B. wenn Longman betont, dass einige Kirchenobere in Ruanda den Genozid als Instrument zur Erhaltung eigener Macht und Autorität billigend in Kauf nahmen.[50] Insofern die soziale Gestalt der Kirche nicht als beziehungslos neben ihrer geistlichen Wirklichkeit stehend gedacht werden darf, können in ihr – so Dirk Ansorge – prinzipiell »Strukturen der Sünde« existieren.[51] In Ruanda wird das Bekenntnis einer institutionellen Schuld der Kirche auch mit dem Argument abgelehnt, dass dies »dem Ansehen der Katholischen Kirche schaden« würde.[52] Lässt man sich auf den Gedanken ein, dass in der Kirche prinzipiell »Strukturen der Sünde« existieren können, wird dieses Argument in mehrfacher Hinsicht problematisch: Unzweifelhaft wird das Bekennen institutioneller Schuld zu einer Stigmatisierung und zu einem Ansehensverlust der Institution führen. Dies ist jedoch keine Konsequenz des Bekenntnisses, sondern erwächst schon aus der Schuldverstrickung. Klaus Mertes, der 2010 die Aufdeckung von zahlreichen Missbrauchsfällen in der der Katholischen Kirche anstieß, spricht davon, dass Verantwortungsübernahme Institutionen nur scheinbar schwächt, sie langfristig aber stärkt. Um Ansehensverlust und Stigmatisierung der Institution in Würde (er)tragen zu können, ist nach Mertes ein selbstkritischer Umgang mit dem Schuldigwerden der Institution geboten. Eine stellvertretende Verantwortungsübernahme setze zudem eine Identifikation mit der Institution voraus und enthalte den Auftrag zu ihrer Erneuerung.[53] Als Papst Franziskus im März 2017 um Vergebung für die »Sünden und Fehler der Kirche und ihrer Mitglieder« in Ruanda bat, übernahm er damit in einer die Institution stärkenden Weise Verantwortung und schrieb der Kirche zugleich einen Erneuerungsauftrag ein.

50 Vgl. LONGMAN, *Church Politics and the genocide in Rwanda*, 163.

51 Vgl. ANSORGE, *»Vergib uns unsere Schuld!«*, 462–465.

52 Kirche soll sich zu Kollektivschuld bekennen, in: *Radio Vatikan* vom 28.11.2016, unter http://de.radiovaticana.va/news/2016/11/28/ruanda_kirche_soll_sich_zu_kollektivschuld_bekennen/1275330, [letzter Zugriff: 25. April 2017]

53 Vgl. KLAUS MERTES, Verlorenes Vertrauen. Katholisch sein in der Krise, Freiburg 2013, 47–51. Vgl. dazu ausführlich den Beitrag von Klaus Mertes im vorliegenden Sammelband.

Die Vergebungsbitte und das Problem der Straflosigkeit von geistlichen Genozidtätern

Aus der fehlenden Thematisierung der ruandischen Bischöfe, wie die Kirche selbst ganz konkret mit Tätern aus den eigenen Reihen umgehen will, leitet sich eine weitere Problematik der Erklärung ab: Das Phänomen Täterschaft wird zunächst ausgedeutet als »Bruch des Taufgelübdes«, »Ungehorsam gegenüber Gott« oder »Verbrechen gegen die Menschlichkeit«.[54] Es folgen Anweisungen an individuelle Täter: »Umkehr«, »Reue«, »Versöhnung«, »den Opfern Gutes tun (Reparationen)«, die ebenfalls in Form eines Dialogs zwischen sündigem Geschöpf und barmherzigen Gott gekleidet werden: Der Verwandlung der Herzen der Täter durch Gott soll ihr Vertrauen auf seine Barmherzigkeit folgen, die sie dazu befreit, die Wahrheit zu bekennen und sich von ihren Sünden zu reinigen.[55] In diesem Sinne bleibt es beispielsweise dem einzelnen schuldig gewordenen Priester überlassen, ob er sich auf diesen Dialog einlässt oder nicht.

Oft fehlt es im kirchlichen Umgang mit geistlichen Tätern an Transparenz und viele Überlebende empfinden es als Zumutung, dass Priester, die genozidaler Verbrechen beschuldigt werden, sich einem gerichtlichen Prozess entziehen und im Ausland weiterhin ihr Priesteramt ausüben können. Exemplarisch sei hier auf den ruandischen Priester Wenceslas Munyeshyaka verwiesen, der seit 2001 als Kaplan im französischen Gisors arbeitet. 2005 erhob der Internationale Strafgerichtshof für Ruanda Anklage gegen Pater Wenceslas, dem schwerwiegende genozidäre Verbrechen zur Last gelegt werden: So soll der Priester mit den extremistischen Hutu-Milizen kollaboriert haben, die vor allem Massaker an den Tutsi verübten. Er soll geholfen haben, Todeslisten zu erstellen und tatenlos dabei zugesehen haben, wie Tutsis getötet wurden. Er soll den Milizen erlaubt haben, in seiner Kirche nach Opfern zu suchen und soll junge Fragen vergewaltigt haben. Im selben Jahr verurteilte ein Militärgericht in Ruanda Pater Wenceslas in Abwesenheit zu einer lebenslänglichen Freiheitsstrafe wegen Beteiligung am Genozid. Alle Versuche der ruandischen Regierung, den Geistlichen aus seinem französischen Exil ausliefern zu lassen, blieben bislang erfolglos. Immer wieder forderten in Frankreich lebende Überlebende des Genozids die Katholische Kirche erfolglos zu einer Distan-

54 Itangazo Ry'Abepiskopi Gatolika, 2.

55 Vgl. Itangazo Ry'Abepiskopi Gatolika, 2–3.

zierung von Munyeshyaka auf: Die Kirche solle Munyeshyaka seines Amtes entheben und so ein Zeichen für die Opfer setzen.[56] Nach Chris McGreal befinden sich die Geistlichen, die sich fortwährend der juristischen Aufarbeitung ihrer möglichen genozidalen Verbrechen entziehen können »at the heart of a struggle over where to pin moral responsibility for the genocide.«[57]

Derweil begrüßen ruandische Opferverbände die Vergebungsbitte der Bischöfe in der Hoffnung, dass die Straflosigkeit für viele Täter aus den Reihen der Kirche ein Ende haben wird. So betonte Ibuka-Chef Jean-Pierre Dusingizemungu: »Manche Priester dachten bisher, sie seien geschützt, weil die Kirche schwieg [...] Aber die Dinge werden sich jetzt ändern.«[58] Dass die juristische Belangung von Geistlichen und Priestern, die Verbrechen während des Genozids verübt haben, für Überlebende, aber auch für geständige Täter wichtig ist, illustriert ein männlicher, presbyterianischer Befragter aus dem Raum Rukoma-Remera. Für ihn steht die grundsätzliche Zulässigkeit einer stellvertretenden Bitte um Vergebung fest, da bereits König David im Alten Testament Gott stellvertretend für sein Volk, um Vergebung gebeten habe: »He confessed in the eyes of God and said: I know we have committed sins and when you try to analyze this, you find that Daniel was not born yet when his people committed these sins but he agreed to bear the burdens of his people [...]«[59]. Als primären Adressaten der Vergebungsbitte macht der Befragte nicht Gott, sondern die ruandische Gesellschaft aus. Die Vergebungsbitte sei zugleich ein wichtiger, aber kein ausreichender Schritt im Versöhnungsprozess:

> »So this demands the Catholic Church to deal seriously with these priests who are abroad, you know those who are inside the country they are easy to handle, to teach and to follow the policy of the government. It is necessary for the Catholic Church to bring back these religious men, the bishops, the priests who are outside the country, to bring them back to the government of Rwanda. So this will accompany this kind of asking for forgiveness and will make it

[56] Vgl. Chris McGreal, Chaplains of the Militia. The tangled story of the Catholic church during Rwanda's genocide, Hörbuch im Verlag Audible Books 2014, Kapitel 2.

[57] McGreal, Chaplains of the Militia, Kapitel 2.

[58] Dominik Johnson, Völkermord in Ruanda. Die Kirche gesteht ihre Mitschuld, in: taz.de vom 21.11.2016, online unter http://www.taz.de/!5359142/, [letzter Zugriff: 26. April 2017].

[59] Interview mit der Autorin im Raum Rukoma-Remera am 05.01.2017.

possible to reach reconciliation. Unless it is done, even this asking for forgiveness of the Catholic Church will be considered useless. And this will show that the Catholic Church is not working in truth, if she is not doing this.«[60]

Während Gott als Adressat der Vergebungsbitte wiederholt thematisiert wird, ist es auffällig, dass die Opfer des Genozids als Adressaten von den Bischöfen kaum explizit in den Blick genommen werden. Lediglich an einer Stelle verweisen die Bischöfe darauf, dass die Täter Sünden gegenüber Gott und dem ganzen Land begangen haben.[61] Insofern die ruandische Gesellschaft auch durch das *Gewähren* von Vergebung geprägt sein soll, enthält die Erklärung einen indirekten Appell an die Vergebungsbereitschaft der Opfer. Jedoch ist der Erklärung zugute zu halten, dass sie die Opfer nicht explizit zur Vergebung auffordert, sondern deren Vergebungsbereitschaft als Reaktion auf ein vorausgehendes Wirken Gottes versteht, der sich ihnen zuwenden und ihnen neues Vertrauen und neue Kraft schenken soll.[62] Dennoch stellt sich die Frage, ob das unaufgebbare Miteinander und Ineinander von zwischenmenschlicher und Gott-Mensch-Versöhnung im Schuldbekenntnis genügend im Fokus steht. So kann es aus der Perspektive vieler Überlebender für die Täter nicht ausreichen, sich mit Gott zu versöhnen, um ihr Herz von Sünden zu reinigen. Zu einer Herzensreinigung gehört aus Sicht der Überlebenden auch ein zwischenmenschliches Versöhnungsgeschehen: »When you are reaching reconciliation to people you reach reconciliation with God. You cannot reach reconciliation to God without having reconciliation with people.«[63] Zugleich verdeutlicht diese Aussage, dass die Vergebungsbereitschaft der Opfer in der Praxis nicht nur durch die gnadenvolle Zuwendung Gottes ermöglicht, sondern auch durch die aufrichtige Contritio und Confessio von Tätern sowie verstrickter Institutionen beeinflusst wird.

60 Interview mit der Autorin im Raum Rukoma-Remera am 05.01.2017.
61 Itangazo Ry'Abepiskopi Gatolika, 2.
62 Itangazo Ry'Abepiskopi Gatolika, 3.
63 Interview mit der Autorin im Raum Butare am 13.01.2017.

Die Vergebungsbitte als stellvertretende Verantwortungsübernahme der Ortskirche

Die ruandische Regierung forderte offensiv eine Entschuldigung des Vatikans ein, da das Ausmaß der genozidalen Verbrechen hierfür genügend Rechtfertigung biete.[64] Die tiefergehenden Fragen, die mit dieser Forderung verknüpft sind, lauten:

a. Wer verkörpert Kirche?
b. Wer ist berechtigt, eine stellvertretende Bitte um Vergebung auszusprechen?
c. Wer ist Adressat oder Adressatin der Vergebungsbitte?
d. Welche Form der Verantwortungsübernahme ist angemessen?

Für die ruandische Regierung ist der Vatikan die entscheidende Verkörperung von Kirche und dessen Vergebungsbitte wird in dieser Perspektive als berechtigter, glaubwürdiger, wertiger und relevanter interpretiert als die Bitte der Repräsentanten der Kirche vor Ort. Dies entspricht m. E. einem problematischen Kirchenverständnis. So ist spätestens seit dem Zweiten Vatikanischen Konzil das Verhältnis von Universal- und Ortskirche nicht mehr hierarchisch, sondern im Sinne einer wechselseitigen Verwiesenheit zu denken. Die »sakramentale Communio der Kirche [realisiert] in der wechselseitigen Hinordnung der Ortskirchen bzw. der Kirchen vor Ort und der Universalkirche aufeinander.«[65] Die Universalkirche hat also keinen seinsmäßigen oder zeitlichen Vorrang gegenüber der Ortskirche, sondern beide sind durch eine Gleichzeitigkeit wechselseitiger Verbundenheit charakterisiert und durchdringen sich perichoretisch.[66] Die Ortskirche ist der Ort, an dem die universale Kirche für Menschen zu einem Ort der Präsenz Christi, des Dienstes, der Verkündigung, des Zeugnisses und so zu einem Ort des Lebens wird.[67] Es ist daher Aufgabe der Reprä-

64 Vgl. Republic of Rwanda, Ministry of Local Government, Statement on the message of Rwandan Catholic Bishops vom 23. November 2016, unter: http://www.minaloc.gov.rw/index.php?id=469&tx_ttnews%5Btt_news%5D=502&cHash=d27136e84289eea685dece5c0d576f64, [letzter Zugriff: 26. April 2017].

65 Jürgen Werbick, Grundfragen der Ekklesiologie, Freiburg 2009, 216.

66 Vgl. Georg Kraus, Die Kirche. Gemeinschaft des Heils. Ekklesiologie im Geist des Zweiten Vatikanischen Konzils, Regensburg 2012, 370–371.

67 Vgl. Werbick, Grundfragen der Ekklesiologie, 216–218. Vgl. dazu auch Sven Grosse, Ich glaube an die Eine Kirche. Ein ökumenische Ekklesiologie, Paderborn 2015, 60–61.

sentanten der Ortskirche, um Vergebung für den Genozid zu bitten, damit die Universalkirche durch die Gemeinde vor Ort für Überlebende sowie Täter (erneut) zu einer konkret erfahrbaren, hilfreichen Realität ihres Lebens werden kann.[68]

Zugleich ist die Berechtigung, stellvertretend um Vergebung zu bitten, nach Stephan Jütte auch eine Zuschreibung von außen: Diejenigen, die stellvertretend um Vergebung bitten, sind darauf angewiesen, dass sie in den Augen der Adressaten dazu berechtigt sind.[69] Adressat der Vergebungsbitte sind nun in erster Linie die Opfer, die Überlebenden und Gott, nicht aber die ruandische Regierung.

Es kommt also vor allem darauf an, ob *erstere* sich durch die Vergebungsbitte der Repräsentanten der Ortskirche angesprochen fühlen. Dass die Vergebungsbitte von ihren Adressaten als angemessen eingeschätzt werden kann, zeigt sich exemplarisch an den Überlegungen einer Genozid-Überlebenden aus der Nähe von Rukoma-Remera. Die Notwendigkeit der Vergebungsbitte wird zunächst damit begründet, dass die Kirche in den Genozid verstrickt war. »This is a good example for asking for forgiveness because anyway the Church has had some role in what happened.«[70] So nehme die Kirche durch ihre Vergebungsbitte eine Vorbildfunktion ein, die Menschen zu Umkehr, Reue und Schuldeinsicht inspirieren könnte: »I think it was a very good to be a model, so that people may repent because in churches people died there, many people died there.«[71] Der Erklärung wird auch die Kraft zugeschrieben, die Haltung enttäuschter Menschen zu verändern, die aufgrund des Genozids ihr Vertrauen in die Kirche verloren haben: »[The events of the genocide] prevented even some people from going to church because they were saying Churches were for praying, but now people were killed inside. So it is an example for all the churches. Especially as people sought refuge in those churches hoping to have peace there but unfortunately they found themselves killed in that holy place.«[72] Schließlich wird das Bekenntnis auch deshalb als angemessen empfunden, weil es die Bischöfe stellvertretend für alle Mitglieder der Kirche äußern: »The Church involves all the people, it includes all the citizens, so this has been a very good practice.«[73]

68 Vgl. WERBICK, Grundfragen der Ekklesiologie, 217.

69 Vgl. STEPHAN JÜTTE, Kollektivsubjekte: Schuld oder Verantwortung?, in: JULIA ENXING / KATHARINA PEETZ (Hg.), Contritio, 199.

70 Überlebende des Genozids von 1994, Interview mit der Autorin im Raum Rukoma-Remera am 04.01.2017.

71 Ebd.

72 Ebd.

Die spezifische Form der Verantwortungsübernahme der ruandischen Bischöfe liegt nicht in der Verantwortung institutioneller Mitschuld (s. o). Sie ist anders akzentuiert: So werden die Bischöfe durch ihre stellvertretende Verantwortungsübernahme zur Verkörperung einer Kirche, die durch ihre Erklärung ein anderes Verhältnis zu den Opfern und Überlebenden des Genozid zum Ausdruck bringen will: In der Auseinandersetzung mit der ruandischen Geschichte (Vergangenheit), im Schuldbekenntnis und der Vergebungsbitte (Gegenwart) sowie in der Vision eines versöhnten Ruandas (Zukunft) nehmen die Bischöfe die *Perspektive* – nicht den Platz! – der Opfer ein. In dieser Perspektivenübernahme, die auch das Versprechen des *Never Again* enthält, könnte eine anfängliche Genugtuung für die Opfer liegen.[74]

Die Vergebungsbitte als Akt symbolischer Reparation

Hervorzuheben ist, dass es den Bischöfen nicht darum geht, mit einer einzelnen Vergebungsbitte einen Schlussstrich zu ziehen und sich dadurch als Institution reinzuwaschen, sondern darum, immer wieder klare Zeichen gegen genozidale Ideologien, ethnische Diskriminierungen und Rassismus zu setzen. In dieser Form kann die Vergebungsbitte auch als ein Akt *symbolischer Reparation* interpretiert werden. Unter dem Begriff der *Reparation* wird in der jüngeren Diskussion eine Bandbreite von Maßnahmen in Reaktion auf genozidale Verbrechen gefasst. Dazu gehören beispielsweise Kompensation, Restitution, Rehabilitierung, Garantie der Nicht-Wiederholung oder Wiedergutmachung. Eine *symbolische* Dimension findet sich nach Ron Dudai vor allem in Reparationspraktiken, die den Wunsch der Opfer nach Anerkennung, Respekt, Würde und sicherer Zukunft im Blick haben. Dazu zählen Praktiken, die auf die »Rückgewinnung von Wahrheit« zielen, »Gedenken« ausgestalten, »Verantwortung anerkennen« oder mit einer öffentlichen »Entschuldigung« verbunden sind. Da sie auf die nichtmateriellen Bedürfnisse von Opfern eingehen, sind sie nicht weniger signifikant als finanzielle Entschädigungen.[75] »[…] symbolic measures derive their great potential from the fact that they are carriers of meaning, and

73 Ebd.

74 Vgl. dazu auch Jütte, Kollektivsubjekte: Schuld oder Verantwortung?

75 Vgl. Ron Dudai, Closing the Gap: Symbolic Reparations and Armed Groups, in: International Review of the Red Cross 93.883 (2011), 783–808, 788.

therefore can help victims in particular and society in general to make sense of the painful events of the past [...].«[76] Als symbolische Reparation ist die Vergebungsbitte der Bischöfe eine solche Sinnträgerin: Sie kann zwar den Opfern nicht das wiedergeben, was sie verloren haben und das Unrecht nicht wiedergutmachen, sie kann aber gleichwohl die Überlebenden des Genozids in ihren nicht-materiellen Bedürfnissen ansprechen und ihnen zumindest anfängliche Genugtuung anbieten.

Die Vergebungsbitte als wichtiger Schritt im Friedens- und Versöhnungsprozess

Die Vergebungsbitte der ruandischen Bischöfe kann als spezifische Form der stellvertretenden Verantwortungsübernahme gedeutet werden. Die Bischöfe verantworten zwar keine institutionelle Schuld der Kirche, nehmen aber die Perspektive der Opfer ein, wenn sie die genozidären Verbrechen als Bruch des christlichen Taufgelübdes be- und anerkennen. Als Repräsentanten der Ortskirche bitten die Bischöfe um Vergebung für diese genozidären Verbrechen und wollen so dazu beitragen, dass Kirche für Überlebende sowie Täter und Täterinnen (erneut) zu einer hilfreichen Realität ihres Lebens werden kann. Franziskus' Sprechen von den »Sünden und Fehler[n] der Kirche« geht hinsichtlich der Verantwortungsübernahme noch einen Schritt weiter. Der Papst bekennt stellvertretend institutionelle Mitschuld und zwar in einer die Institution stärkenden und erneuernden Weise. Jedoch enthält bereits das bischöfliche Bekenntnis der genozidären Verbrechen die Bitte um Vergebung und die Zukunftsvision eines versöhnten Ruandas inklusive der dazu beitragenden Maßnahmen eine symbolische Dimension, die die Opfer ansprechen und ihnen anfängliche Genugtuung anbieten kann.

Problematisch erscheint in diesem Kontext die mangelnde Transparenz des kirchlichen Umgangs mit geistlichen Tätern. Zwar wird die Vergebungsbitte von Überlebendenverbänden als Hoffnungszeichen gedeutet. Der Fall von Pater Wenceslas zeigt jedoch, dass die gerichtliche Klärung der Frage von Täterschaft zumindest in Einzelfällen kirchlicherseits bebzw. verhindert wird. Dies kann wiederum als Teil der fortdauernden institutionellen Mitschuld der Kirche am Genozid gedeutet werden. Zumindest müsste für die Überlebenden transparent werden, dass sich die kirchlichen Verantwortlichen der Anklage gegenüber Pater Wenceslas und

[76] DUDAI, Closing the Gap, 788.

anderen geistlichen Tätern und Täterinnen bewusst sind und dass sie überzeugende Gründe haben, warum solche Personen weiterhin im Amt bleiben und eine juristische Aufarbeitung in diesen Fällen nicht stattfinden soll.

Trotz problematischer Aspekte kann die Vergebungsbitte der Bischöfe jedoch insgesamt als angemessener Schritt im Friedens- und Versöhnungsprozess Ruandas bezeichnet werden. Gerade angesichts bleibender Unversöhntheit und menschlicher Unvollkommenheit will die Katholische Kirche hier durch einen Akt symbolischer Reparation Zukunft eröffnen und zu einem versöhnten Ruanda beitragen. Dafür steht auch das klare Bekenntnis des Papstes zur institutionellen Mitschuld der Kirche am ruandischen Genozid. Angesichts der bevorstehenden Präsidentschaftswahlen im August 2017 wäre ein Bekenntnis der Ortskirche zur institutionellen Mitschuld am Genozid auch ein *politisch* wichtiges Signal. So wird eine Kirche, die ihre eigene Verstrickung offen aufarbeitet, glaubwürdiger politische Missstände im Land kritisieren können. Worin bestehen diese Missstände? Für Dagmar Dehner bestehen sie zunächst einmal im Konzept des ruandischen Gesellschaftsvertrags nach dem Genozid: »Die Regierung bringt so etwas wie Frieden und wirtschaftliche Entwicklung. Dafür meckert die Bevölkerung nicht, sondern arbeitet fleißig.«[77] Problematisch sei die zweifache Begrenzung jenes Gesellschaftsvertrages: Eine der entscheidenden Grenzen des Vertrages liege im Genozid selbst begründet. Wer die Regierung kritisiere, gerate sofort in den Verdacht, den Genozid zu leugnen. Der Aufbau einer nennenswerten Opposition oder zivilgesellschaftlicher Strukturen werde dadurch stark behindert. Zudem wirkt nach Dehmer die durch den Genozid verursachte »soziale Last« dauerhaft nach. Eine weitere Grenze sieht sie in der sozioökonomischen Entwicklung Ruandas, die sich aufgrund des hohen Bevölkerungswachstums nicht ungebremst fortsetzen werde.[78] Gerd Hankel sieht die Missstände darin begründet, dass Ruanda ein Land ist, in dem »Machtpolitik zu Willkür und Unterdrückung wird [...]« und »die Vergangenheit ohne Rücksicht auf ihre Opfer instrumentalisiert wird.«[79] Dazu trägt auch

77 Dagmar Dehmer, Völkermord in Ruanda – 20 Jahre danach. »Sag' es doch Kagame«, in: tagesspiegel.de vom 7.4.2017, online unter: http://www.tagesspiegel.de/politik/voelkermord-in-ruanda-20-jahre-danach-sag-es-doch-kagame/9722232-all.html, [letzter Zugriff: 01.Mai 2017].

78 Vgl. ebd. Siehe dazu auch: Phil Clark, After Genocide. Democracy in Rwanda, 20 years on, in: Juncture 20.4 (2014); 308–311, 310.

79 Gerd Hankel, Ruanda. Leben und Neuaufbau nach dem Völkermord. Wie Geschichte gemacht und zur offiziellen Wahrheit wird, Springe 2016, 22.

der mangelnde Wille der ruandischen Regierung zur Aufarbeitung von Menschenrechtsverbrechen bei, die während des Bürgerkriegs und nach dem Genozid durch die *Ruandische Patriotische Front* (RPF) begangen wurden.[80] Was passiert, wenn der Gesellschaftsvertrag an seinen Grenzen scheitern sollte, ist offen. Die Beziehung Ruandas zu seinen ostafrikanischen Nachbarn ist derzeit angespannt. Innenpolitisch ist das Land durch die Unterdrückung von Oppositionsparteien, das Inhaftieren von oppositionellen Politikern und Politikerinnen ohne Anklage und eine restriktive Erinnerungspolitik geprägt.[81] Ruanda braucht daher eine Kirche, die sich mutig ihrer institutionellen Mitschuld am Genozid stellt, damit sie sich als Institution gestärkt und glaubwürdig für Versöhnung, Frieden, Menschenrechte und Demokratisierung einsetzen kann.

80 Vgl. Filip Reyntjens, Constructing the truth, dealing with dissent, domesticating the world: governance in post-genocide Rwanda, in: African Affairs 110.438 (2011), 1–34, 26–27.

81 Vgl. Clark, After Genocide, 311. Siehe auch Hankel, Ruanda, 445–446 sowie Dehner, Völkermord in Ruanda.

On Public Expressions of Guilt, on Confession, and on Conscience

James F. Keenan SJ

This essay examines the relevance of confession of guilt as a constitutive function of the emergence of personal, social and even national expressions of conscience. It argues concretely that the inability to memorialize forms of national apology suggests a kind of arrested development of a national conscience and ought to prompt the need for a national examination of conscience. To make my case I compare the United States and Germany,[1] *but I begin with a personal experience that made me understand how confession of guilt is deeply connected to the birth of conscience.*

Dachau

From 1982 to 1987 I studied at the Gregorian University in Rome. During the summer, I travelled to either Germany or Austria for study of the German language and part-time parish work. One summer, while living in Munich, I decided to go to Dachau. I wanted to go on one particular Monday, knowing that, like most European museums, the one at the camp would be closed. I wanted to go to Dachau only to pray, and I had heard that I could pray at a convent chapel that a group of religious women maintained next to the camp. In my Jesuit community in Munich, one of the members was the sisters' chaplain and he informed me that I could pray there, even on Mondays, when the camp was closed. Thus, I set out one cloudy day on my journey to pray at Dachau.

1 At a conference in Sarajevo on memory and reconciliation, I began working on the question of memorials. See When the Public Remembrance of an Injustice is an Ethical Necessity. PRAVDA U BH DRUŠTVU. IZAZOV TEMELJNE LJUDSKOSTI – ed. Zorica Maros-Darko Tomaševi , Sarajevo: Katoli ki bogoslovni fakultet, 2017.

Foregoing a bus that could have taken me directly there from the train station, I walked to the camp for about three or four miles. As I walked, I became more and more angry. All I saw were nice, suburban houses with manicured lawns. I saw no trace of the tragedy of Dachau. I started asking myself, *How could anyone after 1945 live in a city called Dachau? What type of people could have a mailing address identical to the place of such persecution?* I thought that if ghosts existed, they would surely haunt this town. As I soon saw the cinderblock camp ahead of me, I wondered how anyone could claim seriously not to have known about the killings. I got closer, the skies were dark, and off to the side of the main street that led to the camp, I saw a new, white, Alpine-looking church. I thought, who are these people of Dachau who could claim that God was here in this place where they conspired to kill so many Jews, gypsies, homosexuals, and others?

I got to the camp. I was surprised by its length as I walked alongside it, and when I finally reached the end, I found the bell of the convent and rang it. I soon heard a voice telling me in German that the convent was closed. I responded that I was not a tourist, that I came only to pray. »We're closed,« the German sister repeated. »I'm a Jesuit and your chaplain told me that I could pray here.« »We're closed.« »Can't I pray?« »We're closed; it's Monday.«

I had come to Dachau to pray and was not allowed to. I began my trek back, even angrier than before. The skies were darker and my spirits were enraged. As I walked back, I saw the white church again. I thought, I did not come to pray in the church where conspirers pray; I came to pray where the persecuted died. I would not pray there in that white church.

I thought, again, that I had come to Dachau to pray. Here I had an opportunity to pray. Should I avoid the very point of my journey? I crossed the road and entered the white church. I looked up at the altar, and there I saw it. Suspended over the altar was the suffering Christ, crucified not to wood, but to the very barbed wire that the people of this town had once made for the camps. There was the suffering Christ, the Jew, and His cross had been fashioned by the Catholics of this town. They knew their guilt and they worshipped weekly at the altar they had created.

With as much speed as it took for me to see the barbed wire, I knew my guilt as well. I had come as an innocent to pray for the dead; there in the church I saw that I was among the guilty. I sat down, stunned. For one hour I sat overthrown by my own guilt, wickedness, and sinfulness. I was awash in it. And yet, I did not feel any depression. I felt, instead, light. I felt that somehow Christ wanted me to know myself, my pettiness, my selfishness, my seething judgment, and would not let me be shattered by the knowledge. I was overcome by my badness and yet Christ's strength, light, and, yes, love would not let me be lost. I felt extraordinarily vulnerable, yet oddly confident, not in me, but in Christ.

I saw here how tangibly in the cross of Christ the people of Dachau found therein their redemption, a redemption that as Jürgen Moltmann reminds us, is found for the victim and the oppressor, but only when the oppressor understands that one's redemption is found by remembering the victim.[2]

After an hour or so, I prayed for all the people that my selfishness had harmed. I begged their forgiveness and I thanked God for this revelation of myself and of God's tender love. I left the church. Outside, I looked up, the skies were beautifully blue, with wisps of clouds across the horizon. Then a little boy passed by on his tricycle, saw me, and uttered the wonderful Bavarian greeting: »Grüß Gott!« He had just said to me, »God's greetings!« I sat down on the curb and cried.

The Guilty Conscience and the Birth of Conscience

When we turn to the history of conscience in western thought,[3] we discover that from Democritus on, conscience has a singular feature: it is judicial. Not like the Hebrew notion of the passive heart that can be judged by God, Greek and Roman notions of conscience do the judging. In fact, most often conscience disturbs as it judges. Though Cicero's own conscience judged him well, in most of ancient philosophy the function of conscience is to distress us over our wrongdoing.

The Greek notion of conscience is found always as judge and it does not dwell well in anyone when evil is done: it awakens the wrongdoer with pangs. Conscience forces us to recognize our own misdeeds. In that rude awakening, many encounter conscience for the first time. To have a conscience is to recognize one's own guilt.

The birth of conscience through remorse is a common theme throughout Roman philosophy as well. Cicero, Julius Caesar, and Quintillian refer us to the ways conscience awakens us to recognize our own misdeeds. In

2 Jürgen Moltmann, The Justification of Life. The Spirit of Life: A Universal Affirmation, Minneapolis 1992, 123–143.

3 James F. Keenan, Examining Conscience: Ancient Wisdom on Judgment, Justice, and the Heart, America 214.11 (April 4–11, 2016), 15–17.

his *Conscience: A Very Short Introduction*, Paul Strom remarks that this idea of conscience was so evident that in the very popular rhetorical work from the first century, *Rhetorica ad Herennium*, prosecutors were advised to look and see whether their adversary's client shows »signs of conscience:« »blushed, grown pale, stammered, spoken inconsistently, displayed uncertainty, compromised himself.«[4] To have a conscience is to recognize one's own guilt.

When we are awakened, we suddenly realize that we have within us a moral sense that does not like to be disturbed. By these pangs we begin to realize that we carry within ourselves a moral beacon that troubles us when we are wrong and validates us when we are right. That is what ancient philosophy gives us: the birth of conscience, the experience of a voice that we can hear. Conscience becomes a new form of understanding and a new form of listening to the truth.

Conscience helps us understand then the objective moral truth. A guilty conscience is precisely one that recognizes a disconnect between what we thought was good to pursue and the realization that as a matter of fact, it was not good to pursue. Truth in conscience lets us see that we were wrong. When we first recognize that truth, we begin to realize that all that we pursue might not be good; therein is the awakening of conscience: the humble willingness to submit our choices to the truth.

When we discover our guilt, we discover our freedom. The German moral theologian Franz Böckle demonstrated in *Fundamental Moral Theology*, that »sin is only possible as a result of human freedom.«[5] He recognized the significance of admitting guilt; for him the confession of sin is itself »effective« and illuminative. It is effective inasmuch as we do not know the scope of our sinfulness *until* we begin to acknowledge it. Only when we actually acknowledge our guilt, do we begin to allow ourselves to see the history of sinful harm. Until we do, we remain behind artificial blinders that keep us from recognizing the trajectory of effects that have occurred from our sinfulness. He writes, »The person confessing declares when he confesses, that he is ready to be converted. In other words, he turns his gaze from the past to the future. In his confession, his sin is not simply finished by the acceptance of his guilt. The condition for its overcoming is also created.«[6] Böckle's argument is rooted in the

4 Paul Strom, Conscience: A Very Short Introduction, New York 2011, 6.

5 Franz Böckle, Theological Reflection about Guilt and Sin. Fundamental Moral Theology, Dublin, 1980, 87–124, 88.

6 A.a.O., 90.

Scriptures as he reminds us that »sin is not simply a question of human guilt – it is also guilt in the presence of God.«[7] In that effective acknowledgement of our culpability, we are gifted with an illumination by which we understand first, what we did, but second, what we could have done: the confession of our sinfulness lets us recognize that we could have acted otherwise. Until we have that insight we are trapped by an understanding of our selves as weak and constrained, a convenient stance that literally keeps us from believing that we need to confess. When we confess, however, we realize not that we sinned out of weakness, but out of strength.[8]

From the 17th to the 20th century, much of Catholic moral theology was taught through what were known as the moral manuals. These manuals of moral theology focused exclusively on sin. Because they did not have a theology of conscience, they made sin look inevitable and our own selves look weak, living in a world without virtue and grace. In that context we confessed sins that we could not have avoided, pleading that other conditions made us do what we did.[9]

Today we need to learn to confess our sins in the light of Christ, realizing in grace that the chance of acting otherwise was there and that the excuses we proffer are merely, well, excuses. The honest and full confession of sin makes us realize that the disordered and prideful trajectory of our personal and social history can be changed. And therein we discover our freedom.

Differences between Europe and the United States on the Phenomenology of Conscience

Four years ago, I reflected in the Moral Notes of *Theological Studies* on the fact that after the World War II, European theologians, appalled by the widespread participation of Catholics in unimaginably heinous conduct during the war, developed a robust promotion of the call of conscience for all Catholics, a summons that theologians like Dom Odon Lottin and Bernard Häring sent to all the seminaries and churches of Europe, and

7 A.a.O., 91.

8 James F. Keenan, Sin, Moral Wisdom. Lessons and Texts from the Moral Tradition, Lanham 2010, 45–67.

9 James F. Keenan, A History of Catholic Moral Theology in the Twentieth Century. From Confessing Sins to Liberating Consciences, New York 2010.

that would bear fruit in the celebrated paragraph 16 of *Gaudium et spes.* They developed a theology of conscience because they believed that Catholicism, under the age of the moral manuals, had created an obediential, minimalist passivity in the laity that left them unprepared for the Nazis and allied Fascists.[10] Too mindful of following their priests, Catholics forgot that they had to form and follow their consciences.

The rebirth of conscience in Europe began in part with Catholics collectively acknowledging the profound human wretchedness of their condition. The European moralists went to conscience to judge not others, but themselves. The moralists' turn to conscience was precisely the urge to awaken in the Europe emerging from the war's rubble a sense that moral agency needed to be collectively accountable and the locus of that competency was the Christian conscience. Turning to conscience in Europe was not a matter of giving Christians the freedom to exercise prerogatives, even compelling ones against law; rather, the turn was to place before Christians the mindfulness that ultimately they would be a people judged and hopefully redeemed by God.[11]

One year later, I began noting that unlike the Europeans, the Americans never had an experience of collective conscience in which they acknowledged their collective guilt. I made these claims in a festschrift to honor Antonio Autiero,[12] at a conference on Conscience at Santa Clara,[13] and more recently at a conference on Vatican II in Munich.[14]

10 JAMES F. KEENAN, Vatican II and Theological Ethics, Theological Studies 74 (2013), 162–90.

11 Elizabeth Agnew Cochran too notes the fundamental significance of finding oneself as profoundly limited as the beginning of a conscience infused by faith. »Luther emphasizes the conscience's recognition of our failure to do good apart from Christ as crucial to the exercise of faith [...] In order to achieve a true recognition of our moral limitations, the conscience must receive from God a proper understanding of humanity's moral limitations and of the grace and forgiveness God offers in Jesus Christ.« ELIZABETH AGNEW COCHRAN, Faith, Love, and Stoic Assent. Reconsidering Virtue in the Reformed Tradition, Journal of Moral Theology 3 [2014], 199–227, 212.

12 JAMES F. KEENAN, Catholic Conscience Awakening. The Evolution of Our Contemporary Dependence on Conscience, in: STEPHAN GOERTZ / RUDOLF B. HEIN / KATHARINA KLÖCKER (Eds.), Fluchtpunkt Fundamentalismus. Gegenwartsdiagnosen katholischer Moral, Freiburg i. Br. 2013, 305–325.

13 JAMES F. KEENAN, To Follow and to Form Over Time: A Phenomenonology of Conscience, in: DAVID DECOSSE / KRISTIN HEYER (Eds.), Conscience and Catholicism: Rights, Responsibilities, and Institutional Policies, 2015, 1–15.

14 JAMES F. KEENAN, Collective Conscience and Collective Guilt, in: CHRISTOPH BÖTTIGHEIMER / RENÉ DAUSNER (Eds.), Vatikanum 21. Erschließung und bleibende Auf-

Unlike Europe, there is no sense that a national collective conscience ever acknowledged the depth of the horrific lack of human moral agency. While Europe, and especially Germany, judged itself time and again, America has never done it, despite its own sinful history of removing its native people, of enslaving millions of people, its internment of its Japanese citizens, or its use of atomic weapons.

Differences between Europe and the United States in Public Remembrances of Injustice

Let us consider for instance the Berlin Memorial to the Murdered Jews of Europe. As one group of authors acknowledged »The transformation of guilt into collective responsibility suggests that action must be taken to ensure that the negative events of the past do not happen again in the future.«[15] Toward this end memorials of guilt are sometimes erected. But some claim that »we encourage monuments to do our memory work for us,« so that »we become that much more forgetful.« They argue that »the initial impulse to memorialize events like the Holocaust may actually spring from an opposite and equal desire to forget them.«[16] Still the architecture critic of the *New York Times* wrote about the memorial: »The quiet abstraction of the memorial – its haunting silence and stark physical presence – psychically weave the Holocaust into our daily existence in a way that the painstaking lists at the information center cannot. It memorializes past sufferings but also forces us to acknowledge that history's relevance today.«[17] He notes that rather than burying the past and moving on, the memorial, located just a block from Brandenburg Gate, makes

gaben des Zweiten Vatikanischen Konzils für Theologie und Kirche im 21. Jahrhundert, Freiburg i. Br. 2016, 78–86.

15 Chin / Sharon M. / Fabian Franke / Sheri Halpern, A Self-Serving Admission of Guilt. An Examination of the Intentions and Effects of Germany's Memorial to the Murdered Jews of Europe., In: Reflections on the Holocaust, Julia Zarankin (Ed.), New York 2011, 13–21.

16 James E. Young, Memory and Counter-Memory. The End of the Monument in Germany, Harvard Design Magazine 9 (1999), 1–10, 3: http://partizaning.org/wp-content/uploads/2014/01/Memory-and-Counter-Memory.pdf.
See there how memorials of guilt as a concept are *Vergangenheitsbewältigung.*

17 Nicolai Ouroussoff, A Forest of Pillars, Recalling the Unimaginable, The New York Times May 9, 2005: http://www.nytimes.com/2005/05/09/arts/design/a-forest-of-pillars-recalling-the-unimaginable.html.

the past unavoidable, requiring constant confrontation by the German public.

Near to the memorial built in 2001 is the Memorial to the Sinti and Roma Victims of National Socialism (opened 2012). And near there is the ineffable memorial to the homosexuals who were murdered as the memorial reminds us for only a kiss. These memorials in Berlin witness to the evil perpetrated by the German government.

Like the cross in Dachau, these memorials bring oppressors closer to their victims and allow the guilt of conscience to be mindful rather than forgetful, to be reconciled, rather that alienating, to be truthful rather than lying.

These memorials are reminders of our sin, that we are sinners and that we could have been otherwise. Böckle's insights above are clearly a case for the importance of memorials as reminders not only of what we have done, but of what we could have done. Until that insight arrives, we are condemned effectively to believe that we could not have done otherwise.

The German memorials have, then, their own controversies over issues of interpretation and meaning, but they do exist. The United States arguably lacks a number of important memorials, with implications for the national experience with guilt and for their self-understanding of powerlessness in the face of history. This is significant, for Americans love memorials: consider for instance, the Washington Memorial (at 554 feet, the world's tallest obelisk), or the Jefferson Memorial or the Lincoln Memorial, all on the Washington Mall and all among the largest free standing memorials in history. Think more recently on the September 11th memorial in the form of the Freedom Tower. Americans love memorials. Why do we have, as we will see, only one memorial acknowledging our guilt?

It is important to appreciate the difficulty in acknowledging fault and guilt, let alone memorializing it. For instance, in the first visit by a sitting American president to Hiroshima, President Obama assiduously avoided any apology for the atomic attack on Hiroshima, though clearly his visit was an act of solidarity with the suffering that occurred there. In fact, the President was taunted because his solidarity *looked* like an apology which prompted the ire of many Americans.[18]

[18] For the President's text: http://www.nytimes.com/2016/05/28/world/asia/text-of-president-obamas-speech-in-hiroshima-japan.html, [last access: 23. August 2017]; still many news outlets tried to claim that this was part of the president's apology

In a similar way, in some instances, people's own experiences in a struggle often are not resolved and therefore the moral complexity of a story cannot be told and a narrative results that seems morally simple, untarnished by the suffering of others. This is for instance found at our Vietnam memorial on the Washington Mall, which honors and literally grieves with the inscription of the names of the 58,000 Americans who died in that conflict. Unfortunately no Vietnamese name is there and none of their grief enters into ours, nor any of the guilt or possible apologies.

Moreover many memorials are not erected by the guilty conscience of the former oppressors but by the insistent memory of the victims who appeal to the consciences of the oppressors, often enough in a global context where power »persuades« people to acknowledge their guilt. Absent the strength of the victim and often it is difficult to find the acknowledgement of guilt by the oppressor.

Nonetheless, other than suggesting that the American national conscience is arrested in its development, I think that the absence of American memorials of national wrong-doing is striking and indicative of a need for the nation to examine its conscience. To make this case, I propose we look at its lack of publicly remembering the multiple attempts to eradicate its native peoples, its history of slavery, and its internment of Japanese Americans during World War II.

While there is a museum dedicated to Native American culture, there is no national memorial of the attacks on the Native American populations. Its absence is so conspicuous that earlier last year, Russian activists moved to install a memorial to the »genocide« in front of the U.S. embassy in Moscow.[19]

Of all the acts of terror against native peoples, the most remarkable was the removal of the Cherokee people. In 1830 President Andrew Jackson saw through the passage of the Indian Removal Act whereby Indian nations were removed from their ancestral homes in the Southeastern United States to an area west of the Mississippi river, designated as »Native Territory.« The Cherokee, Muscogee, Seminole, Chickasaw and Choctaw tribes were all to be removed. In 1838 the last forced removal occurred of the last Cherokee nation which besides forcing the nation into exile, led to the deaths of up to 6,000 of its more than 16,000 tribe members. The

tour!, see: http://www.snopes.com/obama-apology-hiroshima/, [last access: 23. August 2017].

19 http://observer.com/2016/01/russia-to-construct-american-indian-genocide-memorial-in-front-of-u-s-embassy/, [last access: 23. August 2017].

forced removal is known as the »Trail of Tears.«[20] If you google images of the Trail of Tears, only two memorials appear, a road marker, and the pillar in a very remote part of northwestern Georgia marking the original capital of the Cherokee nation. The road marker notes »The true story of the forced removal of the Cherokee nation is one of survival.« No word of the regret of the U.S. government appears anywhere.

There are signs of hope, however, in that the National Parks Service in Tennessee is trying at a variety of sites to tell the narrative of these removals, even though there is still no national monument that records the acknowledgement, apology and regret of the Indian Removal Act.[21]

Like the Cherokees, in 1864 began »The Long Walk of the Navaho tribe,« a forced march of 425 miles that led to the deaths of more than 3,000 of the more than 11,000 tribe members. Another 2,000 died during the first two years at the reservation. No road markers or pillars marking this event appear anywhere. I cannot find any indication of regret or apology the United States policies against their native peoples.

Steps have recently been taken to address the history of slavery in America, but this has been a very slow awakening. Racism that so toxifies the United States that significantly impedes our ability to acknowledge our history of slavery, which Barack Obama has called »this nation's original sin.«[22]

20 William Anderson (Ed.), Cherokee Removal. Before and After, Athens/Georgia 1991. Samuel Carter, Cherokee Sunset. A Nation Betrayed, New York 1976. John Ehle, Trail of Tears. The Rise and Fall of the Cherokee Nation, New York 1988. Francis Prucha, The Great Father. The United States Government and the American Indians, Lincoln/Nebraska 1984.

21 The entire Trail of Tears is part of the National Parks Service, which acknowledges on its website the suffering and injustice and includes a couple of the removal camps that are now exhibits. There is a Cherokee Removal Memorial Park in Tennessee: »Today we are champions of human rights and oppose the practice of ethnic cleansing. However, we have a chapter in our history involving the removal of the Five Civilized Tribes from the southeastern US to make land available for white settlement. The park is intended to interpret and educate the public about the forced removal of the Cherokees from their ancestral land as well as inform them about the unique wildlife in the area, and provide recreational opportunities.« http://www.tennesseerivervalleygeotourism.org/content/cherokee-removal-memorial-park-at-historic-blythe-ferry/ten7DCDE1AE75A3CC4D4, [last access: 23. August 2017].

22 »Barack Obama's Speech on race,« The New York Times March 18, 2008: http://www.nytimes.com/2008/03/18/us/politics/18text-obama.html, [last access: 23. August 2017].

Still, there is no formal acknowledgement of apology over our history of slavery in the United States even though it is estimated that 12.5 million African slaves were brought to our shores between the 16th and 19th centuries.[23] Slavery is no insignificant moment in American history: The U. S. Census Bureau shows that in 1860 there were 3,953,760 slaves, that is 12.5 % of the total US population of 31,443,321.[24]

The National Museum of African American History and Culture opened on September 23, 2016 after a one hundred year long struggle. The idea was first raised in 1915 by a »colored men's commission« that sought to create a museum about recently freed slaves. It languished and did not receive guaranteed funding until 2003, and only at the insistence of Rep. John Lewis, an icon of the Civil Rights Movement.[25]

Slavery is an undeniable presence in the new museum. You could argue that it confronts it head-on with its contents and its location – right on the National Mall, among the structures that celebrate the nation's founding from which slaves were implicitly excluded. One exhibit has Thomas Jefferson standing before a wall of bricks engraved with the names of his slaves. Another has a slave cabin. But the museum itself is not a memorialized acknowledgement by white America of its guilt in slavery. It is specifically a museum of African American history.[26]

What further differentiates this from the German memorials, however, is time. The mayor of Charleston, Joseph Riley, has been working for more than ten years to build an International African American Museum on Gadsden's Wharf, the landing place for 100.000 African Americans sold into slavery. The mayor's argument is based on the fact that all the participants in the history of slavery are long dead. Riley states, »The thing is, there's no guilt here. No one alive was responsible for that.« He claims effectively that we are responsible to memorialize without any need to apologize.[27]

23 Henry Louis Gates, The African Americans. Many Rivers to Cross: http://www.pbs.org/wnet/african-americans-many-rivers-to-cross/history/how-many-slaves-landed-in-the-us/, [last access: 23. August 2017].

24 http://thomaslegion.net/distributionofslavesinunitedstateshistory. html, [last access: 23. August 2017].

25 http://www.newyorker.com/magazine/2016/08/29/analyzing-the-national-museum-of-african-american-history-and-culture, [last access: 23. August 2017].

26 http://www.nytimes.com/interactive/2016/09/15/arts/design/national-museum-of-african-american-history-and-culture.html?hp&action=click&pgtype=Homepage&clickSource=story-heading&module=photo-spot-region&region=top-news&WT.nav=top-news&_r=0, [last access: 23. August 2017].

27 »No guilt here:« Slavery's Ellis Island might finally get the monument it deserves,

In many ways, the slavery monument reflects, I think, the power of the civil rights movement in the face of American racism to simply acknowledge American slavery. There is no apology memorialized.

Finally, the United States Government – in the historic Civil Liberties Act of 1988 approved by Congress and President Ronald Reagan – formally apologized for the personal justice denied by the mass internment of Japanese Americans. The apology was over Executive Order 9066 signed on February 19, 1942 by President Franklin Roosevelt. The Order resulted in the internment of 120,000 Americans of Japanese ancestry into 10 relocation camps scattered through more desolate regions of the western United States.[28]

After this apology, a memorial was established in Washington, D.C. acknowledging our guilt and Japanese patriotism.[29] At the site where each on the internment camps are memorialized one can also learn that 120.000 Japanese-American men served in the armed forces while the other 120.000 were in the internment camps. Finally in 2006 President Bush signed Public Law 109–441, which allocated $38 million for the preservation of deteriorating Japanese internment camps.[30]

This is the only case of a memorialized apology that I know of in the United States. It stands perhaps as a sign of hope; but for now it stands as a gracious indictment against the absence of any apologetic memorial to the chattel slavery of the American black people or to the attempted removal of our Native American People.

This lack of memorials stands then as an indication of a national incapacity to recognize guilt and an enduring resistance to acknowledge responsibility for wrongful action. That indication strikes me as a woefully weak understanding of conscience and moral responsibility and ought to occasion, as I hope it does, a national examination of conscience. It is yet another reminder as I found in Dachau, that the acknowledgement of guilt

Washingtonpost.com, January 11, 2016: http://go.galegroup.com.proxy.bc.edu/ps/i.do?&id=GALE|A439616298&v=2.1&u=mlin_m_bostcoll&it=r&p=AONE&sw=w&authCount=1#, [last access: 23. August 2017].

28 National Japanese American Memorial Foundation: http://njamf.com/index.html, [last access: 23. August 2017].

29 https://www.nps.gov/places/japanese-american-memorial-to-patriotism-during-world-war-ii.htm, [last access: 23. August 2017].

30 http://web.b.ebscohost.com.proxy.bc.edu/ ehost/detail/detail?sid=bfdc3b34-006d-4c17-8fa1-e0de3e17eeeb%40sessionmgr105&vid=0&hid=125&bdata=JnNpdGU9ZWhvc3QtbGl2ZQ%3d%3d#AN=31172962&db=bth , [last access: 23. August 2017].

brings freedom and a new relationship between former oppressors and their victims.

But let us not think that this lack in the United States is exceptional. The national resistance to expressing horrendous complicity in oppressing others is indeed world-wide and is far greater than the urge to publicly acknowledge and remember wrong-doing.[31] Hopefully, though, wherever we are citizens, we might begin to realize, that if we want to find reconciliation in our own countries we might begin to ask whether our historical atrocities were ever acknowledged as such.

31 Haruko Okano from Japan raises a problem, similar to that of the United States, about the inability to apologize, where a people insist to let bygones be bygones without any acknowledgement of guilt. Theological Ethics in Relation to Japanese Religions Regarding Moral Responsibility, Yiu Sing Lúcás Chan / James F. Keenan / Shaji George Kochuthara (Eds.), Doing Catholic Theological Ethics in a Cross Cultural and Interreligious Asian Context, Bangalore 2016, 194–204.

Verantwortung übernehmen

Klaus Mertes SJ

To take responsibility not for one's own, personal guilt, but for the institution which one represents professionally or to which one belongs in some way – requires that one does not identify with the victims against the institution but rather that one becomes accountable for the institution in the eyes of the victims. Victims seeks a counterpart, whom they may address. This does not prevent empathy for the suffering of victims, on the contrary: empathy demands that one listens to the stories, charges, and demands of victims. This requires that institutions relinquish cherished elements of their self-understanding, such as their role as helpers and their self-definition as standing in solidarity with the victims. Once such efforts are made, the institution as well as victims emerge strengthened, which allows possibilities for reconciliation.

I

Ich beginne mit meiner Geschichte – wie ich vermute, zugleich mit derjenigen Geschichte, wegen der ich eingeladen wurde, über das Thema »Verantwortung übernehmen« zu sprechen. Es war im Januar 2010, als drei Männer zu mir kamen, die im Jahre 1980 am Canisius-Kolleg Abitur gemacht hatten. Sie berichteten mir über den sexuellen Missbrauch, den sie in den siebziger Jahren durch zwei Jesuiten am Kolleg erlebt hatten. Ihr Wunsch war es, dass sie zum anstehenden dreißigjährigen Jubiläum kommen und dabei sichergehen konnten, dass die beiden Mitbrüder, die im Übrigen Anfang der 80er Jahre das Kolleg und Ende der 90er Jahre auch den Orden verlassen hatten, nicht eingeladen würden. Sie wünschten sich auch, dass der Grund, weswegen die beiden Herren nicht eingeladen würden, öffentlich genannt werde. Ihre Forderung an mich lautete, dass ich an die Presse treten sollte, um weiteren Betroffenen Ansprechbarkeit zu signalisieren. Darüber hinaus sollte ich dann im Sommer des Jahres alle, die sich gemeldet hatten, in das Kolleg einladen, um ein Gespräch über die vergangenen Ereignisse zu ermöglichen. Weiterhin schlugen sie mir einen Runden Tisch vor, in dem Fragen wie die folgenden besprochen werden könnten: Informationspolitik in der Schule gegenüber den heutigen Schülern und Schülerinnen sowie Eltern, Fragen der Prävention und auch erste Überlegungen zu Entschädigungszahlungen.

Wie ich aus der späteren Presseberichterstattung weiß, hatte der Besuch der drei Männer einen Vorlauf, den ich in dem Gespräch nur ahnen konnte – aber immerhin auch tatsächlich ahnte, da es ja drei Personen waren, die vor mir saßen. Es musste eine vorherige Vernetzung gegeben haben. Heute kann ich sie im Wesentlichen rekonstruieren. Ein Betroffener hatte sich zuerst unter anonymem Kennzeichen per Mail an Mitschüler gewandt, um gegen die rückwärtsgerichtete Idealisierung der eigenen Schulzeit und gegen das Schweigen seine eigene sexualisierte Gewalterfahrung durch einen Jesuiten zu setzen. Das löste wütende Reaktionen der Mitschüler aus, nach dem Motto: Wir lassen uns von Dir nicht nachträglich unsere Schulzeit vermiesen. Diese Reaktion wiederum empörte einen anderen betroffenen Mitschüler, der den Mail-Verkehr mitlas, so sehr, dass er sich namentlich meldete und sich als Gewaltopfer von zwei Patres zu erkennen gab. Jedenfalls: Die Forderungen und Vorschläge, die mir die drei ehemaligen Schüler präsentierten, waren nicht nur private Ideen, sondern hatten einen repräsentativen Charakter für eine Gruppe von Betroffenen, die dahinterstand.

Meine elementaren Einsichten aus dem Gespräch waren, kurz gesagt, die Folgenden: Zum einen ergaben die Geschichten, die mir da vorgetragen wurden, zwingend den Schluss, dass es allein im Falle des einen ehemaligen Mitbruders innerhalb von zehn Jahren mindestens hundert Opfer geben musste. Damit war klar, dass es bei diesem Missbrauch (wie ja in den allermeisten Fällen von Missbrauch) nicht um einzelne Übersprunghandlungen ging, sondern um ein systematisches Vorgehen: Der Täter hatte ein System aufgebaut, mit dem Ziel zu missbrauchen. Zweitens stand sofort die Frage im Raum, wie es möglich sein konnte und kann, dass Täter solche Systeme aufbauen, und es niemand in der Institution merkt. Über dieses »Nicht Merken« wäre jetzt noch viel zu sagen, aber in jedem Fall war klar: Bei diesem Missbrauch hatte auch die Institution versagt. Als Rektor des Kollegs stand ich in der Verantwortungs-Kontinuität für die Institution, die vor dreißig Jahren den jugendlichen Opfern den Schutz versagt hatte, als es möglich gewesen wäre zu schützen; als Symptome sichtbar wurden; als Opfer versuchten zu sprechen; als die Täter nach diskreten Alarmmeldungen in Panik entfernt, dann nach Therapien versetzt wurden und weitermachen konnten.

Der dritte Punkt ist der für das Thema »Verantwortung übernehmen« entscheidende und er ist eigentlich auch schon die Quintessenz dessen, was ich heute zu sagen habe. Mir war klar: Die Opfer sind Opfer und stehen deswegen, systemisch gesehen, auf der Opferseite. Als verantwortlicher Rektor stehe ich ihnen heute hingegen zusammen mit dem Täter gegenüber auf der Täterseite. Ich sagte also den drei Männern einerseits zu, dass ich ihre Geschichte für glaubwürdig halte und ihnen glaube (ich hatte auch gute Gründe dafür aus der Kenntnis von zwei sub-sigillo-Einzelmeldungen aus vergangenen Jahren und einer Jahre alten hartnäckigen Gerüchtestruktur am Kolleg) und also die Verantwortung übernehme für meinen Part, dass ich aber genau deswegen ihr Angebot des Runden Tisches ablehne: Ich könne die Betroffenen nicht in eine Mitverantwortung für Entscheidungen nehmen, die ich für die Institution, vor den jetzigen Lehrkräften, Eltern, Schülerinnen und Schülern zu verantworten hätte. Damit würde ich letztlich die missbräuchliche Beziehungsstruktur fortsetzen.

Das muss ich näher erklären: Das besondere des Missbrauch-Verbrechens ist der Missbrauch des Vertrauens, das dem Täter vom Opfer entgegengebracht wird. Der Täter ist gerade nicht der Fremde, der von außen mit Gewalt in das System einbricht. Er agiert mit seiner Macht missbräuchlich im Innenraum des Vertrauens, das ihm vom Opfer geschenkt wird. Genau dies macht es für die Überlebenden solcher Gewalterfahrungen so schwer, die Tat als solche zu begreifen. Das Vertrauen – oder auch: Die Liebe, die Faszination, der Respekt sind ja nach der Tat nicht einfach weg. Das gilt nun aber auch mutatis mutandis für die Institution. Diese Ambivalenz kann – jedenfalls nicht im ersten Schritt – durch Kooperation aufgelöst werden. Vielmehr muss klar sein, wo die Verantwortung liegt. So lautete meine Antwort an die drei Männer:

> »Sie sind Opfer, ich repräsentiere die Täterseite. Ich sitze in Vertretung für die Institution auf der Anklagebank, Sie sind die Kläger. In dieser Situation können wir nicht mit Kooperation beginnen, weil damit das Gegenüber, in dem wir zueinander stehen, verschleiert wird. Ich werde also nach unserem Gespräch entscheiden, was ich tun werde, und ich werde Sie vor der Umsetzung dieser Entscheidung nicht informieren, damit Sie im Fall der Fälle zornig auf mich sein können, falls Sie meine Entscheidung für falsch halten.«

Am Tag darauf schrieb ich dann einen Brief an die mir/uns verfügbaren Adressen der potentiell betroffenen Jahrgänge. Einige Tage später gelangte er über einen mir nicht bekannten Adressaten an die Berliner Morgenpost, die daraus jenen Artikel machte, der die Lawine von 2010 auslöste. Betroffene sammelten sich und gründeten einige Wochen später ihre Organisation, die sich »Eckiger Tisch« nennt. Ich habe diese Namensgebung als Antwort auf mein Nein zum Angebot eines Rundes Tisches gedeutet – und fühlte mich verstanden.

II

Ich plädiere keineswegs grundsätzlich gegen Runde Tische. Ich gehe nur von meiner speziellen Entscheidungssituation im Januar 2010 aus. Auch Runde Tische müssen ja im Fall der Fälle Verantwortungsfragen klären. Wer entscheidet und wer trägt Verantwortung für welche Entscheidungen?

Verantwortung für Schuld zu übernehmen ist aber eine spezielle Form der Verantwortungs-Übernahme. Es verhält sich noch einmal spezieller, wenn man Verantwortung eigentlich nicht für eine eigene, persönliche Schuld übernimmt, sondern von Amts wegen für die Schuld anderer Personen, weil man in einer verantwortlichen Position für eine Institution steht, gegen die sich eine berechtigte Anklage richtet: Es geht ja um das Stehen zu institutioneller Schuld durch die Institution, genauer, um das Stehen der Institution zum Missbrauch institutioneller Macht oder der Unterlassung des Schutzes vor diesem Machtmissbrauch. Es gibt da einige Schwierigkeiten, die ich benennen möchte. Gerade wegen dieser Schwierigkeiten halte ich es für entscheidend, die Frage nach der Verantwortung präzise zu beantworten.

1 Institutionelle Verantwortung

Die platteste Form der Ablehnung von institutioneller Verantwortung ist die Leugnung dieser Verantwortung: Der Täter oder die Täterin ist allein verantwortlich für die Tat. Die Institution/das System hat damit nichts zu tun. Das Problem ist nur, dass das in vielen Fällen allein schon objektiv nicht stimmt, wenn nämlich die Institution in dem Moment, wo sie der Tat Einhalt gebieten kann, diesen Einhalt nicht gebietet, also nicht interveniert; oder die Tat falsch einschätzt oder verharmlost und so dem Täter oder der Täterin die Möglichkeit gibt, weiterzumachen; oder sich sogar schützend vor den Täter oder die Täterin stellt und das Opfer ausgrenzt.

Man kann die Verantwortung wenn nicht leugnen, so doch minimieren, indem man das Versagen der Institution zugibt, aber es auf das Versagen der konkreten Personen reduziert, die zu dem Zeitpunkt im Amt sind oder waren, als sie im Namen der Institution hätten handeln können. Aber auch das geht aus mehreren Gründen nicht. Zum einen stehen Amtspersonen nicht bloß für sich selbst, sondern immer auch für das Ganze der Institution, synchron wie diachron. Aus genau diesem Grunde sind ja die Opfer an der richtigen Adresse, wenn sie sich dreißig Jahre nach der erfahrenen Gewalttat an diejenige Person wenden, die jetzt im Amt ist; sie wenden sich an sie nicht wegen der Person, die jetzt im Amt ist, sondern wegen des Amtes. Es wäre unangemessen, wenn die Person, die jetzt im Amt ist, nach dem Motto reagieren würde: Wenden Sie sich an meine Vorgänger im Amt – ich habe damit nichts zu tun.

Ein zweiter Grund spricht dafür, dass Verantwortung für Machtmissbrauch – mit »Macht« meine ich im Folgenden institutionelle Macht – nicht bloß auf Einzelpersonen abgeschoben werden kann. Ich habe von Missbrauchsopfern im kirchlichen Kontext in den letzten Jahren oft den Satz gehört: »Ich gebe der Kirche – gemeint: der kirchlichen Lehre, den kirchlichen Strukturen – eine Mitschuld an der Gewalt, die ich erfahren habe.« Hier richtet sich der Vorwurf nicht mehr gegen Personen, sondern gegen ein System. In Systemen findet man sich vor – man trägt keine Schuld, weil man zu einem System gehört. Ohnehin gehört jeder Mensch einem oder mehreren Systemen an. Aber das bedeutet nicht, dass man aus der Verantwortung für das heraus ist, was in einem System strukturell begünstigt wird und was nicht. Systeme können verändert werden, um Machtmissbrauch schwieriger zu machen.

An den Präventionsfragen kann dieser Zusammenhang deutlich gemacht werden. Prävention von Machtmissbrauch ist ein Thema für die Strukturen. Nehmen wir das Beispiel des Beschwerdemanagements in Institutionen: Systeme, die keine transparenten Beschwerdewege kennen und anbieten, sind anfälliger für Machtmissbrauch. Oder das Thema der Sprachlosigkeit: Systeme, die mit starkem Schuld- und Schamdruck arbeiten, sind anfälliger für Schweigespiralen. Oder das Thema Nähe und Distanz: Was geht in symmetrischen Verhältnissen, was in asymmetrischen Verhältnissen nicht geht? Oder das Thema blinde Flecken: Welche Mythen hindern uns daran, Täter und Täterinnen als Täter und Täterinnen und Gewalt als Gewalt zu erkennen? Das sind Schlüsselfragen, mit denen sich Verantwortliche in einem System beschäftigen müssen, spätestens wenn sie mit eigenem Versagen konfrontiert sind. Die Übernahme der Verantwortung von Schuld- und Versagensgeschichte im eigenen System ist genau die Gelegenheit, dies zu tun, also bei sich selbst nachzuschauen mit der Bereitschaft, einen neuen Blick auf das eigene System zu werfen – und darin »umzudenken« (vgl. Mk 1,14). Wenn Luther den Ruf zu »metánoia« mit »tut Buße« übersetzt, liegt er in der Akzentuierung gar nicht so falsch. Es geht bei der Übernahme von Verantwortung eben zunächst um ein selbstkritisches Umdenken. Gerade das Evangelium und das von der Kirche verkündete Geschehen um Sünde und Erlösung kann gar nicht gedacht und begriffen werden ohne eine Offenheit für systemische Kategorien.

2 Verantwortungsposition und Helferrolle

Übernahme von Verantwortung für Schuld und Versagen fällt Institutionen besonders schwer, wenn sie ihr eigentliches Ziel in der Fürsorge, im Helfen und in der Solidarität mit Schutzbedürftigen sehen. Es ist eine vertrackte Situation: Menschen vertrauen sich Personen in Institutionen an, gerade weil diese sich vom Ideal des Helfens und der Fürsorge her definieren; der Patient vertraut sich dem Arzt an, die Schülerin der Lehrerin, das Kind den Eltern, die Seele den Seelsorgern und Seelsorgerinnen – gerade weil die Fürsorge und das Helfen der Existenzzweck ihres Berufes ist, sowie des Systems, für das sie arbeiten. Das macht dann auch die besondere moralische Fallhöhe aus, wenn das geschenkte Vertrauen missbraucht wird. Im Moment aber, in dem die Institutionen – das Krankenhaus, die Familie, die Schule, die Kirche –, die ihren Dienst ja gerade im Helfen, Schützen und Lehren sehen, in diesem entscheidenden Punkt versagen, verlieren sie die Helferposition gegenüber denjenigen, die ihnen mit ihren Schmerzen und Wunden entgegentreten.

Um das Gemeinte am Beispiel der Gleichnisses vom barmherzigen Samariter deutlich zu machen: Helfende Institutionen, gerade auch die Kirche, sehen sich in der Position des Samariters. Das Problem bei der Übernahme von eigener Verantwortung für Schuld und Versagen in Institutionen besteht aber gerade darin, dass diese Verantwortung im Angesicht derjenigen übernommen würde, an denen man schuldig geworden ist. Der barmherzige Samariter hat den Mann am Wegesrande nicht selbst zusammengeschlagen. Deswegen passt bei ihm die Helferrolle problemlos. Etwas ganz anderes ist es aber, wenn man die Helferrolle gegenüber jemandem wahrnehmen will, den man selbst zusammengeschlagen hat. Zunächst verliert man da die Helferposition. Das ist auch das Problem, wenn helfende Institutionen den Opfern ihrer »Hilfe«, wenn pastorale Institutionen den Opfern ihrer »Pastoral« begegnen. Verantwortung zu übernehmen bedeutet hier zunächst: die Helferposition loslassen, die therapeutisch-sorgende Mitleidssprache unterlassen. Ohnehin treten die Opfer vor die Institution, nachdem sie sich selbst Hilfe geholt haben. Wenn sie »Hilfe« gegenüber der Institution thematisieren, dann ist das mit Forderungen nach Übernahme von Therapiekosten oder anderen Dingen verbunden, nicht mit der Bitte, ausgerechnet von der Institution therapeutische Hilfe zu erhalten, die ihnen den Schaden zugefügt hat.

Das Thema ist kompliziert. Denn andererseits könnte dieser Hinweis dazu benutzt werden, sich der Begegnung mit den Opfern zu entziehen. Ich bin Betroffenen begegnet, die von sich sagen, dass sie die Begegnung mit Vertretern der Institution brauchen, um für sich in dem Prozess der Aufarbeitung weiterzukommen – mit den Alpträumen, mit den Hassgefühlen, mit der Angst, mit den Schuldgefühlen. Insofern kann die Begegnung mit den Vertretern der Institution auch helfen. Ich will das nicht ausschließen. Eine Pfarrerin erzählte mir, dass ein Mann aus ihrer Pfarrei, der als Junge von ihrem Vorgänger Schreckliches erlebt hat, sie bat, ihr zuzusagen, zweimal im Jahr mit ihr Pizza essen zu gehen. Die Pfarrerin hat sich darauf eingelassen. Das ist Übernahme von Verantwortung: Die Bereitschaft, sich auf eine Beziehung einzulassen. Der Mann wird vermutlich erst dann loslassen können, wenn er spürt, dass die Vertreterin der Institution ihm gegenüber die Zusage nicht nur aus therapeutischen Gründen gegeben hat.

3 Verantwortung und Opfergefühl

Ein Mitarbeiter in einem Bistum erzählte mir kürzlich die folgende Geschichte: Ein grauenhafter Missbrauchsfall durch einen Priester wird bekannt. Der Bischof ist erschüttert. Vor seinem Priesterrat bricht er in Tränen aus und ruft: »Was tut dieser Priester mir an!«

Ich will mich nicht über diesen Bischof erheben. Verantwortung zu übernehmen, ist mit Schmerzen verbunden. Das gilt auch für die Institution als Ganze, nicht nur für ihre Repräsentanten. Als der besagte Artikel am 29. Januar 2010 in der Berliner Morgenpost erschien, gingen die Schülerinnen und Schüler des Canisius-Kollegs durch die Stadt und sahen ihre Schule auf der Titelseite mit der Schlagzeile am Pranger: »Schule des Grauens«, »Missbrauchsschule« usw. In der Schule angekommen wollten die Kleinen sofort Plakate basteln und mit Parolen vor die Presse treten wie: »Wir lassen uns von euch unsere Schule nicht madig machen.« In der Schulversammlung kam die Klage auf: »Warum müssen wir jetzt büßen für Sünden, die andere vor dreißig Jahren begangen haben?« Der Schmerz ist verständlich. Doch am Ende blieb und bleibt die Erkenntnis: Wer im

Namen der Institution Verantwortung für Machtmissbrauch, Verbrechen, Betrug oder was auch immer übernimmt, der muss bereit sein, die Stigmatisierung der Institution in Kauf zu nehmen und gegebenenfalls auch nach innen hin zu verantworten. Es führt kein Weg daran vorbei, weder bei katholischen Schulen, noch bei VW in Wolfsburg, noch bei der BBC.

Der Schmerz der Stigmatisierung führt zu einem Opfergefühl in der Institution. Das kann im Selbstverständnis der Institution zum Seitenwechsel führen, nach dem Motto: Die Institution ist auch Opfer der Täter und Täterinnen. In diesem Fall solidarisiert sich die Institution systemisch mit den Opfern gegen die Täter und Täterinnen. Das führt zur Hass-Sprache gegen die Täter und Täterinnen: »Ausmerzen« heißt es dann, oder etwas weniger drastisch: »Reinigen« etc. Das Problem ist aber, dass damit die Opfer das verantwortliche Gegenüber in der Institution verlieren. Dies war m. E. beim gescheiterten Aufarbeitungsprozess in der Odenwaldschule besonders eklatant der Fall. Am Ende traten Vertreter und Vertreterinnen des Trägervereins aus Solidarität mit den Opfern dem Opferverein bei. Es blieb niemand, der seinen Kopf für die Institution hinhielt. So scheitert Aufarbeitung.

Einladungen (im Sinne von Versuchungen) in das falsche Opfergefühl sind vielfältig. Da ist zum einen die Öffentlichkeit, die sich – da sie ja nicht selbst in der Verantwortung steht – mit den Opfern solidarisiert und der Institution und ihren Vertretern und Vertreterinnen misstraut. Die Institution hat zunächst einmal schlechte Karten, was ihr Image betrifft. Der Missbrauch wird im Falle der Fälle instrumentalisiert, um alte Feindbilder und Klischees zu bestätigen. Das wiederum führt zu Verletzungen, in denen sich die Institution umso mehr als Opfer fühlt. Hier hat die Rede von der »Pressekampagne« gegen die Institution ihren Ursprung. Die Institution fühlt sich als Opfer.

Ich habe auch den anderen Fall der Einladung in die falsche Opfersolidarität erlebt: »Warum treten Sie nicht aus der Kirche aus?« Offensichtlich ist es schwer zu verstehen, dass die Übernahme von Verantwortung eine Identifikation mit der Institution voraussetzt, die durch den Missbrauch nicht geschwächt, sondern die durch die Übernahme der Verantwortung gerade vollzogen und damit auch gestärkt wird. (Wir nähern uns hier dem Thema der Würde von Verantwortungsübernahme und von Institution, über die ich abschließend noch etwas sagen will.) Jedenfalls begreift eine außenstehende Öffentlichkeit gelegentlich nicht, dass sie selbst in die Falle der Verantwortungslosigkeit tappt, wenn sie meint, Schuld und Versagen von Institutionen könnten dadurch aufgearbeitet werden, dass sich die Verantwortungsträger und -trägerinnen aus dem

Staub machen und die Institution sich selbst abschafft – wie es im Fall der Odenwaldschule beispielhaft geschehen ist. Die Gesellschaft wird nicht dadurch humaner, dass sie Institutionen schwächt oder gar abschafft. Deswegen ist die Übernahme von Verantwortung ein Dienst an der Humanität der Gesellschaft – wie sie ja auch ein Dienst an den Opfern ist. Eine Frau, die Opfer von spirituellem Missbrauch in einer kirchlichen autoritären Gemeinschaft wurde, sagte mir einmal: »Uns Opfern ist nicht mit Gesprächspartnern und -partnerinnen aus der Kirche geholfen, die mit uns über die Kirche klagen und all unser Misstrauen und unsere Enttäuschungen bestätigen – ohne uns sagen zu können, warum und wie sie sich mit der Kirche solidarisieren und identifizieren.«

4 Verantwortung und Stärkung der Institution.

Die Übernahme von Verantwortung für Schuld- und Versagensgeschichte schwächt die Institution nicht, sondern stärkt sie. Einerseits ist klar, dass die Stärkung der Institution nicht der Grund für die Übernahme der Verantwortung ist. Die Stärkung aber ist, wenn es gelingt, ihr Resultat. Und das ist wiederum aus mehreren Gründen gut.

Der Sinn von Institutionen (im Unterschied zu Organisationen) besteht darin, dass sie notwendig für die Humanität einer Gesellschaft sind. Ihre Aufgabe ist es ja, die Schwächeren vor den Stärkeren zu schützen, die ihre Stärke missbrauchen. Das gilt im Übrigen auch für den religiösen Bereich. Das institutionelle Versagen beim Missbrauch ist kein Zeichen der Stärke, sondern der Schwäche der Institution. Schutz der Schwachen kann nicht gegen die Institution gesichert werden, sondern nur mit der Institution. Die kirchlichen Präventionsbemühungen der letzten Jahre sind ein Paradebeispiel dafür, wie das funktionieren oder schiefgehen kann.

Im Zusammenhang mit der Frage nach der Verantwortungsübernahme schließe ich daraus: Die Übernahme von Verantwortung ist eine notwendige Voraussetzung für eine Erneuerung des ursprünglichen Auftrags einer Institution. Sie ist gerade das Gegenteil von einem »weiter so«. Man kann eine Institution dadurch noch schwächer machen, dass man sie vor Stigmatisierung oder schmerzvoller Selbsterkenntnis schützt. Aber diese Art von Schutz ist eben nicht nur zerstörerisch für die Opfer, für die Schwächeren, sondern auch für die Institution selbst. »Schuld« wird nur zur »glücklichen Schuld« der Osternacht, wenn sie ertragen wird.

Brief von Klaus Mertes SJ an ehemalige Schüler des Canisius-Kollges

»Liebe ehemalige Schülerinnen und Schüler,
in den vergangenen Jahren haben sich mehrere von Ihnen bei mir gemeldet, um sich mir gegenüber als Opfer von sexuellem Missbrauch durch einzelne Jesuiten am Canisius-Kolleg zu erkennen zu geben. Die Spur der Missbräuche zieht sich durch die 70er Jahre hindurch bis in die 80er Jahre hinein. Mit tiefer Erschütterung und Scham habe ich diese entsetzlichen, nicht nur vereinzelten, sondern systematischen und jahrelangen Übergriffe zur Kenntnis genommen. Es gehört auch zur Erfahrung der Opfer, dass es im Canisius-Kolleg und im Orden bei solchen, die eigentlich eine Schutzpflicht gegenüber den betroffenen Opfern gehabt hätten, ein Wegschauen gab. Allein schon deswegen gehen die Missbräuche nicht nur Täter und Opfer an, sondern das ganze Kolleg, sowohl die Schule als auch die verbandliche Jugendarbeit. Aus demselben Grund bitte ich hiermit zunächst alle betroffenen ehemaligen Canisianer stellvertretend für das Kolleg um Entschuldigung für das, was ihnen am Kolleg angetan wurde.

In den Gesprächen mit einigen der Opfer habe ich besser verstanden, welche tiefen Wunden sexueller Missbrauch im Leben junger Menschen hinterlässt, und wie die ganze Biographie eines Menschen dadurch jahrzehntelang verdunkelt und beschädigt werden kann. Zugleich konnte ich in den Gesprächen von den Opfern hören, wie befreiend es ist, wenn man beginnt, über die Erfahrungen zu sprechen, auch dann, wenn sie zeitlich weit zurückliegen. Es gibt nämlich Wunden, welche die Zeit nicht heilt.

Seitens des Kollegs möchte ich Sie darauf hinweisen, dass der Orden 2007 eine Beauftragtenstelle eingerichtet hat, an die sich Missbrauchsopfer von Jesuiten und Angestellten von Jesuiteninstitutionen wenden können: Frau Ursula Raue, Rechtsanwältin und Mediatorin, (...) war lange Jahre Vorsitzende der deutschen Sektion von »Innocence in Danger«, einer internationalen Organisation, die sich der Bekämpfung von Kindesmissbrauch im Internet widmet. Sie ist Ansprechpartnerin nicht nur für mögliche aktuelle Verdachtsfälle und Opfermeldungen. Sie ist ebenfalls Ansprechpartnerin für Missbrauchs-Opfer aus länger zurückliegenden Zeiten, wenn diese wieder Kontakt mit dem Orden oder mit dem Kolleg aufnehmen wollen. Sie ist berechtigt und verpflichtet, zusammen mit den Opfern an den Orden heranzutreten und zu vermitteln. Sie arbeitet mit bei der Konfrontation der Täter. Alle Informationen, die sie bekommt, werden nur mit ausdrücklicher Zustimmung der Opfer an andere weitergegeben.

Ich respektiere es selbstverständlich, wenn Betroffene auf Grund ihrer Erfahrungen für sich die Entscheidung getroffen haben, mit dem Kolleg, mit dem Orden und mit der katholischen Kirche zu brechen. Andererseits möchte ich gegenüber denjenigen, die den Kontakt zum Kolleg und zum Orden suchen, das Signal nicht unterlassen, dass wir ansprechbar sind. Dabei ist Frau Raue eine Möglichkeit zur Ansprache. Sie können sich natürlich auch an jede andere Person Ihres Vertrauens wenden, die mit dem Orden und dem Kolleg zu tun hat. Innerhalb des Jesuitenordens in Deutschland hat P. Provinzial schon vor einiger Zeit darüber informiert, dass es in der Vergangenheit unzweifelhaft Fälle von Missbrauch von Jugendlichen beiderlei Geschlechts durch einzelne Jesuiten gegeben hat. Diese Information hat bei den Mitbrüdern große Betroffenheit ausgelöst.

Neben der Scham und der Erschütterung über das Ausmaß des Missbrauchs in jedem einzelnen Fall und in der – bisher sichtbaren – Anhäufung müssen wir uns seitens des Kollegs die Aufgabe stellen, wie wir verhindern können, heute durch Wegschauen wieder mitschuldig zu werden. Wegschauen geschieht ja oft schon in dem Moment, wo man sich entscheidet, nicht wissen zu wollen, obwohl man spürt, dass man eigentlich genauer hinschauen sollte. Das ist eine Herausforderung für die persönliche Zivilcourage jedes Einzelnen wie auch für die Überprüfung der Strukturen. Denn es drängt sich zugleich auch die Frage auf, welche Strukturen an Schulen, in der verbandlichen Jugendarbeit und auch in der katholischen Kirche es begünstigen, dass Missbräuche geschehen und de facto auch gedeckt werden können. Hier stoßen wir auf Probleme wie fehlende Beschwerdestrukturen, mangelnden Vertrauensschutz, übergriffige Pädagogik, übergriffige Seelsorge, Unfähigkeit zur Selbstkritik, Tabuisierungen und Obsessionen in der kirchlichen Sexualpädagogik, unangemessenen Umgang mit Macht, Abhängigkeitsbeziehungen. An diesen Themen haben wir in den letzten Jahren sowohl im Orden als auch am Kolleg gearbeitet und werden es auch weiterhin tun. In diesem Sinne danke ich den Opfern, die durch ihren Mut zu sprechen auch dem Kolleg und dem Orden einen Dienst erweisen, indem sie diese Themen anstoßen.

Seitens des Kollegs möchte ich durch diesen Brief dazu beitragen, dass das Schweigen gebrochen wird, damit die betroffenen Einzelnen und die betroffenen Jahrgänge miteinander sprechen können. In tiefer Erschütterung und Scham wiederhole ich zugleich meine Entschuldigung gegenüber allen Opfern von Missbräuchen durch Jesuiten am Canisius-Kolleg.«

IV Schuld – Anerkennung – Versöhnung

Der lange Weg zur Versöhnung.

Das Beispiel der weißen »Dutch Reformed Church« (DRC) in Südafrika

Christine Schliesser

This essay examines one particularly significant player in South Africa's church landscape during Apartheid times. The Dutch Reformed Church (DRC) was known for its close ties to Apartheid politicians and for its theological justification of their racist system. The DRC's still pending reunification with its daughter-churches of different ethnicities is widely regarded as the »acid test« for the DRC's willingness to reconcile and acknowledge guilt for its complicity in the Apartheid past. In its first part, this essay traces the historical development of the DRC, leading to several schisms over the »race questions«, while the second part examines the gradual change within the DRC's theological interpretation of Apartheid. A third part looks at central milestones on the DRC's road to reconciliation, before the conclusion synthesizes the results in order to turn the focus from the past to the present and future of the DRC and the reconciliation process in South Africa.

Einleitung

»Keine Zukunft ohne Versöhnung.«[1] So mahnte es Friedensnobelpreisträger Desmond Tutu im Jahr 1999 an. Fünf Jahre nach den ersten freien Wahlen in Südafrika und dem Ende des Apartheidregimes war das Land noch tief gespalten und stand vor enormen sozialen, politischen und wirtschaftlichen Aufgaben. Fast ein Vierteljahrhundert später sind die Herausforderungen immer noch gewaltig. Sie werden zudem verstärkt durch ein Gefühl der Frustration über fehlgeleitete und ausgebliebene Versöhnungs-

1 DESMOND TUTU, Keine Zukunft ohne Versöhnung, Düsseldorf 2001. Englische Originalausgabe: DESMOND TUTU, No future without forgiveness, New York City 1999.

prozesse, die 1996 mit der Errichtung der südafrikanischen Wahrheits- und Versöhnungskommission (Truth and Reconciliation Commission/TRC) einen so vielversprechenden Anfang genommen hatten. Christo Thesnaar beschreibt daher in Anlehnung an den nigerianischen Schriftsteller und Literaturnobelpreisträger »Wole« Babatunde Soyinka den südafrikanischen Umgang mit Versöhnung als »time bomb«, die jederzeit explodieren könne.[2] In den jüngsten Kampagnen wie #FeesMustFall und #EndOutsourcing entladen sich angestaute Frustrationen über anhaltende Ungerechtigkeiten in zum Teil gewalttätigen Protesten.

Die Schwierigkeiten und Probleme des Versöhnungsprozesses auf gesellschaftlicher und zwischenmenschlicher Ebene spiegeln sich auch in den innerkirchlichen Versöhnungsprozessen wider. Dabei liegt der Fokus dieses Beitrags auf der Dutch Reformed Church (DRC)/Nederduitse Gereformeerde Kerk (NGK),[3] die einflussreichste Afrikaanerkirche[4] während der Apartheid.[5] Die DRC war diejenige Denomination, der bis 1990 die meisten afrikaanssprachigen Weißen in Südafrika angehörten.[6] Die DRC und andere Afrikaanerkirchen galten daher als enge Verbündete der Apart-

2 »The South African way of dealing with reconciliation [resembles] a time bomb that can explode at any given moment because the root cause of the problem has not been adequately addressed.« Christo Thesnaar, Alternative and Innovative Approaches to Reconciliation: A South African Perspective, in: Martin Leiner/Christine Schliesser (Hg.), Alternative Approaches in Conflict Resolution, London 2017, 125–136, 126.

3 In der Forschungsliteratur werden sowohl die englischen Bezeichnungen als auch die Bezeichnungen auf Afrikaans verwendet. Im Folgenden wird bei der Erstnennung in der Regel die Bezeichnung in beiden Sprachen angegeben, danach findet ausschließlich die englische Bezeichnung Verwendung.

4 Afrikaaner ist die Selbstbezeichnung der Buren, die früher auch Kapholländer genannt wurden. Die englische Schreibweise ist Afrikaner.

5 Einen guten Überblick über alle involvierten kirchlichen Akteure im südafrikanischen Kirchenkampf vermittelt John W. de Gruchy, The Church Struggle in South Africa, Twenty-fifth anniversary edition, Minneapolis 2005. 1996 hatte die DRC zusammen mit ihren Tochterkirchen 3.913.523 Mitglieder. de Gruchy, Church Struggle, 261. 2016 ist die Mitgliederzahl der DRC auf unter eine Million gesunken. Auskunft des Büros der Generalsynode der DRC auf Anfrage der Autorin am 27.07.2017.

6 Cornelius W. Els, Reconciliation in Southern Africa: The role of the Afrikaans Churches. A historical and analytical study of the contributions of the Afrikaans Churches to the process of reconciliation in Southern Africa, with special reference to their response to the work of the Truth and Reconciliation Commission. Unveröffentlichte Dissertation, Universität Pretoria 2008, 101. Online einsehbar unter: http://repository.up.ac.za/handle/2263/28959, [letzter Zugriff: 20. Juli 2017].

heidregierung, nicht zuletzt auch weil sie deren rassistisches Programm theologisch legitimierten.[7] Der »Lackmustest« der Versöhnung ist, so Dirk Smit, die Wiedervereinigung der DRC mit ihren nicht-weißen Tochterkirchen als konkretes und sichtbares Zeichen für die Bereitschaft der DRC, ihre Apartheidvergangenheit aufzuarbeiten, ihre Schuld anzuerkennen und Verantwortung dafür zu übernehmen.[8]

Dieser Beitrag zeichnet den Umgang der DRC mit ihrem Apartheiderbe in vier Schritten nach: In einem ersten Schritt wird die historische Entwicklung dargestellt, die zur Trennung der verschiedenen Ethnien innerhalb der Kirche und damit zur Spaltung der DRC führte. Ein zweiter Teil stellt die theologische Interpretation von Apartheid durch die DRC in den Mittelpunkt. Diese ist durch einen Wandel gekennzeichnet, der von einer theologischen Rechtfertigung der Apartheid hin zu einer differenzierteren Bewertung reicht und schließlich in ihrer theologisch begründeten Ablehnung mündet. In einem dritten Teil werden zentrale Stationen der DRC auf ihrem langen Weg zur Versöhnung, insbesondere mit ihren Tochterkirchen, nachgezeichnet. Besonderes Augenmerk wird hier auf die kirchlichen Reaktionen auf die TRC gelegt. Ein Fazit bündelt die Ergebnisse und richtet den Blick auf die Zukunft der DRC. Dabei ist durchweg zu bedenken, dass die hier vertretene Perspektive auf den südafrikanischen Versöhnungsprozess eine Außenperspektive ist – diejenige einer weißen Westeuropäerin. Eine solche Außenperspektive weiß um ihre Grenzen. Die Pulitzer-Preisträgerin Tina Rosenberg bemerkt hinsichtlich der hier angebrachten Bescheidenheit: Wir, die wir schreiben und urteilen, »we are clear-eyed about the system's evil. ... We know how we would have behaved. It is [our] extreme good fortune that we will never face this test.«[9]

7 »Cabinet members, National Party members of parliament and senior officials of the civil service were, for a large part, members of the Afrikaans churches. The relationship between the government and the Afrikaans churches was one of close cooperation and mutual support. The government acknowledged the right of the Afrikaans churches to influence public policy with regard to especially education, welfare and public morality. The Afrikaans churches saw it as their responsibility to lend moral and sometimes even theological support to the policies of the government.« ETIENNE DE VILLIERS, The influence of the Dutch Reformed Church (DRC) on public policy during the late 80's and 90's, in: Scriptura 76 (2001), 51–65, 52.

8 DIRK SMIT, Has there been any change? On the role of the Dutch Reformed Church 1974–1990, in: Scriptura 76 (2001), 119–126, 119.

9 TINA ROSENBERG, The haunted land: Facing Europe's ghost after Communism, New York 1995, 66.

1 Die Dutch Reformed Church (DRC) und ihr Weg in die Kirchenspaltung

Die offizielle südafrikanische Kirchengeschichte beginnt im Jahr 1652 mit dem Aufbau einer Proviantstation am Kap der Guten Hoffnung durch die Niederländische Ostindien-Kompanie.[10] Mit der Entsendung eines ständigen Pfarrers im Jahr 1665 konstituierte sich die von Amsterdam abhängige Dutch Reformed Church (DRC) als offizielle Kirche der Kapregion. Erst 1824 – und nachdem die Kapkolonie 1806 von den Briten erobert worden war – sollte sie von Amsterdam unabhängig werden und eine eigene Synode gründen. Mit dem Wachstum der Kapkolonie breitete sich auch die DRC aus, doch waren ihre Mitglieder vor allem weiße Siedler. Erst im Zuge der internationalen Evangelisations- und Missionsbewegung des 19. Jahrhunderts begann auch die DRC verstärkt und mit Erfolg unter der einheimischen Bevölkerung zu missionieren.[11] Waren der gemeinsame Kirchgang wie auch das gemeinsame Abendmahl von Weißen und Einheimischen für die Synode 1829 noch eine dem Wort Gottes entsprechende Selbstverständlichkeit, änderte die Synode 1857 ihren Standpunkt. Aufgrund der »Schwachheit einiger« (Weißer) wurde dort beschlossen, den Gottesdienst der »Heiden« von dem der Weißen zu trennen.[12] Was als Ausnahme gedacht war, verfestigte sich schnell in den Strukturen. Getrennte Parallelgemeinden (»mission churches«) wurden gegründet, die schließlich institutionell in eigenständigen, ethnisch getrennten Tochterkirchen mündeten. 1881 wurde die Dutch Reformed Mission Church (DRMC) / Nederduitse Gereformeerde Sendingkerk (NGSK) für sogenannte »Coloureds«[13] gegründet. 1910 folgte die Dutch Reformed Church in

[10] Portugiesische Katholiken hatten zwar 1501 eine Kapelle in Mossel Bay errichtet, doch war diese Siedlung bis zur Ankunft der Niederländer bereits wieder verschwunden. Für einen Überblick zur südafrikanischen Kirchengeschichte vgl. DE GRUCHY, Church Struggle, 1–50. Einen umfassenden Einblick in die Geschichte Südafrikas geben MONICA WILSON / LEONARD THOMPSON (Hg.), The Oxford History of South Africa, Bd. I und II, Oxford 1969 und 1971.

[11] Frühere Missionsbemühungen unter den einheimischen San und Khoi blieben sporadisch und weitgehend erfolglos.

[12] »The Synod considers it desirable and scriptural that our members from the Heathen be received and absorbed into our existing congregations wherever possible; but where this measure, as a result of the weakness of some, impedes the furtherance of the cause of Christ among the Heathen, the congregation from the Heathen, already founded or still to be founded, shall enjoy its Christian privileges in a separate building or institution.« Zitiert in: DE GRUCHY, Church Struggle, 8.

[13] Als »Coloureds« (Farbige) werden in Südafrika Menschen bezeichnet, die häufig

Africa (DRCA)/Nederduitse Gereformeerde Kerk in Afrika (NGKA) für Schwarze (»Bantu«) und 1965 die Reformed Church in Africa (RCA) für Menschen indischer Herkunft (»Indians«)[14].

Die »Schwachheit einiger« beruhte auf einer Reihe von theologischen, sozio-kulturellen und ökonomischen Gründen. Theologisch besonders einflussreich war der Neo-Calvinismus des Niederländers Abraham Kuyper,[15] der die Dordrechter Theologie gegen liberale Einflüsse zu verteidigen suchte. Die Entwicklungen der reformierten Kirche in den Niederlanden spiegelten sich in Südafrika wider, als sich 1859 dort die Reformed Church of South Africa (RCSA)/Gereformeerde Kerke in Suid-Afrika (GKSA) unter Stephanus Jacobus du Toit von der DRC abspaltete. Kuyper betonte, dass Gottes allgemeine Gnade in allen Sphären des Lebens – Politik, Bildung, Kunst, Wirtschaft, etc. – sichtbar werde. Aus diesem Grund komme jeder Sphäre eine gewisse Souveränität zu. Dieser Gedanke bildete, so John de Gruchy, das theologische Grundgerüst für die spätere Legitimierung der rassistisch orientierten Politik des »Separate Development« durch die DRC: »It was this theological position that provided the religious ground for the policy [of separate development].«[16] Neben dogmatische Überlegungen traten missionstheologische. So plädierte etwa der deutsche Missionswissenschaftler Gustav Warneck dafür, sich jeder Nation und jeder Gruppe gesondert zu widmen.[17] Der missionarische Erfolg unter den Einheimischen schien dieser Strategie recht zu geben, doch hatte sie die theologisch höchst problematische Trennung der Ethnien in den Gemeinden sowie die erwähnte institutionelle Aufspaltung der DRC in verschiedene ethnisch getrennte Tochterkirchen zur Folge.

sowohl nichteuropäischstämmige als auch europäischstämmige Vorfahren haben. Die Mehrheit der Coloureds im südlichen Afrika spricht Afrikaans als Muttersprache.

14 Die meisten Asiaten in Südafrika sind indischer Herkunft. Ihre Vorfahren wurden Mitte des 19. Jahrhunderts als Kontraktarbeiter für die Bewirtschaftung der Zuckerrohrfelder Natals in das Land geholt.

15 Hatte sich 1816 die reformierte Kirche in den Niederlanden von der streng calvinistischen Theologie der Dordrechter Synode (1619) distanziert und einem liberaleren und aufklärerischen Christentum zugewandt, so hielt Kuyper und der 1892 unter seiner Beteiligung gegründete Bund Gereformeerde Kerken in Nederland (GKN) an der Dordrechter Theologie fest. Vgl. Jan Rohls, Protestantische Theologie der Neuzeit, Band II, Das 20. Jahrhundert, Tübingen 1997, 55–57.

16 De Gruchy, Church Struggle, 10.

17 Vgl. Johannes C. Hoekendijk, Kirche und Volk in der deutschen Missionswissenschaft, München 1967, 93.

Des Weiteren spielten sozio-kulturelle und ökonomische Aspekte eine Rolle. Die Kapregion wurde kolonisiert, um den Handel mit Fernost zu erleichtern. Dazu brauchte es vor allem zwei Ressourcen: »Land and labor! No one understands the complexities of the racial situation in South Africa until he has given due consideration to the significance of land and land hunger ... [and] of what is called ›cheap labor‹.«[18] Mit der Geringschätzung der Einheimischen von Seiten der Kolonialherren ging eine Missachtung ihrer Kultur einher, eine Haltung, an der auch die offizielle Abschaffung der Sklaverei 1833 durch die Briten kaum etwas veränderte.

Zu den ethnisch bedingten Abspaltungen der Missionskirchen von der DRC traten zwei weitere Abspaltungen, die ein Nebeneinander von drei weißen Afrikaanerkirchen zur Folge hatten: neben der DRC waren dies die 1853 gegründete Nederduitsch Hervormde Kerk (NHK) sowie die bereits erwähnte ultra-calvinistische Reformed Church in South Africa (RCSA)/Gereformeerde Kerke in Suid-Afrika (GKSA) von 1859.

Die Entwicklungen innerhalb der DRC lassen sich des Weiteren nicht von der politischen Entwicklung des Landes trennen. Zunehmende Spannungen zwischen den Buren (Niederländern) und den Briten führten zu zwei Kriegen. 1902 stand am Ende des Zweiten Burenkriegs die imperialistische Großmacht Großbritannien als Sieger fest. Die grausam geführten Kriege hinterließen eine tiefe Verbitterung insbesondere bei den besiegten Buren. Auch nach Gründung der Südafrikanischen Union 1910, die Buren und Briten vereinen sollte, blieb das Ringen um die eigene, distinkte Identität ein permanentes Anliegen der Buren. Hier erwiesen sich die DRC und die anderen Afrikaanerkirchen als für die Ausgestaltung des »Afrikanerdom« zentral, einer sakralisierten nationalistischen Ideologie, die sich durch einen ausgeprägten Stolz auf die Afrikaanersprache und -kultur, einen konservativen Calvinismus und ein starkes Bewusstsein des Pioniergeistes auszeichnete.[19] Im Afrikanerdom vereinigten sich Kirche, Nation und Partei (d.h. die 1914 gegründete Nationale Partei).

Doch gab es auch in der DRC verschiedentlich Bestrebungen, sich anderen Konfessionen anzunähern. 1936 wurde der Christian Council of

[18] Leslie A. Hewson, The historical background, in: The Christian citizen in a multiracial society, A report of the Rosettenville Conference (Christian Council of South Africa) 1949, 44.

[19] Vgl. Daniel F. Malan, Pfarrer der DRC und späterer Premierminister: »Indeed, the history of the Afrikaner reveals a will and a determination which makes one feel that Afrikanerdom is not the work of men but the creation of God.« Zitiert in: T. Dunbar Moodie, The rise of Afrikanerdom: Power, Apartheid and Afrikaner civil religion, Berkeley 1975, 1.

South Africa gegründet, der afrikaans- und englischsprachige Kirchen vereinte. Gehörten die Cap- und die Transvaal-Synoden der DRC zu den Gründungsmitgliedern, so verließen sie das ökumenische Gremium bereits im Jahr 1941 wieder.[20] 1968 änderte der Christian Council seinen Namen und agierte nunmehr unter der Bezeichnung South African Council of Churches (SACC). Der SACC entwickelte sich rasch zu einem entschiedenen Gegner der Apartheidpolitik der Regierung. Bereits im selben Jahr veröffentlichte der SACC die *Message to the People of South Africa*. Darin wurde die Position vertreten, dass Apartheid und die Politik getrennter Entwicklung unvereinbar mit dem Evangelium Christi seien. Die Politik der Rassentrennung habe unausweichlich zur Folge, dass die Kirche aufhöre, Kirche Christi zu sein. Das mediale, kirchliche und politische Echo auf die *Message* war groß und polarisierend. Das SACC-Dokument erschwerte die Beziehungen zur DRC zusätzlich, da es *de facto* all jene als Häretiker verurteilte, die die Politik der getrennten Entwicklung theologisch sanktionierten.

In den 1970er Jahren spitzte sich der Konflikt zwischen den Kritikern der Apartheid und ihren Unterstützern in Politik und Kirchen, d. h. insbesondere der DRC, zu. Einen Höhepunkt erreichte der Konflikt mit dem Schüleraufstand in Soweto, einem Vorort von Johannesburg, am 16. Juni 1976. Schwarze Schülerinnen und Schüler demonstrierten gegen einen bildungspolitischen Erlass der Regierung, der Afrikaans als Unterrichtssprache vorschrieb und damit die oftmals andersprachige schwarze Schülerschaft massiv benachteiligte. Als der Schülerprotest durch einen außerordentlich brutalen Polizeieinsatz niedergeschlagen wurde, bei dem zahlreiche Kinder und Jugendliche zu Tode kamen, griffen die Unruhen auch auf andere Landesteile über. In der Folge wurden mehrere hundert Menschen getötet, tausende verletzt und ebenfalls tausende inhaftiert. Soweto wurde zum Symbol der schwarzen Protestbewegung, das auch international seine Wirkung entfaltete.[21]

Doch wie reagierten die südafrikanischen Kirchen auf dieses Ereignis, das sich als »beginning of the end of Apartheid«[22] erweisen sollte? Während die Kirchen des SACC Verständnis für die den Protesten zugrunde-

[20] Die innere Zerstrittenheit der DRC wird auch daran deutlich, dass die DRC Synoden Natal und Free State allen ökumenischen Bestrebungen von vornherein fernblieben.

[21] Der UN-Sicherheitsrat verurteilte in der Resolution 392 das Vorgehen der südafrikanischen Regierung aufgrund ihres unverhältnismäßigen Einsatzes von Gewalt bei den Soweto Unruhen.

[22] So die Analyse von DE GRUCHY, Church Struggle, 165.

liegenden Frustrationen äußerten und die Regierung aufriefen, sich diesen endlich konstruktiv zuzuwenden, beließ es die DRC bei einer Beileidsbekundung für die Opfer und einem allgemeinen Aufruf zu christlicher Nächstenliebe.[23] Die DRC im Besonderen – aber auch das Christentum im Allgemeinen – wurden so im südafrikanischen Kontext zunehmend mit der Apartheid identifiziert. Gefragt, warum im Verlauf der Demonstrationen auch Kirchengebäude der DRC angegriffen wurden, antwortete ein schwarzer reformierter Pfarrer: »Because the Black people identify the D. R. Church with the political dispensation in our country.«[24]

Dass diese Einschätzung auch von außen geteilt wurde, zeigt der Ausschluss der DRC aus dem Reformierten Weltbund 1982.[25] Als sich im selben Jahr auch noch die Tochterkirche der DRC für die »Coloureds« (DRMC) gegen die DRC stellte, indem sie über der Apartheidsfrage den *status confessionis* ausrief, bedeutete dies für die DRC weitestgehende kirchenpolitische Isolation, national wie international. Doch war der Höhepunkt der Isolation für die DRC zugleich auch ein Wendepunkt. Wie sehr es innerhalb der DRC theologisch gärte – ein Prozess, der im sogenannten *Stormkompass* (1981) sowie im *Offenen Brief* (1982) Ausdruck fand – wird im folgenden Abschnitt gezeigt werden. Als entscheidende Wegmarke aus der Isolation heraus kann das Dokument *Church and Society* (1986/1990) gesehen werden, das 1990 in revidierter Fassung von der Generalsynode der DRC angenommen wurde. »In the history of the DRC this meeting will be known for its dramatic decisions on Apartheid in South Africa.«[26] Hier wurden zum ersten Mal die mit der Apartheid verbundenen Ungerechtigkeiten theologisch als »Sünde« gefasst (Art. 285). Auch wenn es Stimmen gab, die *Church and Society* als zu wenig deutlich kritisierten, bereitete dieses Dokument den Weg aus Isolation und Kirchenspaltung vor. Dass dieser Weg kein leichter sein würde, wurde bei der gemeinsamen Konsultation aller Mitglieder der DRC-Kirchenfamilie in Vereeniging 1989 deutlich. Vergeblich wurde versucht, bei zentralen Fragen einen gemeinsamen Standpunkt zu finden.[27]

23 Ecunews 21/76 (07. Juli 1976), Appendix A; cf. Soweto Disturbances: Attitude of the D.R. Church, in: NGK Africa News 2.3 (1977).

24 F. E. O'Brien Geldenhuys, Appraisal: New issues and challenges facing the church in South Africa, in: NGK News 1.9 (1976), 6.

25 Die Wiederaufnahme erfolgte 1998.

26 Els, The role of the Afrikaans Churches, 93.

27 Vgl. Douglas Bax, The Vereeniging Consultation, in: Journal of Theology for Southern Africa, 68 (1989), 61–73.

Zu den besonders umstrittenen Themen gehörten die Apartheid, die Wiedervereinigung innerhalb der DRC-Kirchenfamilie sowie die internationalen Wirtschaftssanktionen, mit Hilfe derer die internationale Gemeinschaft das Apartheidregime schwächen wollte. Dennoch führte ihr Weg die DRC schließlich über die sogenannte »Versöhnungssynode« 1994 zur *Achterbergh Deklaration* von 2006, die den gemeinsamen Willen zur Wiedervereinigung der DRC-Kirchenfamilie deutlich zum Ausdruck bringt.

Nach dieser historischen Einordnung wird es nun um die theologische Entwicklung der DRC und ihrer Interpretation von Apartheid gehen.

2 Von einer »Theologie der Apartheid« zu einer »Theologie der Versöhnung«?

Die DRC wird in der Regel als diejenige kirchliche Institution verstanden, die das Konzept der Apartheid mitentwickelte und der Nationalen Partei dafür die theologische Legitimierung bot.[28] Doch waren auch andere Afrikaanerkirchen in diese Prozesse involviert. Jakob D. du Toit etwa, Sohn eines der Gründer der ultra-calvinistischen Reformed Church in South Africa (RCSA), gilt als einer der Väter der Verfassung der Nationalen Partei. Nachdem diese 1948 die Macht erlangt hatte, erreichte die Apartheid in Südafrika eine neue Dimension, als mit zunehmender Rücksichtslosigkeit diskriminierende Gesetze und Praktiken umgesetzt wurden. Doch war es die DRC, die bei ihrer Missionskonferenz 1950 die »territoriale Apartheid« vorschlug und somit den Weg bereiten half, der in den umstrittenen »Group Areas Act« aus dem gleichen Jahr mündete. Mit diesem Gesetz, das erst 1991 aufgehoben worden ist, wurde auch die räumliche Segregation der ethnischen Gruppen vollzogen. Proteste aus den Reihen der englischsprachigen Kirchen – aber auch innerhalb der DRC[29] – blieben vergeblich.

Die theologische Heterogenität innerhalb der DRC lässt sich anhand der Konsultation des World Council of Churches (WCC) in Cottesloe 1960 veranschaulichen. In der Folge des Massakers von Sharpeville im März

28 Vgl. WOLFRAM WEISE, The DRC's role in the context of transition on South Africa: Background of a research project and questions from a German perspective, in: Scriptura 76 (2001), 1–16, 8.

29 Vgl. Ben Marais' Kritik am Apartheidverständnis seiner eigenen Kirche in: BEN MARAIS, Colour: The unsolved problem of the West, Kapstadt 1952.

1960[30] sollte es in dieser ökumenischen Konsultation um das Verhältnis der Ethnien untereinander und um die sozialen Probleme in Südafrika gehen. Die Delegierten der DRC unterstützten dabei die Abschlusserklärung, die sich klar gegen Diskriminierung positionierte.[31] In der Folge erklärte nicht nur der südafrikanische Premierminister Hendrik F. Verwoerd der DRC-Delegation sein persönliches Missfallen, sondern die Delegation scheiterte auch mit der Umsetzung der Resolution in ihren eigenen Synoden.[32]

Zu den prominentesten Kritikern der DRC aus ihren eigenen Reihen gehörte der Pfarrer Beyers Naudé. Die Erfahrungen im Umfeld des Massakers von Sharpeville sowie die Unfähigkeit der DRC-Delegierten, die Erklärung von Cottesloe in ihren Synoden umzusetzen, bewegten ihn 1963 zur Gründung des »Christian Institute«. Ziel des Christian Institute war es, sich für die Einheit der Kirchen in Südafrika einzusetzen. Kirche und Staat reagierten schnell und harsch: die DRC mit der Entlassung Naudés aus dem Pfarrdienst, die Regierung zunächst mit Kritik und Repressalien und 1977 mit der Schließung des Instituts.

Theologisch entwickelte die DRC ihre Sicht auf die sogenannte Rassenfrage in den folgenden zwei Dokumenten weiter: *Human Relations in South Africa* (1966) und *Human Relations and the South African Scene in the Light of Scripture* (1974).[33] Letzteres soll aufgrund seiner zentralen

[30] Das Massaker von Sharpeville gilt als Wendepunkt in der südafrikanischen Geschichte. Am 21. März 1960 wurde der friedliche Protest von mehreren tausend Schwarzen in Sharpeville, zu dem der Pan Africanist Congress (PAC) aufgerufen hatte, von der Polizei gewaltsam aufgelöst. 69 Demonstranten und Demonstrantinnen – Männer, Frauen und Kinder – wurden erschossen und mehrere hundert verletzt. In der Folge rief die südafrikanische Regierung den Notstand aus. Der PAC, der sich im Jahr zuvor vom African National Congress (ANC) abgespalten hatte, wurde ebenso wie dieser verboten. Tausende wurden inhaftiert, darunter die ANC- und PAC-Führer Nelson Mandela, Albert Luthuli und Robert Sobukwe. Vgl. A. Peter Walshe, The rise of African nationalism in South Africa, London 1970.

[31] »The spiritual unity among all men who are in Christ must find visible expression in acts of common worship and witness, and in fellowship and consultation on matters of common concern.« Leslie A. Hewson (Hg.), Cottesloe Consultation: The report of the consultation, Johannesburg 1961, 74.

[32] Daraufhin trat die DRC aus dem WCC aus. 2016 erfolgte die Wiederaufnahme als Mitglied.

[33] Vgl. Johan M. van der Merwe, The Dutch Reformed Church from Ras, Volk en Nasie [Human Relations and the South African Scene in the Light of Scripture] to Kerk en Samelewing [Church and Society]: The struggle goes on, in: Mary-Anne Plaatjies-Van Huffel / Robert Vosloo (Hg.), Reformed churches in South Africa and the struggle for justice. Remembering 1960–1990, Stellenbosch 2013, 52–66.

Bedeutung näher beleuchtet werden. Der Grundsatz der DRC, dass die Bibel Leitlinien für alle Sphären des Lebens bereithalte, bildet auch in diesem Dokument die Basis. Es stellt sich daher die Frage nach den hermeneutischen Kriterien der DRC. Hier lassen sich zwei Themen finden: Einheit und Unterschiedenheit. Einerseits gelte: »The Scriptures teach and uphold the essential unity of mankind and the primordial relatedness and fundamental equality of all peoples«.[34] Zugleich wird festzuhalten sein: »Ethnic diversity is in its very origin in accordance with the will of God for this dispensation«.[35] Die synodalen Dokumente der DRC weisen damit ein gewisses Paradox auf: Während sie sich einerseits von einer ungerechten ethnischen Diskriminierung distanzieren, halten sie andererseits an einer »Politik der getrennten Entwicklung« fest, solange diese gerecht implementiert werde. Dabei gerät aus dem Blickfeld, dass »getrennte Entwicklung« letztlich nichts anderes als ein Synonym für Apartheid darstellt.[36] Brian Johanson stellt daher kritisch fest, dass der Gedanke der getrennten Entwicklung eher das Ergebnis einer »Eisegese« statt einer soliden Exegese ist und dass das übergreifende hermeneutische Prinzip von außen an die biblischen Texte herangetragen wurde, nämlich »concern for the ›volk‹«, d.h. die Sorge um das Wohlergehen der Afrikaaner Gemeinschaft.[37] Auch in diesem Dokument zeigt sich der Einfluss Kuypers auf das theologische Denken der DRC. Mit der Verortung von Kirche und Staat in getrennten, souveränen Sphären rückt Kuyper von Calvin ab und in die Nähe einer falsch verstandenen lutherischen Zwei-Reiche-Lehre.[38] Die »golden rule of sovereignty for each institution in its own sphere«[39] erschwerte es der Kirche somit ganz erheblich, sich in politischen oder staatlichen Belangen zu engagieren.

Während die DRC – der drakonischen staatlichen Reaktionen auf den Aufstand in Soweto 1976 zum Trotz – die Regierung weiterhin unter-

34 Dutch Reformed Church, Human relations and the South African scene in the light of scripture, Kapstadt 1975, 13.

35 Ebd.

36 »Apartheid and separate development are usually regarded as synonymous.« De Gruchy, Church Struggle, 71.

37 Brian Johanson, Race, mission and ecumenism: Reflections on the Landman Report, in: Journal of Theology for Southern Africa 10 (1975), 60–67, 60.

38 Mit einer falsch verstandenen Zwei-Reiche-Lehre setzte sich u.a. Dietrich Bonhoeffer auseinander. Er verurteilte eine »pseudo-lutherische« Interpretation dieser Lehre, die die staatlichen und kirchlichen Bereiche nicht nur zu unterscheiden, sondern zu trennen suchte, scharf. Dietrich Bonhoeffer, Ethik, hrsg. von Ilse Tödt et al., München 1992, 40–45.

39 Human relations and the South African scene, 70.

stützte, brach ein neues Kapitel im südafrikanischen Kirchenkampf an. Die Erklärung von Cottesloe und die *Message* hatten bereits klare Worte gegen die Apartheidpolitik der Regierung gefunden. Nun galt der Kampf der theologischen Rechtfertigung von Apartheid. Der Lutherische Weltbund folgte kurz nach den Ereignissen in Soweto der Initiative von Manas Buthelezi, lutherischer Bischof in Soweto, und erklärte den *status confessionis* für Südafrika.[40] Apartheid wurde nun als Häresie und damit auch in theologischen Kategorien interpretiert.

Doch auch innerhalb der DRC wurde der Widerstand gegen die staatliche Politik lauter. Unter der Federführung der DRC Theologen F. E. O'Brien Geldenhuys, Nico J. Smith und Piet Meiring wurde 1981 der *Sturmkompass* mit 24 Beiträgen veröffentlicht, die deutliche Kritik am Apartheidsystem zum Ausdruck brachten.[41] Dem *Sturmkompass* folgte 1982 ein *Offener Brief* von 123 Theologen und Pfarrern der DRC, in dem sich die Autoren deutlich vom Apartheidsystem distanzierten.[42] Dem zunehmenden Druck von innen entsprach ein steigender Druck von außen, als der Reformierte Weltbund unter der Führung des Südafrikaners Allan Boesak 1982 ebenfalls Apartheid zur Häresie erklärte: »We declare with black Reformed Christians of South Africa that apartheid (›separate development‹) is a sin, and that the moral and theological justification of it is a travesty of the Gospel and, in its persistent disobedience to the Word of God, a theological heresy.«[43] Dies bedeutete zugleich den Ausschluss der bisherigen Mitglieder DRC und NHK aus dem Reformierten Weltbund.

Der Erklärung des *status confessionis* durch die DRMC (»Coloureds«), Tochterkirche der DRC, folgte im selben Jahr das Bekenntnis von Belhar, das 1986 als offizielles Bekenntnis von der DRMC angenommen wurde. Das Begleitschreiben an die Kirchensynode macht deutlich, dass es sich hier nicht schlicht um einen weiteren theologischen Debattenbeitrag handelte, sondern um einen Aufruf zur Versöhnung, einem »›cry from the heart‹ [...] We utter this confession against a heretical dogma, against an

40 Vgl. Dirk J. Smit, A »status confessionis« in South Africa?, in: Journal of Theology for Southern Africa 47 (1984), 21–46.

41 F. E. O'Brien Geldenhuys / Nico J. Smith / Piet Meiring (Hg.), Stormkompass, Kapstadt 1981.

42 Vgl. Adrio König / David J. Bosch / Willem D. Nicol (Hg.), Perspektief op die Ope Brief, Kapstadt 1982. Erst 1998 öffnete sich die DRC für die Ordination von Frauen.

43 Zitiert in: John W. De Gruchy / Charles Villa-Vicencio (Hg.), Apartheid is a heresy, Kapstadt 1983, 170.

ideological distortion that threatens the gospel even in our church and country.«[44] Zum ersten Mal wurde damit die theologische Legitimierung der Apartheid aus dem Kreis der DRC-Kirchenfamilie verworfen. Die offizielle Antwort der DRC ließ fast zwei Jahre auf sich warten. Erst am 4. April 1984 ließ diese über ihr offizielles Organ, *Die Kerkbode*, wissen, dass sie bei ihrer schöpfungstheologischen Legitimation der Apartheid bleibe.

Indem als eigentlicher Gegner im südafrikanischen Kirchenkampf nicht mehr allein die Apartheidpolitik der Regierung, sondern deren theologische Rechtfertigung durch Kirchen wie die DRC in den Blick trat, wurde deutlich, dass die Einheit der Kirchen nunmehr von deren theologischer Haltung zur Apartheid abhing. Ausdruck dieser veränderten Gemengelage im Vergleich mit den zurückliegenden 25 Jahren ist das *Kairos Dokument* von 1985. Unter der Federführung von Frank Chikane, späterer Generalsekretär des SACC, distanzierte sich das *Kairos Dokument* von den früheren Verlautbarungen wie Cottesloe und der *Message*, denen es »cheap reconciliation«[45] vorwarf. Stattdessen wurde erstmals direktes christliches Engagement im Kirchenkampf gefordert, Akte des zivilen Ungehorsams eingeschlossen.

Der innere und äußere Druck auf die DRC begann Wirkung zu zeigen. In ihrem Dokument *Church and Society*[46] (1986) relativierte sie einige der Kernaussagen von *Human Relations* (1974). Hatte die DRC dort noch theologische – vor allem schöpfungstheologische – Gründe für die Rechtfertigung von Apartheid vertreten, heißt es nun: »Following the reflection that has taken place through the years in church periodicals, conferences, committees and synods concerning the policy which became known as apartheid, the conviction has gradually grown that a forced separation and division of peoples cannot be considered a Biblical imperative. The attempt to justify such an injunction as derived from the Bible must be recognized as an error and rejected.«[47] Als Begründung für diesen Perspektivenwechsel führt *Church and Society* christlich-ethische Kategorien wie Nächstenliebe und Gerechtigkeit an und beruft sich auf die Menschenwürde. Diese sei mit der systematischen Unterdrückung einer Gruppe Menschen durch eine andere nicht vereinbar.[48] Die Reaktionen auf *Church and Society* als

44 Die Kerkbode, 13. Oktober 1982, 3.

45 The Kairos Document, 2. überarbeitete Auflage, Grand Rapids 1986, Art. 3.1.

46 Kerk en Samelewing – 'n Getuienis van die Ned Geref Kerk, Bloemfontein 1990.

47 Vgl. Frits M. Gaum, Die verhaal van die Ned Geref Kerk se REIS MET APARTHEID, Wellington 1997, 19.

48 »The Dutch Reformed Church is convinced that the application of apartheid as a

heftig zu beschreiben, wäre eine Untertreibung. Gegner und Gegnerinnen der Apartheid kritisierten, dass dieses Dokument nicht weit genug gehe. Die neue Position der DRC sei »totally inadequate, in fact, it was nothing more than a theological rationalizing of the government's own attempt to reform apartheid.«[49] Befürworter und Befürworterinnen der Apartheid sahen sich hingegen von der DRC im Stich gelassen. Weniger als ein Jahr später führten diese Kontroversen zur erneuten Kirchenspaltung innerhalb der DRC-Kirchenfamilie. Mit der Afrikaans Protestant Church (APC) wurde eine Kirche ausschließlich für weiße Afrikaaner und Afrikaanerinnen gegründet, der sich ca. 30.000 unzufriedene ehemalige Mitglieder der DRC und anderer Afrikaanerkirchen anschlossen.[50]

Der 1986 in *Church and Society* angestoßene Prozess wurde von der DRC auf ihrer Generalsynode 1990 weitergeführt, indem sie Ergänzungen und Präzisierungen an der ersten Version des Dokuments vornahm. So bekennt sie ihr Versäumnis, dass sie sich nicht schon viel früher von einer theologischen Begründung der Apartheid distanziert habe (Art. 283). »The Dutch Reformed Church wants to state clearly that it condemns all forms of discrimination« (Art. 286).[51] Im Vergleich mit *Human Relations* (1976) fällt auf, dass *Church and Society* in Stil und Inhalt weitaus zurückhaltender argumentiert. Johann Kinghorn interpretiert diese Differenz wie folgt: »The difference between *Ras, Volk en Nasie* [*Human Relations*] and CS [*Church and Society*] is the difference between 1974 and 1986. It is the difference between a self-assured ideology and an ideology which is under siege.«[52] Auffallend ist des Weiteren, dass nicht die Apartheid als solche abgelehnt wird, sondern »the application of apartheid« (Art. 305). Die Autoren auch der revidierten Version von *Church und Society* verweigern damit eine Stellungnahme zu der Frage, ob Apartheid, in welcher Form auch immer, überhaupt jemals etwas anderes als ungerecht und sündhaft sein kann. Entsprechend bilanziert Kinghorn kritisch: »The omission of these questions and of any attempt to solve them, points to the fact that

political and social system by which human dignity is adversely affected, and whereby one particular group is detrimentally suppressed by another can not be accepted on Christian ethical grounds because it contravenes the very essence of neighbourly love and righteousness and inevitably the human dignity involved.« Zitiert in: GAUM, Reis met Apartheid, 19.

49 So die Einschätzung von de Gruchy in: DE GRUCHY, Church Struggle, 195.

50 ELS, The role of the Afrikaans churches, 91.

51 Kerk en Samelewing 1990, 40.

52 JOHANN KINGHORN, On the theology of church and society in the DRC, in: Journal of Theology for Southern Africa 70 (1990), 21–36, 35.

the DRC was not prepared to question its own fundamental assumptions, nor was it prepared to question the fundamental assumptions of the policy of apartheid.«[53] So kritisch *Church and Society* gesehen werden kann, so war dieses Dokument doch ein entscheidender Schritt der DRC weg von einer theologischen Legitimation von Apartheid und hin zu einem kritischeren theologischen Verständnis, das auch die inhärente Sündhaftigkeit von Apartheid zu erfassen vermag. Dieses Verständnis kam in der Rustenburg Konferenz von 1990 zum Ausdruck.

Die Rustenburg Konferenz ging auf eine Initiative des Staatspräsidenten Frederik W. de Klerk zurück, dessen Präsidentschaft politisches Tauwetter einläutete.[54] Bei der Rustenburg Konferenz waren die Kirchenleitungen aufgerufen, eine Strategie für Verhandlungen, für Versöhnung und für friedlichen Wandel in Südafrika zu erarbeiten.[55] Von besonderem Interesse ist hier der Beitrag Willie Jonkers, Theologieprofessor und Pfarrer der DRC. Sein Referat enthielt ein persönliches Schuldbekenntnis, das er stellvertretend zugleich für die DRC und die gesamte Afrikaaner Bevölkerung sprach. »On the human level, the NGK can do little more than to acknowledge its guilt and ask for forgiveness and acceptance. [...] I confess before you and before the Lord, not only my own sin and guilt, and my personal responsibility of the political, social, economical and structural wrongs that have been done to many of you, and the results of which you and our whole country are still suffering from, but vicariously I dare also to do that in the name of the DRC of which I am a member, and for the Afrikaans people as a whole.«[56] Jonkers unerwartetes Schuldbekenntnis – das auch von den internationalen Medien aufgegriffen wurde[57] – wurde

53 KINGHORN, On the theology, 35.

54 Auch wenn De Klerk bei seinem Amtsantritt als südafrikanischer Staatspräsident 1989 als Befürworter der Apartheid galt, so hatte er doch wesentlichen Anteil an deren Überwindung. Bereits im Februar 1990 kündigte er weitreichende Reformen an. Die verbotenen Parteien African National Congress (ANC) und Pan Africanist Congress (PAC) wurden wieder zugelassen. Nelson Mandela und andere Führungspersonen des ANC sowie ca. 120 weitere politische Gefangene wurden aus dem Gefängnis entlassen. Der Ausnahmezustand, Einschränkungen der Pressefreiheit und Apartheidgesetze wie der »Separate Amenities Act« wurden aufgehoben. 1993 erhielt de Klerk gemeinsam mit Nelson Mandela den Friedensnobelpreis.

55 ELS, The role of Afrikaans churches, 95.

56 Zitiert in: LOUW ALBERTS / FRANK CHIKANE (Hg.), The road to Rustenburg: the church looking forward to the new South Africa, Kapstadt 1991, 92.

57 Vgl. den Beitrag »Afrikaner cleric asks blacks to forgive« von CHRISTOPHER S. WREN in der New York Times am 7. November 1990. http://www.nytimes.com/ 1990/

von Desmond Tutu akzeptiert unter dem Hinweis, dass Christen und Christinnen auf Schuldbekenntnisse mit Vergebung zu reagieren hätten.[58] Auch hier waren die Reaktionen ebenso unterschiedlich wie heftig. Während die Befürworter und Befürworterinnen darin eine Fortführung des mit *Church and Society* angestoßenen Prozesses sahen, distanzierten sich viele Mitglieder der DRC, darunter der ehemalige Staatspräsident Pieter W. Botha, von der in Jonkers Bekenntnis enthaltenen Vereinnahmung. Aber auch einige Mitglieder der DRC Tochterkirchen hatten Vorbehalte, nicht zuletzt aufgrund der während der jüngsten gemeinsamen Konsultation in Vereeniging (1989) deutlich gewordenen Schwierigkeiten der DRC, sich klarer vom Apartheidsystem zu distanzieren.

Doch die kirchlichen Veränderungen innerhalb der DRC ließen sich ebenso wenig aufhalten wie die gesamtpolitischen Veränderungen. 1994 fanden die ersten freien Wahlen in Südafrika statt, aus denen der African National Congress (ANC) als Gewinner und Nelson Mandela als erster schwarzer Präsident hervorging. Die friedliche Revolution auf der politischen Bühne spiegelte sich auf kirchlicher Ebene in der Generalsynode der DRC von 1994 wider, die als »Synode der Versöhnung« (»Reconciliation Synod«) in die Geschichte eingehen sollte. Ein neues Kapitel in der Geschichte der DRC war aufgeschlagen worden.

3 Der lange Weg zur Versöhnung

Mit dem unerwartet plötzlichen und überraschend gewaltarmen Ende der Apartheidpolitik stellte sich für die DRC die Frage nach dem Umgang mit ihrem Apartheiderbe. Die DRC stand nun vor der Entscheidung, ihr Versagen und ihre Schuld, die sie als theologische und kirchliche Legitimationsinstanz der rassistischen Nationalen Partei auf sich geladen hatte, anzuerkennen und zu bekennen oder aber zu versuchen, ihre belastende Vergangenheit zu ignorieren. Folgende Stationen erwiesen sich dabei für den weiteren Weg der DRC als zentral: Eine wichtige Weiche wurde bereits im Oktober 1994 gestellt, als die DRC ihre Generalsynode in Pretoria

11/07/world/afrikaner-cleric-asks-blacks-to-forgive.html?mcubz=1, [letzter Zugriff: 25. Juli 2017].

58 »I believe that I certainly stand under pressure of God's Holy Spirit to say that ... when confession is made, then those of us who have been wronged must say ›We forgive you‹, so that together we may move to the reconstruction of our land. That confession is not cheaply made and the response is not cheaply given.« ALBERTS/CHIKANE, The road to Rustenburg, 99.

abhielt. Mit Nelson Mandela war zum ersten Mal ein Staatspräsident zu Gast. Seine Freilassung im Februar 1990 verband sich bei vielen Weißen mit der – nicht unberechtigten – Furcht vor einer Gewaltexplosion von Seiten der nicht-weißen Bevölkerung. Doch Mandela wählte einen anderen Kurs. Statt zu Hass und Vergeltung nach Jahrzehnten schlimmster Unterdrückung durch die Weißen rief er die nicht-weiße Bevölkerungsmehrheit zu Versöhnung und Vergebung auf – so auch auf der Generalsynode der DRC. Während er einerseits das System Apartheid sowie die Beteiligung der DRC daran deutlich als Unrecht und Sünde kritisierte, hob er andererseits die Bedeutung der DRC für die gesellschaftlichen Prozesse in Südafrika hervor und lud die DRC ein »to help the government in its task to advance Truth and Reconciliation in South Africa.«[59] Die später als »Versöhnungssynode« bekannt gewordene Versammlung reagierte auf Mandelas Angebot der Versöhnung u.a. damit, dass sie Kritiker aus den eigenen Reihen wie Beyers Naudé rehabilitierte und zugleich öffentlich bekannte, dass der Umgang mit ihnen seitens der DRC nicht immer von der nötigen »grace and love«[60] geprägt gewesen war.

Als besonders bedeutsam für den Umgang der DRC mit ihrer Apartheidvergangenheit erwies sich Südafrikas großes nationales Experiment sozialer Transformation, die Truth and Reconciliation Commission (TRC).[61] Sie soll daher in ihrer Bedeutung für die DRC etwas ausführlicher beleuchtet werden. Von 1996 bis 1998[62] erhielten Opfer wie Täter der Apartheid die Gelegenheit, das ihnen Widerfahrene bzw. ihre Taten der Öffentlichkeit zugänglich zu machen. Ziel der TRC unter dem Vorsitz Desmond Tutus war es, einen Dialog zwischen Opfer und Täter zu ermöglichen, um auf

59 Generalsynode der DRC, Agendas en Acta Synodi 1994, 537.

60 Die Kerkbode 28. Oktober 1994, 1.

61 Seit 1974 waren bis 1996 weltweit 19 Wahrheitskommissionen etabliert worden. Die Gründung der südafrikanischen Wahrheits- und Versöhnungskommission war jedoch dahingehend einzigartig, dass sie Ergebnis eines öffentlichen und parlamentarischen Prozesses war. Gesetzliche Grundlage war *The Promotion of National Unity and Reconciliation Act* (Nr. 34, 1995). Vgl. Johnny De Lange, The historical context, legal origins and philosophical foundation of the South African Truth and Reconciliation Commission, in: Charles Villa-Vicencio / Wilhelm Verwoerd (Hg.), Looking back, reaching forward. Reflections on the Truth and Reconciliation commission of South Africa, Kapstadt 2000, 14.

62 Die kurze Arbeitsdauer der TRC von zwei Jahren wurde von Beginn an angesichts der zahlreichen Opfer als unzureichend kritisiert. Während dieses Zeitraums machten 21.400 Opfer Eingaben und die Namen von 27.000 Opfern wurden erfasst. 7.124 Täter beantragten Amnestie, die jedoch nicht immer gewährt wurde. Vgl. Piet Meiring, Chronicle of the Truth Commission, Vanderbijlpark 1999, 370.

diese Weise die Grundlage für Versöhnung zwischen den Bevölkerungsgruppen zu schaffen.[63] Tätern wurde Amnestie im Gegenzug für vollständige Aufklärung zugesagt, Opfern wurde finanzielle Hilfe versprochen. Die Anhörungen waren öffentlich. Als rechtliche Grundlage der TRC diente die Übergangsverfassung, die gesellschaftliche Versöhnung als nationale Aufgabe verstand: »The pursuit of national unity, the well-being of all South African citizens and peace require reconciliation between the people of South Africa and the reconstruction of society.«[64]

Die Reaktionen der Kirchen auf die TRC fielen unterschiedlich aus und reichten von Akzeptanz (SACC) bis hin zu vehementer Ablehnung (NHK). Cornelius W. Els fasst die Haltung der Afrikaanerkirchen wie folgt zusammen: »In general the attitude of the Afrikaans Churches to the TRC was negative«.[65] Die DRC war in sich gespalten. Teile der DRC werteten es als Affront, dass die von ihr für die TRC-Kommissariate Nominierten von Mandela übergangen worden waren.[66] Auch herrschte nach Piet Meiring teilweise der Eindruck vor »that the TRC was no more than a witch-hunt, with the purpose to embarrass the National Party Government.«[67] Doch gab es auch andere Stimmen, etwa aus der Pfarrerschaft der DRC, die in einem offenen Brief um Zustimmung zur TRC warben und eine explizite Verbindung zum Umgang der DRC mit ihrer Schuld zogen. »The DRC has already, at different occasions, confessed guilt with respect to Apartheid. We also acknowledge that there were gross human rights vio-

63 Die Frage, ob die TRC letztlich erfolgreich war, erweist sich bei genauerem Hinsehen als irreführend. »Its mandate was not to achieve reconciliation; its mandate was to promote reconciliation and serve as a catalyst for what must of necessity be a long-term process. So the question is not whether the TRC succeeded, but whether the government and the country as a whole made the most of the opportunity.« De Gruchy, Church Struggle, 228.

64 Zitiert in: Dullah Omar, Introduction to the Truth and Reconciliation Commission, in: H. Russel Botman / Robin M. Petersen (Hg.), To remember and to heal. Theological and psychological reflections on truth and reconciliation, Kapstadt 1996, 24f. Dullah Omar amtete von 1994 bis 1999 als südafrikanischer Justizminister und war in dieser Funktion maßgeblich an der Vorbereitung und Durchführung der TRC beteiligt.

65 Els, The role of Afrikaans churches, 152.

66 Desmond Tutu rekrutierte jedoch den DRC Theologieprofessor Piet Meiring als Mitglied des Human Rights Violations Committee. Neben dem Human Rights Violations Committe bestand die TRC aus dem Amnesty Committee und dem Reparation and Rehabilitation Committee.

67 Piet Meiring, Truth and reconciliation in post-apartheid South Africa, in: Jerald D. Gort / Henry Jansen / Hendrik M. Vroom (Hg.) Religion, conflict and reconciliation. Multifaith ideals and realities, New York 2002, 279–289, 284.

lations. We are now standing before the test to put these testimonies into practical acts. One of these is a sincere support of the TRC and its aims. Any rousing of suspicion or steering clear of issues can jeopardise the moral ground of our life as church in the future.«[68] Die zukünftige Integrität der DRC hänge von ihrer Bereitschaft ab, ihr Schuldbekenntnis in Worten[69] nun auch durch Taten zu beglaubigen.

Die Haltung der Kirchen zur TRC trat erneut in den Fokus der Aufmerksamkeit, als es im November 1997 zu den sogenannten »Special Hearings« (»Sonderanhörungen«) kam. In diesen »Special Hearings« lud die TRC unterschiedliche Interessengemeinschaften zu einer Stellungnahme ein, darunter auch die Glaubensgemeinschaften und Kirchen. 41 Glaubensgemeinschaften und Kirchen folgten dieser Einladung. Die DRC war erneut gespalten. Die Kommission der Generalsynode der DRC konnte sich nicht auf eine offizielle Stellungnahme vor der TRC einigen. Es wurde beschlossen, dass Freek Swanepoel – als Repräsentant der Befürworter einer Stellungnahme – ein persönliches Votum vor der TRC einbringen konnte. Zugleich begann die Arbeit an dem Dokument *Reis met Apartheid* (1997), in dem die DRC ihren Willen zu einer »sichtbareren Einheit« mit den Tochterkirchen betonte.[70]

Nach Julian Müller lag der inneren Spaltung der DRC ein unterschiedliches Verständnis dessen zugrunde, was unter Schuldbekenntnis zu verstehen ist. Es wurde einerseits als Ereignis und damit als auf die Vergangenheit gerichtet gedeutet und anderseits als Prozess und zukunftsorientiert. »That means that some members of the DRC have the idea that once you have confessed, everything is well. ... There are others, however, whose belief is that confession is not a once and for all exercise. For them the process of healing is only possible through confessing again and again.«[71] Müller selbst positioniert sich innerhalb eines prozessualen Verständnisses von Schuldbekenntnis. Zu fragen bleibt hier, ob sich beide

68 Algemene Kerkbode, 09./10. Februar 1996, 11.

69 So geschehen etwa in *Church and Society* sowie auf der Rustenburg Konferenz stellvertretend durch Willie Jonker.

70 »9.20 The Dutch Reformed Church will proceed with its endeavours to bring about greater unity in the church, specifically in the reformed tradition, because we believe that the Lord demands of His church that it become more visibly unified«. DRC, The Story of the Dutch Reformed Church's »Journey with Apartheid«. 1960–1994. A testimony and a confession, (ohne Ort) 1997, 37. Vgl. Matthias Gensicke, Zwischen Beharrung und Veränderung: die Nederduitse Gereformeerde Kerk im Umbruchsprozess Südafrikas (1990–1999), Münster 2007, 312f.

71 Die Kerkbode, 06. September 2006, 13.

Verständnisse kategorisch ausschließen müssen, oder ob sie sich möglicherweise auch ergänzen können. Ebenso wie ein aufrichtiges, einmaliges Schuldbekenntnis transformativ sein kann,[72] kann auch die Wiederholung von Bekenntnissen bzw. die Erinnerung daran heilende Wirkung zeigen – insbesondere wenn sie mit konkretem Engagement, etwa in Form von Wiedergutmachungen, verbunden sind.

In seinem persönlichen Statement vor der TRC betonte Swanepoel die Bereitschaft der DRC, am Versöhnungsprozess mitzuwirken. Er wies einerseits auf die Verdienste seiner Kirche hin, die stets »with compassion to the great numbers of people« geschaut hätte, welche unter der Apartheid gelitten haben. Zugleich bekannte er, dass »reluctance, disobedience and a lack of insight on the part of members and officials, regarding the need of society, have also been confessed before the Lord.« Swanepoels Bekenntnis mündete in der Vergebungsbitte: »The DRC asks for forgiveness from these people and acknowledges that its voice of protest and compassion had been too small.«[73] Das erwähnte Mitgefühl der DRC mit den Opfern der Apartheid scheint sich jedoch – angesichts des geschilderten historischen Verlaufs – in eher engen Grenzen gehalten zu haben. Auch ist ein Mangel an Einblick angesichts der engen Verknüpfung gerade zwischen der DRC und der rassistischen Regierungspartei NP kaum glaubhaft. Das Bekenntnis, dass die Stimme der DRC in ihrem Protest und ihrem Mitgefühl zu wenig hörbar gewesen sei, ist hingegen plausibel. Doch bleibt, nicht zuletzt angesichts der Repressalien der DRC gegen ihre eigenen Mitglieder, deren Protest deutlicher war, ein schaler Nachgeschmack. So verwundert es nicht, dass Els die Ernsthaftigkeit dieses Schuldbekenntnisses hinterfragt, allzumal es nicht einmal von der gesamten DRC getragen wurde. »The fact that it didn't have the support of the DRC as a whole made it like so many other confessions in the past – a play with words.«[74]

Zugleich wird hier sichtbar, dass Versöhnungsprozesse aus zahlreichen kleinen Schritten bestehen. Versöhnung ist mit Stefanie van de Loo als ein relationaler Begriff aufzufassen, der sowohl einen Prozess als auch das Ergebnis dieses Prozesses umfasst.[75] Laut Fernando Enns kann dieser Prozess

72 Vgl. das stellvertretende Schuldbekenntnis von Dietrich Bonhoeffer. DIETRICH BONHOEFFER, Ethik, Ilse Tödt et al. (Hg.), München 1992, 128–133.

73 Die vollständige Eingabe Swanepoels vor der TRC findet sich bei ELS, The role of Afrikaans churches, 368–370.

74 ELS, The role of Afrikaans churches, 169f.

75 Versöhnung ist somit ein »wechselseitiger Prozess zwischen mindestens zwei Par-

»ganz unterschiedliche Elemente wie Schuldeingeständnis, Sühne, Vergebungsbitte und Gewährung enthalten [...] bis hin zu einem neugeordneten Beziehungsverhältnis«.[76] Vor diesem Hintergrund kann auch die Aussage Swanepoels vor der TRC als einer der notwendigen Schritte auf dem Weg der Versöhnung verstanden werden.[77]

Ziel der gesonderten Anhörung der Glaubensgemeinschaften vor der TRC war es unter anderem, »to remind them of their obligation, testified to within their own traditions, to participate in social transformation and the national process of reconciliation«.[78] Hier ist der gesellschaftliche Einfluss vor allem des Christentums in Südafrika zu bedenken: »The church is the strongest and most influential non-governmental organization.«[79] In ihrem Abschlussbericht formuliert die TRC eine Reihe von Empfehlungen für die Glaubensgemeinschaften.[80] Diese nimmt Meiring für den spezifischen Kontext der DRC wie folgt auf: (1) die Klärung des eigenen Verständnisses von Versöhnung; (2) die Konzeption einer »Theology of Reconciliation«; (3) der Einsatz für die Suche nach der Wahrheit, z. B. durch »Mini-Truth Commissions«; (4) die Zusammengehörigkeit von Gerechtigkeit und Versöhnung, etwa im Blick auf die Armutsproblematik; (5) die Begleitung der Gemeindemitglieder auf dem Weg zur Versöhnung und (6) die besondere Bedeutung der Jugend für den Versöhnungsprozess in der DRC.[81] Die Herausforderungen für die DRC waren damit benannt.

teien, die in unmittelbarem oder mittelbarem Kontakt ihre Beziehung zueinander reflektieren und positiv, in gegenseitiger Anerkennung neu gestalten, wie auch [das] Ergebnis dieses Prozesses«. Stefanie van de Loo, Versöhnungsarbeit. Kriterien – theologischer Rahmen – Praxisperspektiven, Stuttgart 2009, 16.

76 Fernando Enns, Transformative Gerechtigkeit als Möglichkeitsraum zur Versöhnung, in: Kirchliche Zeitgeschichte 26 (2013), 23–35, 24.

77 Für eine detaillierte Analyse der Beiträge der Afrikaanerkirchen vor der TRC vgl. Christo Thesnaar, Reformed Churches' struggle for justice: Lessons learnt from their submissions before the TRC, in: Mary-Anne Plaatjies-Van Huffel / Robert Vosloo (Hg.), Reformed churches in South Africa and the struggle for justice. Remembering 1960–1990, Stellenbosch 2013, 385–399.

78 TRC Final Report, Volume 4, 59. http://www.justice.gov.za/trc/report/, [letzter Zugriff: 20. Juli 2017].

79 J. C. Erasmus / H. J. Hendriks / G. G. Mans, Religious Research as Kingpin in the Fight Against Poverty and AIDS in the Western Cape, South Africa, in: HTS Teologiese Studies/Theological Studies 62.1 (2006), 293–311, 306.

80 TRC Final Report, Volume 5, 316ff. http://www.justice.gov.za/trc/report/, [letzter Zugriff: 20. Juli 2017].

81 Piet Meiring, Interview by Bernard Spong. Tuesday, August 31, 1999, in: Audrey R. Chapman / Bernard Spong (Hg.), Religion and Reconciliation in South Africa. Voices of Religious Leaders, Pietermaritzburg 2003, 117–121.

Doch wie wurden und werden diese auf dem Weg der Versöhnung umgesetzt?

1998 entschied die Generalsynode der DRC, folgende drei Themen zu priorisieren: Versöhnung, Armut und moralische Werte. Dazu wurde für das Jahr 2001 ein »Jahr der Hoffnung« ausgerufen, in dem sich die DRC-Gemeinden gezielt mit diesen Themen auseinandersetzen sollten. Auf ihrer Generalsynode 2002 verpflichtete sich die DRC, die genannten Empfehlungen der TRC umzusetzen. Die Verpflichtung umfasst vier Dimensionen: das Bekenntnis zu Gott als dem Herrn der DRC; das Bekenntnis zu Südafrika und dazu, die mit Armut, Hunger, Landreform, Aids, Umweltverschmutzung etc. einhergehenden Probleme anzugehen; das Bekenntnis zur Wiedervereinigung innerhalb der DRC-Kirchenfamilie und das Bekenntnis zum Heilungs- und Versöhnungsprozess in Südafrika.[82] Nach den aktionsorientierten Maßnahmen der vorangegangenen Jahre rief die DRC 2006 eine Zeit des Hörens aus. Die Gemeinden wurden ermutigt, auf Gottes Wort zu hören und entsprechend zu leben. Gegenseitiges Vertrauen, Erbarmen und Offenheit standen dabei besonders im Fokus.[83]

Die Frage nach der Wiedervereinigung der DRC-Kirchenfamilie, die sich im Zuge der Apartheidpolitik immer weiter aufgespalten hatte, stand seit den frühen 1980er Jahren im Raum. Zu dieser Zeit umfassten die Überlegungen die DRC (»White«) sowie ihre Tochterkirchen DRMC (»Coloured«), DRCA (»Black«) und RCA (»Indian«). Mit ihrer Abspaltung von der DRC wurde die APC (»White«) 1987 ebenfalls in diese Diskussionen involviert. Im April 1994 kam es zur Vereinigung der DRMC mit der DRCA, die gemeinsam die Uniting Reformed Church of Southern Africa (URCSA) bildeten. Allerdings widersetzte sich ein Teil der DRCA dieser

82 Generalsynode der DRC, Agendas en Acta Synodi 2002:584; Generalsynode der DRC, Agendas en Acta Synodi 2004:426.

83 In seinen Untersuchungen der Themen der Generalsynoden der DRC bis 2013 stellt Marius Nel fest, dass das Thema Vergebung hingegen eine – wenn überhaupt – nur untergeordnete Rolle spielte. In den Acta, d. h. den offiziellen und verbindlichen Entscheidungen der Generalsynoden, von 1998, 2002 und 2013 finden sich keinerlei Hinweise auf das Themenfeld Vergebung. In den Acta der Generalsynoden von 2007 und 2011 gibt es diesbezüglich lediglich Randbemerkungen. Marius J. Nel, The role of Matthew's ἀφίημι-logia in the decisions of the General Synod of the Dutch Reformed Church (DRC) in post-apartheid South Africa, in: Stellenbosch Theological Journal 2 (2016), 339-361, 352. Doch sollte bedacht werden, dass in den Acta zugleich zahlreiche Belege für die Diskussion von Versöhnung zu finden sind. Dennoch deutet Nels Befund darauf hin, dass die Bedeutung von Vergebung im Kontext von Versöhnung in der DRC vernachlässigt worden ist.

Vereinigung. Im November 1994 wurde ein Joint Committee aus DRC, URCSA und RCA gebildet, um einen Kirchenordnungsentwurf für die vereinigte Kirchenfamilie vorzubereiten. 2001 erhielt die APC im Joint Committee Beobachterstatus. Bereits 1992 wurde die Wiedervereinigung der DRC-Kirchenfamilie von der DRC selbst als »acid test«[84] dafür ausgewiesen, dass sie sich vollständig von der Apartheid distanziert habe und sich auf dem Weg der Versöhnung befinde.

Doch sollten sich die Stolpersteine auf diesem Wege als nahezu unüberwindbar erweisen und den Vorgang der Wiedervereinigung, der bis heute noch nicht abgeschlossen ist, immer wieder verzögern. Als problematisch erwies sich etwa die an die DRC gerichtete Bedingung der URCSA, das Bekenntnis von Belhar zu akzeptieren. 1998 vertieften sich die Spannungen zwischen der URCSA und der DRCA in solchem Maße, dass es zu einem Gerichtsverfahren kam. Kontrovers war des Weiteren die Frage der Sprachenregelung. Das Aufbrechen alter Gräben entlang ethnischer Grenzen wurde befürchtet. Der Wiedervereinigungsprozess stagnierte.

Erst 2006 bei einem gemeinsamen Treffen zwischen der DRC und der URCSA lösten sich die verhärteten Fronten, als beide Seiten ihre Schuld (auch hinsichtlich des verzögerten Wiedervereinigungsprozesses) bekannten und sich gegenseitig Vergebung zusprachen. Im November desselben Jahres unterzeichneten alle Mitglieder der DRC-Kirchenfamilie die *Achterbergh Erklärung*, die dem Wiedervereinigungsprozess neue Kraft verleihen sollte. Besonderer Wert wurde darin auf Begegnungen zwischen den Ortsgemeinden gelegt, um die Basis in den Prozess aktiver mit einzubeziehen.

2011 fasste die Generalsynode der DRC mit einer Mehrheit von 90% den Beschluss, das Bekenntnis von Belhar auch als ihre Bekenntnisschrift anzunehmen. Doch hängt die Durchsetzung dieses Beschlusses von dessen Anerkennung auf Gemeindeebene ab. Der ursprüngliche Fahrplan, diesen Konsultationsprozess bis Ende 2014 abzuschließen und damit den Wiedervereinigungsprozess entscheidend zu beleben, konnte jedoch nicht eingehalten werden. Nach wie vor steht die Wiedervereinigung der DRC-Kirchenfamilie aus.

84 »The DRC is committed to the unity of the DRC family. We agree that this is the acid test, whether the DRC has finally distanced itself from the racism of Apartheid and we are willing to be part of this process.« Die Generalsyonde der DRC bekräftigte dieses Statement im Oktober 1994. Generalsynode der DRC, Agendas en Acta Synodi 1994:443.

4 Fazit

Versöhnung ist ein Prozess. Ein langer Weg mit Stolpersteinen, Kreuzungen, Umwegen und Sackgassen. Für die DRC in Südafrika nach dem Ende der Apartheidpolitik wurde die Wiedervereinigung mit ihren ethnisch getrennten Tochterkirchen zum sichtbaren Zeichen, zum viel zitierten »Lackmustest« der Versöhnung. Doch ist die Wiedervereinigung, auch fast ein Vierteljahrhundert nach Ende der Apartheidpolitik, bis heute ausgeblieben. Ist damit auch der Versöhnungsprozess gescheitert?

Eine Antwort auf diese Frage wird zunächst den engen Zusammenhang zwischen der Wiedervereinigung und der Vergangenheitsbewältigung der DRC bedenken müssen. »Apartheid was – at least also – the result of the ecclesiology, the practices and the church order of the DRC. The final proof that the DRC wanted or wants to move away from apartheid will be church unity; and no commitment to any other ideal will be able to replace this acid test.«[85] Marius Nel weist darauf hin, dass Versöhnung und Wiedervereinigung geradezu synonym geworden sind. Vor allem von Seiten der nicht-weißen Tochterkirchen der DRC gilt die Wiedervereinigung als unverzichtbares Zeichen der Reue der DRC, der Vergebung und Versöhnung.[86] Die Ernsthaftigkeit des Versöhnungsanliegens erweist sich – neben der genuinen Reue und dem Schuldbekenntnis – damit nicht zuletzt in Taten. Hier zeigen sich strukturelle wie auch inhaltliche Parallelen zur christlichen Tradition des Bußsakraments, das neben der Reue (*contritio cordis*) das Schuldbekenntnis (*confessio oris*) als zentrale Bestandteile aufweist und auch die guten Taten bzw. die Genugtuung (*satisfactio operum*) kennt.[87] Vor diesem Hintergrund wurde die TRC geradezu als »civic sacrament«[88] interpretiert. Steve de Gruchy stellt diesen Zusammenhang expli-

85 Smit, Has there been any change?, 124.

86 Nel, The role of Matthew's ἀφίημι-logia, 353, 357. Des Weiteren ist zu bedenken, dass die Durchführung von Kirchenunionen insgesamt ein hoch komplexes Unterfangen ist, auch außerhalb eines durch die Apartheidproblematik gekennzeichneten Kontextes. Viele unterschiedliche Faktoren können eine Rolle spielen, darunter Finanzen, Pensionsfonds, Gebäude, Personalfragen, etc.

87 In der katholischen Tradition fester Bestandteil des Bußsakraments, meidet Luther den Begriff der Genugtuung als heilsgeschichtlich problematisch. Doch auch er betont die Bedeutung guter Werke, die aus der durch Christus erfahrenen Gnade und Vergebung erwachsen. Vgl. Gunter Prüller-Jagenteufel / Christine Schliesser / Ralf K. Wüstenberg, Beichte neu entdecken. Ein ökumenisches Kompendium für die Praxis, Göttingen 2016.

88 Kadar Asmal / Louise Asmal / Ronald Suresh Roberts, Reconciliation through truth, Kapstadt 1996, 49.

zit her: »Certainly all the elements we associate with the sacrament of penance were present in one form or another, from confession of sin and guilt, through absolution and amnesty, to penance or reparation.«[89] Um dem Eindruck zu wehren, dass der Wille der DRC zu Versöhnung und Vereinigung im »play with words«[90] verharrt, drängen die Worte auf Umsetzung.

Damit ist bereits die spezifische Rolle der Kirchen im gesellschaftlichen Versöhnungsprozess in den Blick genommen. So wird eine Antwort auch auf den Zusammenhang zwischen dem innerkirchlichen Versöhnungsprozess der DRC-Kirchenfamilie und dem gesellschaftlichen Versöhnungsprozess hinweisen. Auf die wesentliche Bedeutung der christlichen Kirchen als zivilgesellschaftliche Akteurinnen in Südafrika wurde bereits aufmerksam gemacht. Im Blick auf den gesellschaftlichen Versöhnungsprozess hält Meiring fest: »Who is responsible for the process of reconciliation? Naturally we would say that every individual, every group, every denomination and religion has a contribution to make. But the most important group in the country are the Christians. [...] There are great challenges and opportunities for the churches in the country, and their millions of members.«[91] Zu den erwähnten Möglichkeiten der Kirchen zählen nicht zuletzt die spezifischen Ressourcen, über die die christliche Tradition verfügt, darunter etwa das genannte Bußritual. Auf die kirchlichen Ressourcen weist auch Alexander Venter, wenn er betont, dass die äußeren, sozio-politischen Transformationsprozesse in Südafrika mit einer »inneren Transformation«[92] einhergehen müssten. Auch ist die Signalwirkung für den gesellschaftlichen Versöhnungsprozess nicht zu unterschätzen, die einer Wiedervereinigung der DRC-Kirchenfamilie als einem sichtbaren Zeichen der Versöhnung zukäme.

Des Weiteren gilt es zu bedenken, dass die sichtbare Einheit nur eines der akuten Themen darstellt, die die DRC als Teil der südafrikanischen Gesellschaft herausfordern. Wie in ihrer Verpflichtungserklärung von 2002

89 De Gruchy, Church Struggle, 226.

90 Els, The role of Afrikaans churches, 169f.

91 Meiring, Chronicle of the Truth Commission, 374–377.

92 »One of the great dangers in South Africa is outward sociopolitical and economic change without any meaningful inner, personal spiritual transformation. People experience all the outward changes in society but remain the same in their hearts and minds. Who better to address the spiritual transformation of people and communities than the church?« Alexander Venter, Doing Reconciliation. Racism, Reconciliation and Transformation in the Church and World, Kapstadt 2004, 110–113.

bekräftigt, gilt der Einsatz der DRC auch den aktuellen Herausforderungen wie Armut, Aids, Landrückgabe, Sexismus,[93] Umweltverschmutzung, etc. In diesen »Kirchenkämpfen«[94] kann es hilfreich sein, sich mit Steve de Gruchy folgende Aspekte zu vergegenwärtigen: (1) die öffentliche Rolle von Theologie und Kirche; (2) die Bedeutung der Menschenrechte für das theologische und kirchliche Engagement; (3) die Bedeutung der nationalen und weltweiten Ökumene; (4) die konstruktive Auseinandersetzung mit kontextueller Theologie, z. B. »Black Theology«; (5) der Einbezug der jüngeren Generationen.[95]

Und schließlich wird eine Antwort auch den Wegabschnitt würdigen, den die DRC bereits zurückgelegt hat. »When one thinks of the unification process in the Dutch Reformed family, it went through a few steps to come to the point where it is now. There had to be repentance, forgiveness spoken and received, cross bearing, listening to the Holy Spirit's prompting, etc.«[96] Mit dem aktuell stattfindenden Prozess zur Aufnahme des Bekenntnisses von Belhar durch die DRC ist eine weitere hoffnungsvolle Wegmarke erreicht.

Versöhnung ist ein Prozess. Johan van der Merwe kontextualisiert dies im Blick auf die DRC wie folgt: »If we take the words of Desmond Tutu that the struggle of the church in South Africa is fundamentally about how to bring about a more just society where differences of race, colour and culture were seen to be irrelevant and without theological significance, seriously, the struggle will and must go on, not only in formal church meetings and synods, but also in the hearts of every member of the Dutch Reformed Church.«[97]

93 Der innere Zusammenhang zwischen dem Kampf gegen Apartheid und dem Kampf gegen Sexismus und Patriarchie in Südafrika wurde bereits verschiedentlich hervorgehoben. Vgl. DE GRUCHY, Church Struggle, 238.

94 Vgl. STEVE DE GRUCHY, From Church Struggle to Church Struggles, in: DE GRUCHY, Church Struggle, 223–260.

95 Die genannten Aspekte lehnen sich an die von Steve de Gruchy ausgeführten »lessons for our contemporary struggles« an. Cf. DE GRUCHY, Church Struggle, 255–260, 255.

96 ELS, The role of the Afrikaans churches, 243.

97 VAN DER MERWE, The Dutch Reformed Church, 66. Vgl. DESMOND TUTU, Foreword, in: DE GRUCHY, Church Struggle, ix–x, ix.

Die Gnade im Recht – ein Weg zur Versöhnung?

Beobachtungen und Reflexionen zu den Confessiones in Nina Grosses Film ***Das Wochenende*** *im Anschluss an die Debatte um das Gnadengesuch Christian Klars 2007*[1]

Magdalene L. Frettlöh

The essay distinguishes the theological concept of grace from the legal practice of amnesty (grace, mercy). The first part addresses general reflections on the relationships between legal and theological categories of mercy and punishment, which concludes that the term »grace«, if it is transferred into legal and political terms and thinking, loses the connotations that are key to its theological meaning. The second part asks how the act of grace/amnesty affects the life of both actors and victims. The 2007 debate about the (eventually denied) clemency plea of RAF-terrorist Christian Klar as well as the movie »Das Wochenende« (»The Weekend«) by Nina Grosse exemplify and deepen the theological analysis. The essay points out the main difference between the theological understanding of grace and the juridical use of mercy/amnesty: charis doesn't come with strings attached, thus enabling and empowering the delinquent to open up and find/develop a new narrative of his/her life – which also carries potential for healing for the victims.

Die gegenwärtige Vergangenheit: der »Deutsche Herbst« und die eigene Erinnerung

Bis heute habe ich jenes rot-schwarze Fahndungsplakat mit den Gesichtern der RAF-Mitglieder, das in Nina Grosses (*1958) Film *Das Wochenende*[2] als popkultureller T-Shirt-Aufdruck wiederbegegnet,[3] vor Augen. Wie ein

1 Vortrag anlässlich des dritten Workshops des DFG-Netzwerks »Schuld ErTragen. Die Kirchen und ihre Schuld« zum Thema »Confessio« in St. Georgen/Frankfurt a. M. 08.–09.09.2016. Der Vortragsstil wurde für die Publikation weithin beibehalten.

2 D 2012 (Kinostart: 11.04.2013) – nach dem gleichnamigen Roman von BERNHARD SCHLINK (Zürich 2008).

3 Auch das Filmplakat, das die sieben Darstellerinnen und Darsteller zeigt und WIL-

dunkler Fremdkörper hing es in dem kleinen, freundlichen Postamt meines Heimatdorfes und sollte auch mir signalisieren, dass die fratzenhaften Gestalten auf jenen düsteren Fotos nicht nur die Sicherheit der Bundesrepublik Deutschland und ihrer Bürgerinnen und Bürger, sondern den Rechtsstaat überhaupt gefährdeten, und dass es darum zur ersten Bürgerpflicht gehöre, sich diese Gesichter genau einzuprägen, um beim geringsten Verdacht den entscheidenden Hinweis geben zu können. Dabei konnte ich mir so gar nicht vorstellen, dass eine dieser gesuchten Personen sich in die entlegene Provinz des Wittgensteiner Landes verirren sollte.

Die Attentate der zweiten Generation der RAF mit ihrem Höhepunkt im sog. »Deutschen Herbst« fallen in die letzten Jahre meiner Gymnasialzeit und sie haben wesentlich dazu beigetragen, dass bei mir so etwas wie ein politisches Interesse geweckt wurde und ich mich über die tagespolitischen Ereignisse wie über die jüngste deutsche Geschichte zu informieren begann. Vor allem ihnen verdanke ich das Erwachen meiner gesellschaftspolitischen Zeitgenossinnenschaft. Im Geschichtsunterricht waren wir im 19. Jahrhundert stecken geblieben, um dann – nach einem Lehrerinnenwechsel – mit der Geschichte der Inka und Azteken fortzufahren … Weder die Morde an Generalbundesanwalt Siegfried Buback (7. April 1977) und am Vorstandsvorsitzenden der Dresdner Bank Jürgen Ponto (30. Juli 1977), noch die Entführung des Arbeitgeberpräsidenten Hanns Martin Schleyer mit der Ermordung seines Fahrers und seiner drei Leibwächter (5. Oktober 1977) oder die Befreiung der am 13. Oktober 1977 entführten Lufthansa-Maschine »Landshut« am 18. Oktober 1977 in Mogadischu und die darauf folgende Ermordung Schleyers noch die sogenannte »Todesnacht von Stammheim« waren jemals Thema im Unterricht … Zugleich aber ist mir die Hysterie, mit der die Gefährdung der Demokratie durch den RAF-Terrorismus beschworen wurde, noch ebenso in Erinnerung wie die Härte der Bundesregierung, die sich nicht zur Freilassung der in Stuttgart-Stammheim einsitzenden RAF-Mitglieder erpressen ließ, oder die Verehrung der Männer der GSG 9 und des Helden von Mogadischu, Ben Wisch (Hans-Jürgen Wischnewski); die Fernseh- und Zeitungsbilder dieser Ereignisse haben sich mir tief eingeprägt. Sie gehören zum festen Bestand meines eigenen inneren Bildarchivs. Es war eine eigenartige Gemengelage: die Tabuisierung der Zeitgeschichte in der Schule, das Schweigen der »bleiernen Zeit«[4] im evangelikal geprägten Elternhaus

LIAM FAULKNERS Diktum »Das Vergangene ist nicht tot; es ist nicht einmal vergangen« / »The past is never dead. It's not even past« (Requiem for a Nun, New York 1950, act 1, scene 3) zitiert, ist dem Fahndungsplakat nachempfunden.

und gleichzeitig die mediale Konfrontation mit immer neuen Gewalttaten und das in mir aufkeimende Bedürfnis, verstehen zu wollen, was Menschen wie Brigitte Mohnhaupt, Christian Klar, Birgit Hogefeld, Susanne Albrecht, Adelheid Schulz, Peter Jürgen Boock u. a., die mir gar nicht wie die sonstigen Kriminellen vorkamen, zu diesen (Un-)Taten motivierte, welche Utopien sie antrieben, welche Ziele sie verfolgten ... Besonders sind mir die Rechtfertigungsversuche der politisch Verantwortlichen gegenüber den Familien der Opfer und die gleichzeitigen, mich eigenartig anmutenden Gesten der Beileidsbekundung bei den Trauerfeiern in Erinnerung geblieben. Bitten um Entschuldigung waren rar gesät.

Ähnliches wiederholte sich übrigens, als im Januar 1979 der vierteilige US-Film »Holocaust – die Geschichte der Familie Weiss«[5] mit einer fiktiven Familiengeschichte die Gräuel der Vernichtung der europäischen Judenheit auch in bundesdeutsche Wohnzimmer brachte.

Während für mich ein Film wie *Das Wochenende* jene Jahre des »Deutschen Herbstes« wieder gegenwärtig macht, hat er für die meisten meiner Studierenden nur dann dokumentarischen Informationswert, wenn die zeitgeschichtlichen Hintergründe, die jene nicht von sich aus assoziieren können, mitgeliefert werden. Viele der heutigen Studierenden kennen weder die Namen der damaligen Opfer noch der Täter und Täterinnen und auch nicht die konkreten Ereignisse. Als wir vor drei Jahren in Bern ein Seminar zum »Umgang mit Schuld im Film« anboten und dabei auch *Das Wochenende* sahen und diskutierten, war es für die meisten unserer Studierenden eine Erstbegegnung mit der Geschichte der RAF.

Ich möchte (unser Gespräch über) *Das Wochenende* auf dieser Tagung zum Anlass nehmen, nach dem Verhältnis von *Gnade und Recht* zu fragen, ist der unmittelbare Anlass für Schlinks Roman doch die 2007 in der deutschen Öffentlichkeit aufgeregt geführte Debatte um das schon 2004 bei Bundespräsident Johannes Rau eingereichte Gnadengesuch Christian Klars und seine Ablehnung durch Raus Amtsnachfolger Horst Köhler am 7. Mai 2007. *Das Wochenende* zeigt – bei allen Unterschieden zwischen Buch und Film[6] – die ersten Tage eines anders als im Fall Klar nach 18 Jahren

4 »Die bleierne Zeit« ist der Titel eines Films von Margarethe von Trotta (Drehbuch und Regie – D 1981, mit Barbara Sukowa und Jutta Lampe in den Hauptrollen), der sich an den Biographien von Christiane und Gudrun Ensslin orientiert. Die Wendung »bleierne Zeit«, mit der von Trotta die 1950er Jahre (und nicht etwa die Zeit der RAF in den 1970er Jahren) kennzeichnete, stammt aus dem Gedicht »Der Gang aufs Land« von Friedrich Hölderlin.

5 Originaltitel »Holocaust« – USA 1978; Regie: Marvin J. Chomsky.

6 Als Drehbuchautorin und Regisseurin hat Nina Grosse das bei Schlink überbor-

Haft begnadigten RAF'lers im Kreis ehemaliger Weggefährtinnen und -gefährten, in denen die »Vergangenheitsschuld«[7] alle bei diesem Unternehmen eines »kleinen Willkommenswochenende[s]«[8] Anwesenden, die (Mit-)Täter und (Mit-)Täterinnen wie die Opfer, einholt, so sehr sie auch meinen, die Vergangenheit hinter sich gelassen zu haben, bzw. nach wie vor keine Schuldeinsicht zeigen.

Nach grundsätzlichen Überlegungen zum Verhältnis von Gnade und Recht im Begnadigungsrecht gebe ich einige Informationen zum Hype um das Begnadigungsgesuch Christian Klars, um dann anhand des Films nach den Auswirkungen einer solchen Begnadigung für das Leben nach der Haft zu fragen: Was bedeutet dieser Gnadenakt für die Beziehung zwischen dem Täter und seinen Opfern, wozu ja nicht nur die Ermordeten und ihre Familien, sondern auch die eigenen Freunde, Verwandten, Weggefährten und -gefährtinnen früherer Jahre gehören? Was folgt aus der Begnadigung für die Reintegration in die Gesellschaft? Was bedeutet sie für die Beziehung des Täters zur eigenen Tat? Wie wirkt sich die Begnadigung auf unterschiedliche Umgangsweisen mit eigener und fremder Schuld aus? Fördert sie Verzeihen und Vergeben, Vergessen oder Verurteilen? Bietet sie eine Chance zur Versöhnung zwischen Täter und Opfern, Täterin und Mittäterinnen? Und welche gesellschaftliche Relevanz kommt ihr zu? Es würde eine deutliche Überbeanspruchung des Films, der das erste Wochenende des Begnadigten in »Freiheit« fast ausschließlich im persönlichen Nahbereich ansiedelt, bedeuten, sollte er auf alle diese Fragen wegweisende Antworten geben können. Aber es gibt doch einige Szenen, an die solche Fragen anknüpfen können.

dende Figuren-Ensemble gleichsam auf Kammerspielstärke reduziert, dabei aber Inga, die ehemalige Freundin des Terroristen Jens, mit dem sie einen Sohn hat, wiederbelebt. In Schlinks Roman hat sie Suizid begangen. Auch ist im Film Jens nicht an (Prostata-)Krebs erkrankt: »Für den Film erschien es mir interessanter, die Figur im Vollbesitz ihrer Kräfte zu zeigen, weil die Angriffe, die von Jens kommen[,] dadurch mehr Kraft haben und die Konfrontation innerhalb der Gruppe stärker ausformuliert werden kann« (»Amerika geht noch ganz anders mit Terrorismus um«). Interview von MARTIN SCHWICKERT mit NINA GROSSE, 1–4, 2 – www.zeit. de/kultur/film/2013-04/iv-nina-grosse-wochenende, [letzter Zugriff: 11. Februar 2017].

7 Zum Begriff siehe BERNHARD SCHLINK, Vergangenheitsschuld. Beiträge zu einem deutschen Thema, Zürich 2007.

8 DANIEL SANDER, Katja Riemann macht wieder Terror. Schlink-Verfilmung »Das Wochenende« – http://www.spiegel.de/kultur/kino/schlink-verfilmung-das-wochenende-startet-im-kino-a-893622.html, 1–2, 1 [letzter Zugriff: 10. Februar 2017].

Gnade und Recht – inkompatibel?

Die Redewendung »Gnade *vor* Recht ergehen lassen« impliziert, dass Gnade und Recht nicht *zusammen*gehen können, dass entweder anstelle der Gnade das Recht waltet oder – in Ausnahmefällen – ein Gnadenerweis an die Stelle der Vollstreckung des Rechts tritt. Doch der Begriff »Gnadenrecht« bzw. »Begnadigungsrecht« bringt beide Größen in einem Wort zusammen. Wie ist dieser Genitiv zu verstehen? Gibt es ein Recht der Gnade, gar ein Recht auf Gnade? Ist die Gnade im Recht, und, falls ja, in welchem? Gibt das Gnadenrecht der Gnade Recht? Bringt es sie zurecht, zum Recht? Macht das Gnadenrecht das Recht gnädig, barmherzig? Kurzum: Wie ist eine Begnadigung rechtlich zu verstehen?[9]

In den meisten Fällen ist das Gnadenrecht Sache der Länder. So werden etwa 100.000 Gnadengesuche pro Jahr in der Bundesrepublik bearbeitet, ohne dass die Öffentlichkeit davon Notiz nimmt. Es handelt sich »meist um nichts anderes als um die Fortsetzung der Strafjustiz mit anderen Mitteln, um eine letzte Feinkorrektur in einem sehr kompliziert gewordenen System des Strafens«[10].

Die Begnadigungskompetenz des Bundespräsidenten bezieht sich allein auf jene Strafverfahren, in denen die Bundesanwaltschaft die Ermittlungen geführt und ein Bundesgericht das Urteil gesprochen hat. Salopp formuliert: Der Bundespräsident ist der »Gnadenherr« für verurteilte Terroristinnen und Agenten.

Vom Gnadenrecht zu unterscheiden ist zum einen die *bedingte Strafaussetzung*, also die *Strafaussetzung auf Bewährung*, die nur durch ein gesetzlich geordnetes Gerichtsverfahren gewährt werden kann; zum anderen die *Amnestie*, also die behördlich per Gesetz verordnete Aufhebung von Strafen für eine unbestimmte Zahl von Personen. Das Begnadigungsrecht bezieht sich dagegen nur auf den Einzelfall.

Dass das Gnadenrecht – auch unabhängig von solchen spektakulären Fällen wie der Begnadigung ehemaliger RAF-Mitglieder – so kontrovers

9 Siehe zum Folgenden auch Klaus-Michael Kodalle, Das »Recht der Gnade« im demokratischen Rechtsstaat, in: Kristian Kühl / Gerhard Seher (Hg.), Rom – Recht – Religion. Symposion für Udo Ebert zum 70. Geburtstag, Tübingen 2011, 401–433; ders., Verzeihung denken. Die verkannte Grundlage humaner Verhältnisse, München 2013, 375–389.

10 Heribert Prantl, Kompetenz des Bundespräsidenten: »Gnadenherr« für Terroristen – http://www.sueddeutsche.de/politik/kompetenz-des-bundespraesidenten-gnadenherr-fuer-terroristen-1.803035 (SZ vom 07.05.2007), [letzter Zugriff: 04. September 2016].

diskutiert wird, hängt mit seiner eigentümlichen Doppelstellung *innerhalb und außerhalb des Rechts* zusammen. Einerseits – ich beschränke mich hier auf das Begnadigungsrecht des Bundes – ist es im Grundgesetz (Artikel 60, Satz 2) verbürgt und wird über die »Anordnung des Bundespräsidenten über die Ausübung des Begnadigungsrechts des Bundes« (GnadenAO) vom 5. Oktober 1965 näher geregelt. Andererseits werden Gnadenentscheidungen als außerhalb des Rechts stehend wahrgenommen, denn sie sind gerichtlich nicht überprüfbar. Dem Gnadengesuch stattzugeben oder es abzulehnen, liegt im freien Ermessen des Bundespräsidenten. Er muss seine Entscheidung nicht begründen.[11] Gegen sie kann kein Einspruch erhoben werden. Dazu heißt es in der Information der Wissenschaftlichen Dienste des Deutschen Bundestages: »Der Gnadenakt ist ein nach herkömmlichem Verständnis nicht auf Recht, sondern auf Gnade im Sinne von Wohlwollen nach rechtlich nicht geregeltem Ermessen gegründeter Staatsakt, der ›Gnade vor Recht‹ ergehen lässt.«[12]

Gehört die Begnadigung in den Bereich der Exekutive, wird mit ihr auch der Grundsatz der Gewaltenteilung unterlaufen. Zur rechtswissenschaftlichen Einordnung werden Kategorien wie Verzicht, Befehl oder Dispens angeboten. Meist geht man aber davon aus, dass Gnadenentscheidungen einen Akt *sui generis* im Bereich zwischen den drei Gewalten darstellen. Auch wird ihnen als souveräner Entscheidung des Staatsoberhaupts bisweilen jeder Rechtscharakter abgesprochen.

11 Entsprechend knapp lautet Köhlers Entscheidung im Wortlaut: »Der Bundespräsident hat entschieden, von einem Gnadenerweis für Herrn Christian Klar abzusehen. Der Gnadenentscheidung betreffend Herrn Christian Klar lagen u. a. Stellungnahmen der Bundesministerin der Justiz, des erkennenden Gerichts, der Generalbundesanwältin und der für den Strafvollzug verantwortlichen Justizvollzugsanstalt sowie ein kriminalprognostisches Gutachten zu Grunde. Der Bundespräsident führte darüber hinaus zahlreiche Gespräche, auch mit Hinterbliebenen der Opfer. Abschließend sprach der Bundespräsident am 4. Mai 2007 mit Herrn Klar« – zitiert nach http://www.faz.net/aktuell/politik/inland/koehler-entscheidet-christian-klar-wird-nicht-begnadigt-1433828.html, [letzter Zugriff: 02. September 2016].

12 Nr. 10/07 (15. Februar 2007) zum Stichwort »Das Begnadigungsrecht des Bundespräsidenten« – https://www.bundestag.de/blob/189882/545ece2edaedbc71607363ff5938ef76/das_begnadigungsrecht_des_bundespraesidenten-data.pdf, [letzter Zugriff: 12. Februar 2017]. Vgl. auch die Ausführungen zum Begnadigungsrecht auf der Homepage des Bundespräsidenten: http://www.bundespraesident.de/DE/Amt-und-Aufgaben/Wirken-im-Inland/Amtliche-Funktionen/amtliche-funktionen-node.html, [letzter Zugriff: 12. Februar 2017].

Als Aufgabe des Gnadenrechts wird genannt, »Härten und Unbilligkeiten von strafgesetzlichen Entscheidungen auszugleichen. Die Gnadenentscheidung ändert nichts an einem strafgerichtlichen Schuldspruch, sie kann nur die festgesetzte Strafe oder Nebenstrafe aufheben, umwandeln oder deren Vollstreckung teilweise oder ganz aufheben«[13]. Damit wird aber deutlich, wie sehr doch das Kriterium der *Billigkeit* auch in die Gnadenentscheidung Eingang gefunden hat und den Ermessensspielraum des souveränen »Gnadenherrn« eingrenzt.

Das Gnadenrecht entbehrt also nicht einer *inneren Widersprüchlichkeit*. Es markiert *im* Recht eine Grenze des positiven Rechts und transzendiert es darum. Es stellt die Einbruchstelle für eine Gerechtigkeit dar, die nicht *iustitia distributiva*, sondern *zedaqa* und *dikaiosyne*, aufrichtende, zurechtbringende Gerechtigkeit ist, die nicht im Widerspruch zur Barmherzigkeit steht, sondern *Recht als Gnade* ergehen lässt.[14] Das Gnadenrecht bezeugt so die mögliche Fehlbarkeit allen positiven Rechts.

Doch im Gnadenrecht macht die Gnade nicht nur etwas mit dem Recht, indem sie die Folgen und die Vollstreckung der Rechtsentscheidung verändert. Auch das Recht wirkt auf den theologischen Begriff der Gnade ein und – ich möchte es so scharf formulieren – *kontaminiert* ihn, indem es die Gewährung von Gnade an *Bedingungen* knüpft. Im theologischen Verständnis ist Gnade demgegenüber bedingungs-, jedoch nicht folgenlos.[15] Um sie kann nur gebeten, sie kann nicht verdient werden. Aber sie verliert ihre Wirksamkeit, ja Rechtskräftigkeit, wenn ihr die Begnadigten nicht mit einem eigenen gnädigen Handeln gegenüber ihren Schuldnern und Schuldnerinnen entsprechen. Biblisch-theologisch wird dies im Gleichnis vom unbarmherzigen Schuldner in Mt 18,23–35 dramatisch in Szene gesetzt. Mit ihm veranschaulicht Jesus seine Antwort auf die Frage des Petrus »Herr, wie oft kann mein Bruder an mir schuldig werden, und ich muss ihm vergeben? Bis zu siebenmal?« und es zeigt den engen Konnex von Schuld und Schulden: Der auf inständiges Bitten aus Mitleid gewährte Schuld(en)erlass wird zurückgenommen, als der Entschuldete genau die-

13 Ebd.

14 Theologisch ist diese Konvergenz von Gerechtigkeit und Barmherzigkeit allerdings nicht denkbar ohne das Motiv der *stellvertretenden Schuldübernahme und Sühne*.

15 Für Dietrich Bonhoeffer wäre das Knüpfen der Gnade an Bedingungen ein Billigmachen der teuren Gnade als des qualitativ (und zeitlich) letzten Wortes Gottes (Ethik, DBW 6, hrsg. von Ilse Tödt u.a., Gütersloh ²1998, 140–142). Zur Unterscheidung von billiger und teurer Gnade siehe auch Dietrich Bonhoeffer, Nachfolge, DBW 4, hrsg. von Martin Kuske und Ilse Tödt, München 1989, bes. 29–43.

selbe Bitte seines Schuldners, noch dazu im Fall einer viel geringeren Schuld, nicht erfüllt, sondern ihn bis zur Rückzahlung der Schulden gefangen setzt.[16]

Im faktischen Verständnis des Gnadenrechts – und die öffentliche Debatte um das Gnadengesuch Christian Klars hat dies überdeutlich gezeigt – sind konstitutive Momente des theologischen Gnadenverständnisses aufgegeben, wie sie noch der Publizist Günter Gaus in seiner Definition von Gnade festgehalten hat: »Die keine Schuld tilgt, nicht erworben werden kann, sondern unverdient gewährt wird.«[17] Ich zeige das, was ich als *Kontaminierung der Gnade* in der öffentlichen Diskussion um das Gnadenrecht, die ja nicht ohne Einfluss auf die faktischen Gnadenentscheidungen ist, bezeichne – Stephan Jütte meint dasselbe Phänomen, wenn er vom Verlust konstitutiver semantischer Gehalte bei der Übersetzung des theologischen Begriffs in den politischen Raum spricht[18] –, am Beispiel des Gnadengesuchs Christian Klars auf.

16 Diskussionswürdig bleibt dieses Himmelreich-Gleichnis allerdings nicht nur hinsichtlich der vorausgesetzten Sklaverei, sondern auch im Blick auf die Entsprechung zwischen göttlichem und zwischenmenschlichem Schuldenerlass. Es ist nicht unwesentlich am Entstehen eines (un-)christlichen Vergebungszwangs beteiligt: »Du musst doch (unbegrenzt) vergeben können!« Zur Auslegung siehe Axel Niemeyer / Silke Niemeyer, Der Schuldenfalle entkommen. Eine Bibelarbeit zum Gleichnis vom Schalksknecht Matthäus 18,21–35, in: Marlene Crüsemann u. a. (Hg.), Gott ist anders. Gleichnisse neu gelesen auf der Basis der Auslegung von Luise Schottroff, Gütersloh 2014, 96–106; Hanna Roose, Das Aufleben der Schuld und das Aufleben des Schuldenerlasses (Vom unbarmherzigen Knecht) – Mt 18,23–35, in: Ruben Zimmermann (Hg.), Kompendium der Gleichnisse Jesu, Gütersloh 2007, 445–460; Luise Schottroff, Die Gleichnisse Jesu, Gütersloh 2005, 257–266; Ulrich Luz, Das Evangelium nach Matthäus. Bd. 3: Mt 18–25, EKK I/3, Zürich u. a. 1997, 64–78; Beat Weber, Vergeltung oder Vergebung? Matthäus 18,21–35 auf dem Hintergrund des »Erlassjahres«, in: ThZ 50 (1994), 124–151; ders., Alltagswelt und Gottesreich. Überlegungen zum Verstehenshintergrund des Gleichnisses vom »Schalksknecht« (Matthäus 18,23–34), in: BZ 37 (1993), 161–182; Martin Leutzsch, Verschuldung und Überschuldung. Schuldenerlass und Sündenvergebung. Zum Verständnis des Gleichnisses Mt 18,23–35, in: Marlene Crüsemann / Willy Schottroff (Hg.), Schuld und Schulden. Biblische Traditionen in gegenwärtigen Konflikten, München 1992, 104–131; Wolfgang Harnisch, Die Gleichniserzählungen Jesu, Göttingen 1985, 253–271; Frans H. Breukelman, Eine Erklärung des Gleichnisses vom Schalksknecht (Mt 18,23–35), in: PARRHESIA. Karl Barth zum 80. Geburtstag am 10. Mai 1966, hrsg. von Eberhard Busch u. a., Zürich 1966, 261–287.

17 Bettina Gaus, Über die Gnade – http://www.taz.de/!322377/, [letzter Zugriff: 13. Februar 2017] – ein bis heute sehr empfehlenswerter Artikel.

18 Siehe den Beitrag von Stephan R. Jütte in diesem Sammelband. Zur grundsätzlichen

Bedingte »Gnade«: Christian Klars Gnadengesuch und dessen Ablehnung

Am 2. April 1985 wurde Christian Klar (*20. Mai 1952 in Freiburg i. Br.), der am 16. November 1982 als letztes führendes Mitglied der zweiten RAF-Generation verhaftet worden war, zu einer Freiheitsstrafe von fünf Mal lebenslänglich und zusätzlichen 15 Jahren verurteilt. Dies bedeutete zunächst eine Mindesthaftzeit von 82,5 Jahren. Nach der Vorgabe des Bundesverfassungsgerichts, dass auch lebenslängliche Haftstrafen die Möglichkeit auf reguläre Freilassung (also auch ohne Begnadigung) und auf Wiedereingliederung in die Gesellschaft nicht ausschließen dürfen, und einem entsprechenden Strafrechtsänderungsgesetz vom 13. April 1986 revidierte der Bundesgerichtshof das Urteil gegen Klar und legte eine einfache lebenslängliche Freiheitsstrafe fest. Wegen der besonderen Schwere der Schuld wurde diese für Christian Klar durch das Oberlandesgericht Stuttgart am 13. Februar 1998 auf 26 Jahre bemessen (die Mindesthaftzeit bei lebenslänglicher Freiheitsstrafe beträgt 15 Jahre).

Dass Christian Klar 2004 ein Gnadengesuch an Bundespräsident Johannes Rau richtete, geht vor allem auf die Initiative von Günter Gaus und auf die Bemühungen von Klars ehrenamtlichen Betreuer Rolf Becker zurück. Für seine Interview-Reihe »Zur Person« führte Günter Gaus am 22. November 2001 in der JVA Bruchsal ein Gespräch mit Christian Klar, das am 12. Dezember im damaligen ORB ausgestrahlt und am 23. Dezember auf Sat 1 wiederholt wurde – es ist das erste Interview im deutschen Fernsehen mit einem verurteilten Terroristen. Am 1. Februar 2007 wurde es im Rahmen der skandalisierenden öffentlichen Debatte um das Gnadengesuch noch einmal im RBB gezeigt.[19]

Es ist ein »Dokument der Zeitgeschichte, eine verstörende, aufregende

Kritik an der Übersetzung von religiösen bzw. theologischen Motiven in säkulare Kontexte siehe DERS., Analogie statt Übersetzung. Eine theologische Selbstreflexion auf den inneren Zusammenhang von Glaubensgrund, Glaubensinhalt und Glaubensweise in Auseinandersetzung mit Jürgen Habermas, Religion in Philosophy and Theology 86, Tübingen 2016, bes. 226–271.

19 Während viele Gaus-Interviews vollständig im Netz zu sehen sind, gibt es vom Interview mit Christian Klar nur einen kleinen, mit Fotos unterlegten Audio-Ausschnitt – URL: http://www.dailymotion.com/video/x2ldjgq, [letzter Zugriff: 07. September 2016]. Während über dieses Interview vieles gesagt und geschrieben wurde, lässt man die beiden »Gesprächspartner« nicht mehr zu Wort kommen und gibt der Öffentlichkeit keine Möglichkeit zum Nachhören und Nachsehen.

Begegnung zwischen einem Interview-Veteranen, befangen, ›was ich sonst nicht bin‹, und einem versteinerten Ex-Terroristen und zugleich gebrochenen Menschen«[20]. Das Interview wurde zum politischen Vermächtnis von Günter Gaus, der Klar wiederholt im Gefängnis besucht und sich bis zu seinem Tod am 14. Mai 2004 für Klars Freilassung eingesetzt hat – im Stillen, abseits der Öffentlichkeit –, weil er genau die öffentliche, vom Boulevard angeheizte Debatte nicht wollte, die dann 2007, und noch einmal nach der Entlassung Klars aus der Haft im Dezember 2008, losgetreten wurde.[21] Gaus, einem der kompetentesten Polit-Interviewer, war es – anders als sonst – in diesem Gespräch nicht gelungen, durch die Mauern, die Klar um sich errichtet hatte, zu dringen. Der ausgemergelte, um Worte und ihre Artikulation ringende, oft schweigende, sich jedem Verstandenwerden widersetzende Gesprächspartner, hatte ihn – zudem an diesem ganz und gar unwirtlichen Ort – zutiefst erschüttert. Mit Recht haben Erika Gaus, die Witwe von Günter Gaus, und ihre Tochter Bettina Gaus die Veröffentlichung einer Transkription dieses Interviews abgelehnt, weil es ohne die bestürzenden nonverbalen Eindrücke verfälscht würde.[22] Ich kenne kein anderes Dokument der jüngeren Zeitgeschichte, das den Sinn von Freiheitsstrafe so infrage stellt wie dieses Interview.[23]

In der Begnadigungsdebatte konnte es aber jeder und jede für die eigene Position beanspruchen: Die einen erkannten hier den verschlossenen und verhärteten, abweisend kalten, aller Schuldeinsicht und Reue unzugänglichen und alle Kooperation zur Aufklärung der Morde ablehnenden Terroristen, die anderen einen gebrochenen, erbärmlichen Menschen, ei-

20 Philipp Wittrock, Gaus-Interview mit Christian Klar: Doku-Drama hinter Gittern – http://www.spiegel.de/politik/deutschland/gaus-interview-mit-christian-klar-doku-drama-hinter-gittern-a-463562.html, 1–3, 1 [letzter Zugriff: 02. September 2016].

21 Siehe etwa, um nur ein Beispiel zu nennen, die auch mit persönlichen Angriffen gegen den Intendanten des Berliner Ensembles, Claus Peymann, geführte Debatte um sein Angebot an Christian Klar, ein Praktikum in seinem Theater zu absolvieren, die unter den Namen Christian Klar und Claus Peymann leicht zu googlen ist.

22 »›Wir haben uns dagegen entschieden, weil wir denken, dass der Gesamteindruck wichtig ist‹, sagt Bettina Gaus, Journalistin bei der ›taz‹. Zu einem Gespräch gehörten nun einmal ein verbaler und ein non-verbaler Teil. ›Und in diesem Fall halten wir den non-verbalen Teil für sehr wichtig.‹ Wichtig sei zum Beispiel: ›Wo ringt Christian Klar um Worte? Wie artikulationsfähig ist er?‹ Abgetippt, rein auf Worte reduziert, entstünde von dem Gespräch ›nicht nur ein unzureichender, sondern ein falscher Eindruck‹« (Wittrock, Gaus-Interview mit Christian Klar, 1).

23 Siehe auch Carolin Emckes Beobachtungen zu diesem Interview: Stumme Gewalt. Nachdenken über die RAF, Frankfurt a. M. ^{2}2016, 87f.

nen Gefangenen seiner selbst, von dem längst schon keine Gefahr mehr für die Gesellschaft ausging.

Mich verstören an diesem Interview vor allem die langen Phasen des Schweigens und die Sprachlosigkeit Klars, der sich hinter ideologisch verbrämten Phrasen und Schablonen verschanzt, aber keine eigene Geschichte zu erzählen weiß, dem kein Narrativ für seine eigene Rolle in der RAF zur Verfügung steht, der im monologischen Stil der Bekennerschreiben gefangen bleibt. »Das scheint mir, ist die größte Strafe, die ihnen [sc. den RAF-Mitgliedern] zuteil werden konnte: das Schweigen, die gebrochene, unmögliche Erzählung des eigenen Lebens. Das muss schlimmer sein als das Leiden hinter verschlossenen Toren«[24], urteilt Carolin Emcke in ihrem so klugen Buch über die RAF, »Stumme Gewalt«, das ein leidenschaftliches Plädoyer dafür ist, den ehemaligen Terroristinnen und Terroristen ein Forum zu bieten, auf dem sie sprechen können[25] – ohne die Angst, andere zu verraten und sich selbst noch mehr zu belasten:

> »*Ich möchte, dass sie nach Hause gehen können.* Wo immer das für sie auch sein mag. Aber sie sollen diese Geschichte erzählen. Sie sollen gehen dürfen. Frei sein. So frei, wie man sein kann, wenn man Schuld auf sich geladen hat. Aus dem Gefängnis sollen sie entlassen werden. Aber reden sollen sie vorher. Bitte. Wenn wir das wollen, dann müssen wir die Bedingungen dafür herstellen, dass sie es können.«[26]

Hat Bundespräsident Horst Köhler bei seinem Gespräch mit Christian Klar am 4. Mai 2007 einen so anderen Eindruck als Günter Gaus von dem Langzeithäftling gewonnen, dass er das Gnadengesuch ablehnen musste? Oder konnte er ihm aufgrund der öffentlichen Meinung, die Klar mehrheitlich für »gnadenunwürdig«[27] hielt, weil die Bedingungen der »Begnadigung« nicht erfüllt waren, nicht stattgeben?

24 Emcke, Stumme Gewalt, 55f.

25 Anders die Juristin und Journalistin Julia Albrecht, Schwester der ehemaligen RAF-Terroristin Susanne Albrecht: »Politisch [...] ist das beharrliche Schweigen und die Unansprechbarkeit des Gegenübers angesichts der Taten unbefriedigend. Aber vielleicht kann man das Kapitel RAF, das die Bundesrepublik wie kaum ein anderes in den siebziger und achtziger Jahren in Atem hielt, nur lautlos zu Ende bringen« – http://www.spiegel.de/politik/deutschland/gnaden-debatte-sie-aeussern-keine-reue-und-muessen-dennoch-frei-kommen-a-462922.html, [letzter Zugriff: 02. September 2016].

26 Emcke, Stumme Gewalt, 61.

27 Im ZEIT-Artikel »Ein Recht auf Rache gibt es nicht. Die Verfassung gilt auch für

Wenn Gnade auf Seiten dessen, der sie gewährt, ein Akt freier, unerzwungener Entscheidung ist, dann muss sensibel mit ihrer Veröffentlichung umgegangen werden. Ein Gnadengesuch sollte erst und nur dann öffentlich werden, nachdem ihm stattgegeben worden ist. Nicht einmal im Fall der Ablehnung sollte es bekannt werden. Dies verlangt Verschwiegenheit aller Beteiligten und eine enorme mediale Selbstbeschränkung. Allemal ist der Verzicht der Gesellschaft gefordert, selbst die Rolle der »Gnadenherrin« zu übernehmen und die Entscheidung öffentlich zu präjudizieren. Dass stattdessen allüberall, insbesondere auch bei den Familien der Opfer, Stellungnahmen eingeholt werden, bereitet dabei keineswegs einer Aussöhnung zwischen Tätern-Täterinnen und Gesellschaft den Weg, sondern dient meist eher der Forderung nach unbarmherziger Härte.

> »Es ist ein zivilisatorischer Fortschritt, dass Opfern heute [...] nicht mehr die Bürde des Richteramtes auferlegt wird. Das bedeutet nämlich auch: Ihnen wird das Recht auf Unversöhnlichkeit zuerkannt. Sobald man sie in den Rang einer Instanz erhebt, beraubt man sie jedoch dieses Rechts. Was sich als Mitgefühl mit den Opfern tarnt, ist in Wahrheit nichts anderes als ein Versuch, Erbarmungslosigkeit zu legitimieren.«[28]

Christian Klar« vom 27. November 2008 verteidigt Robert Leicht die Verfassungsgemäßheit der Freilassung Christian Klars nach 26 Jahren Haft und bejaht zugleich rückblickend die Ablehnung des Gnadengesuchs: »Christian Klar wäre kein Fall für eine Begnadigung gewesen, wie dies vor zwei Jahren erwogen worden ist. Dazu hätte es von ihm *gnadenwürdiger* Worte zur Tat bedurft« (Hervorhebung M. L. F.). Zwar führt Leicht nicht aus, was er unter »gnadenwürdigen Worten« versteht, doch kann man hier an Geständnis der Taten, Reuebekundungen und Bitten um Entschuldigung (oder gar Vergebung) denken. All dies ist aber für eine Aussetzung der Reststrafe auf Bewährung nicht nötig: »Ob es den Opfern hülfe, wenn Christian Klar seine Taten bereute? Dies würde vielleicht manches erleichtern, aber das Strafrecht verlangt das nicht, es verlangt noch nicht einmal, dass der Täter seine Tat gesteht. Christian Klar hat lange genug eingesessen. [...] Er taugt offenbar nicht zum reumütigen Sünder«, stellt Leicht lapidar fest [http://www.zeit.de/2008/49/01-Klar, letzter Zugriff: 10. Februar 2017]. Offenkundig wird hier die Gewährung von Gnade an die Gnadenwürdigkeit des zu Begnadigten gebunden. Müsste nicht ein Perspektivenwechsel vorgenommen und danach gefragt werden, was es über eine Gesellschaft aussagt, wenn sie einem Gnadengesuch ablehnend oder zustimmend gegenübersteht? »Die Gnade, die ihm verwehrt blieb, hätte mehr über uns ausgesagt und unser Verhältnis zu einer Haft, die einen Häftling eher weiter in sich zurückdrängt, als ihn hervorholt, und auf ein Leben vorbereitet, das keinen Schaden mehr zufügen will. Die Gnade erlöste somit eher die Gesellschaft, die sie auszusprechen fähig wäre und so ihre eigenen archaischen Neigungen überwände.« (Emcke, Stumme Gewalt, 88).

Diese Erinnerung an das Recht auf Unversöhnlichkeit ist angesichts einer allzu selbstverständlichen christlichen Rede von Versöhnung und Vergebung ernst zu nehmen. Auch müssen beide keineswegs zusammengehen. Es gibt auch – wie etwa das Ende der biblischen Josefserzählung (Gen 50,15–21) zeigt[29] – Versöhnung ohne Vergebung. Beide sind zwischenmenschlich nicht der Normalfall im Umgang mit Schuld, sondern eher ein Wunder.[30] In den meisten Fällen, in denen Menschen sich schuldig gemacht haben, geht es darum, Wege zu finden, *mit* dieser Schuld zu leben, auf dass sie nicht das ganze weitere Leben beherrsche. Es ist dann schon viel erreicht, wenn es die Rückkehr zu einer gewissen Normalität gibt. Klaus Kodalle hat sie das »Inkognito der Verzeihung«[31] genannt.

Es sind vor allem drei Forderungen, die in der Öffentlichkeit (nicht im Gnadenrecht selbst!) mit der Gewährung der Gnade verknüpft werden: Schuldeingeständnis – Reue (in Verbindung mit der Bitte um Verzeihung) – Aufklärung. Schuld zu bekennen setzt aber voraus, dass jemand sich selbst individuell für eine Tat verantwortlich erklärt, sie sich zurechnet. Das aber widerspricht dem kollektiven Selbstverständnis der RAF, das jede Individualisierung als Entpolitisierung diskreditierte. Nun kann man natürlich das Stellen eines Gnadengesuchs für ein zumindest implizites Schuldeingeständnis halten, bittet doch nur um Gnade, wer sich etwas zu schulden hat kommen lassen und dabei nicht für immer behaftet werden bzw. am Tragen dieser Schuld nicht zugrunde gehen will. Wer um Gnade

28 Gaus, Über die Gnade, 2f.

29 Zu dieser Sicht auf den Schluss der Josefserzählung siehe Jürgen Ebach, Mit *Schuld* leben – mit Schuld *leben*. Beobachtungen und Überlegungen zum Anfang und zum Schluss der biblischen Josefserzählung in: Ders. u. a. (Hg.), »Wie? Auch wir vergeben unsern Schuldigern?« Mit Schuld leben, Jabboq 5, Gütersloh 2004, 19–39; Ders., Genesis 37–50 (HThKAT), Freiburg i. Br. u. a. 2007, bes. 650–665; Magdalene L. Frettlöh, »Ja, bin denn ich an Gottes Stelle?« (1Mose 50,19). Kanzelrede zu 1Mose 50,14–21 (im Rahmen der Josefsgeschichte), in: Dies., Worte sind Lebensmittel. Biblisch-theologische Alltagskost, Erev-Rav-Hefte: Biblische Erkundungen 8, Wittingen 2007, 87–95.

30 Hannah Arendt vergleicht den durch das Verzeihen möglich gewordenen Neuanfang mit dem Wunder der Geburt: Vita actica oder Vom tätigen Leben, München [7]1992, 231–238. 360f.; dazu: Thomas Dürr, Hannah Arendts Begriff des Verzeihens, Freiburg i. Br. 2009; Kodalle, Verzeihung denken, bes. 34–43. 269–271. 409–412.

31 Klaus M. Kodalle, Verzeihung nach Wendezeiten? Über Unnachsichtigkeit und misslingende Selbstentschuldung. Antrittsvorlesung an der Friedrich-Schiller-Universität Jena am 02. Juni 1994, Jenaer philosophische Vorträge und Studien 12, Erlangen/Jena 1994, 7.

bittet, erklärt sich der unverdienten Zuwendung eines anderen bedürftig, der das Leben mit der Schuld ändern kann, ohne damit diese Schuld aufzuheben.

Gegen eine Begnadigung Christian Klars wurde immer wieder ins Feld geführt, dass er keine »echte Reue« zeige. Doch wer prüft die Echtheit von Reue? Wer maßt sich an, die wahren Motive für ein Gnadengesuch, ein Schuldbekenntnis oder eine Bitte um Verzeihung zu kennen? Der Apostel Paulus hat in seiner Korrespondenz mit der Gemeinde in Korinth, die so gern in seiner Abwesenheit über ihn zu Gericht saß, allein Christus als Richter anerkannt, weil nur er die Herzen erforschen könne: »Darum urteilt nicht vor der Zeit, nicht bevor der Herr kommt! Er wird auch, was im Dunkeln verborgen ist, ans Licht bringen und wird Sinnen und Trachten des Herzens offenbar machen. Und dann wird einem jeden sein Lob zuteil werden von Gott« (1Kor 4,5).[32] Mit der gewissen Hoffnung auf ein Lob Gottes für jeden Menschen nimmt diese Gerichtserwartung eine überraschende Wendung, würde man nach menschlichem Ermessen doch eher von einer solchen göttlichen Prüfung der unserem Zugriff entzogenen Motive des Herzens ein anderes Urteil erwarten. Wäre diese apostolische Hoffnung nicht ein tragfähiger eschatologischer Grund für das Gnadenrecht, das inmitten der unerlösten Welt die Gerechtigkeit Gottes aufblitzen lässt, die – nach Paulus um Christi willen – in jedem Menschen etwas Lobenswertes findet?!

> »Als Günter Gaus ihn [sc. Christian Klar] fragt, ob er nicht Schuldgefühle und Reue empfinde, da schweigt Christian Klar und dann endlich, nachdem erst wieder seine Lippen stumm gestammelt haben, erklärt er, Schuldgefühle und Reue seien im politischen Raum, vor dem Hintergrund ihres Kampfes keine Begriffe. Wieder Schweigen. ›Und wegen der Opfer?‹, fragt Günter Gaus. Wieder eine Pause. Noch länger, atemberaubend lange. Dann spricht wieder diese Stimme und diesmal sagt sie ›Ich‹: ›Ich überlasse der anderen Seite ihre Gefühle und respektiere sie, aber ich mache sie mir nicht zu eigen. Das sitzt zu tief drin, dass hier, gerade in den reichen Ländern, zu viele Leben nicht zählen. Das müsste sich sehr ändern, damit ein solches Gefühl aufkommt.‹«[33]

32 Siehe dazu Magdalene L. Frettlöh, Dem Menschenlob Gottes entgegengehen: 1 Kor 4,1–5 – 3. Sonntag im Advent (13.12.2009), in: GPM 64/1 (2009/10), 17–23.

33 Arno Widmann, Günter Gaus hat Christian Klar interviewt. Es war eine der aufregendsten Sendungen der letzten Jahre. Lange Pausen – http://www.berliner-zeitung.de/16733414, [letzter Zugriff: 02. September 2016].

Michael Baumann, ehemaliges Mitglied der »Bewegung 2. Juni«, findet den folgenden Grund für eine Verweigerung öffentlicher Reuebekundung: »Für diese Leute ist es der letzte Rest Stolz, um den Knast zu überstehen. Selbst wenn sie im tiefsten Innern denken: Das war Wahnsinn, müssen sie nach außen sagen: Wir hatten Recht. Sonst würden sie im Gefängnis verrückt.«[34] Und der Historiker Gerd Koenen gibt zu bedenken:

> »Eine wirkliche Reue oder tiefere Einsicht in die eigenen Motive ist bei jemandem, der ohne Not getötet hat, eine seltene Ausnahme, eben weil der Mord im Mörder selbst eine verödete Zone hinterlässt.«[35]

Anders ist wohl die Forderung nach Aufklärung über die Gewalttaten zu beurteilen. Michael Buback, der Sohn Siegfried Bubacks, hat immer wieder dieses Bedürfnis der Opfer-Familien zum Ausdruck gebracht: »Es bedrückt mich und stört mich, dass ich immer noch nicht weiß, wer meinen Vater erschossen hat [...] Wenn man jetzt über Gnade redet, sollte man auch über ein Bekenntnis und Reue reden.«[36]

Carolin Emcke wirft ein, »dass die Täter nicht einfach bereuen können, was sie nicht vorher als Eigenes begriffen haben«, und bekennt – familiär eng verbunden mit dem am 30. November 1989 in Bad Homburg ermordeten Sprecher des Vorstands der Deutschen Bank, Alfred Herrhausen: »Ich möchte keine Reue. Ich möchte, dass sie mir *ihre* Geschichte erzählen. Mit allem, was darin für mich schmerzlich sein mag. Das müsste ich aushalten. Aber erst dann wird der Mord an meinem Freund vorstellbar. Erst dann kann die Phantasie aufhören, mich zu quälen. Ich brauche ihre Geschichte. Denn sie ist auch meine.«[37]

Doch nicht nur für jene, die um die Opfer der RAF trauern, wäre eine solche Einsicht in den Ablauf der Ereignisse hilfreich zu deren Verarbeitung. Mehr noch geht es Emcke darum, dass die Attentäter im Erzählen ihrer Geschichte aus der Entfremdung zu sich selbst finden: »Wie können sie sein, wer sie sind, wenn sie über ihre eigene Geschichte nicht sprechen können? Wie können sie jemand anders werden, wenn sie über ihre frü-

34 http://www.spiegel.de/politik/deutschland/raf-gnadendebatte-michael-baumann-bewegung-2-juni-a-461741.html, [letzter Zugriff: 07. September 2016].

35 Gerd Koenen, Die Chance der späten Gnade – http://www.spiegel.de/kultur/gesellschaft/raf-debatte-die-chance-der-spaeten-gnade-a-461894.html, [letzter Zugriff: 07. September 2016].

36 http://www.spiegel.de/politik/deutschland/michael-buback-a-461401.html, [letzter Zugriff: 07. September 2016].

37 Emcke, Stumme Gewalt, 51.

here Geschichte nicht sprechen? [...] Sie müssen sprechen. Für sich allein. Nicht für die anderen. Als Individuum.«[38]

Carolin Emcke, Preisträgerin des Friedenspreises des Deutschen Buchhandels 2016[39], erwartet die Eröffnung eines Gesprächsraums von der Gesellschaft, ihren verantwortlichen Institutionen, aber auch von ihren Bürgerinnen und Bürgern. Wäre nicht gerade hier die Kirche gefragt, einen geschützten Raum zu bieten, in dem die Täterinnen und Täter zuallererst wieder gesprächsfähig werden, ohne dass ihre Lebensbeichten und Geständnisse mit Verurteilungen oder gar Bestrafungen beantwortet werden – einen Freiraum der Gnade, der sich dort aufspannt, wo Menschen zusammenkommen, die von sich selbst sagen: »*Durch Gottes Gnade bin ich, was ich bin. Und seine Gnade an mir ist nicht ohne Wirkung geblieben ...* « (1Kor 15,10) und die darum auch mit anderen gnädig sein werden?![40] Wo wurde ein (biblisch-)theologisches Verständnis der Gnade in die Debatten um das Gnadengesuch Christian Klars eingebracht? Wo motivierte ein eschatologischer Ausblick wie etwa der in Mt 25,35f. das Verhalten von Christenmenschen auch gegenüber den RAF-Terroristinnen und -Terroristen? Muss es nicht ein ureigenes Anliegen einer Kirche, die sich dazu bekennt, dass Gottes Wort Fleisch geworden ist (Joh 1,14), sein, dass Menschen Sprache finden, um ihrer eigenen Geschichte Ausdruck zu verleihen, um einen Narrativ für Erlebtes und Erlittenes, Getanes und Unterlassenes zu finden, wie fragmentarisch dieser auch immer bleiben mag, anstatt jene sich selbst in ihrer Verstocktheit und ihrem Schweigen zu überlassen?

Carolin Emcke setzt mit einer Leidenschaft auf die heilende Macht des Wortes, des Sprechens, des Ich-Sagens, dass eine Theologie und eine Kirche des Wortes viel von ihr lernen können. Sie hält – wie Ingeborg Bachmann[41] – die Wahrheit für zumutbar; weiß um deren befreiende

38 A. a. O., 49.56.

39 Siehe dazu die Dankesrede von Carolin Emcke, Anfangen – http://www.friedenspreis-des-deutschen-buchhandels.de/1244997/, [letzter Zugriff: 31. Oktober 2016] und die Laudatio von Seyla Benhabib, Die Erzählerin als moralisches Zeugnis – http://www.friedenspreis-des-deutschen-buchhandels.de/1244996/, [letzter Zugriff: 31. Oktober 2016].

40 Siehe dazu die ekklesiologischen Ausführungen in: Magdalene L. Frettlöh, Vergebung oder »Vernarbung der Schuld«? Theologische und philosophische Notizen zu einer frag-würdigen Alternative im gesellschaftlichen Umgang mit Schuld, in: EvTh 70 (2010) 2, 116–129.

41 Ingeborg Bachmann, Die Wahrheit ist dem Menschen zumutbar. Rede zur Verleihung des Hörspielpreises der Kriegsblinden, in: Dies., Die Wahrheit ist dem Menschen zumutbar. Essays, Reden, Kleinere Schriften, München 1981, 75–77.

Kraft.[42] Emcke nimmt die Gesellschaft in die Pflicht, den Tätern und Täterinnen ein Forum zu bieten, das ihnen ermöglicht, ihr Schweigen zu brechen, ihre Sprachlosigkeit zu überwinden. Vieles von dem, was Emcke hier entwirft, trägt Züge der (Lebens-)Beichte und des Schuldbekenntnisses. Doch wer wäre, wenn es zu diesem Sprechenkönnen der Ex-Terroristinnen und -Terroristen käme, für die Absolution zuständig? Wer hätte die Kompetenz, ihnen Vergebung zuzusprechen? Dürfen ein Schuldbekenntnis und eine Reuebezeugung eingeklagt werden, ohne dass es eine Aussicht auf Zuspruch von Vergebung gibt? Wenn es aber keine Vergebung durch Dritte geben kann, wer vergibt denen, deren Opfer tot sind? Kann oder sollte es so etwas wie einen *Vergebungszuspruch unter Vorbehalt* der eschatischen Zustimmung der Opfer geben? Steht nicht auch die Zusage göttlicher Vergebung unter diesem Vorbehalt, weil auch Gott nicht über die Köpfe der Opfer hinweg vergibt?[43]

Eine Begnadigung kommt nicht dem Verzeihen oder der Vergebung der Schuld gleich. Sie entschuldigt die Tat nicht, hebt den Schuldspruch nicht auf, nimmt den Begnadigten ihre Schuld nicht ab. Auch trägt sie

42 »Dabei ist es ein gesellschaftlicher Dialog, der in Gang kommen müsste, um die Wahrheit herauszufinden. [...] Ohne die Wahrheit werden wir uns nicht lösen können. [...] Deswegen sollen die Täter und ihre Mitwisser sprechen. Sie müssen von den unaufgeklärten Fällen sprechen, die Autorenschaft zuordnen und den Hergang schildern. Sie müssten ent- und belasten, sich selbst und andere. Sie müssten die Puzzleteile, die losen, zusammenfügen und die Geschichte denen zurückgeben, die sie geschrieben haben, und denen, die sie erlitten haben: uns. Die Täter sollen sprechen können – ohne dafür erneut angeklagt zu werden. [...] Amnestie für ein Ende des Schweigens. Freiheit für Aufklärung.« (Emcke, Stumme Gewalt, 98f.)

43 Einen instruktiven Überblick über die Diskussion zur Fragwürdigkeit der Vergebung durch Dritte und zum eschatologischen Vorbehalt im Blick auf göttliche Vergebung in der neueren römisch-katholischen Systematik bietet Jan-Heiner Tück, Versöhnung im Eschaton als dramatische Nachgeschichte? Eine These im Spiegel ihrer Kritik, in: Ders., Gottes Augapfel. Bruchstücke einer Theologie nach Auschwitz, Freiburg i. Br. 2016, 285–305. Andere gehen ebenso davon aus, dass nur die Opfer selbst vergeben können, schließen dabei aber eine göttliche Vergebung nicht aus: »Das Recht, sie [sc. die Vergebung] zu verweigern oder zu gewähren, ist das Recht allein des Opfers in seinem Verhältnis zum Täter. Was das Opfer nicht vergibt, darüber können keine Angehörigen, Nachfahren und Freunde und erst recht keine Politiker vergebend verfügen. Es bleibt die Bürde des Täters und derer, die mit ihm in seine Schuld verstrickt sind. Die Welt ist voller Schuld, die nicht vergeben wurde und auch nicht mehr vergeben werden kann – es sei denn von Gott« (Bernhard Schlink, Vergeben und Versöhnen, in: Ders., Vergangenheitsschuld, 170–188, 176).

nicht unmittelbar zur Versöhnung bei, weder zu jener zwischen der Gesellschaft und den Schuldigen, noch gar zu der zwischen Tätern, Täterinnen und Opfern. Als ein Akt der Anerkennung der individuellen Menschenwürde des Häftlings widerspricht sie der Logik der Täterinnen und Täter, die in ihren Opfern nur Repräsentanten, aber keine Individuen gesehen haben, weshalb ja auch die weiteren Opfer wie Fahrer oder Leibwächter eher als »Kollateralschaden« galten und in den Bekennerschreiben nicht einmal namentlich erwähnt wurden. Nicht nur die Wiedereingliederung in die Gesellschaft, auch die Befreiung aus der ideologischen Verblendung ist erst jenseits der Gefängnismauern möglich. Und mit Recht hat Peter-Jürgen Boock zu bedenken gegeben, dass »der beste Weg aus dem Extremismus die Konfrontation mit der aktuellen, geänderten Wirklichkeit sei. ›Je länger diese Auseinandersetzung verhindert wird, desto schwieriger ist es, aus der selbstgewählten ideologischen Ritterrüstung herauszukommen‹«[44]. Gaus' Interview mit Klar dokumentiert auf erschütternde Weise das *Anachronistischwerden* des Lebens bei langen Haftstrafen. Zeitgenossenschaft wird verunmöglicht. Sozialität verkommt zum Fremdwort. »Ob er noch im Stande sei, Pläne zu machen, fragt ihn [sc. Christian Klar] Günter Gaus. Wieder die Pause. Dann zwei Sätze: ›Nein, nicht wirklich.‹ – Pause – ›Die Hoffnung zu Beziehungen fähig zu sein, ja.‹«[45]

Was kommt nach der Begnadigung? – Das Wochenende: Ein Kammerspiel zur (Befreiung aus der) »Vergangenheitsschuld«?

»[A]ls brauchte der nicht vor allem Freunde, die ihn leise und langsam aus seiner Verstocktheit hervorlocken«[46], hat Carolin Emcke gegen die Instrumentalisierung des Gnadengesuchs Christian Klars eingeworfen und hat ihre Wünsche für ein befreiendes Sprechenkönnen der Schweigenden notiert:

> »Manchmal wünschte ich mir, sie sehnten sich nach einem Adressaten, einem anderen, jemandem, der zuhört und nicht sofort urteilt. Jemandem, der zu warten in der Lage ist, der hilft, mit Worten oder Gesten, wann immer die

44 http://www.spiegel.de/politik/deutschland/raf-gnadendebatte-peter-juergen-boock-frueheres-raf-mitglied-a-461927.html, [letzter Zugriff: 05. September 2016].

45 Widmann, Günter Gaus hat Christian Klar interviewt.

46 Emcke, Stumme Gewalt, 31.

Erzählung ins Stocken gerät, wann immer die inneren Landschaften sich dem Zugriff verweigern. [...]
Manchmal wünschte ich mir, nach all den Jahren und Jahrzehnten zwischen den Fronten der ideologischen Kollektivität, in der Verzerrung der medialen Konstruktion des Fremdbilds eines Terroristen und der eigenen stilisierten Konstruktion des Selbstbilds des RAFlers gäbe es einen privaten diskursiven Raum, in dem ein Sprechen außerhalb und jenseits der permanenten Korrektur und Zensur möglich wäre. [...]
Wie sollten sie sonst eine andere Sprache finden als die, hinter der sie sich selbst verbarrikadiert haben, als die, in der sie gebannt waren? [...]
Wie sonst als im privaten Raum, in einer geschützten Gesprächssituation, sollten sie die Furcht vor der Rhetorik des Verrats verlieren?«[47]

Nina Grosses Film *Das Wochenende*[48] erzählt von einem solchen privaten Raum, den Tina Kessler (Barbara Auer) ihrem nach 18 Jahren Haft durch Begnadigung entlassenen Bruder Jens Kessler (Sebastian Koch), einem ehemaligen RAFler, im kleinen Kreis von Freundinnen und ehemaligen Weggefährten in einem Landhaus in Brandenburg eröffnen möchte. Es sollte ein Willkommenswochenende werden, doch es wird in der Begegnung mit dem Begnadigten für alle Beteiligten zur Konfrontation mit der verdrängten oder (bewusst?) hinter sich gelassenen Vergangenheit. Im Laufe des Wochenendes zeigt sich – je länger, je mehr – fast jede und jeder der Gnade bedürftig. Und womöglich ließen sich die Annäherungen, die sich in den Gesprächen dieses Wochenendes ereignen, als *implizite Gnadengesuche* deuten.

In meiner Lesart dieses Films spielt Inga Lansky (Katja Riemann) die Hauptrolle, nicht nur, weil sie im Mittelpunkt der ersten und der letzten Szene des Films steht, sondern weil sie durch die Begegnung mit dem begnadigten RAF-Terroristen Jens Kessler, ihrem früheren Geliebten und Vater ihres Sohnes Gregor (Robert Gwisdek), dazu gebracht wird, aus ihrem

47 A.a.O., 62f.

48 Es geht mir im Folgenden nicht um eine Beurteilung der filmischen Qualität von *Das Wochenende*, auch nicht um den Vergleich zu Bernhard Schlinks gleichnamiger Romanvorlage, sondern meine Filmlektüre bezieht sich allein auf die Frage, ob die Begnadigung Wege zur Versöhnung bahnt, und widmet sich ausschließlich den *Confessiones* in diesem Kammerspiel. Dabei lasse ich die Figuren von Henner (Sylvester Groth), dem ehemaligen Gesinnungsgenossen, der ausgestiegen ist, als die Morde begannen, und Ulrich (Tobias Moretti), dem Ehemann Ingas, noch fast völlig unberücksichtigt.

bürgerlichen, übersättigten[49] Leben mit ihrem Mann und ihrer gemeinsamen Tochter Doro (Elisa Schlott) aus- und aufzubrechen und den Einbrüchen der Vergangenheit in dieses Leben nicht mehr aus dem Weg zu gehen: »Mir ist einfach immer alles passiert. Ich habe mich nie wirklich entschieden.« Am Ende des Films ist sie es, die vielleicht nicht »voll Freude« (Apg 8,39), aber doch befreit, heiter lächelnd, leichtfüßig, die lichtvolle Landschaft mit neuen Augen wahrnehmend, des Weges geht – wie sehr es ihr *eigener* Weg sein wird, steht noch dahin: »›Ich geh' noch‹ sind ihre letzten Worte dann wunderbar sinnbildhaft.«[50] In der Konfrontation mit der lange verdrängten Vergangenheit beginnt sie, ein eigener Mensch zu werden, zum ersten Mal einen selbstgewählten Weg zu beschreiten.[51]

An der Person Ingas wird deutlich, dass womöglich – mehr noch als der begnadigte Ex-RAFler – die Menschen aus seinem früheren Leben und die ihnen heute Nahestehenden der Aufarbeitung der Vergangenheit, des Sprechenkönnens, des Fragens und Bekennens bedürfen.

Eine genauere Analyse des Films müsste sich seiner *kontrastreichen Topologie* zuwenden, dem Wechsel von Draußen und Drinnen, den beklemmend einschließenden wie bergenden Räumen und den Wegen ins Weite: dem heruntergekommenen Gutshaus in der Märkischen Schweiz aus dem 19. Jahrhundert, das Nina Grosse als den achten Schauspieler charakterisiert, und seinen nur notdürftig renovierten Zimmern, den Szenen in den fahrenden und stehenden Autos, auf dem Hochsitz, der zunächst wie eine Zelle wirkt, im Wald, auf den Feldern, im Supermarkt, im Parkhaus … Geradezu dialektisch spielt der Film mit dem Gegensatz von Enge und Weite, Gefangensein und Ins-Freie-Streben, Langsamkeit und Geschwindigkeit, Stillstand und Bewegung, aber auch von Licht und Dun-

49 Vgl. dazu besonders die Szene im Supermarkt, als Inga statt des gewünschten Parma- und angebotenen Serranoschinkens Spargelschinken mit Kruste kostet und Jens nur empört reagieren kann: »Immer müsst ihr euch irgendwas in den Mund stecken. Was soll denn das?«

50 Wenke Husmann, Katja Riemann, eine Frau für die deutsche Krise, 1–3, 3 – http://www.zeit.de/kultur/film/2013-04/film-wochenende-riemann, [letzter Zugriff: 10. Februar 2017].

51 Daniel Sander nennt sie »die einzig wirklich rätselhafte Person im ganzen Kreis, die erst im Lauf des Films zu sich selbst zu finden scheint, während alle anderen im Stillstand verharren. Katja Riemann spielt diese Frau wie eine unruhige Katze, die alle Unannehmlichkeiten zu umschleichen versucht und trotzdem immer bereit zum Angriff ist. Es ist, als ob etwas in ihr brodelt, und man weiß nie, ob sie das Ventil zu öffnen oder für immer zu verschließen versucht« (Sander, Katja Riemann macht wieder Terror, 2).

kel, vor allem in den Szenen, die ohne Scheinwerfer gedreht wurden. Wie eine verheißungsvolle Metapher der Freiheit werden immer wieder Schwärme aufbrechender Zugvögel dazwischen geblendet. Auch böte sich eine Phänomenologie des Blicks an, spielen doch Blickwechsel in diesem Film, in dem viel geschwiegen wird, eine mindestens ebenso große Rolle wie Worte.

Nina Grosses Film liest sich auf weite Strecken wie eine Bestätigung für Carolin Emckes intrinsisches Plädoyer, das Schweigen zu brechen und je die eigene Geschichte zu erzählen. Doch es braucht – auch das macht *Das Wochenende* gleichsam im Zeitraffer deutlich – viel Zeit, bis Erstarrtes, Verkrustetes aufbrechen kann und – wie unsicher und zaghaft auch immer – Gespräche über Schuld, Verrat und Liebe möglich werden. Ist das Gespräch aber einmal eröffnet, kann sich ihm niemand mehr entziehen. Keiner fährt weg, bevor das Wochenende zu Ende ist. Das dunkle Gutshaus in seiner ländlichen Umgebung hält als Ort der – wie fragmentarisch auch immer zu Wort kommenden – Lebens-Narrative alle fest.

Deutlich wird ebenso, dass es für diese zunehmend parrhesiastischen Gespräche, in denen wahr gesprochen wird[52] und Floskeln ihre Zufluchtsrolle verlieren, der Initiative von außen bedarf, in diesem Fall: des Auftretens der Halbgeschwister Doro und Gregor, die als Angehörige der nächsten Generation je in einer anderen Beziehung zum begnadigten RAFler stehen: Während ihr Vater Ulrich am ersten Abend geradezu alle klassischen Vorurteile der 1970er Jahre gegenüber der RAF in der selbstsicheren Überlegenheit und Unbetroffenheit repräsentiert und Jens damit provoziert, ist Ingas und Ulrichs Tochter Doro die erste, die den Begnadigten in ein existenzielles Gespräch verwickelt, dem er sich stellt. Unbefangen, neugierig, gewiss auch abenteuerlustig und nicht ohne eine Spur auch erotischen Begehrens lockt sie den ehemaligen Geliebten ihrer Mutter aus der Reserve:

»Habt ihr daran wirklich geglaubt, an Revolution und so?« »Ja.« »Was wäre dann anders gewesen?« »Menschen würden dann keine Menschen mehr ausbeuten.« »Aber ihr habt Menschen umgebracht.« »Der Staat bringt auch Menschen um, aber niemand zieht ihn zur Rechenschaft. Ich habe 18 Jahre dafür gesessen. Das ist ungefähr so lange, wie du am Leben bist.« »War es das wert?« Langes Schweigen. »Es ist mein Leben.«

52 Zur Rede in *Parrhesia* siehe ANDREAS KREBS / MAGDALENE L. FRETTLÖH, »Rede also, was dir lieb ist«. Zur Praxis der Parrhesia, in: DIES., »Mutuum colloquium ...« Gehörige Wechsel- und Widerworte Gottes und der Menschen, Erev-Rav-Hefte: Biblische Erkundungen 17, Uelzen 2016, 35–60.

Doro katalysiert mit ihren echten, unvoreingenommenen Fragen auch die erste Annäherung zwischen Inga und Jens, bei der diese sich endlich in gegenseitigen Vorwürfen ihre Enttäuschung und ihren Schmerz zumuten können. Die Kamera atmet geradezu mit bei ihrem ersten Kuss nach zwei Jahrzehnten am Ende dieses Gesprächs – einem Kuss, der bei allen erotischen Konnotationen auch die versöhnende Geste eines Friedenskusses behutsam andeutet. Und Doro sorgt – wenn auch nun selbst von eher unlauteren Motiven wie Rache und Eifersucht bewegt – dafür, dass Gregor, Jens' und Ingas Sohn, in die Familienaufstellung hineinkommt.

Mehr noch als Doros Initiativen irritiert das aggressive, sich selbst und seinen Vater körperlich wie seelisch verletzende Auftreten Gregors Jens und konfrontiert ihn mit seiner Lebensgeschichte, der privaten und politischen zugleich. Gregor spiegelt Jens – bevor dieser in ihm seinen Sohn erkennt – die RAF-Parolen bis zum Überdruss, entführt ihn in seinem Auto und hält ihn gefangen – mit dem mehrdeutigen Hinweis »Kindersicherung«. »Die Wut des Vaters hat sich auf den Sohn übertragen und er trägt sie jetzt in diese Gruppe, konfrontiert seinen Vater und klagt dessen persönliche Verantwortung ein.«[53] Durch Hass und Wut, Angst und Enttäuschung, gespielte Überheblichkeit und kläglich scheiternde Selbstrechtfertigungsversuche hindurch bricht sich ein Weg zur Versöhnung in der kleinen-großen Geste der gereichten und ergriffenen linken(!) Hand zwischen Vater und Sohn Bahn. Von Jens' verletzendem Satz »An mich wird man sich erinnern, an dich nicht«[54], mit der er Gregors Tätlichkeit provoziert: »Damit du dich an mich erinnerst«, bis zu jenem Offenbarungseid: »Was hätte ich dir geben können?!« ist es ein weiter Weg, auch wenn er im Film nur wenige Minuten dauert.

»Ich will, dass du dich entschuldigst für dein mieses verpfuschtes Leben«, fordert Gregor von seinem Vater. Nicht für seine Taten, sondern für sein Leben soll Jens sich entschuldigen. Fordert er ihn damit auf, Verantwortung nicht nur für die Gewalttaten, sondern für seine Existenz überhaupt zu übernehmen, auch für seine Vaterschaft? Es liegt eine eigenartige Selbstreferentialität in dieser Formulierung. Eine Selbstentschuld(ig)ung

53 »Amerika geht noch anders mit Terrorismus um«. Interview von Martin Schwickert mit Nina Grosse, 3.

54 »Es ist der Satz, der Jens in seiner ganzen schuldhaften Überheblichkeit kennzeichnet. Solche Sätze werden oft aus Drehbüchern gestrichen, weil sie nicht konsensfähig sind und dadurch werden viele Figuren schwingungsarm. Dieser Satz impliziert das komplette Versagen der Figur in der Vergangenheit wie im Präsens. Sebastian Koch hat sich in den Proben immer geweigert, während des Drehens hat er ihn dann einfach gesagt – und gespürt, dass er richtig ist« (ebd.).

kann dies gleichwohl nicht sein, doch wen soll Jens um Entschuldigung für sein Leben bitten?

Vielleicht musste der Begnadigte sich im Brandschmerz seiner von seinem Sohn auf den Grill gedrückten Hand (deutbar als Sühne- oder Reue-Schmerz?[55]) erst wieder selber spüren lernen, bis er leise – gegen den Fernseher, vor dem Gregor und Doro hocken, anredend – in ihrem Rücken, also noch nicht von Angesicht zu Angesicht, mit seiner *Confessio* beginnen kann: »Ich fand es richtig, in den Untergrund zu gehen und zu kämpfen. Alles andere wäre verlogen gewesen.« Jens findet – nach dem Ausbruch der Aggression auf beiden Seiten – die leisen Worte, mit denen er den Lärm der Fernsehprogramme überstimmt und Zugang zu seinem Sohn gewinnt, der womöglich gemerkt hat, dass er seinem Vater in der Aggressivität gegen sich selbst und gegen diesen ähnlicher ist, als ihm lieb sein kann.[56] So wichtig Doro und Gregor für die Katalysierung der Bekenntnisse der anderen sind, sie müssen zugleich wahrnehmen, dass sie – unter anderen Umständen – das Verhalten ihrer Eltern wiederholen. Wechselseitiges Verstehen muss sich durch die Verletzungen und ihre Folgen hindurcharbeiten. Die Zeit des Schweigens ist vorbei. Zukunftsträchtige Worte, wie Jens' Gruß an seine Enkeltochter Nelly, die Gregor an ihrem Geburtstag im Stich gelassen hat, um seinen Vater (in jeder Konnotation des Wortes) zu treffen, offene Blicke und zaghafte Gesten deuten an, dass weitere versöhnliche Begegnungen möglich sind.

Nach diesen Bekenntnissen kann Jens sein bisheriges Leben hinter sich lassen: »Das war mein Begräbnis« – die im Plattenspieler versteckte Waffe von damals braucht er jetzt nicht mehr.[57] Dem Begräbnis der gewaltförmigen Vergangenheit folgt die Liebesnacht zwischen ihm und Inga – eine vorsichtig tastende, scheue Liebesszene, wie beim ersten Mal. Dabei ist es – zumindest der *intentio auctricis* nach – ihre letzte.[58]

55 Zur Bedeutung des Reue-Schmerzes der Täter und Täterinnen auf dem Weg zur (eschatischen) Versöhnung mit den Opfern und mit Gott siehe Ottmar Fuchs, Das Jüngste Gericht. Hoffnung auf Gottes Gerechtigkeit, Regensburg 2007, bes. 110–165.

56 »Gwisdeks Spiel ist überraschend und eindringlich. Wie er da sitzt und seine Anklage ausspuckt, die er seit Jahren loswerden will, wiederholt er die Gefühle seiner Eltern: deren tiefes Unverständnis für den gewählten Weg der eigenen Eltern, das Nicht-Auseinandersetzen-Wollen mit der NS-Vergangenheit, das Schweigen« (Husmann, Katja Riemann, 2).

57 Bei dieser Szene handelt es sich vermutlich um eine Anspielung darauf, dass Andreas Baader in Stammheim eine Waffe in einem alten Plattenspieler versteckt hatte.

58 »Etwas ist abgeschnitten worden und das muss versöhnt werden. Das geschieht

Und erst als Jens nicht länger, wie am ersten Abend, darauf besteht zu erfahren, wer ihn verraten hat (»Wer war's? Ich muss das wissen!«), wird seine Schwester fähig, ihm den Verrat zu gestehen. Was anfangs als liebevolle Geste gegenüber dem »heimgeholten« Bruder (»Wo soll er sonst hin?«) erscheint, erweist sich rasch als Selbstschutz: »Es sind alle nur hier, damit du nicht mit ihm allein sein musst. Das ist der einzige Grund für diese groteske Veranstaltung«, gibt Inga nach den ersten Konflikten beim Abendessen Tina zu verstehen. Erst als alle gegangen sind, das Haus aufgeräumt ist, die Fensterläden geschlossen sind und Tina mit ihrem Bruder allein ist, kann sie bekennen: »Ich war's. [...] Ich hab's einfach nicht mehr ausgehalten. Ich wollte, dass du lebst, dass du irgendwann rauskommst und lebst.« So bringt das dramatische Wochenende am Ende auch für Tina die Freiheit, ihrem Bruder endlich die Wahrheit zu sagen, sich zu ihrem Verrat zu bekennen. Die regelmäßigen Besuche im Gefängnis haben ihr diesen Freiraum nicht eröffnet, wofür es verschiedene Gründe geben mag: Ließen die überwachten Begegnungen im Besuchsraum keine Konfrontationen mit der nicht vergangenen Vergangenheit zu? Oder konnte Tina ihren Verrat nicht gestehen, weil sie fürchtete, dass Jens dann ihre Besuche abgelehnt hätte, – Besuche, die womöglich sie mehr brauchte als er, weil der Verrat sie unlösbar an ihren Bruder band, weil sie sich für seine Inhaftierung verantwortlich fühlte, weil sie »draußen« gar kein eigenes Leben ohne ihn leben konnte?

Wahrhaftigkeit wird offenbar erst möglich, als der Auseinandersetzung nicht mehr auszuweichen ist. Diese Unausweichlichkeit aber, das hat Nina Grosses »Familienaufstellung mit politischem Hintergrund«[59] gezeigt, wird nicht durch die alten Weggefährtinnen und Freunde selbst, die – auch als die Tore des äußeren Gefängnisses sich geöffnet haben – in ihrem Inneren gefangen bleiben, geschaffen. Das konfrontierende und darin befreiende, der Versöhnung den Weg weisende Wort, ohne das es keinen Neuanfang gibt, kommt von außen – hier in Gestalt von Doro und Gregor. Wenn Martin Luther in den Schmalkaldischen Artikeln bekannt hat, dass sich das aus Schuld befreiende Evangelium auch *»per mutuum colloquium et consolationem fratrum«* den Menschen zueigne[60], dann lassen sich die Ge-

oft in einer letzten gemeinsamen Nacht, was sehr heilsam sein kann« (»Amerika geht noch ganz anders mit Terrorismus um«. Interview von Martin Schwickert mit Nina Grosse, 3).

59 Diese Charakterisierung wählt Nina Grosse selbst in der Kommentierung ihres Filmes – https://www.film.tv/film/13/hintergrund/nina-grosse-interview-zu-daswochenende-26781.html, [letzter Zugriff: 12. Februar 2017].

60 BSLK, 449,12f. Zur Auslegung siehe Magdalene L. Frettlöh, »Mutuum colloqui-

spräche an jenem Freitag bis Sonntag womöglich als so etwas wie eine Wegbereitung des befreienden Evangeliums in nichtreligiöser Sprache verstehen – zumal man in *Das Wochenende* die Zeit von Karfreitag bis Ostersonntag symbolisiert sehen kann.[61]

In seinem Geständnis gegenüber Gregors Vorwurf, dass er ihn im Stich gelassen habe, gibt Jens als Erklärung ab: »Man musste sich trennen können, jede Minute.« Auch am Ende dieses Wochenendes stehen Trennungen. Doch es sind andere als jene, die Jens bei einem Besuch Ingas mit dem elfjährigen Gregor im Gefängnis vollzog, als er mit einem »Ich kann das nicht« nach zehn Minuten fluchtartig den Besuchsraum verließ. Es sind eher Trennungen nach versöhnlichen Wiederbegegnungen wie der zwischen Jakob und Esau oder Joseph und seinen Brüdern, in denen sich Versöhnung behutsam Bahn bricht ohne ein Wort der Vergebung. In *Das Wochenende* erscheint Versöhnung am Horizont ohne ein explizites »*Wenn ich nur Gnade finde in deinen Augen …*«.[62] Mit keinem Wort ist von Gnade oder von Vergebung in diesem Film die Rede, von (eingeforderter) Entschuldigung nur ein einziges Mal. Wo Begnadigung geschieht, muss sie nicht zum Thema werden.[63] Ihre Thematisierung in zwischen-

um …« und »Einige Kreise«. Eine Formel Martin Luthers mit einem Bild Wassily Kandinskys im Gespräch, in: DIES., »Mutuum colloquium …«, 13–33.

61 RICHARD KÄMMERLINGS nimmt dies zumindest für die Romanvorlage an: »Im Roman verleiht Schlink diesem Programm [sc. des Essays ›Vergeben und Versöhnen‹] irritierenderweise eine heilsgeschichtliche Dimension. Schon der Zeitablauf von Freitag bis Sonntag entspricht dem Ostergeschehen« (Täter, die im Regen stehen. Bernhard Schlinks RAF-Roman, 1–3,3 – http://www.faz.net/aktuell/feuilleton/buecher/rezensionen/belletristik/bernhard-schlinks-raf-roman-taeter-die-im-regen-stehen-1515492.html), [letzter Zugriff: 10. Februar 2017].

62 Vgl. zur Wendung »Gnade finden in jemandes Augen« Gen 6,8; 18,3; 19,19; 30,27; 32,6; 33,8.10.15; 34,11; 39,4; 47,25.29; 50,4; Ex 33,12f.16f.; 34,9; Num 11,11.15; 32,5 u.ö.

63 Dies macht aber eine theologische Reflexion auf Gnade nicht obsolet, sondern umso notwendiger, wobei auch zu diskutieren wäre, ob die biblischen Worte *chäsäd*, *chen* und *charis*, die meist mit Gnade verdeutscht werden, zumindest auf Zeit durch andere Worte übersetzt werden könnten; siehe dazu JÜRGEN EBACH, Artikel »*chesed* (hebr.) – Freundlichkeit, Güte, Zuwendung, Gnade; *chen* (hebr.) – Anmut, Wohlwollen, Wohltaten; *chanun* (hebr.) – freundlich, gütig, gnädig; *charis* (griech.) – Anmut, Dank, Zuwendung«, in: Bibel in gerechter Sprache, hrsg. von ULRIKE BAIL u.a., Gütersloh 2006, 2338–2340.
Es bedürfte hier eines vierten Abschnittes, in dem die Erörterung des Status des Gnadenrechts, die Erinnerung an die Debatte um das Gnadengesuch Christian Klars sowie die Beobachtungen und Reflexionen zum Film *Das Wochenende* mit Motiven einer Gnaden*theologie* ins Gespräch gebracht werden. Für erste Überlegungen verweise ich auf MAGDALENE L. FRETTLÖH, Die verlorene Anmut wiederfin-

menschlichen Beziehungen würde sie womöglich als ebenso unverfügbares wie anmutiges Ereignis aufheben, zumindest könnte sie gönnerhaft erscheinen und die Begnadigten beschämen, anstatt sie zu befreien. Allemal ist es eine schwierige Gratwanderung, Begnadigung ohne Herablassung und Demütigung zum Ausdruck zu bringen. Wenn Christian Klar im Gaus-Interview als Wunsch für die Zeit nach der Entlassung geäußert hat, zu Beziehungen fähig zu sein, dann inszeniert *Das Wochenende*, wie in abgebrochene oder bereits im Keim erstickte, in versteinerte oder gar verratene Beziehungen neues Leben kommt. Damit aber ist ein wesentliches Moment des biblischen Gnadenbegriffs[64] impliziert: »*Charis* ist geradezu ein Gegenbegriff zu autoritärer Unterdrückung und Dominanz der einen über die andere Seite, denn so, wie er im paulinischen Text [hier: 2Kor 8–9] eingesetzt wird, steht er für Vorgänge, die englisch *empowerment* genannt werden können.«[65] Liegt das Gnadenhafte, die Wirksamkeit der Begnadigung von Jens zuletzt nicht darin, dass das Gutshaus am Ende des Wochenendes alle anders entlässt, als sie jenes betreten haben, dass niemand mehr so weiterleben kann/wird wie bisher?

Das Institut der Begnadigung hat – mitten im Recht – etwas von der Unbedingtheit und lebendig machenden Kraft der Gnade bewahrt. Es ist also nicht die Verbindung von Gnade und Recht als solche, die diesen schöpferischen Charme der Gnade aushöhlt. Das tun vielmehr jene, die darauf pochen, dass man sich »Gnadenwürdigkeit« verdienen müsse und so gerade der Gnadenlosigkeit das Wort reden. Denn Gnade kann nicht verdient werden. Es gibt sie nur gratis, geschenkt. Damit aber hat sie Teil an der Ambivalenz jeder Gabe.

den. Gerecht »allein aus Gnade« – ein beziehungsreiches Gabe-Ereignis, in: JK 76 (2015), 16–20. Eine eindrückliche Revision reformatorischen Gnadenverständnisses in römisch-katholischer Tradition und gabetheologischer Perspektivierung bietet Jürgen Werbick, Gnade (Grundwissen Theologie), Paderborn 2013.

64 Biblisch-theologisch ist sowohl im Alten wie im Neuen Testament »Gnade« ein gegenseitiges Beziehungsgeschehen, das überströmt; siehe Klaus Bieberstein / Lukas Bormann, Art. »Gnade«, in: Sozialgeschichtliches Wörterbuch zur Bibel, hrsg. von Frank Crüsemann u. a., Gütersloh 2009, 220–223; Klaus Berger, Artikel »*charis*, Gnade, Dank, Ansehen«, in: EWNT III, Stuttgart 1983, 1095–1102; in der paulinischen Theologie spielt *charis* eine geradezu fundamentaltheologische Rolle; siehe dazu etwa Michael Theobald, Die überströmende Gnade. Studien zu einem paulinischen Motivfeld, fzb 22, Würzburg 1982.

65 Marlene Crüsemann, Trost, *charis* und Kraft der Schwachen: Eine Christologie der Beziehung nach dem zweiten Brief an die Gemeinde in Korinth, in: Dies. / Carsten Jochum-Bortfeld (Hg.), Christus und seine Geschwister. Christologie im Umfeld der Bibel in gerechter Sprache, Gütersloh 2009, 111–137, 118f.

Recht und billig?!

Die Spannung von Schuld und Barmherzigkeit im Hinblick auf die aequitas canonica

Dorothea Wojtczak

Is there a tension between guilt and mercy with regard to aequitas canonica in the canon law of the Roman Catholic Church? Should the law follow the life of human beings or should human beings submit oneself to the law since the law should be a pastoral instrument of mercy? This article examines the correlation between mercy and justice in the canon law of the Roman Catholic Church from a systematic theological point of view. At first, the difference between aequitas canonica as a principle of interpretation versus a principle of application of canon law will be investigated. Then attention is given to Pope Francis' perspective on divorced and remarried couples with regard to guilt, sin and forgiveness. Based on this example, the essay will clarify that standards of canon law have to stay in accordance with the Gospel. From this analysis the article derives that mercy is not only an ethical motive but a legal motive, which correlates with a sound notion of guilt, sin and justice. That is the reason why the last canon of the canon law of the Roman Catholic Church states: salus animarum suprema lex.

Einleitung

Die Verkündigungsbulle *Misericordiae vultus*[1] von Papst Franziskus, welche zum außerordentlichen Jubiläum der Barmherzigkeit aufgerufen hat, sowie einige andere Schreiben, wie z. B. das nachsynodale Schreiben *Amoris lae-*

[1] Papst Franziskus, *Misericordiae vultus*. Verkündigungsbulle von Papst Franziskus zum Außerordentlichen Jubiläum der Barmherzigkeit. AAS 107 (11. April 2015): https://w2.vatican.va/content/francesco/de/apost_letters/documents/papa-francesco_bolla_20150411_misericordiae-vultus.html, [letzter Zugriff: 31. Mai 2017].

titia[2] des Heiligen Vaters, verdeutlichen, dass die katholische Kirche den Anspruch vertritt, eine Heilsfunktion auszuüben. Mehr noch: die Kirche stellt sich als Dienerin der Heiles[3] dar, welche die Botschaft von einem barmherzigen Gott vermittelt. Insofern erscheint die Barmherzigkeit als eine Tugend, die auf eine andere Person und dessen Not ausgerichtet ist und »welche der Liebe entspringt, ohne aber mit dieser identisch zu sein«[4]. In ähnlicher Weise verhält es sich mit der Gerechtigkeit. Diese ist ebenso auf eine andere Person ausgerichtet. Doch inwiefern gehören Barmherzigkeit und Gerechtigkeit zusammen? Widerspricht ein scheinbar unbarmherziges Kirchenrecht, welches die kompromisslose Gerechtigkeit im Blick hat, nicht vielmehr der Lebenswelt der Gläubigen, da es wirklichkeitsferne Normen vertritt und die Gläubigen unnötig reglementiert? Steht ein derartiges Kirchenrecht nicht in Spannung zu dem Gedanken von einer barmherzigen Kirche und einem barmherzigen Gott? Diese Fragen scheinen gar nicht so abwegig zu sein, wenn man bedenkt, dass kaum ein Reizthema innerhalb der katholischen Kirche existiert, welches ebendiesen Eindruck nicht vermitteln würde: Das Kirchenrecht der katholischen Kirche sei für die Gläubigen ein starrer, lebensferner und unbarmherziger Regelkatalog. In ähnlicher Weise verhält es sich mit der Tradition der kirchlichen Lehren von Sünde und Schuld, welche nicht nur innerhalb, sondern auch außerhalb der katholischen Kirche teilweise auf Unverständnis treffen. Diese Aussagen sollen im Nachfolgenden konkretisiert werden, wenn sich zunächst mit der Frage der Barmherzigkeit respektive der *aequitas canonica,* d. h. der kanonischen Billigkeit, als Prinzip der Rechtsinterpretation oder als Prinzip der Rechtsapplikation auseinandergesetzt wird, bevor das Augenmerk auf den Umgang mit wiederverheiratet Geschiedenen auf Grundlage des nachsynodalen Schreibens *Amoris* laetitia von Papst Franziskus vor dem Hintergrund von Schuld, Sünde und Vergebung gelegt wird. Denn gerade dieser Sachverhalt und der Umgang mit wiederverheiratet Geschiedenen lässt die Frage aufkommen, ob in der Kirche nicht eigentlich andere Gesetze

2 Papst Franziskus, Nachsynodales Apostolisches Schreiben *Amoris laetitia*. An die Bischöfe, an die Priester und Diakone, an die Personen geweihten Lebens, an die christlichen Eheleute und an alle christgläubigen Laien über die Liebe in der Familie. AAS 108 (19. März 2016): https://w2.vatican.va/content/francesco/de/apost_exhortations/documents/papa-francesco_esortazione-ap_20160319_amoris-laetitia.html, [letzter Zugriff: 31. Mai 2017].

3 Vgl. LG 8.

4 Helmuth Pree, Kirchenrecht und Barmherzigkeit – Rechtstheologische und rechtstheoretische Aspekte, AKathKR 184 (2015), (54–74), 59.

und Maßstäbe des Rechts existieren sollten, die sich am Evangelium Jesu zu orientieren haben und nicht den Eindruck vermitteln, man müsse sich den Empfang der Sakramente durch ein tugendhaftes Leben verdienen. Wird nicht jede Form von Schuld und Sünde nach einem ehrlichen Bekenntnis durch Jesus Christus selbst vergeben? Wenn dies so ist, bedarf es einer Gewissensausbildung und -erforschung und der Anwendung des Bußsakramentes, um sich der Vergebung seiner Verfehlungen durch Jesus Christus zu vergewissern. Auf welche Weise kann Barmherzigkeit innerhalb der Kirche vor dem Hintergrund postuliert werden, dass einige Menschen durch eine objektive Schuld von den Sakramenten ausgeschlossen werden bzw. sich ausgeschlossen fühlen?

Diese Fragen führen dazu, die Aufmerksamkeit auf die Kirche zu legen, die sich auf den milden und barmherzigen Richter Jesus Christus beruft und welche die Gläubigen im Credo als die eine, heilige, katholische und apostolische Kirche bekennen. Sollte folglich das kirchliche Recht nicht den Menschen als Maßstab dienen, ihr Leben zu verbessern, als sie zu verurteilen oder sie gar aus der vollen Gemeinschaft der Gläubigen auszuschließen? Sollte das Recht also nicht besser dem Leben der Menschen als der Lehre der Kirche folgen?

Vor dem Hintergrund dieser Fragen wird abschließend zu klären sein, ob die Barmherzigkeit der Kirche ein Postulat oder ein Desiderat ist.

Gerechtigkeit vs. Barmherzigkeit?

Im dritten der zehn Leitsätze der römischen Bischofssynode von 1967 heißt es, dass die Gesetze des im Jahr 1983 promulgierten neuen Codex um der

> »pastoralen Aufgabe der Kirche willen [...] vom Geist der Liebe, der Mäßigung, der Nachsicht und der Milde geprägt sein [müssten]; es genüge daher nicht, einfachhin auf die Gerechtigkeit abzustellen, sondern das neue kirchliche Gesetzbuch[5] müsse auch auf kluge Billigkeit, die eine Frucht der Güte und Liebe sei, ausgerichtet werden«[6].

5 Sofern vom *kirchlichen Gesetzbuch* oder vom *Codex Iuris Canonici* gesprochen wird, wird sich auf nachfolgende Quelle bezogen:
Codex Iuris Canonici. Aucoritate Ioannis Pauli PP. II promulgatus. Lateinisch-deutsche Ausgabe mit Sachverzeichnis, hrsg. im Auftrag der Deutschen Bischofskonferenz, der Österreichischen Bischofskonferenz, der Schweizer Bischofskonferenz, der Erzbischöfe von Luxemburg und von Straßburg sowie der Bischöfe von Bozen-Brixen, von Lüttich und von Metz, Kevelaer [7]2012.

6 Thomas Schüller, Die Barmherzigkeit als Prinzip der Rechtsapplikation in der Kir-

Hierin zeigt sich eine enorme Aussagekraft im Hinblick auf ein potentielles Barmherzigkeitspostulat innerhalb der kirchlichen Rechtsordnung, da Barmherzigkeit als Frucht der Güte und Liebe neben der Gerechtigkeit walten sollten. Insofern zeigen sich Gerechtigkeit und Barmherzigkeit in der kirchlichen Rechtsordnung als zwei Seiten einer Medaille, welche es im Nachfolgenden zu untersuchen gilt. Hierbei darf nicht nur die Frage geklärt werden, ob Barmherzigkeit ein Mittel der Rechtsinterpretation darstellt, sondern vielmehr ob sie als Medium der Rechtsapplikation dient.

Bereits Papst Paul VI. rief besonders eindringlich die »Dimension der Barmherzigkeit als Grundhaltung kirchlicher Normapplikation und die aequitas canonica als ihr Grundprinzip zur Umsetzung dieser Haltung wieder in Erinnerung«[7] und es folgten ihm weitere Päpste bis heute: Papst Johannes Paul II., der den neuen Codex unter Beachtung der zehn Leitsätze[8] promulgierte; Papst Benedikt XVI., der während seines Pontifikats besonders um die Einheit der Christen untereinander bemüht war, wie dies unter anderem sein Motu proprio *Summorum pontificium*[9] sowie sein Motu proprio *Anglicanorum coetibus*[10] zeigen; ebenso auch Papst Franziskus, welcher in seinem nachsynodalen Schreiben *Amoris laetitia* einen

che im Dienste der salus animarum, Würzburg 1993, 290. Vgl. hierzu die ursprüngliche Formulierungen in Communicationes 1(1969), 79: »Equidem non omnes normae iuridicae ad finem supernaturalem vel curam pastoralem fovendam directe proferuntur; eidem tamen fini supernaturali hominum obtinendo apte congruere necesse est. Quare, in legibus Codicis Iuris Canonici elucere debet spiritus caritatis, temperantiae, humanitatis ac moderationis, quae, totidem virtutes supernaturales, nostras leges distinguunt a quocumque iure humano seu profano. In iure condendo Codex non tantum iustitiam sed etiam sapientem aequtitatem colat, quae fructus est benignitatis et caritatis, ad quas virtutes exercendas Codex discretionem atque scientiam Pastorum et iudicum excitare satagat.«

7 Thomas Schüller, Das Heil der Gläubigen im Blick. Barmherzigkeit als Prinzip der Rechtsanwendung, in: Norbert Göckener (Hg.), Barmherzigkeit verändert. Facetten eines lebensbereichernden Weges, Münster 2008, 181–196, 189.

8 Vgl. Communicationes 1 (1969), 78–85.

9 Dieses Bestreben formuliert Papst Benedikt u. a. in seinem Begleitbrief an die Bischöfe anlässlich der Publikation des Apostolischen Schreibens *Motu proprio Summorum Pontificium* über die römischen Liturgie in ihrer Gestalt vor der 1970 durchgeführten Reform folgendermaßen: »Damit bin ich bei dem positiven Grund angelangt, der mich veranlasst hat, mit diesem Motu proprio dasjenige von 1988 fortzuschreiben. Es geht um eine innere Versöhnung in der Kirche.« AAS 99 (07. Juli 2007), 25.

10 Papst Benedikt XVI., Apostolische Konstitution *Anglicanorum coetibus*. Über die Errichtung von Personalordianariaten für Anglikaner, die in die volle Gemeinschaft mit der katholischen Kirche eintreten. AAS 101 (04. November 2009):

zweifachen Weg der Barmherzigkeit[11] aufzuzeigen versucht. Aufgrund dessen erfolgt zunächst eine Auseinandersetzung mit der lehramtlichen Tradition ausgehend von Papst Paul VI. bis zu Papst Franziskus, bevor ich mich weiterhin mit dem Begriff und der semantischen Schichtung von Barmherzigkeit sowie ihrer Anwendung als Rechtsinterpretation oder Rechtsapplikation auseinandersetze.

Barmherzigkeit in der lehramtlichen Tradition – ausgehend von Papst Paul VI. bis zu Franziskus

Papst Paul VI. war maßgeblich daran beteiligt, eine Neukodifikation des kirchlichen Rechts auf der Grundlage der Ekklesiologie des II. Vaticanums, wie sie in der Kirchenkonstitution *Lumen gentium* gelehrt wird, zu ermöglichen.[12] So zeigt sich u. a. in seinen Ansprachen an die Römische Rota, dass er den Heilscharakter des Kirchenrechts, ebenso wie die Funktion des Kirchenrechts als einen Bereich des kirchlichen Handelns in Verbindung mit der Kirchenkonstitution hervorgehoben hat, um sich gegen einen Antijuridismus zu wenden.[13] Hierbei knüpft Papst Paul VI. an die mittelalterliche Aequitastradition an, welche die christliche Barmherzigkeit neben der römischen Aequitaslehre und der aristotelischen Epikielehre als dritten Pfeiler der Aequitas ansieht und neben dem Rechtsinstitut der Billigkeit auch eine konkrete Verwirklichung einer kirchenrechtlich-christlichen Barmherzigkeitsforderung im Einzelfall ermöglicht.[14] Kanonisten wie Beyer, Grelon und Schüller teilen daher die Ansicht, dass Papst Paul

http://w2.vatican.va/content/benedict-xvi/de/apost_constitutions/documents/hf_ben-xvi_apc_20091104_anglicanorum-coetibus.html, [letzter Zugriff: 08. August 2017].

11 Vgl. AL 296.

12 Vgl. LG 1. Ebenso Hubert Socha, MKCIC c. 17/Rn. 2, in: Klaus Lüdicke (Hg.): Münsterischer Kommentar zum Codex Iuris Canonici unter besonderer Berücksichtigung der Rechtslage in Deutschland, Österreich und der Schweiz Bd. 1 (cann. 1–203), Essen 1985 ff.

13 Vgl. Schüller, Die Barmherzigkeit als Prinzip der Rechtsapplikation, 382.

14 Vgl. a. a. O., 389 f. Der Begriff einer kirchenrechtlich-christlichen Barmherzigkeitsforderung versteht gerade aus heutiger Perspektive die Konklusion des Kirchenrechts als eine theologische Disziplin mit einer juristischen Methode, wodurch die Arbeit eines Kanonisten und die Beschäftigung mit dem kirchlichen Gesetzbuch ein Tun ist, das »einen inneren Bezug zum Glauben, zur Kirche, zur Theologie, zum letzten Konzil, zur Evangelisierung und zur Ökumene hat.« Siehe: Hubert Socha, MKCIC c. 17/Rn. 2.

VI. die Formel *ubi Ecclesia, ibi ius* vertrete, da »die sichtbare sowie geistliche Dimension der Kirche nicht im Gegensatz zueinander stehen und somit nicht zu trennen sind, sondern nur miteinander in Einheit existieren können«[15]. Schließlich führen genau diese Reflexionen der Ekklesiologie des II. Vaticanums zu einer Auseinandersetzung mit dem Rechtsinstitut der *aequitas canonica*, welches in der unten genannten Ansprache von Papst Paul VI. vor der Rota vom 8. Februar 1973[16] explizit im Hinblick auf die spezielle Funktion und Aufgabe der *aequitas canonica* im kirchlichen Rechtsgefüge entfaltet wird. Hierbei fällt vor allem der »Praxisbezug auf, in den er [Papst Paul VI.] seine Vorstellungen von der aequitas canonica einbettet. Zumeist wendet er sich an die kirchlichen Richter, die als weise Richter Diener des Rechts, Interpreten der Gerechtigkeit und sensibel für die Aequitas und Barmherzigkeit sein sollen.«[17] Somit erhält die Aequitas nicht nur eine Funktion als Ideal, sondern ebenso als vorrangige Verhaltensregel, wodurch sie für Papst Paul VI. rechtssystematisch nichts anderes als ein Rechtsinstitut auf der Anwendungsebene, d. h. ein Applikationsprinzip[18], darstellt, welches eng an die *salus animarum*[19] geknüpft ist. So-

[15] A. a. O., 384. Die Ausführungen Schüllers basieren auf der Aussage innerhalb der Allocutio Papst Pauls VI. vom 8. Februar 1973, welche LG 8 zitiert, in der es heißt: »Tale unione è così stretta da non permettere che questi due aspetti, pur distinti, siano in opposizione tra loro. La società visibile è comunità spirituale, e questa non può esistere senza e al di fuori di quella: Societas ... organis hierarchicis instructa et mysticum Christi Corpus, coetus adspectabilis et communitas spiritualis, Ecclesia terrestris et Ecclesia caelestibus donis ditata, non ut duae res considerandae sunt, sed unam realitatem complexam efformant, quae humano et divino coalescit elemento. Ideo ob non mediocrem analogiam incarnati Verbi mysterio assimilatur (Lumen Gentium, 8).Il diritto tende a strutturare e ad organizzare questa realtà organica *quae iuridicam formam exigit et simul caritate animatur* [...].« Papst Paul VI., Allocutio v. 08. Februar 1973: http://w2.vatican.va/content/paul-vi/it/speeches/1973/february/documents/hf_p-vi_spe_19730208_sacra-romana-rota.html, [letzter Zugriff: 31. Mai 2017]. (Hervorhebung D.W.). Vgl. ebenso Jean Beyer, Sens et rôle du Droit Ecclésial. La pensée de Paul VI. In: ACan 27(1983), 25–36, 29. In ähnlicher Weise findet sich eine Aussage bei Grelon: vgl. Jean Grelon / E. Harel: Nature et légitimité du droit canonique: pour une lecture des discours de Paul VI. In: PJR 1(1984), 59–65, 60–63.

[16] Papst Paul VI., Allocutio v. 08. Februar 1973.

[17] Schüller, Die Barmherzigkeit als Prinzip der Rechtsapplikation, 385.

[18] Vgl. a. a. O., 386. Papst Paul VI. spricht von der Aequitas selbst als »la norma della loro applicazione«. Siehe hierzu: Papst Paul VI., Allocutio v. 08. Februar 1973.

[19] Vgl. Papst Paul VI., Allocutio v. 27. Januar 1969: »Non spirito di giuridismo perciò anima codesto provvido e sapiente Tribunale, ministro del diritto, interprete della giustizia, sensibile all'equità e alla misericordia, come già dichiarava il Nostro Predecessore, di venerata memoria, Pio XII[...]«. Der Originaltext findet sich online

mit dient für Papst Paul VI. die *aequitas canonica* einer milderen und verständnisvolleren Gerechtigkeit[20], welche familiäre, soziologische und psychologische Umstände[21] aufgreift und nicht nur zu einer Strafverschärfung[22] führen, sondern ebenso die Milde[23] innerhalb der Rechtssprechung bewirken kann. Wichtig ist, dass nicht nur eine Strafmilderung im Blick ist, sondern auch eine potentielle Strafverschärfung, welche einer höheren und besseren Gerechtigkeit[24] dienen kann. Mit Papst Paul VI. lässt sich festhalten, dass die *aequitas canonica* weitaus mehr darstellt als ein Prinzip, das einer höheren Gerechtigkeit dient, sondern vielmehr in Verbindung mit dem Grundsatz des Heiles für die Gläubigen eine Realisierung von Barmherzigkeit, Milde und pastoraler Liebe als propriale Kennzeichen kirchenrechtlicher Normapplikation[25] darstellt. Somit darf die Korrelation von Barmherzigkeit und Gerechtigkeit bzw. das Insistieren auf der Barmherzigkeit innerhalb der kirchenrechtlichen Aequitaskonzeption als Verdienst Papst Pauls VI. angesehen werden. Diese steht in einem engen Zusammenhang mit der Kirchenkonstitution *Lumen gentium*, welche die Kirche als Sakrament in Christus[26] bezeichnet, wodurch eine untrennbare Einheit von Göttlichem und Menschlichem, von Unsichtbarem und Sicht-

unter: http://w2.vatican.va/content/paul-vi/it/speeches/1969/january/documents/hf_p-vi_spe_19690127_sacra-rota.html, [letzter Zugriff: 31. Mai 2017].

20 Vgl. Papst Paul VI., Allocutio v. 08. Februar 1973: »Il codice attuale ha fatto proprie le esigenze di misericordia e di umanità in vista di una giustizia più dolce, più comprensiva. Parla di aequitas naturalis, di aequitas canonica, richiamandosi al principio ultimo, a cui si farà appello, il diritto naturale o il diritto canonico.«

21 Vgl. ebd.: »Precisa poi la portata dell'aequitas e la funzione che le spetta: questa consiste in una giustizia superiore in vista di un fine spirituale; addolcisce il rigore del diritto, e talvolta aggrava anche certe pene; in ogni caso si distingue dal puro diritto positivo, allorché questo non può tener conto delle circostanze.«

22 Vgl. ebd.

23 Vgl. ebd.: »Il giudice terrà conto, grazie all'aequitas canonica, di tutto ciò che la carità suggerisce e consente per evitare il rigore del diritto, la rigidità della sua espressione tecnica; eviterà che la lettera uccida per animare i suoi interventi con la carità che è dono dello Spirito che libera e che vivifica.« Vgl. hierzu ebenso Papst Paul VI., Allocutio v. 04. Februar 1977: »in legibus eiusdem Codicis elucere debet spiritus caritatis, temperantiae, humanitatis et moderationis, quibus ab omni iure humano novus Codex distinctus sit oportet.« Der Originaltext findet sich online unter: http://w2.vatican.va/content/paul-vi/la/speeches/1977/february/documents/hf_p-vi_spe_19770204_sacra-romana-rota.html, [letzter Zugriff: 31. Mai 2017].

24 Vgl. Schüller, Die Barmherzigkeit als Prinzip der Rechtsapplikation, 388.

25 Vgl. a. a. O., 389.

26 Vgl. LG 8.

barem hervortritt, welche in analoger Weise auf das Verhältnis von Recht und Liebe übertragen werden kann.[27] Hierin wird eine soteriologische Rückbindung des Aequitasbegriffes ausgedrückt. Denn wie die Kirche Zeichen und Werkzeug des Heiles[28] ist und dem Heil der Seelen dienen soll, so soll dies das Kirchenrecht durch die von der Barmherzigkeit bestimmte *aequitas canonica* ebenfalls tun.

Dieser Auftrag bzw. dieses Bewusstsein ist von Papst Johannes Paul II. nicht weniger eindrucksvoll vertreten worden, da er in einer Präfatio zum neuen Codex Folgendes schreibt:

> »Ad curam pastoralem animarum quam maxime fovendam, in novo iure, praeter virtutem iustitiae, ratio habeatur, etiam caritatis, temperantiae, humanitatis, moderationis, quibus aequitati studeatur non solum in applicatione legum ab animarum pastoribus facienda, sed in ipsa legislatione, ac proinde normae nimis rigidae seponantur, immo ad exhortationes et suasiones potius recurratur, ubi non adsit necessitas stricti iuris servandi propter bonum publicum et disciplinam ecclesiasticam generalem.«[29]

Durch die Tugenden der Gerechtigkeit, der Liebe, der Mäßigung, der Menschlichkeit und Behutsamkeit soll die *aequitas canonica* eine Rechtsapplikation und Gesetzgebung gewährleisten, welche die *salus animarum* im Blick behält. Vor diesem Hintergrund wird auch verständlich, warum Papst Johannes Paul II. in seinem Apostolischen Schreiben *Familiaris consortio* auf die irregulären Situationen innerhalb von Ehen und Familien eingeht und sie in Verbindung mit dem Bestreben der Kirche bringt.[30]

27 Vgl. SCHÜLLER, Die Barmherzigkeit als Prinzip der Rechtsapplikation, 416.

28 Vgl. LG 1.

29 PAPST JOHANNES PAUL II., Praefatio zum CIC 1983, in: AAS 75 (1983).

30 Vgl. FC 65: »Das pastorale Bemühen der Kirche beschränkt sich nicht nur auf die christlichen Familien in der Nähe, sondern kümmert sich, indem es den eigenen Horizont nach dem Maßstab des Herzens Jesu ausweitet, noch intensiver um alle Familien in ihrer Gesamtheit und vor allem um jene, die sich in einer schwierigen oder irregulären Lage befinden. Ihnen allen schenkt die Kirche ihr Wort der Wahrheit, der Güte, des Verstehens, der Hoffnung, der innigen Verbundenheit in ihren oft beklemmenden Schwierigkeiten; allen bietet sie ihre selbstlose Hilfe an, daß sie dem Ideal der Familie näherkommen, das der Schöpfer ›von Anfang an‹ gewollt hat und das Christus durch seine erlösende Gnade erneuert hat.« Der vollständige Text der Quelle ist unter folgendem Link zu finden: PAPST JOHANNES PAUL II. Apostolisches Schreiben *Familiaris consortio*. AAS 74 (22. November 1981): http://w2.vatican.va/content/john-paul-ii/de/apost_exhortations/documents/hf_jp-ii_exh_19811122_familiaris-consortio.html, [letzter Zugriff: 31. Mai 2017].

Barmherzigkeit als Prinzip der Rechtsinterpretation?

Eine Betrachtung des Begriffes der Interpretation verdeutlicht, dass hinsichtlich kanonistischer Arbeiten bzw. hinsichtlich eines konkreten Begriffes wie Barmherzigkeit zunächst eine gewisse Form eines möglicherweise diffusen und pauschalen Vorverständnisses im allgemeinen Sprachgebrauch vorhanden ist, das jedoch in ein genaues und richtiges gewandelt werden sollte.[31] Bereits Papst Paul VI. hat auf die Dringlichkeit verwiesen, das kirchliche Recht aus der Heiligen Schrift und der Theologie zu begründen, da das Ziel des Kirchenrechts als wahres Recht im Dienst für die Seelsorge besteht.[32]

Hierbei wird nun schon der Zusammenhang von Kirchenrecht und Theologie deutlich,[33] der noch einmal mehr durch die Zusammengehörigkeit von Zweitem Vaticanum und dem kirchlichen Gesetzbuch (CIC) signifikant hervortritt.[34] Diese besteht nicht nur darin, dass eine »gleich-

[31] Vgl. GEORG MAY, §7 Kirchenrechtswissenschaft und Kirchenrechtsstudium, in: Handbuch des katholischen Kirchenrechts, hrsg. v. JOSEPH LISTL / HERIBERT SCHMITZ, Regensburg ²1999, 90–101, 95.

[32] Vgl. PAPST PAUL VI., Allocutio vom 19. Februar 1977, AAS 69 (1977): »Primarium enim servitium pastorale, quod *diaconia iuris* appellatur, hac in re eo pertinet, ut sit verum ius.« Der Originaltext findet sich unter anderem unter folgendem Link: https://w2.vatican.va/content/paul-vi/la/speeches/1977/february/documents/hf_p-vi_spe_19770219_congresso-dir-canonico.html, [letzter Zugriff: 10. August 2017].

[33] Vgl. hierzu: PAPST JOHANNES PAUL II. Apostolische Konstitution *Sacrae Disciplines Leges*. Zur Promulgation des neuen kirchlichen Gesetzbuches. AAS 76 (25. Januar 1983): »Denn der Herr Christus hat das reiche Erbe des Gesetzes und der Propheten, das durch die Geschichte und Erfahrung des Gottesvolkes im Alten Testament allmählich gewachsen war, keineswegs aufgehoben, sondern erfüllt (vgl. Mt 5,17), so daß es sich in neuer und vertiefter Weise auf das Erbe des Neuen Testaments erstreckte. Obwohl also der hl. Paulus bei der Auslegung des Ostergeheimnisses lehrt, daß die Rechtfertigung nicht durch die Werke des Gesetzes, sondern durch den Glauben erfolgt (vgl. Röm 3,28; vgl. Gal 2,16), schließt er die verpflichtende Kraft des Dekalogs nicht aus (vgl. Röm 13,8–10; vgl. Gal 5,13–25; 6, 2) noch leugnet er die Bedeutung der Disziplin in der Kirche Gottes (vgl. 1 Kor, Kap 5 u. 6). So lassen uns die Schriften des Neuen Testaments noch viel besser die eigentliche Bedeutung der Disziplin begreifen und uns besser verstehen, daß sie aufs engste mit dem Heilscharakter des Evangeliums verbunden ist.«

[34] Vgl. ebd.: »Unter diesen Umständen scheint es hinreichend klar, daß es keinesfalls das Ziel des Kodex ist, im Leben der Kirche den Glauben, die Gnade, die Charismen und vor allem die Liebe zu ersetzen. Im Gegenteil, Ziel des Kodex ist es vielmehr, der kirchlichen Gesellschaft eine Ordnung zu geben, die der Liebe, der Gnade und dem Charisma den Vorrang einräumt und zugleich ihren geordneten Fort-

zeitige öffentliche Kundmachung des Konzilsplans und der künftigen CIC-Reform«[35] durch Papst Johannes XXIII. erfolgte, sondern auch darin, dass Papst Johannes Paul II. im kirchlichen Gesetzbuch den Ausdruck der auf dem Konzil gewonnenen Selbstsicht der Kirche[36] verstand. Denn »im Medium der kanonischen Sprache findet auch die Ekklesiologie des Konzils ihren besonderen Ausdruck«[37]. Dies zeigt sich unter anderem darin, dass bereits Papst Paul VI. die Ekklesiologie der Kirchenkonstitution *Lumen gentium* für eine Erneuerung des Aequitasverständnisses fruchtbar gemacht hat, wie oben gezeigt worden ist. Doch sei nun die Aufmerksamkeit noch einmal auf das Prinzip der Rechtsinterpretation gelegt, um schließlich zu der Frage nach dem Prinzip der Rechtsapplikation überzugehen.

Innerhalb der Gesetzesauslegung existieren gemäß c. 17 kodikarisch fixierte Interpretationsregeln, von denen ausgehend gerade intellektuell-theoretisch das Ziel gesetzt wird, eine Rekonstruktion des mit einem »Gesetz gemeinten Sollensanspruch«[38] des Gesetzgebers zu leisten. Hierbei sollte sich hauptsächlich an den Interpretationsregeln und an den vom Gesetzgeber autorisierten Interpretationsinstanzen orientiert werden, damit die tatsächliche Absicht des Gesetzgebers hervortritt, »mit der er [der Gesetzgeber] den Sollensanspruch einer kirchenrechtlichen Norm belegt hat«[39]. Nun stellt sich allerdings die Frage, ob der Rekurs auf die kanonische Billigkeit respektive die Barmherzigkeit nicht eher dazu führt, dass das Kirchenrecht aufgrund von Gesetzeslücken o. ä. durch die Anwendung der *aequitas canonica* in eine gewisse laxe Form der Elastizität und Flexibilität[40] verfällt, wenn das höchste Ziel und Gesetz des Kirchenrechts ge-

schritt im Leben der kirchlichen Gesellschaft wie der einzelnen Menschen, die ihr angehören, erleichtert.«

35 Stephan Haering, Konziliare Ekklesiologie und kanonische Sprache, in: Elmar Güthoff / Stephan Haering (Hg.): Ius quia iustum. Festschrift für Helmuth Pree zum 65. Geburtstag, Berlin 2015, 61–80, 63.

36 Vgl. ebd.

37 A. a. O., 80.

38 Schüller, Die Barmherzigkeit als Prinzip der Rechtsapplikation, 417.

39 A. a. O., 418.

40 Elastizität und Flexibilität sind aus kirchenrechtlicher Perspektive zwei wertvolle und anwendbare Instrumente, weshalb das Attribut *lax* hinzugefügt worden ist, um auf eine verunstaltete Art dieser beiden Anwendungen hinzuweisen, die es zu umgehen gilt. Gerade durch eine elastische und flexible Auslegung wird die Anwendung der kanonischen Billigkeit ermöglicht, worauf gerade c. 19 des CIC verweist. Hierin heißt es nämlich: »Si certa de re desit expressum legis sive universalis sive particularis praescriptum aut consuetudo, causa, nisi sit poenalis, dirimenda est attentis legibus latis in similibus, generalibus iuris principiis cum aequitate ca-

mäß c. 1752 das Heil der Seelen darstellt und die jeweiligen Instanzen diesem gerecht werden wollen. An dieser Frage wird deutlich, dass von einer Anwendung der *aequitas canonica* gesprochen wird, weshalb sich schon jetzt aus dem Bereich der Interpretation heraus und in den Bereich der Applikation hinein bewegt wird. Zudem wird durch diese Frage ersichtlich, dass die kanonische Billigkeit weit mehr als ein bloßes Interpretationsprinzip darstellt, wie nachfolgend deutlich wird, wenn die Frage nach der Barmherzigkeit als einem Prinzip der Rechtsapplikation erläutert wird. Dennoch bedarf jedes Gesetz, jede Norm und schließlich jedes Recht einer Auslegung, in welcher es neben dem inhaltlichen Erschließen eines Gesetzes und der Ermittlung des Sinnes von Normen, insbesondere um das Erfassen der den Normen zugrundeliegenden Wertung geht.[41] Diese Auslegung ist sodann authentisch, wenn der Gesetzgeber selbst oder gemäß c. 16 § 1 derjenige, dem vom Gesetzgeber die Vollmacht zur authentischen Auslegung übertragen worden ist, eine Norm auslegt. Eine derartige Auslegung erhält dieselbe Rechtskraft wie das Gesetz selbst und muss schließlich promulgiert werden.[42] Von dieser Form der Auslegung unterscheidet sich nach c. 16 § 3 die forensische Interpretation, welche ein Gesetz nach der Art eines Gerichtsurteils oder eines Verwaltungsaktes im Einzelfall auslegt und keineswegs Gesetzeskraft[43] besitzt, da sie nur diejenigen Personen bindet und diejenigen Belange betrifft, für welche sie gegeben worden ist. Zudem kann noch zwischen der gewohnheitsmäßigen und wissenschaftlichen Auslegung[44] unterschieden werden,

nonica servatis, iurisprudentia et praxi Curiae Romanae, communi constantique doctorum sententia.«

41 Vgl. WILHELM REES, § 9 Die Rechtsnormen, in: Handbuch des katholischen Kirchenrechts, hrsg. v. STEPHAN HAERING / WILHELM REES / HERIBERT SCHMITZ, Regensburg ³2015, 127–162, 150.

42 Vgl. a. a. O., 152.

43 Vgl. a. a. O., 154.

44 Vgl. c. 17: »Leges ecclesiasticae intellegendae sunt secundum *propriam verborum significationem* in textu et contextu consideratam; quae si dubia et obscura manserit, ad *locos parallelos*, si qui sint, ad *legis finem* ac *circumstantias* et ad *mentem legislatoris* est recurrendum.« (Hervorhebungen D.W.)
Vgl. ebenso HUBERT SOCHA, MKCIC c. 17/Rn. 2–8. Darin heißt es, dass nicht allein der *sensus fidei* für das richtige Verständnis und eine entsprechende Anwendung der kirchlichen Rechtsordnung maßgebend sein kann, sondern dass eine Normierung des Auslegungsverfahrens existiert, das dem Verstehen der Kirchengesetze dienen soll und fünf Verstehenshilfen liefert (1. propria verborum significatio; 2. loci paralleli; 3. legis finis; 4. legis circumstantiae; 5. mens legislatoris). Schließlich gibt es ein substantielles und somit nie zu vernachlässigendes Element, das

die durch c. 17 genauer bestimmt, an dieser Stelle aber nicht näher erläutert werden.

Wird jedoch noch einmal auf den Sollensanspruch eines Gesetzes zurückgegriffen, so zeigt sich die kanonische Billigkeit als eine Korrekturinstanz für die Rechtsanwendung.[45] Wird sie allerdings nur als Korrekturinstanz gesehen, wird sie aus ihrer ekklesiologischen und soteriologischen Verankerung im Hinblick auf das Heil der Seelen (*salus animarum*) herausgenommen und läuft Gefahr, zu einem »wertausfüllungsbedürftigem Rechtsbegriff oder unbestimmten Rechtsbegriff«[46] zu mutieren. In Verbindung mit dem Postulat des Heils der Seelen, zeigt sich unter Rekurs auf Papst Paul VI., dass das Aequitashandeln im Kirchenrecht mehr als nur ein Interpretationsprinzip ist. Es stellt eine Grundfunktion, eine Fundamentalnorm[47] des Kirchenrechtes und der Kirche dar, welche in enger Verbindung mit dem ekklesiologischen Grundauftrag der Kirche steht. Im Folgenden wird es daher vonnöten sein, sich der Frage nach der Barmherzigkeit als Prinzip der Rechtsapplikation zu stellen.

Barmherzigkeit als Prinzip der Rechtsapplikation?

Wie bereits durch die Darstellung des Begriffes der Barmherzigkeit innerhalb der lehramtlichen Tradition deutlich wurde, postulierte Papst Paul VI. die *aequitas canonica* als zentrales Anwendungsprinzip, welches dem Recht der Kirche seine Physiognomie[48], ja sogar seinen pastoralen Charakter verleihe, da sie dabei helfe, alle wesentlichen Aspekte eines Rechtsfalles aufzugreifen und zu berücksichtigen, damit der praktizierten Nächstenliebe Rechnung getragen werde. So verhindere die *aequitas canonica* als Rechtsinstitut auf der Applikationsebene, dass »der Rechtsfindungsprozess, der sowohl Entscheidungsfindung (-herstellung) als auch Entscheidungsbegründung (-darstellung) umfasst, zu einem seelenlosen formallogischen Syllogismus inklusive schematischer Subsumtionstechnik erstarrt.«[49] Die *aequitas* canonica gewährleistet somit, dass der Lebens-

wie folgt lautet: »Kirchengesetze sind zu verstehen nach der im Text und Kontext betrachteten eigenen Wortbedeutung.«

45 Vgl. SCHÜLLER, Die Barmherzigkeit als Prinzip der Rechtsapplikation, 419.

46 Ebd.

47 Vgl. PAPST PAUL VI., Allocutio v. 08. Februar 1973.

48 Vgl. SCHÜLLER, Das Heil der Gläubigen im Blick, 189.

49 A. a. O., 190.

sachverhalt berücksichtigt und die kirchenrechtlichen Normen in Beziehung dazu gesetzt werden, sodass eine adäquate Lösung zugunsten der *salus animarum* gefunden werden könne. Aymans widerspricht diesem Konzept, da er die Auffassung vertritt, dass es sich bei der *salus animarum* um ein außerhalb der gültigen Rechtsordnung gelegenes Ziel handele und diese nur hinsichtlich des Sendungsauftrages Jesu Christi verstanden werden könne, welcher ohne rechtliche Geltungs- und Gestaltungskraft für die Rechtspraxis bleibe.[50] Allerdings fällt auf, dass bei Aymans der Begriff der *salus animarum* nicht in Verbindung mit der kanonischen Billigkeit wie in c. 1752 des CIC/1983 steht, sondern Billigkeit bei ihm als dynamisches »Prinzip in der Rechtsentwicklung«[51] angeführt wird, welches lediglich als Mittel für die Auslegung, die Ergänzung und die Berichtigung positiver Rechtsnormen verwendet werden könne.[52] Hierin wird nun eine weitere Spannung ersichtlich, welche die Korrelation von Barmherzigkeit und *salus animarum* im Blick hat. Bevor darauf eingegangen werden kann, bedarf es zunächst einer weiteren Entfaltung des Aequitasbegriffes.

In Anbetracht der, im Vergleich zum CIC/1917, breiteren Auflistung des Begriffes der Aequitas in mehreren Canones des CIC/1983 wird deutlich, dass dieser Begriff nicht nur als aequitas canonica gemäß cc. 19 und 1752 erscheint, sondern nach cc. 686 §3, 702 §2 und 1148 §3 in einer Wechselbeziehung mit unterschiedlichen Begriffen wie der caritas bzw. caritatem evangelicam sowie nach c. 221 §2 als aequitas in iuris applicandis auftritt. Auch existiert der Begriff der aequitas naturalis[53] gemäß cc.

50 Vgl. Winfried Aymans / Klaus Mörsdorf, Kanonisches Recht. Lehrbuch aufgrund des Codex Iuris Canonici. Bd. I. Einleitende Grundfragen und Allgemeine Normen. 1. Kapitel Kirchengesetze und Generaldekrete, § 12. Zum Begriff des kanonischen Gesetzes, Paderborn 1991, 149.

51 A. a. O., 188.

52 Vgl. ebd.

53 Diese Verwendung der Aequitas als natürliche Billigkeit (*aequitas naturalis*) wird innerhalb dieses Beitrags nicht weiter entfaltet werden können. Nach c. 271 §3 handelt es sich dabei um die Rückberufung unter Wahrung der *aequitas naturalis* eines in eine andere Diözese gewechselten Klerikers und nach c. 1148 §3 um die Beachtung der Grundsätze der natürlichen Billigkeit im Falle einer Entlassung aus der Ehe durch den Ortsordinarius, sodass einer aus der Ehe entlassenen Ehefrau oder einem aus der Ehe entlassenden Ehemann noch immer eine wirtschaftliche und soziale Absicherung garantiert werden muss. Eine Ausführung zu diesem Begriff findet sich bei Thomas Schüller. Wichtig ist allerdings, an dieser Stelle festzuhalten, dass c. 271 §3 die Integrität des zurückgerufenen Klerikers sichert, wobei zugleich eine güterabwägende Einbeziehung der Interessen beider involvierten Diözesen zum Wohl der Gläubigen erfolgt. Vgl. hierzu: Schüller, Die Barmherzigkeit als Prinzip der Rechtsapplikation, 395–397.

271 §3 und 1148 §3.[54] Insofern zeigt sich, dass dem Aequitasbegriff nicht genügend Rechnung getragen würde, wenn er lediglich als Interpretationsprinzip diente.

Nachfolgend sei nun kurz einigen ausgewählten Aequitasstellen im Codex Aufmerksamkeit geschenkt:

Gemäß c. 221 §2[55] wird im Rahmen des Grundrechtes auf Rechtsschutz der Gläubigen von einer *aequitas in iuris applicandis* gesprochen. Dies bedeutet, dass jede(r) Gläubige, der/die von einer zuständigen Autorität vor ein kirchliches Gericht gezogen wird, ein Anrecht auf ein nach Recht (*iuris praescriptis*) und Billigkeit (*cum aequitate*) gesprochenes faires Urteil besitzt, das mittels der Aequitas die situativen Umstände eines Falles berücksichtigen sollte. Hierbei fällt auf, dass der kirchliche Gesetzgeber eine Parallelität zwischen dem positiv geschriebenen Recht und der Billigkeit als zwei Säulen der Urteilsfällung herstellt.[56] Nach Schüller lässt sich daraus für einen kirchlichen Richter schließen, dass »er bei seiner Urteilsfindung sowohl die für den Sachverhalt rechtsrelevanten kirchenrechtlichen Normen heranzieht als auch gleichzeitig dabei die Billigkeit beachtet, d.h. er muß die situativen Umstände, die konkreten Personen und weitere sachdienliche Gesichtspunkte bei seiner Urteilsfindung beachten und somit Sachverhalt, rechtsrelevante kirchenrechtliche Normen und die konkreten Umstände des Falles in einem alle Momente abwägenden Urteil zusammenführen«[57]. Zudem zeugt in c. 221 §2 der Ausdruck *aequitate applicandis* davon, dass die Aequitas als Rechtsinstitut oder als Anwendungsprinzip zu verstehen ist, welches in enger Parallelität zum Ausdruck *iuris praescriptis* steht.

54 Die Normen der genannten Canones lauten wie folgt: c. 271 §3: »Clericus qui legitime in aliam Ecclesiam particularem transierit propriae Ecclesiae manens incardinatus, a proprio Episcopo dioecesano iusta de causa revocari potest, dummodo serventur conventiones cum altero Episcopo initae atque naturalis aequitas; pariter, iisdem condicionibus servatis, Episcopus dioecesanus alterius Ecclesiae particularis iusta de causa poterit eidem clerico licentiam ulterioris commorationis in suo territorio denegare.«
C. 1148 §3: »Ordinarius loci, prae oculis habita condicione morali, sociali, oeconomica locorum et personarum, curet ut primae uxoris ceterarumque dimissarum necessitatibus satis provisum sit, iuxta normas iustitiae, christianae caritatis et naturalis aequitatis.«

55 C. 221 §2 lautet wie folgt: »Christifidelibus ius quoque est ut, si ad iudicium ab auctoritate competenti vocentur, iudicentur servatis iuris praescriptis, cum aequitate applicandis.«

56 Vgl. Schüller, Die Barmherzigkeit als Prinzip der Rechtsapplikation, 394.

57 Ebd.

In den cc. 686 §3[58] und 702 §2[59] wird von einer *aequitas caritatis* gesprochen. Nach c. 686 §3 kann ein Diözesanbischof oder der Heilige Stuhl durch die Bitte eines obersten Leiters aus schwerwiegenden Gründen und unter Beachtung von Billigkeit und Liebe die Exklaustration, d.h. der Ausschluss eines Institutsmitgliedes aus der Klausur nach Rücksprache mit den Konsultoren, bewirken. Hierbei fällt auf, dass die Aequitas durch den Begriff der *caritas* näherhin bestimmt wird. Mittels dieses Rekurses auf die Liebe soll eine unnötige Härte vermieden werden, welche dem Wohl des Ordensmitglieds schaden könnte.[60] Hierin zeigt sich im Besonderen das Motiv der Barmherzigkeit hinsichtlich der Rechtsanwendung. Ähnlich verhält es sich in c. 702 §2. Während c. 702 §1 noch eine vergleichsweise harte Regelung vorsieht, durch die ein entlassenes Ordensmitglied kein Anrecht auf eine Vergütung der von ihm geleisteten Arbeiten besitzt, wird in §2 auf Billigkeit und eine evangeliumsgemäße, ja barmherzige Liebe bestanden, sodass dem ausscheidenden oder zeitweise exklaustrierten Ordensmitglied eine Abmilderung der sozialen, rechtlichen und wirtschaftlichen Härten, welche aus dieser Situation entstehen, gewährt werden kann.[61] Bislang folgt daraus, dass alle diese Canones eine ratio legis[62] durchzieht, die einer Milde und einer dem Menschen zutiefst gerecht werdenden kirchlichen Normapplikation entspricht und nicht unbedingt eine höhere Gerechtigkeit im Blick hat. Folglich wird mittels dieser Begriffsbestimmungen auf die christlich-rechtstheologische Dimension einer Milde und Liebe hinsichtlich kirchlicher Urteile verwiesen.

Von der *aequitas canonica* ist in den cc. 19 und 1752 die Rede. Hierbei handelt es sich um Canones von prominenter Stellung, da c. 19 die Ausfüllung von Gesetzes- und Rechtslücken[63] beinhaltet und c. 1752 »neben

58 Vgl. hierzu den Wortlaut des dritten Paragraphen aus c. 686: »Petente supremo Moderatore de consensu sui consilii, exclaustratio imponi potest a Sancta Sede pro sodale instituti iuris pontificii vel ab Episcopo dioecesano pro sodale instituti iuris dioecesani, ob graves causas, servata *aequitate et caritate*.« (Hervorhebung D.W.)

59 Vgl. c. 702 im Wortlaut: »§1 Qui ex instituto religioso legitime egrediantur vel ab eo legitime dimissi fuerint, nihil ab eo eodem repetere possunt ob quamlibet operam in eo praestitam.
§2 Institutum tamen *aequitatem et evangelicam caritatem* servet erga sodalem, qui ab eo separatur.« (Hervorhebung D.W.)

60 Vgl. SCHÜLLER, Die Barmherzigkeit als Prinzip der Rechtsapplikation, 398.

61 Vgl. ebd.

62 Vgl. ebd.

63 Sowohl das weltliche wie auch das kirchliche Recht vermögen niemals alle Situationen und Fälle des menschlichen Lebens vorauszusehen und mit entsprechenden gesetzlichen Bestimmungen abzudecken, weshalb c. 19 explizit darauf verweist,

dem eng umrissenen Zusammenhang eines bestimmten Verwaltungsverfahrens die zentrale Grundbestimmung kirchenrechtlicher Normapplikation, die salus animarum, in enger Verbindung letzterer Kategorie mit der aequitas canonica«[64] thematisiert. Betrachtet man zudem die Ebene der Rechtspraxis[65], auf welcher die *aequitas canonica* in c. 19 angesiedelt ist, so zeigt sich, dass es sich um Rechtsfälle handelt, die entschieden (*dirimenda est*) werden müssen. Es handelt sich bei der Aequitas also um eine Anwendungsebene, die allerdings nicht selbst als Rechtsprinzip, sondern als Bindeglied[66] zwischen dem allgemeinen Rechtsprinzip und dem konkreten Einzelfall fungiert. Sie ist folglich ein *modus iucandi*, d. h. »ein Rechtsinstitut zur Konkretisierung der ermittelten allgemeinen Rechtsprinzipien in Blick und Einbeziehung des spezifischen Fallkontextes der Sache«[67]. Allerdings besteht nach dieser Definition noch immer die Gefahr, dass unter Rekurs auf die Aequitas eine gewisse Willkür hinsichtlich der richterlichen Urteile möglich ist, da bislang noch unklar ist, wie die *aequitas canonica* inhaltlich gefüllt werden kann. Innerhalb der kanonistischen Literatur findet sich bei Charles Lefebvre die These[68], dass die neue Norm, welche die Gesetzeslücke schließen soll, harmonisch in das Gefüge des Gesamtcodex', d. h. die Intention des Gesetzgebers wahrend und beachtend, eingeschlossen werden soll, damit die Rechtssicherheit gewahrt bleibt. Sofern Rechtssicherheit postuliert wird, bedeutet dies, dass hierin eine Begrenzungsfunktion gegenüber willkürlichen Rechtsanwendungen

dass vier Möglichkeiten einer Lückenausfüllung existieren, welche in völliger Gleichordnung nebeneinander bestehen. Eine dieser vier Möglichkeiten stellt die allgemeinen Rechtsprinzipien unter Beachtung der kanonischen Billigkeit dar. Vgl. hierzu c. 19: »Si certa de re desit expressum legis sive universalis sive particularis praescriptum aut consuetudo, causa, nisi sit poenalis, *dirimenda est* attentis legibus latis in similibus, *generalibus iuris principiis cum aequitate canonica servatis*, iurisprudentia et praxi Curiae Romanae, communi constantique doctorum sententia.« (Hervorhebung D.W.)

64 Schüller, Die Barmherzigkeit als Prinzip der Rechtsapplikation, 399.

65 Vgl. a. a. O., 401.

66 Vgl. a. a. O., 402.

67 Ebd.

68 Vgl. a. a. O., 403 f. Ebenso Charles Lefebvre, Natural Equity and Canonical Equity, in: The American Journal of Jurisprudence, Volume 8, Issue 1 (1963), 122–136. Zudem finden sich weitere Entfaltungen zur Ausformulierung der *aequitas canonica* bei Charles Lefebvre, Equity in Canon Law, in: Ralph A. Newman (Hg.), Equity in the world's legal systems, Brussels 1973, 93–100. Sowie bei John J. Coughlin, Law, Person and Community. Philosophical, theological, and comparative perspectives on Canon law, Oxford 2015, 114–126.

hergestellt wird, da es letztlich darum geht, eine die Gesetzeslücke füllende Norm unter Wahrung der kanonischen Billigkeit zu erstellen, welche die Umstände, d. h. die Personen, den Ort, die Zeit und weitere fallspezifische Umstände einbezieht.[69] Dass ein Rekurs auf die kanonische Billigkeit erfolgt, hängt damit zusammen, dass eine Wahrung dieser bewirken soll, eine kirchenrechtliche Norm zu konkretisieren und anwendbar zu gestalten sowie auf einen fallspezifischen Umstand unter Beachtung einer Gleichbehandlung ähnlicher Fälle einzugehen, sodass die Ausrichtung auf die *salus animarum* gemäß c. 1752 als Maßstab des richterlichen Handelns beibehalten wird.

Auch c. 1752[70] zeigt, dass die aequitas canonica eine konkrete Rechtsapplikation darstellt, in welcher es unter Wahrung ebendieser um ein spezielles Verwaltungsverfahren für die Versetzung von Pfarrern geht. Ähnlich wie zu c. 19 ausgeführt worden ist, kommt der kanonischen Billigkeit hier die Aufgabe zu, unter »Einbeziehung und Abwägung der speziellen Umstände einer beschlossenen zwangsmäßigen Versetzung eine dem Heil der Seelen, das sowohl das Wohl und die Integrität des Pfarrers als auch das Wohl der gesamten Diözese umfasst, dienende konkrete Lösung zu erzielen«[71], welche dem Heil der Seelen dienlich ist. Insofern ist das Prinzip der kanonischen Billigkeit nicht nur eng mit dem salus-animarum-Anspruch verbunden, sondern zeugt vielmehr davon, dass nur durch sie als Applikationsprinzip ein differenzierter und auf den Einzelfall bezogener Entscheidungsprozess garantiert werden kann, welcher nicht nur in Versetzungsfragen von Pfarrern Anwendung erfahren darf, sondern für die gesamte Rechtspraxis der Kirche als permanente Herausforderung und permanenter Anspruch dienen muss, damit eine Entscheidung getroffen werden kann, welche den involvierten Menschen und schließlich auch der gesamten Kirche gerecht wird.[72] Aus diesem Grund wird es nun unerlässlich sein, sich dem achten Kapitel des nachsynodalen Schreibens Amoris laetita und der Frage nach dem Verhältnis von Barmherzigkeit und Gerechtigkeit im Umgang mit wiederverheiratet Geschiedenen zuzuwenden, da Papst Franziskus zur Förderung der christlichen Ehe eine pastorale Unterscheidung[73] der Situationen vieler Menschen einfordert.

69 Vgl. a. a. O., 404.

70 C. 1752 lautet: »In causis translationis applicentur praescripta canonis 1747, servata *aequitate canonica* et prae oculis habita *salute animarum*, quae *in Ecclesia suprema semper lex* esse debet.« (Hervorhebungen D.W.)

71 SCHÜLLER, Die Barmherzigkeit als Prinzip der Rechtsapplikation, 406.

72 Vgl. a. a. O., 408.

73 AL 293.

Schuld – Sünde – Vergebung

Betrachtet man die Begriffe Schuld, Sünde und Vergebung, scheint zunächst nur die Vergebung mit der Barmherzigkeit in Verbindung gebracht werden zu können. Ein Hinweis auf Schuld und Sünde hingegen wirkt zunächst hartherzig, unnachsichtig, vielleicht sogar alles andere als christlich. An dieser Stelle möchte ich mich vor dem Hintergrund des nachsynodalen Schreibens *Amoris laetitia* von Papst Franziskus mit der Frage auseinandersetzen, inwieweit die eine, heilige, katholische und apostolische Kirche als Kollektiv auf einzelne Menschen reagieren kann, die sich in irregulären Lebenssituationen befinden und Schuld auf sich geladen haben, aufgrund derer sie gemäß c. 916[74] nicht die heilige Kommunion empfangen dürfen. Diese Frage ist insofern interessant, da sowohl in der Konstitution *Lumen gentium* von der Familie als einer Hauskirche ähnlich (LG 11) gesprochen wird, als auch in diversen päpstlichen Schreiben, von denen hier nur einige wenige Ausschnitte genannt werden: FC 38, 48, 51; AL 15, 67, 200. Es zeigt sich also, dass diese eine, heilige, katholische und apostolische Kirche aus einzelnen Hauskirchen besteht,[75] von denen kaum eine, wenn überhaupt eine, die vier Annotationen der Universalkirche (Einheit, Heiligkeit, Katholizität und Apostolizität) vertritt. Viel eher entsteht der Eindruck, dass dieses Kollektiv der Kirche aus zerbrechlichen oder gar zerbrochenen »Hauskirchen« besteht. Doch wie soll damit umgegangen werden? Wie kann dieser scheinbare Gegensatz zusammengefügt werden? Auf welche Weise kann auf die Barmherzigkeit der Kirche,

[74] In c. 916 heißt es: »Qui conscius est peccati gravis, sine praemissa sacramentali confessione Missam ne celebret neve Corpori Domini communicet, nisi adsit gravis ratio et deficiat opportunitas confitendi; quo in casu meminerit se obligatione teneri ad eliciendum actum perfectae contritionis, qui includit propositum quam primum confitendi.«

[75] Insbesondere diese Aussage verdeutlich, dass es sich um eine systematische Perspektive auf das kirchliche Recht und die kanonische Billigkeit handelt, da die katholischen Verfassungsebenen der Kirche aus Gesamt- und Teilkirchen bestehen. Vgl. hierzu cc. 386 und 369 mit folgendem Wortlaut:
C. 368: »Ecclesiae particulares, in quibus et ex quibus una et unica Ecclesia catholica exsistit, sunt imprimis dioeceses, quibus, nisi aliud constet, assimilantur praelatura territorialis et abbatia territorialis, vicariatus apostolicus et praefectura apostolica necnon administratio apostolica stabiliter erecta.«
C. 369: »Dioecesis est populi Dei portio, quae Episcopo cum cooperatione presbyterii pascenda concreditur, ita ut, pastori suo adhaerens ab eoque per Evangelium et Eucharistiam in Spiritu Sancto congregata, Ecclesiam particularem constituat, in qua vere inest et operatur una sancta catholica et apostolica Christi Ecclesia.«

die sich an der Barmherzigkeit Gottes orientieren sollte, rekurriert werden?

Wie bereits im Abschnitt zuvor deutlich wurde, kennt die kirchliche Gesetzgebung das Prinzip der *aequitas canonica.* Mithilfe dieses Prinzips soll gewährleistet werden, dass eine Norm angewendet wird, die eine billige Entscheidung einfordert, die mit Milde, Liebe, Barmherzigkeit und die Lebenssituation der jeweils involvierten Menschen bedenkend getroffen wird.[76] Die Deutsche Bischofskonferenz schreibt in Anlehnung an *Amoris laetitia*, dass es die Aufgabe der Kirche sei, Menschen in Notlagen zu begleiten und zu stützen.[77] Hierin wird deutlich, dass nachfolgend erläutert werden sollte, wie mit Schuld und Sünde bzw. mit dem Faktum der Zerbrechlichkeit menschlicher Existenzen im Hinblick auf das Postulat der kanonischen Billigkeit umgegangen werden soll, um abschließend zu erläutern, inwieweit die *aequitas canonica* ein Postulat oder vielleicht gar nur ein Desiderat innerhalb der kirchlichen Gesetzgebung darstellt.

Der Umgang mit Zerbrechlichkeit

Papst Franziskus hält in *Amoris laetitia* fest, dass »Urteile zu vermeiden [sind], welche die Komplexität der verschiedenen Situationen nicht berücksichtigen.«[78] Vielmehr sei darauf zu achten, in welcher Form Menschen leben und aufgrund ihres gegenwärtigen Zustandes leiden. Nicht wenig später schreibt der Papst, dass niemand auf ewig verurteilt werden dürfe, da dies der Logik des Evangeliums widerspräche.[79] Nun sei nicht im Gegensatz dazu ein Zitat aus dem Buche Daniel des Alten Testamentes vorgelegt, vielmehr soll dies für die weiteren Überlegungen unterstützend dienen. Dort heißt es nämlich im dritten Kapitel:

> »Gepriesen und gelobt bist du, Herr, Gott unserer Väter; herrlich ist dein Name in alle Ewigkeit. Denn du bist gerecht in allem, was du getan hast. All deine Taten sind richtig, deine Wege gerade. Alle deine Urteile sind wahr. Du

[76] Vgl. SCHÜLLER, Die Barmherzigkeit als Prinzip der Rechtsapplikation, 422.

[77] Vgl. SEKRETARIAT DER DEUTSCHEN BISCHOFSKONFERENZ (Hg.), »Die Freude der Liebe, die in den Familien gelebt wird, ist auch die Freude der Kirche.« Einladung zu einer erneuerten Ehe- und Familienpastoral im Licht von AMORIS LAETITIA, Bonn 2017, 11.

[78] AL 296.

[79] AL 297.

hast gerechte Strafen verhängt, in allem, was du über uns gebracht hast und über Jerusalem, die heilige Stadt unserer Väter. Ja, nach Wahrheit und Recht hast du all dies wegen unserer Sünden herbeigeführt. Denn wir haben gesündigt und durch Treubruch gefrevelt und haben in allem gefehlt. Wir haben deinen Geboten nicht gehorcht, haben weder beachtet noch getan, was du uns zu unserem Wohl befohlen hast.« (Dan 3, 26–30)

Die Aussagen von Papst Franziskus und dem Propheten Daniel scheinen zu divergieren: Auf der einen Seite das gerechte, vielleicht sogar hartherzige Gottesbild des Alten Testamentes, auf der anderen Seite der milde und barmherzige Papst, der »zwei Arten von Logik«[80] – nämlich den Weg der Barmherzigkeit und den Weg der Eingliederung – einfordert und das Prinzip verfolgt, dass die Menschen begleitet, ihre Lebenssituationen unterschieden und sie schließlich in die Kirche wieder eingegliedert werden müssen.[81] Hierin wird durchaus schon das inklusivistische Verständnis[82]

80 AL 296: »Zwei Arten von Logik [...] durchziehen die gesamte Geschichte der Kirche: ausgrenzen und wiedereingliedern [...] Der Weg der Kirche ist vom Jerusalemer Konzil an immer der Weg Jesu: d*er Weg der Barmherzigkeit* und *der Eingliederung* [...] Der Weg der Kirche ist der, niemanden auf ewig zu verurteilen, die Barmherzigkeit Gottes über alle Menschen auszugießen, die sie mit ehrlichem Herzen erbitten [...] Denn die wirkliche Liebe ist immer unverdient, bedingungslos und gegenleistungsfrei.« (Hervorhebungen D.W.)
Allerdings muss darauf hingewiesen werden, dass jeder katholisch getaufte Mensch qua Taufe in die *communio plena* eingegliedert ist, weshalb nicht davon ausgegangen werden kann, dass der Papst mit dem zweiten Weg als Weg der Eingliederung einen verfassungsrechtlichen Begriff – nämlich die Eingliederung eines Menschen in die Kirche – versteht, sondern vielmehr die Option, Menschen durch ein Zuteilwerden von Barmherzigkeit wieder aufzurichten.

81 Vgl. Sekretariat der Deutschen Bischofskonferenz (Hg.), »Die Freude der Liebe, die in den Familien gelebt wird, ist auch die Freude der Kirche.«, 11–15.

82 Vgl. AL 299: »Sie [die wiederverheiratet Geschiedenen] sollen sich nicht nur als *exkommuniziert fühlen*, sondern können als Glieder der Kirche leben und reifen, indem sie diese wie eine Mutter empfinden, die sie immer aufnimmt, sich liebevoll um sie kümmert und sie auf dem Weg des Lebens und des Evangeliums ermutigt.« (Hervorhebung D.W.)
Der Ausdruck des *exkommuniziert Fühlens* besagt in keiner Weise, dass die Gläubigen exkommuniziert sind. Wären sie dies, ist ihnen gemäß c. 1331 §1 in Verbindung mit c. 1312 §1, 1° durch die Beugestrafe der Exkommunikation Folgendes untersagt: »1° ullam habere participationem ministerialem in celebrandis Eucharistiae Sacrificio vel quibuslibet aliis cultus caerimoniis; 2° sacramenta vel sacramentalia celebrare et sacramenta recipere; 3° ecclesiasticis officiis vel ministeriis vel muneribus quibuslibet fungi vel actus regiminis ponere.« Wenn es jedoch um die heilige Kommunion als intensivste Form der Begegnung mit dem Aufer-

der katholischen Kirche deutlich, doch muss auch gefragt werden, ob hinter dem Ruf nach Barmherzigkeit, ja sogar nach der Barmherzigkeit Gottes nicht vielmehr ein allzu vermenschlichtes Gottesbild steht, nach welchem Gott nichts anderes zu tun vermag, als zu verzeihen.

Nun wurde bereits das Selbstverständnis der Kirche angesprochen, durch welches sie sich selbst als Dienerin der Menschen versteht,[83] denen sie das Heil und Erbarmen Gottes zu vermitteln hat. Unter Rekurs auf die Aequitaskonzeption zeigt sich, dass Einzelwohl und Gemeinwohl vor der soteriologischen und ekklesiologischen Perspektive schwerlich zu trennen sind und die Vermittlung des Heils daher stets beide im Blick haben müsse: »Gemeinwohl und Einzelwohl lassen sich in der Communio nicht so leicht unterscheiden. Das Einzelwohl besteht darin, möglichst umfassend [...] am Leben der Communio teilnehmen zu können, um hierdurch in das Heilswerk Jesu Christi hineingenommen zu sein.«[84] Das Heilswerk Jesu Christi ist also der entscheidende Referenzpunkt: in der Treue zum Sendungsauftrag Jesu Christi kann und muss das Leben der Communio gestaltet werden. Überträgt man dieses Verständnis auf die Rechtsordnung innerhalb der katholischen Kirche, kann dies nicht bedeuten, dass Normen durch Zwang ermöglicht werden. Aber dennoch dienen Normen dazu, die grundlegenden, zentralen und wesentlichen Werte und Eigenschaften der Gemeinschaft zu schützen.[85] Auf diese Weise stellen sie einen »Akt der Solidarität gegenüber der communio der Kirche«[86] dar,

standenen der wiederverheiratet Geschieden geht, sei an erster Stelle c. 916 zu bedenken, der sich an die Empfänger richtet. Darin heißt es: »Qui conscius est peccati gravis, sine praemissa sacramentali confessione Missam ne celebret neve Corpori Domini communicet, nisi adsit gravis ratio et deficiat opportunitas confitendi; quo in casu meminerit se obligatione teneri ad eliciendum actum perfectae contritionis, qui includit propositum quam primum confitendi.« Somit setzt dieser Canon eine Gewissensprüfung in Bezug auf eigens begangene Sünden der Gläubigen und eine hinreichende Vorbereitung auf das Sakrament voraus. Denn sowohl die Feier der heiligen Messe als auch der Empfang der heiligen Kommunion ist an die Voraussetzung gebunden, dass »sich der Priester bzw. Gläubige die Pflicht vor Augen führt (und verwirklicht), einen Akt vollkommener Reue über die begangenen schweren Sünden zu erwecken.« Siehe hierzu: Rüdiger Althaus, MKCIC c. 916/Rn. 3.

83 Vgl. LG 8.

84 Aymans/Mörsdorf, Kanonisches Recht, 150.

85 Vgl. Wilhelm Rees, Zwischen Bewahrung und Erneuerung. Zu Entdeckungen und (Weiter-)Entwicklungen im Recht der römisch-katholischen Kirche in: Elmar Güthoff / Stephan Haering (Hg.), Ius quia iustum. Festschrift für Helmuth Pree zum 65. Geburtstag, Berlin 2015, 81–111, 85.

86 A. a. O., 111.

der die Rechte der anderen respektiert und ein richtiges Handeln verantwortet.

Dennoch muss, wie bereits erwähnt, bedacht werden, dass das Leben vor einem Scheitern nicht geschützt ist. Insofern kann die praktische Perspektive nicht ausbleiben, welche in dem durch *Amoris laetitia* vorgegebenen Dreischritt, der von der Deutschen Bischofskonferenz (DBK) entfaltet wird, aufgezeigt wird.

Ein Dreischritt: begleiten – unterscheiden – eingliedern

Zunächst gilt sowohl die Naturehe als auch die christlich sakramentale Ehe nach c. 1056 als unauflöslich und monogam. Doch zeigt die Lebenswirklichkeit, dass Menschen, die nach einer weltlichen Scheidung eine neue Zivilehe eingegangen und aufgrund dieser Verbindung vom Empfang der Eucharistie ausgeschlossen sind, unter diesem Zustand der »Irregularität« leiden.[87] In Anlehnung an *Amoris laetitia*[88] fordert die DBK, dass »im Umgang mit den wiederverheiratet Geschiedenen [...] deutlich werden [muss], dass sie zur Kirche gehören, Gott ihnen seine Liebe nicht entzieht und sie gerufen sind, die Gottes- und Nächstenliebe zu praktizieren und echte Zeugen Jesu Christi zu sein«[89]. Als echte Zeugen Jesu Christi bedeutet dies, sich an die Gebote des Herrn zu halten (vgl. Joh 14,15) und dennoch zu wissen, dass der auferstandene Herr unter der Voraussetzung der echten Reue verzeiht, wie dies nicht nur im Bußsakrament deutlich wird, sondern auch in der Heiligen Schrift selbst steht, wenn Jesus den Auftrag zum Verzeihen der Sünden erteilt (Joh 20,23) oder sich gar an die Ehebrecherin, ohne sie zu verurteilen, mit dem Appell wendet: »Geh und sündige von jetzt an nicht mehr!« (Joh 8,11).

Nun verhält es sich durchaus schwierig, diesem Appell des Nicht-mehr-Sündigens Folge zu leisten. Auch erscheinen einige familiäre Situationen heutzutage weitaus schwieriger als Jesu Umgang mit der Ehebre-

87 Vgl. AL 298. Ebenso: cc. 915 und 916: C. 915 richtet sich mit seiner Formulierung an den Spender der heiligen Kommunion (»d sacram communionem ne admittantur excommunicati et interdicti post irrogationem vel declarationem poenae aliique in manifesto gravi peccato obstinate perseverantes.«), während sich c. 916 an den Empfänger der heiligen Kommunion wendet.

88 Vgl. AL 299.

89 Sekretariat der Deutschen Bischofskonferenz (Hg.), »Die Freude der Liebe, die in den Familien gelebt wird, ist auch die Freude der Kirche.«, 12.

cherin, weshalb der Aspekt des Unterscheidens eine beachtliche Rolle spielt und die Kirche die Funktion einer Mutter und Lehrerin auf signifikante Weise einnimmt, wie in dem Apostolischen Schreiben *Familiaris consortio* betont wird:

> »Als Mutter steht die Kirche den vielen Ehepaaren zur Seite, die in diesem wichtigen Punkt sittlichen Lebens Schwierigkeiten haben. Sie kennt sehr wohl ihre Lage, die oft belastend und manchmal wirklich quälend ist wegen vielfältiger Schwierigkeiten persönlicher und sozialer Art. Sie weiß, daß viele Ehepaare hier nicht nur im Tun Schwierigkeiten haben, sondern schon im Verstehen der Werte, um die es in der sittlichen Norm geht.
> Aber es ist die eine Kirche, die zugleich Lehrerin und Mutter ist. Deswegen hört die Kirche niemals auf, aufzurufen und zu ermutigen, die eventuellen ehelichen Schwierigkeiten zu lösen, ohne je die Wahrheit zu verfälschen oder zu beeinträchtigen. Sie ist nämlich davon überzeugt, daß es zwischen dem göttlichen Gesetz, das Leben weiterzugeben, und jenem, die echte eheliche Liebe zu fördern, keinen wirklichen Widerspruch geben kann. Darum muß die konkrete pastorale Führung der Kirche stets mit ihrer Lehre verbunden sein und darf niemals von ihr getrennt werden. Ich wiederhole deshalb mit derselben Überzeugung die Worte meines Vorgängers: ›In keinem Punkte Abstriche an der Heilslehre Christi zu machen, ist hohe Form seelsorglicher Liebe‹ (Enzyklika Humanae vitae, 29: AAS 60 (1968) 501).«[90]

Genau in dieser Funktion als Mutter und Lehrerin darf sich die Kirche ihrer Möglichkeit zur Reflexion und zur Anwendung der entsprechenden Billigkeit im Hinblick auf ihre Urteile bewusst sein, wie Papst Franziskus in *Amoris laetitia* heraustellt:

> »Die Kirche ist im Besitz einer soliden Reflexion über die mildernden Bedingungen und Umstände. Daher ist es nicht mehr möglich zu behaupten, dass alle, die in irgendeiner sogenannten ›irregulären‹ Situation leben, sich in einem Zustand der Todsünde befinden und die heiligmachende Gnade verloren haben.«[91]

Hinsichtlich dieser Aussage wird deutlich, dass Papst Franziskus auf der einen Seite die schwere Schuld vieler Menschen, die sie durch ein Zerbrechen ihrer ehelichen Beziehung auf sich geladen haben, im Blick hat. Auf

[90] FC 33.
[91] AL 301.

der anderen Seite zeigt sich aber auch, dass Papst Franziskus in der Tradition der Lehre stehend jene Menschen bedenkt, welche schuldlos verlassen worden sind, weshalb im Bereich der Sakramentenordnung entsprechende Konsequenzen bedacht werden müssten.[92] Hierzu findet sich auch schon eine entsprechende Passage bei Papst Johannes Paul II., der in *Familiaris consortio* festhält, dass die Kirche zwar bekräftige, wiederverheiratet Geschiedene aufgrund ihres Lebensstandes, der in einem objektivem Widerspruch zum Bund der Liebe zwischen Christus und seiner Braut, der Kirche, stünde, nicht zum eucharistischen Male zuzulassen, da dies bewirken könnte, dass andere Gläubige im Hinblick auf die Lehre der Kirche über die Unauflöslichkeit der Ehe verwirrt oder in einen Irrtum gebracht werden könnten,[93] doch zeige ein Bekenntnis der Reue über die entstandene Verletzung des Bundeszeichens mit Christus und der Treue zu ihm und eine nachfolgende Wiederversöhnung durch das Sakrament der Buße, dass ein Weg zur heiligen Eucharistie und ein Leben, das nicht im Widerspruch zur Unauflöslichkeit der Ehe gemäß c. 1056 steht, möglich ist, wenn beispielsweise die Erziehung der Kinder gewährleistet werden muss.[94]

Dass keine generellen gesetzlichen Regelungen kanonischer Art durch *Amoris laetitia* erwartet werden konnten, erscheint nicht verwunderlich, da es sich im Hinblick auf die sakramentale Ehe um eine Tradition der Kirche handelt; doch zeigt sich erneut der Appell eines Papstes, objektiv irreguläre Situationen nicht direkt zu verurteilen, sondern diese auf einen subjektiven Aspekt der Schuldlosigkeit differenziert hin zu untersuchen, damit die Gläubigen unter Zuhilfenahme der Sakramente im Leben der Gnade und der Liebe wachsen können, auch wenn ihre Ehe nicht annulliert werden kann.[95] Die DBK verweist in diesem Kontext noch einmal auf den Dienst der Ehegerichte, welcher auch eine beratende Funktion für die jeweiligen Gläubigen einnehmen kann.[96]

Abschließend sei noch auf den letzten Schritt des Eingliederns eingegangen. Durch eine dezidierte Gewissensbildung, welche in der Praxis begleitet durch die ausgebildeten Seelsorgenden erfolgen sollte, soll den

92 Vgl. AL 300: Papst Franziskus bedenkt in diesem Kontext, dass die Konsequenzen oder auch die Wirkungen einer Norm nicht immer dieselben sein müssten. Wohl aber dürfen die Wünsche des Einzelnen nicht über das Allgemeinwohl der Kirche gestellt werden.

93 Vgl. FC 84.

94 Vgl. ebd.

95 Vgl. AL 305.

96 Sekretariat der Deutschen Bischofskonferenz (Hg.), »Die Freude der Liebe, die in den Familien gelebt wird, ist auch die Freude der Kirche.«, 13.

Gläubigen ein evangeliumgemäßes Leben und die Ausbildung eines persönlichen Unterscheidungsvermögen angesichts der entsprechenden Situationen ermöglicht werden. Dies bedeutet nicht, den Anspruch zu erheben, das Gewissen zu ersetzen,[97] sondern lediglich für die Bildung des Gewissens Sorge zu tragen, damit schließlich selbst die Entscheidung für den Sakramentenempfang gemäß c. 916[98] gefällt werden kann und sich die Gläubigen als vollständig eingegliederter Teil der Communio fühlen können. Insofern wird von den Gläubigen durch eine Gewissensbildung, welche im moralischen Bereich zu verorten ist, dennoch ein entsprechendes Wissen um die Rechtmäßigkeit des Sakramentenempfangs vorausgesetzt, da es ansonsten gemäß c. 915 zu einer Trilemma-Situation[99] für den Spender kommen kann. In einem solchen Fall besteht sodann die Gefahr, das Handeln der Kirche oder einzelner Personen in der Kirche wiederverheiratet Geschiedenen gegenüber als unbarmherzig wahrzunehmen.[100]

97 Vgl. AL 37.

98 C. 916 lautet wie folgt: »Qui conscius est peccati gravis, sine praemissa sacramentali confessione Missam ne celebret neve Corpori Domini communicet, nisi adsit gravis ratio et deficiat opportunitas confitendi; quo in casu meminerit se obligatione teneri ad eliciendum actum perfectae contritionis, qui includit propositum quam primum confitendi.«

99 Nach c. 915 kann die Eucharistie bei drei Tatbeständen verweigert werden. Dabei handelt es sich erstens in Verbindung mit c. 1331 um die Exkommunikation, die *in foro externo* festgestellt worden ist. An zweiter Stelle um das Interdikt in Verbindung mit c. 1332 und drittens um eine schwerwiegende Sünde. Das Problem der schwerwiegenden Sünde besteht darin, dass der Sündenbegriff kein Rechtsbegriff bzw. keine Kategorie des Kirchenrechts ist, zudem muss diese offenkundig sein, in ihr muss der Sünder verharren und außerdem das Kriterium der Unbußfertigkeit erfüllen. Allerdings geht der Päpstliche Rat für die Interpretation von Gesetzestexten (PCI) von einem objektiven Sündenbegriff aus. Nun führt aber genau diese Norm in eine Trilemma-Situation, welche darin besteht, dass erstens die Kommunion nicht gespendet werden darf, wenn einer der Tatbestände vorliegt. Zweitens darf unter keinen Umständen gemäß cc. 983 und 984, insbesondere c. 984 §1, das Beichtgeheimnis verletzt werden, da ansonsten der Spender exkommuniziert würde, und drittens hat jeder der *Christifideles* nach c. 220 das Recht auf guten Ruf. Vgl. hierzu: Rüdiger Althaus / Klaus Lüdicke: MKCIC c.915/Rn. 3f. Sowie Archiv für katholisches Kirchenrecht (AfkKR) 169/2 (2000), 135–138. Ebenso Papst Johannes Paul II., Apostolisches Schreiben *Reconciliatio et paenitentia.* An die Bischöfe, Priester und Diakone und an alle Gläubigen über Versöhnung und Buße in der Sendung der Kirche heute. AAS 77 [02. Dezember 1984], 17: http://w2.vatican.va/content/john-paul-ii/de/apost_exhortations/documents/hf_jp-ii_exh_02121984_reconciliatio-et-paenitentia.html, [letzter Zugriff: 10. August 2017].

100 Vgl. hierzu Pree, Kirchenrecht und Barmherzigkeit, 57.

Vergebung als Verdienst?!

Wie eben ausgeführt wurde, besteht die Gefahr, das Handeln der Kirche im Hinblick auf wiederverheiratet Geschiedene als unbarmherzig wahrzunehmen. Ebenso wurde auf den nicht unbedeutenden Aspekt der Gewissensbildung eingegangen, welcher nach Ansicht der DBK durch die Hirten gefördert und vertieft werden sollte.[101] Doch stellt sich an diesem Punkt die Frage, ob eine barmherzige Vergebung des »irregulären« Lebensumstandes aufgrund der zuvor einhergehenden Reue und des anschließenden Bekenntnisses nicht als ein Verdienst angesehen werden könnte, der schließlich zu einem rechtmäßigen Empfang der Sakramente führt. Um diese Frage beantworten zu können, bleibt es nicht aus, auf den Begriff der Barmherzigkeit und schließlich auch der *aequitas canonica* zu rekurrieren.

Wie genau verhält es sich mit der Anwendung von Barmherzigkeit auf einen rechtlichen Sachverhalt wie den Umgang mit wiederverheiratet Geschiedenen und ihrem Zugang zu den Sakramenten? Zwar wurde bereits der Aequitasbegriff entfaltet, doch muss abschließend noch geklärt werden, inwieweit der Begriff der Barmherzigkeit, welcher nicht kongruent mit der *aequitas* zu sein scheint, eine rechtstheologische und schließlich auch rechtstheoretische Relevanz besitzt.

Gott selbst wird als der Gott des Erbarmens, ja der Barmherzigkeit, erkannt (vgl. Lk 6,35f; 2 Kor 1,3). Er ist derjenige, der sich den Menschen durch Christus zuwendet. So schreibt Papst Johannes Paul II. in seiner Enzyklika *Dives in misericordia* Folgendes:

> »Christus gibt der gesamten alttestamentlichen Tradition vom göttlichen Erbarmen eine endgültige Bedeutung. Er spricht nicht nur vom Erbarmen und erklärt es mit Hilfe von Gleichnissen und Parabeln, er ist vor allem selbst eine Verkörperung des Erbarmens, stellt es in seiner Person dar. Er selbst ist in gewissem Sinne das Erbarmen. Für den, der es in ihm sieht – und in ihm findet –, wird Gott in besonderer Weise ›sichtbar‹ als Vater, ›der voll Erbarmen ist‹.«[102]

[101] Vgl. SEKRETARIAT DER DEUTSCHEN BISCHOFSKONFERENZ (Hg.), »Die Freude der Liebe, die in den Familien gelebt wird, ist auch die Freude der Kirche.«, 14.

[102] PAPST JOHANNES PAUL II. Enzyklika *Dives in misericordia* über das göttliche Erbarmen. AAS 72 (30. November 1980), 2. Online findet sich der Originaltext unter: http://w2.vatican.va/content/john-paul-ii/de/encyclicals/documents/hf_jp-ii_enc_30111980_dives-in-misericordia.html, [letzter Zugriff: 31. Mai 2017].

Insofern wird deutlich, dass die Barmherzigkeit ihr Maß in Gott hat und als das grundlegende Gebot Jesu angesehen werden kann.[103] Doch ist diese Barmherzigkeit, von der im Neuen Testament und auch innerhalb der Tradition der Kirche gesprochen wird, an Bedingungen oder Vorleistungen geknüpft?

Die biblischen Befunde von der Ehebrecherin (Joh 8,1–11), der reuigen Sünderin (Lk 7,36–50) oder auch vom verlorenen Sohn (Lk 15,11–32) zeigen, dass die Barmherzigkeit Gottes vollkommen freigiebig, d.h. ohne Verdienst, ohne Ansehen der Person, den Menschen geschenkt wird, da die »Vergebung [...] Heilung der Gebrochenheit, Befreiung aus der Verstrickung in Schuld [will]«[104]. Doch zeigt sich auch genau in diesen Gleichnissen, dass eine Vergebung nur dort erfolgt, wo Umkehr (*metanoia*) stattfindet, wo der Sünder oder die Sünderin die empfangene Gnade annimmt (vgl. Joh 8,11; Lk 7,47.50; Lk 15,24). Aufgrund dessen kann Vergebung wahrlich nicht als Verdienst des Menschen angesehen werden, doch bedarf es eines offenen Herzens des Menschen und der Bereitschaft, sich Gott zuzuwenden, bereit zu sein für eine Wiedergutmachung und ein Beheben des Schadens, damit Gott schließlich vergibt. Folglich kann von Bedingungen des Vergebens gesprochen werden, welche auf einem Bekenntnis beruhen.

Aus rechtstheoretischer Perspektive wird das Augenmerk auf die Barmherzigkeit gelegt, wenn es um eine Reaktion auf die Not oder die Notlage eines anderen (*miseria alterius*) geht. Hierbei stellt sich allerdings die Frage, inwieweit von Barmherzigkeit als einem Rechtsinstrument gesprochen werden kann. Oder anders: Inwieweit kann Barmherzigkeit ein Maßstab für die Anwendung von Recht sein? Handelt es sich bei der Barmherzigkeit, anders als bei der *aequitas canonica* nur um ein »ethisches Motiv zur Betätigung rechtlicher Methoden und Instrumente in Richtung einer barmherzigen Rechtsgestaltung«[105]? Anhand dieser Frage wird deutlich, dass sich ein gewisser Spannungsbogen aufbaut, welcher die Komponenten des Rechtes und der Moral sowie die Spannung von Barmherzigkeit im Umgang mit Schuld beinhaltet.

103 Vgl. Pree, Kirchenrecht und Barmherzigkeit, 60.
104 A. a. O., 61.
105 A. a. O., 67.

Spannung von Schuld und Barmherzigkeit – rechtlich oder moralisch?

Wie bereits ersichtlich wurde, bedeutet eine Befreiung aus den Verstrickungen der Schuld ein barmherziges Handeln Gottes. Doch zeigt die Anwendung von Barmherzigkeit und Liebe, dass eine entscheidende basale Komponente daneben existiert: nämlich die Gerechtigkeit. So schreibt Papst Johannes Paul II. in der Enzyklika *Dives in misericordia*:

> »Selbstverständlich hebt die Forderung, hochherzig zu verzeihen, die objektiven Forderungen der Gerechtigkeit nicht auf. Die richtig verstandene Gerechtigkeit ist sozusagen der Zweck des Verzeihens. An keiner Stelle der Frohen Botschaft bedeutet das Verzeihen, noch seine Quelle, das Erbarmen, *ein Kapitulieren vor dem Bösen, dem Ärgernis, vor der erlittenen Schädigung oder Beleidigung.* In jedem Fall sind Wiedergutmachung des Bösen und des Ärgernisses, Behebung des Schadens, Genugtuung für die Beleidigung Bedingungen der Vergebung.
> So braucht also das Erbarmen als *grundlegende Struktur immer die Gerechtigkeit.* Aber es hat die Kraft, der Gerechtigkeit einen neuen Inhalt zu geben. Dieser findet seinen einfachsten und vollsten Ausdruck im Verzeihen. Es macht uns deutlich, daß es außer ›Wiedergutmachung‹ und ›Waffenstillstand‹ – *Forderungen der Gerechtigkeit* – auch die Liebe geben muß, wenn der Mensch Mensch bleiben soll. Daß die Forderungen der Gerechtigkeit erfüllt werden, ist eine Hauptbedingung dafür, daß *das Antlitz der Liebe aufleuchten* kann.«[106]

Im Hinblick auf diese Aussage folgt zum Ersten, dass Gerechtigkeit das Fundament für die Verwirklichung von Barmherzigkeit darstellt.[107] Zum Zweiten kann die Barmherzigkeit nicht ohne Wahrheit auskommen, wenn vor dem Ärgernis nicht kapituliert werden, oder wenn Gerechtigkeit gewahrt bleiben soll. Denn »Barmherzigkeit [nimmt] nichts von der Wahrheit. Sie selbst ist offenbarte Wahrheit«[108], welche eine Umkehr im Sinne von Reue, Bekenntnis und Wiedergutmachung voraussetzt. Schließlich wird deutlich, dass Gerechtigkeit nicht ohne Barmherzigkeit existieren kann. Wenn sich also das Recht an der Gerechtigkeit ausrichtet, muss es ebenso für die Barmherzigkeit offen sein.[109] So kann festgehalten werden,

[106] Dives in misericordia, 14. (Hervorhebungen D.W.)
[107] Vgl. PREE, Kirchenrecht und Barmherzigkeit, 61.
[108] A. a. O., 63.

dass die Anwendung von Barmherzigkeit bzw. die Wahrung der Barmherzigkeit nicht nur moralische, sondern ebenso rechtliche Konsequenzen besitzt.

Allerdings muss auch gesagt werden, dass der Begriff der Barmherzigkeit Gefahr läuft, missverstanden oder gar negativ konnotiert zu sein, da mit diesem Begriff Assoziationen von »Herablassung, falschem Mitleid oder der Bemäntelung versäumter Strukturreformen«[110] auftreten. Doch zeigt sich gerade hinsichtlich der Anwendung von Barmherzigkeit, dass sie »marginalisierte Menschen wieder zur Teilhabe an einem Leben in der Gemeinschaft befähigt, zur Herstellung gerechter Verhältnisse«[111] und schließlich die Gerechtigkeit fördert, indem sie diese selbst überbietet und das Heil der Menschen als übergeordnetes Ziel im Blick hat. Das kirchliche Handeln setzt sich so auf verschiedene Weise mit der Korrelation von Barmherzigkeit und Gerechtigkeit auseinander.

An dieser Stelle sei auf zwei Ebenen verwiesen, die im Zusammenhang mit der Vergebung von Schuld stehen und das kirchliche Recht berühren. Es handelt sich hierbei um die cc. 978 §1 und 1152 §1, welche zum einen das kirchenamtliche Handeln in Bezug auf die Buße[112] und zum anderen die Anwendung von Barmherzigkeit des Einzelnen im Umgang mit seinesgleichen im Hinblick auf das Ehesakrament[113] betreffen. Vor diesem Hintergrund wird deutlich, dass Barmherzigkeit nicht hilft, Gerechtigkeit, »sondern die Unzulänglichkeiten des jeweils geltenden Rechts«[114] zu korrigieren.

Dies bedeutet, dass Barmherzigkeit ein »ethisches Motiv zur Betätigung rechtlicher Methoden und Instrumente in Richtung einer barmherzigen Rechtsgestaltung und Rechtsanwendung«[115] darstellt, welches das Heil der Menschen im Blick hat und unter Berücksichtigung aller

109 Vgl. ebd. 63.

110 A. a. O., 65.

111 A. a. O., 66.

112 C. 978 §1: »Meminerit sacerdos in audiendis confessionibus se iudicis pariter et medici personam sustinere ac divinae iustitiae simul et misericordiae ministrum a Deo constitutum esse, ut honori divino et animarum saluti consulat.«

113 C. 1152 §1: »Licet enixe commendetur ut coniux, caritate christiana motus et boni familiae sollicitus, veniam non abnuat comparti adulterae atque vitam coniugalem non disrumpat, si tamen eiusdem culpam expresse aut tacite non condonaverit, ius ipsi est solvendi coniugalem convictum, nisi in adulterium consenserit aut eidem causam dederit aut ipse quoque adulterium commiserit.«

114 Pree, Kirchenrecht und Barmherzigkeit, 67.

115 Ebd.

Umstände eines Falles einem dem eingeforderten *aequitas* entsprechenden Urteil vorzudringen. Allerdings stößt dieses Vorgehen gerade in moralisch komplexen Konfliktsituationen wie dem Umgang mit wiederverheiratet Geschiedenen an seine Grenzen, da ihre Schuld und Unschuld, ihre Umkehr und Wiedergutmachung berücksichtigt werden müssen. Es kann folglich, wie Papst Franziskus in *Amoris laetitia* selbst schreibt, keine neue kanonische Regelung erwartet werden,[116] stattdessen muss nach Helmuth Pree »vom Rechtsanwender ein hohes Maß Verantwortungsbewusstsein und eine profunde Kenntnis des Rechts und seiner möglichen, aber begrenzten Reichweite«[117] erwartet werden können. Schließlich heißt es in der Heiligen Schrift, dass nicht die Gesunden des Arztes bedürften, sondern die Kranken (vgl. Mk 2,17). Im Falle von wiederverheiratet Geschiedenen kann objektiv von einem Zustand von Schuld bzw. schwerer Sünde oder einer Notlage gesprochen werden, welche zunächst keinen Empfang der heiligen Eucharistie[118] gemäß cc. 915 und 916 vorsieht und eine Anwendung von Barmherzigkeit nahelegt, damit sich die Betroffenen nicht aus der kirchlichen Gemeinschaft ausgeschlossen fühlen müssen.

Anhand der gesamten Debatte, welche hier nur stichpunktartig beleuchtet werden konnte, zeigt sich, dass es sich um ein moralisch-rechtliches Problem handelt, das Lösungen bedarf, die über das Recht hinausgehen und den jeweiligen Situationen angemessen sind. Dafür bedarf es entsprechend qualifizierte Seelsorgende, die nicht nur Sorge für eine qualifizierte, an Jesu Maßstab ausgerichtete Gewissensbildung der Menschen tragen. Des Weiteren muss nach moralisch verantwortbaren Handlungsmöglichkeiten gesucht werden, die mit der *aequitas canonica* vereinbar sind und schließlich der *salus animarum* dienen.

Insofern zeigt sich, dass trotz fester kirchlicher Normen ein Umgang nach dem Maßstab der kanonischen Billigkeit, nach dem Maßstab der

[116] Vgl. AL 300.

[117] Pree, Kirchenrecht und Barmherzigkeit, 68.

[118] Vgl. FC 84. Innerhalb dieser Aussage von FC findet sich allerdings auch der Verweis, dass eine Zulassung zum Sakrament der Eucharistie möglich wird, wenn sich beide Partner dazu entschließen und verpflichten vollständig enthaltsam zu leben. Hinsichtlich dieser Forderung, welche gemäß c. 752 den Willens- und Verstandesgehorsam eines Christgläubigen einfordern sollte, da diese Aussagen zum authentischen päpstlichen Lehramt gehören, bestehen jedoch Vorbehalte. Zudem muss es möglich sein, eine derartige lehramtliche Aussage mit den Kriterien der Wissenschaft gemäß c. 218 zu beleuchten. Vgl. hierzu: Pree, Kirchenrecht und Barmherzigkeit, 71–73.

Barmherzigkeit, gefunden werden sollte, ohne damit in einen Laxismus zu verfallen.

Barmherzigkeit als aequitas canonica – ein Postulat und/oder ein Desiderat?!

Wann bedürfen Menschen der Barmherzigkeit Gottes oder der Kirche? Diese Frage scheint sehr schnell beantwortet: immer dann, wenn sie sich in Sünde und Schuld verstricken. Verstrickungen können derart zügig erfolgen, dass es fast schon zu einfach klingt zu sagen, Menschen bedürften stets der Barmherzigkeit, weil sie gesündigt und sich in Schuld verstrickt haben (vgl. Ps 12, 2f.; 52; Röm 3,21–31), weshalb sich eine Gemeinschaft wie die Kirche, die eine Heilsfunktion[119] für ihre Glieder hat, stets mit dem Verständnis von Barmherzigkeit auseinandersetzen muss, um barmherzig zu sein. Eine solche Tatsache tritt dann noch einmal stärker in den Vordergrund, wenn sich ein kirchliches Gesetzbuch oder ein kirchliches Gericht auf Grundlage der Gesetzgebung dazu veranlasst sieht, Normen wie beispielsweise c. 915 aufzustellen, welche Menschen das offensichtliche Heil scheinbar versagen.

Nun wurde zu Beginn dieses Beitrags darauf verwiesen, dass Papst Paul VI. mit der erneuten Aufnahme des Begriffes *aequitas canonica* ein kanonisches Prinzip stark gemacht hat, das mehr als nur der Gerechtigkeit dienen soll. Vielmehr steht es in Verbindung mit dem Grundsatz des Heils für die Gläubigen. Ebenso dient es einer Realisierung von Barmherzigkeit, Milde und pastoraler Liebe, die Kennzeichen der kirchenrechtlichen Normapplikation darstellen. Aufgrund dessen und des entfalteten Zusammenhanges von Kirchenrecht und Theologie ergibt sich, dass der Aequitasbegriff durch seine soteriologische Rückbindung und das Verständnis von Kirche als Sakrament Jesu Christi[120] eine signifikante Stellung innerhalb des Kirchenrechts einnimmt. Schließlich soll die Rechtssetzung innerhalb der Kirche so erfolgen, dass

> »sie auf Barmherzigkeit hin offen ist, d.h. ihre Anwendung, dort, wo sie in Betracht kommt, ermöglicht und fördert. Der Rechtsanwender hat den Überschuss zu verwalten, der zwischen Gesetz und aequitas besteht und das Gesetz

119 Vgl. LG 8.
120 LG 1.

offen hält auf eine solche Anwendung oder Lösung, die von der Barmherzigkeit motiviert, alle Momente des Falles mit einbezieht und auf diese Weise sich der gerechten Entscheidung so weit wie möglich annähert und eine billige Entscheidung trifft.«[121]

Wenn Pree hier von einem Überschuss spricht, so könnte dieser Überschuss auch als eine gewisse Form der Elastizität und Flexibilität gedeutet werden, wodurch die Fundamentalnorm der kanonischen Billigkeit als eine Korrekturinstanz für die Rechtsanwendung agiert. Aufgrund dessen kann die eingangs gestellte Frage nach der Geltung anderer Gesetze in der Kirche nur bejaht werden. Indem die kirchlichen Richter bei ihrer Urteilsfindung für den Sachverhalt neben den rechtsrelevanten kirchenrechtlichen Normen gleichzeitig die (kanonische) Billigkeit[122] und die Beachtung der situativen Umstände, die konkreten Personen und weitere sachdienliche Hinweise abwägend heranziehen und zusammenführen, wird deutlich, dass mit einem anderen Maßstab als der harten Gerechtigkeit geurteilt wird. Anders formuliert: Wenigstens alle hier angeführten Canones durchzieht eine *ratio legis*, welche einer Normapplikation entspricht, die dem Menschen nicht im Sinne einer höheren Gerechtigkeit gerecht werden soll, sondern in Form von Milde, Mäßigung, Liebe und Menschlichkeit wie sie der christlich rechtstheologischen Dimension kirchlicher Urteile entspricht.

Insofern kann durchaus davon gesprochen werden, dass es sich bei der Aequitas als *modus iucandi* um eine Applikationsebene handelt, welche als Bindeglied zwischen den allgemeinen Rechtsprinzipien und dem konkreten Einzelfall fungiert. Auf diese Weise bzw. unter Wahrung der Aequitas wird so ermöglicht, dass eine kirchenrechtliche Norm konkretisiert und anwendbar gestaltet wird, gerade weil auf einen potentiellen fallspezifischen Umstand unter Beachtung einer Gleichbehandlung ähnlicher Fälle eingegangen wird. Schließlich muss sich das richterliche Handeln gemäß c. 1752 an der *salus animarum* ausrichten, welches nur möglich ist, wenn sich als permanenter Herausforderung und Anspruch an der Aequitas als Applikationsprinzip orientiert wird. Denn das Heilswerk

121 Pree, Kirchenrecht und Barmherzigkeit, 67 f.

122 Dass an dieser Stelle eigentlich nur von Billigkeit gesprochen werden könnte, hängt u. a. mit den Erläuterungen zu den unterschiedlichen Formen der Aequitas zusammen. Im Hinblick auf die *aequitas in iuris applicandis* wurde schon darauf verwiesen, dass ein faires, der Situation entsprechendes Urteil gesprochen werden muss.

Jesu Christi dient als entscheidender Referenzpunkt, welches erklärt, inwieweit ein Leben mit Normen notwendig ist, um ein Leben in der Communio zu gewährleisten, das sich an den grundlegenden und zentralen christlichen, ja vielleicht sogar jesuanischen Werten und Eigenschaften orientiert bzw. sich auf diese stützt, ein richtiges Handeln verantwortet und die Rechte der anderen respektiert.

In den Momenten, in denen ein derartiges gemeinschaftliches Leben durch einzelne Gläubige oder Kollektive in eine Schräglage gerät, kann und muss die Kirche kraft ihrer Normen als Mutter und Lehrerin eintreten. Sie darf und muss auf Verfehlungen aufmerksam machen und bietet dennoch die Möglichkeit, die entsprechenden Situationen zu reflektieren und die notwendige Billigkeit im Hinblick auf ihre Urteile anzuwenden. Dies gilt ebenso für den Umgang mit wiederverheiratet Geschiedenen wie für jeden anderen Fall. Allerdings gibt es eine für Menschen möglicherweise wahrnehmbare Einschränkung, die im Zusammenhang mit dem Wort aus dem Johannesevangelium steht. Dort heißt es nämlich: »Geh und sündige von jetzt an nicht mehr!« (Joh 8,11) Dieses angeführte Zitat sowie diverse andere Gleichnisse verdeutlichen, dass eine Vergebung von Schuld und Sünde durch Jesus und den barmherzigen Gott nur dort geschieht, wo Umkehr (*metanoia*) erfolgt, wo der Sünder oder die Sünderin die empfangene Gnade annimmt. Dies bedeutet wiederum, dass in gewisser Weise von Bedingungen des Vergebens gesprochen werden muss, da der Mensch eine Bereitschaft zeigen und ein Bekenntnis sprechen muss, von seinen Bedürfnissen abzulassen, sich offenen Herzens Gott zuzuwenden und bereit zu sein für eine Wiedergutmachung des Schadens.

Folglich kann summiert werden, dass Barmherzigkeit durch die kirchliche Gesetzgebung Anwendung erfahren muss und dass Barmherzigkeit nicht nur ein ethisches, sondern ebenso ein rechtliches Motiv ist, welches mit Schuld, Sünde und Gerechtigkeit korreliert, da es bei seiner Anwendung stets das Heil der Menschen im Blick behält. Vor diesem Hintergrund zeigt sich auch die *aequitas canonica* nicht nur als ein Desiderat, sondern als ein Postulat, das innerhalb der kirchlichen Gesetzgebung Anwendung erfährt, wie insbesondere durch die Worte Papst Franziskus' in seinem nachsynodalen Schreiben *Amoris laetitia* in Verbindung mit den Worten Papst Johannes Pauls II. in *Familiaris consortio* zum Umgang mit wiederverheiratet Geschiedenen deutlich wird.[123] Durch ihre Anwendung wird

[123] Vgl. AL 300 sowie FC 84.

es möglich, dass die Menschen zum einen den Normen des kirchlichen Rechtes folgen können und zum anderen das kirchliche Recht auf die Lebensumstände der Menschen eingeht. Denn schlussendlich lautet die Fundamentalnorm des kanonischen Rechtes gemäß c. 1752: *salus animarum suprema lex.*

Heilung der Erinnerungen.

Versöhnung zwischen Lutheranern und Mennoniten

Rainer Burkart

Is reconciliation possible after 500 years? This question is before all church bodies in the ecumenical realm that have their roots in the historical conflicts of the the Reformation in the 16th century. Mennonites are a historic peace church which started with the so called »Anabaptist Movement« in 1525 in Zurich. Anabaptist-Mennonite history is a history of persecution and marginalization over the centuries. The Lutheran Augsburg Confession (CA) condemned the Anabaptists – for their teaching on baptism (only adult baptism), on taking oaths and on the use of lethal force (military service, police and judicial force) – and developed a theological justification for the death penalty for Anabaptists. They survived as a small underground community. Conversations and ecumenical dialogues started in the 1980s, first in Europe and in North America. Finally, the Lutheran World Federation (LWF) and the Mennonite World Conference (MWC) took initiative for a broader dialogue, which is still on-going. The concept of »Healing of Memories« was used as a means of dialogue and reconciliation which was celebrated during the 11th assembly of the LWF in Stuttgart 2010. It has taken a long time until repentance, forgiveness and reconciliation became possible and a new relationship could be established. This required the ability to tell the conflicting history not from separate standpoints but through a shared lens.

Ist Vergebung nach 500 Jahren möglich?

»Erinnerung heilen – Jesus Christus bezeugen« ist die Überschrift über das gemeinsame »Wort der Deutschen Bischofskonferenz und des Rates der Evangelischen Kirche in Deutschland zum Jahr 2017« und gleichzeitig das Leitwort des Liturgieentwurfs für die ökumenischen Buß- und Versöhnungsgottesdienste zum Reformationsgedenken in Hildesheim und an vielen anderen Orten Deutschlands.

Im ersten Teil wird dabei nicht nur auf die Geschichte des Begriffes »Healing of Memories« Bezug genommen, sondern u. a. der Versöhnungsprozess zwischen dem Lutherischen Weltbund (LWB) und der Mennonitischen Weltkonferenz (MWK) als beispielhaft bezeichnet.[1] Im Rahmen der gemeinsamen Bibelarbeit des Ratsvorsitzenden der EKD Landesbischof Dr. Heinrich Bedford-Strohm und des Vorsitzenden der Deutschen Bischofskonferenz Erzbischof Dr. Reinhard Kardinal Marx am »Ökumene-Tag« des Deutschen Evangelischen Kirchentags in Berlin über den alttestamentlichen Konflikt zwischen Jakob und Esau, hat Bedford-Strohm ausdrücklich darauf hingewiesen, dass ihm bei der Themenformulierung für die oben genannte Liturgie der Versöhnungsprozess mit den mennonitischen Gemeinden vor Augen war.

Heilung der Erinnerung, Versöhnung, Schuld bekennen und um Vergebung bitten, Vergebung gewähren – diese Worte wiegen schwer. Und doch wird man sofort zustimmen, dass es dabei um Themen geht, die für das menschliche Miteinander auf allen nur denkbaren Ebenen von großer Bedeutung sind. Wie könnte unsere Welt aussehen, wenn es gelänge, sich in dieser Richtung auf den Weg zu machen? Leicht ist das in der Regel nicht, weder zwischen Einzelnen noch zwischen Gruppen.

Und wie ist es, wenn zwei heute in weltweiten Bezügen existierende Gemeinschaften wie die Mennonitische Weltkonferenz und der Lutherische Weltbund sich auf diesen Weg machen und einen Konflikt aufarbeiten, der beinahe 500 Jahre alt ist? Geht das überhaupt? Ist das nicht sehr künstlich, wenn die Beteiligten schon beinahe ein halbes Jahrtausend nicht mehr am Leben sind? Kann man um Vergebung bitten für etwas, das die eigenen geistlichen Vorfahren getan haben? Und vielleicht noch schwieriger: Kann man für etwas Vergebung gewähren, das einem nicht selbst angetan wurde, sondern der Gründergeneration? Oder anders gefragt: Macht man es sich nicht zu einfach, fast 500 Jahre nach den teils blutigen Verfolgungen zu sagen: Wir vergeben Euch? Vereinnahmt man da die damals Betroffenen nicht auf unangemessene Weise? Darauf gibt es keine einfachen Antworten. Aber sollen die, die sich nach Jesus Christus nennen, nicht Zeuginnen und Zeugen der Versöhnung sein? Wie kann das gehen, wenn da immer noch etwas zwischen ihnen steht, wenn noch immer die

1 Deutsche Bischofskonferenz und Evangelische Kirche in Deutschland (Hg.), Erinnerungen heilen – Jesus Christus bezeugen. Ein gemeinsames Wort zum Jahr 2017, Gemeinsame Texte Nr. 24, Bonn/Hannover 2017.

eine Seite die andere in ihren nach wie vor gültigen Bekenntnissen »verdammt«[2].

Mennonitische Kirchen sind Kirchen der Reformation

Wie die Lutheranerinnen und Lutheraner verstehen sich auch Mennonitinnen und Mennoniten als Nachfahrinnen und Nachfahren der Täuferbewegung des 16. Jahrhunderts historisch und theologisch als Kirche der Reformation; obgleich sie sich von lutherischen und reformierten Positionen unterscheiden. Die Täufer lehnten die Kindertaufe ab und verweigerten Eid und Kriegsdienst. Sie propagierten eine Kirche, die sich deutlich von der Gesellschaft unterschied und gelten damit als Begründer eines freikirchlichen Kirchenmodells. Das hatte 1525 zu einem Bruch mit der Zürcher Reformation Huldreich Zwinglis geführt, zu der ihre Protagonisten ursprünglich gehörten. Dies führte zu einer teils blutigen Verfolgung und Marginalisierung der ganzen Bewegung über lange Zeit hinweg. Auf »Wiedertaufe« stand die Todesstrafe. Außerdem galten sie wegen ihrer Haltung zu Eid und Kriegsdienst als »Staatsfeinde«. Täuferische Gruppen überlebten nur als Minderheiten im Untergrund oder fanden Nischen bei toleranten Fürsten – nicht selten teuer erkauft durch Geld und Kompromisse.[3]

Erst wenn Beziehungen wachsen, können Gespräche beginnen

Seit dem 19. Jahrhundert haben sich insbesondere dort, wo lutherische und mennonitische Kirchen und Gemeinden als relative Minderheiten in einer teils extremen Diasporasituation in einem meist katholischen Umfeld existieren, gute ökumenische Beziehungen zwischen ihnen entwickelt, wie z. B. in Bayern. Für die lokalen Gemeinden und viele einzelne Familien war das eine Selbstverständlichkeit. Aber auf der offiziellen, theologischen Ebene gab es da immer noch den alten Stachel im Fleisch. Und nach wie

2 Wie z. B. in den Artikeln IX und XVI Confessio Augustana, in: Amt der Vereinigten Evangelisch-Lutherischen Kirche Deutschlands (VELKD) (Hg.), Unser Glaube – Die Bekenntnisschriften der evangelisch-lutherischen Kirche, 6. Auflage, Gütersloh 2013, 51. 56f.

3 Siehe z.B.: Hans-Jürgen Goertz, Die Täufer, Geschichte und Deutung, München 1980. Ebenso bei Diether Götz Lichdi, Die Mennoniten in Geschichte und Gegenwart, Weisenheim a. S. 2004.

vor stand die Confessio Augustana (CA) mit den entsprechenden Verwerfungen der »Wiedertäufer« kommentarlos im Anhang eines jeden evangelisch-lutherischen Gesangbuches und war somit allgemein zugänglich, nicht nur Fachleuten.

Als im Jahr 1980 die deutschen Mennonitengemeinden wie alle anderen Kirchen der Arbeitsgemeinschaft Christlicher Kirchen (ACK) eingeladen wurden, das 450-jährige Jubiläum der CA in Augsburg zu feiern, nahmen sie diese Einladung an, äußerten aber kritisch, dass es ihnen doch Mühe bereite, ihre eigene Verdammung zu feiern[4].

Dies führte auf Seiten des Lutherischen Weltbundes (LWB) und der Vereinigten Evangelisch-Lutherischen Kirche Deutschlands (VELKD) zu einer ersten schnellen Reaktion und zu weiteren Kontakten, aus denen sich zunächst Gespräche zwischen der lutherischen Kirche und den Mennonitengemeinden in Frankreich 1984 und bald auch in Deutschland 1989–1992 ergaben.[5] In Deutschland erklärte man am Ende gegenseitige eucharistische Gastbereitschaft und dokumentierte dies auch in zwei Abendmahlsgottesdiensten in Hamburg und Regensburg, bei denen jeweils die eine Seite bei der anderen zu Gast war.

Die Gespräche verliefen in einer ehrlichen und herzlichen Atmosphäre. Die immer noch bestehenden Unterschiede in Lehre und Praxis der beiden Kirchen wurden bearbeitet und nicht als notwendigerweise kirchentrennend beurteilt. Die lutherische Seite bat um Vergebung für die aus den Verwerfungen der CA abgeleitete theologische Legitimation der Verfolgung der Täufer und Täuferinnen und betrachtete dies als schuldhaftes Geschehen. Die mennonitische Seite nahm diese Bitte an und gewährte Vergebung. Dies fand in den eigens dafür entwickelten liturgischen Texten einen angemessenen Ausdruck.[6] Darüber hinaus wurden Vereinbarungen getroffen, die das praktische Miteinander der beiden Kirchen und ihrer Gemeinden betrafen, die jedoch meist nur die längst bestehende Praxis bestätigten. Es stellte sich jedoch auch bald heraus, dass die Situation in Deutschland und in Frankreich, wo Mennoniten und Mennonitinnen zum Teil sehr eng mit Lutheranern und Lutheranerinnen zusammen-

4 Willi Wiedemann, Unser Weg als Mennoniten, in: Richard Kolk (Hg.), Confessio Augustana – Den Glauben bekennen: Berichte, Referate, Ansprachen/450-Jahrfeier des Augsburger Bekenntnisses, 181f.

5 Berichte der Dialoge zwischen Lutheranern und Mennoniten in Frankreich und Deutschland, in: Fernando Enns (Hg.), Heilung der Erinnerungen – Befreit zur gemeinsamen Zukunft, Mennoniten im Dialog, Frankfurt/Paderborn 2008, 133–181.

6 A.a.O., 178f.

lebten und arbeiteten, nicht unbedingt mit der Situation in anderen Teilen der Welt vergleichbar war. In den USA kam es in der Zeit von 2005 bis 2008 zu einem Dialog zwischen beiden Kirchenfamilien mit ähnlichen Inhalten und Konsequenzen, der jedoch auch eine offizielle Anfrage an den LWB beinhaltete, sich insbesondere der Frage der »Verwerfungen der Wiedertäufer« in den lutherischen Bekenntnisschriften und ihrer Bedeutung für die Gegenwart anzunehmen und dabei mit der Mennonitischen Weltkonferenz (MWK) zusammenzuarbeiten.[7] Spätestens hier war die internationale Ebene gefragt. Zwischen beiden Weltgemeinschaften gab es vielfältige Kontakte auf ökumenischer Ebene. Man war sich der gemeinsamen Wurzeln und auch der alten Konfliktgeschichte immer bewusst. Gleichzeitig fragte man vor allem in den Ländern der südlichen Hemisphäre, wo die aus den jeweiligen Missionsgesellschaften hervorgegangenen Kirchen nebeneinander existierten, worin die Gemeinsamkeiten und Unterschiede ihren Ursprung hatten und was sie in der Gegenwart und im jeweiligen Kontext bedeuteten. In dieser Zeit kamen der Generalsekretär des LWB Ishmael Nokho und der Präsident der MWK Danisa Ndlovu aus dem krisengeschüttelten Simbabwe, wo die Kirchen eng zusammenarbeiten müssen, um den großen Herausforderungen zu begegnen. So kam es bald zur Berufung einer gemeinsamen Internationalen Studienkommission des LWB und der MWK, die von 2005 bis 2008 arbeitete und schließlich ihren Bericht »Heilung der Erinnerungen – Versöhnung in Christus«[8] vorlegte.

Der lange Weg nach Stuttgart 2010

Im Rahmen der 11. Vollversammlung des LWB in Stuttgart 2010 kam es nach Vorbereitungen in den entsprechenden Gremien beider Kirchenfamilien zu einem eindrucksvollen Akt der Versöhnung. Ishmael Nokho hatte ein Jahr zuvor an der Weltversammlung der MWK in Asuncion, Paraguay, teilgenommen und angekündigt, was geplant worden war. Schon da war man sich sicher, dass dieses Vorhaben von mennonitischer Seite lebhaft begrüßt werden würde. In Stuttgart kam es zu einer formalen Entscheidung: Der LWB bat Gott und die mennonitischen Geschwister »um

7 A. a. O., 183–200, insbesondere 195.

8 Lutherischer Weltbund und Mennonitische Weltkonferenz (Hg.), Heilung der Erinnerungen – Versöhnung in Christus, Bericht der Internationalen lutherisch-mennonitischen Studienkommission, Genf/Strasbourg 2010.

Vergebung für das Leid, das unsere Vorfahren im 16. Jahrhundert den Täufern zugefügt haben, für das Vergessen oder Ignorieren dieser Verfolgung in den folgenden Jahrhunderten und für alle unzutreffenden, irreführenden und verletzenden Darstellungen der Täufer und Mennoniten, die lutherische Autoren bis heute in wissenschaftlicher oder nichtwissenschaftlicher Form verbreitet haben.«[9] Der Präsident des LWB, Mark Hanson (USA) forderte die Delegierten auf, ihrer Zustimmung entweder durch Aufstehen oder Hinknien Ausdruck zu verleihen;[10] eine durchaus unübliche Form in einer Delegiertenversammlung. Die MWK nahm die Bitte des LWB an. Der Präsident der MWK Danisa Ndlovu wies in seiner Antwort darauf hin, dass die Bitte um Vergebung und das Gewähren von Vergebung entscheidende und elementare Dimensionen von Kirche seien und fragte gleichzeitig: »Sind wir würdig, Ihre Bitte anzunehmen? Wir sind uns unserer eigenen Unzulänglichkeit schmerzlich bewusst.«[11] Er zitierte ein Gebet des täuferischen Märtyrers Georg Blaurock[12], 1529 in Österreich auf dem Scheiterhaufen verbrannt, das dieser im Gefängnis verfasste und das mit der Bitte endet: »... rechne ihnen ihre Sünde nicht zu!«[13] Er ergänzte noch: »Wir glauben, dass Gott dieses täuferische Gebet schon gehört und erhört hat. Wir glauben, dass Gott heute Ihr Bekenntnis gehört hat und Ihrer Bitte um Vergebung entsprochen hat. Wir schließen uns Gott freudig und demütig an, Ihnen zu vergeben. [...] Ehre sei Gott!«[14] Mit dem Hinweis auf das Gebet Blaurocks, eines der Opfer des 16. Jahrhunderts, hat Ndlovu sozusagen den Graben zwischen dem 16. Jahrhundert und der Gegenwart überbrückt.

So sehr es stimmt, dass heutige lutherische Christinnen und Christen keine Schuld tragen im Blick auf die Verfolgung der Täufer und Täuferinnen, sosehr stimmt es eben auch, dass jede Kirchenfamilie Teil einer Ge-

[9] Lutherischer Weltbund (LWB), Unser tägliches Brot gib uns heute. Offizieller Bericht, Elfte LWB-Vollversammlung Stuttgart, Deutschland, 20.–27. Juli 2010, Genf 2010, 47f.

[10] Lutherischer Weltbund und Mennonitische Weltkonferenz (Hg.), Heilung der Erinnerungen. Die Bedeutung der lutherisch-mennonitischen Versöhnung. Leipzig 2017, 148.

[11] A. a. O., 49f.

[12] Christian Neff, Georg Blaurock, in: Christian Hege / Christian Neff (Hg.), Mennonitisches Lexikon Bd. I, Frankfurt a. M. / Weierhof 1913, 227–234.

[13] Thieleman J. van Braght, Der blutige Schauplatz, oder Märtyrerspiegel der Taufgesinnten oder Wehrlosen Christen, Zweiter Theil, 14. Auflage, Aylmer, Ontario / LaGrange, Indiana, 16.

[14] LWB, Unser tägliches Brot, 50.

schichte ist und dafür Verantwortung trägt – insbesondere dann, wenn Verwerfungssätze, die damals Folgen hatten, noch heute in Geltung sind. Zu dieser Verantwortung gehört es, das Vergangene zu bearbeiten und nach Wegen zu suchen, wie die gegenwärtigen Beziehungen in guter Weise gestaltet werden können.

Heilung der Erinnerungen

Die Internationale Studienkommission sollte »gestützt auf die Ergebnisse vorangegangener nationaler Dialoge

a. prüfen, ob die Verwerfungen der Täufer [...] die Mitgliedskirchen der Mennonitischen Weltkonferenz und verwandte Kirchen treffen, und
b. einen Bericht über die Ergebnisse [...] den leitenden Gremien [...] als Grundlage für eine Entscheidung und mit Blick auf eine mögliche offizielle Erklärung vorlegen.«[15]

In dieser Kommission arbeiteten u. a. neben Vertreterinnen und Vertretern aus den erwähnten nationalen Dialogen auch Personen aus dem globalen Süden mit, die versuchten, ihre eigenen Perspektiven einzubringen. Insgesamt waren es zwölf Mitglieder von drei Kontinenten und aus sechs Ländern.

Die Kommission traf sich viermal für jeweils eine Woche gemeinsamen Lebens und Arbeitens im lutherischen Institut für Ökumenische Forschung in Strassburg. Auch ein Stück gemeinsames geistliches Leben gehörte dazu, mit Andachten am Morgen und am Abend. Man konzentrierte sich systematisch auf die einzelnen Verwerfungen in ihrem historischen Kontext. Die Feststellung der nationalen Dialoge, dass die Mehrheit der Verwerfungen der CA aufgrund ihrer ungenauen Kenntnis und Wahrnehmung der Gegenseite in Wirklichkeit die Täufer und Täuferinnen des 16. Jahrhunderts nicht treffen (und die heutigen Mennoniten und Mennonitinnen schon gar nicht), bestätigte sich schnell. Lediglich die in den Artikeln CA IX (Taufe) und XVI (Verhältnis zu Gesellschaft, Obrigkeit und Gewalt) enthaltenen Verwerfungen wurden als Themen erkannt, die damals wie heute beträchtliche theologische Unterschiede zwischen beiden Kirchen zum Ausdruck brachten.

15 LWB/MWK, Heilung der Erinnerungen – Bericht Studienkommission, 13.

Weil »die Geschichte der Verfolgung und Marginalisierung der Täufer [...] die theologische Analyse und Diskussion [...] überlagerte [...] entschied sich die Kommission, gemeinsam die Geschichte der Beziehungen von Täufern und Lutheranern im 16. Jahrhundert zu schreiben [...]«.[16] Dieser Abschnitt stellt darum – nach einer Einführung – als zweiter Teil die Mitte des schließlich erstellten Abschlussberichts dar. Er trägt den Titel »Die Geschichte des 16. Jahrhunderts gemeinsam erzählen: die lutherischen Reformatoren und die Verwerfung der Täufer«.

Mit knapp 80 Seiten ist dies der umfangreichste Teil. Er beginnt mit den Anfängen der Reformation und der Entstehung der Täuferbewegung, berichtet dann von den lutherischen Reaktionen darauf und schließt mit lutherisch-täuferischen Begegnungen in den 1550er-Jahren sowie Reaktionen von Seiten der Täuferbewegung.

Zum ersten Mal erzählen hierbei die beiden Kirchenfamilien gemeinsam ihre von Verurteilung und blutiger Verfolgung geprägte Geschichte. Das alleine ist bedeutsam. Wer schon einmal erlebt hat, wie es ist, wenn zwischen zwei Gruppen oder in einer Familie alte Spannungen herrschen, kann erahnen, was es bedeutet, wenn es gelingt, die Geschichte des Ursprungs und des Verlaufes dieser Spannungen gemeinsam zu erzählen. Das war ein wichtiger und entscheidender Schritt hin zur »Heilung der Erinnerung«.

Man orientierte sich an einer Methode, die im Laufe der vergangenen Jahrzehnte entwickelt wurde und zum einen aus der jüdisch-christlichen Versöhnungsarbeit stammt, zum anderen im Versöhnungsprozess in Südafrika nach dem Ende der Apartheid wurzelt.[17]

Dabei ist aber aus heutiger Sicht auch anzumerken, dass letztlich der ganze Weg seit 1980 Teil der »Heilung der Erinnerungen« ist. Dies schließt auch die Konsequenzen ein, die man auf diesem Weg aus der Erkenntnis gezogen hat, dass Versöhnung möglich ist. So kam es bereits Anfang der 1990er Jahre zu einem erstaunlichen Experiment: Die Evangelisch-Lutherische Kirche in Bayern (ELKB) ermöglichte in einem mutigen Schritt ein auf vier Jahre angelegtes ökumenisches Projekt, bei dem ein lutherischer Pfarrer zu 50 % seiner Arbeitszeit als Pfarrer an die kleine Mennonitengemeinde München ausgeliehen wurde, die eine volle Stelle nicht finan-

[16] LWB/MWK, Heilung der Erinnerungen – Bericht Studienkommission, 16.

[17] Dieter Brandes, Zur Methodologie von Healing of Memories und Bezüge zur ethnischen, kulturellen und religiösen Identität, in: Dieter Brandes / Olga Lukács (Hg.), Reconciliation Nr. 2: Die Geschichte der christlichen Kirchen aufarbeiten, Leipzig 2011, 23–39.

zieren konnte, und einige Zeit vergeblich eine Besetzung der Stelle versucht hatte. Sie hatte sich an die ACK-Bayern gewandt und die Mitgliedskirchen um Rat und Hilfe gebeten. Die ELKB ließ sich darauf ein und bewies damit großes Vertrauen in den erst ganz zart begonnenen Versöhnungsprozess. Das Projekt verlief zur vollsten Zufriedenheit beider Beteiligten und war eine wichtige Erfahrung für alle folgenden Gespräche und den gesamten Prozess. Wenn Versöhnung ohne Konsequenzen in vertrauensvollen Schritten bleibt, ist sie nicht glaubwürdig.

Die gemeinsame Beschreibung der Geschichte wurde immer wieder von den Mitgliedern der internationalen lutherisch-mennonitischen Studienkommission im gegenseitigen Hinhören und Erzählen diskutiert und verändert. Sie ist der gelungene Versuch, »zu beschreiben, was Täufer und Täuferinnen von lutherischen Obrigkeiten erlitten, und zu analysieren, wie lutherische Theologen in diesen Fragen argumentierten.«[18]

Es ging in der gesamten Arbeit der Studienkommission um den theologischen, sozialen, rechtlichen und politischen Kontext der Reformation, aber auch um die vielfachen sozialen und kirchlichen Veränderungen, die in den auf die Reformationszeit folgenden Jahrhunderten das jeweilige Verständnis und die Praxis der Taufe sowie das Verhältnis zwischen Kirche und Staat in den beiden Kirchenfamilien bestimmten. Das heutige Verständnis der beiden Themenbereiche wurde zwar immer wieder beleuchtet und beschrieben, jedoch standen die historischen Fragen gemäß des Auftrages durch die beiden Weltgemeinschaften im Vordergrund.

Verwerfungen bedenken

Die Kommission fasste schließlich in einem dritten Teil (»Die Verwerfungen heute bedenken«) zusammen, »was sie über die Verwerfungen [...] sagen kann, die die Mennoniten nicht treffen, und sie beschreibt Probleme mit den beiden verbleibenden Kontroversbereichen.«[19]

Dabei war klar, dass eine differenzierte Betrachtung der immer noch bestehenden theologischen Meinungsverschiedenheiten im Bereich der Tauffrage und des Verhältnisses von Kirche und Staat bzw. der Legitimation der Gewaltanwendung den Auftrag der Kommission sprengen würde.

Hinzu kam die Erkenntnis, dass die Situation beider Kirchenfamilien in den verschiedenen Ländern sehr unterschiedlich sein kann. Während

18 LWB/MWK, Heilung der Erinnerungen – Bericht Studienkommission, 17.
19 A.a.O., 18f.

lutherische Kirchen beispielsweise sich in Deutschland als Volkskirchen verstehen, sind sie in den meisten anderen Teilen der Welt eher freikirchlich strukturiert, wie andere Kirchen auch. Während lutherische Kirchen in Deutschland zu den großen christlichen Kirchen zählen, sind sie in anderen Teilen der Welt oft ebenso Minderheitskirchen wie die Mennoniten. Diese Faktoren spielen sowohl für die Taufpraxis wie für die Bestimmung des Verhältnisses zwischen Kirche und Gesellschaft eine Rolle.

Auf mennonitischer Seite ist außerhalb von Europa die ökumenische Öffnung hin zu anderen Kirchen sehr unterschiedlich ausgeprägt. In der Frage der Taufe bei Übertritten von Menschen, die als Kleinkinder getauft worden sind, ist in vielen mennonitischen Kirchen außerhalb Europas nur teilweise und auch erst sehr langsam ein beginnendes Verständnis für die hier anstehenden Fragen und zwischenkirchlichen Probleme zu beobachten. Nicht selten wird dort die Taufe grundsätzlich wiederholt, während dies z. B. in den Gemeinden der Arbeitsgemeinschaft Mennonitischer Gemeinden in Deutschland nicht zwingend notwendig ist.

Vergangenheit erinnern – Versöhnung finden – Verwerfungen überwinden

Im letzten Teil des Berichts[20] wird zunächst von lutherischer Seite beschrieben und analysiert, wie man selbst die Vorgänge wahrnimmt, wie man sie heute verstehen und wie der LWB darauf angemessen reagieren sollte:

> »Wenn sich Lutheraner mit der Geschichte der lutherisch-täuferischen Beziehungen im 16. Jahrhundert und danach beschäftigen, bedauern sie tief und voller Schmerz [...] besonders die Tatsache, dass lutherische Reformatoren diese Verfolgung theologisch unterstützt haben. [...] »Darum müssen die Kirchen des Lutherischen Weltbunds überlegen, wie sie am besten ihre historische Mittäterschaft bei dieser Verfolgung, die gegen die geistlichen Vorfahren der Kirchen der Mennonitischen Weltkonferenz gerichtet war, anerkennen und wie sie am besten um Vergebung für diese Taten bitten können. Wir bitten den Lutherischen Weltbund, angemessene Schritte in dieser Frage zu unternehmen.«[21]

20 A. a. O., 103–124.
21 A. a. O., 117.

Dem schließt sich eine mennonitische Beschreibung und Analyse an. Sie weist darauf hin, dass die mennonitische Betonung der Geschichte der täuferischen Märtyrer und Märtyrerinnen, die in mennonitischen Gemeinden bis heute lebendig und selbstverständlich Teil der kirchlichen Unterweisung ist, manchmal zu einem »karikaturhaften Verständnis der Reformatoren [...] geführt«[22] habe. Auch wird festgestellt, dass einige Täufer und Täuferinnen in der Reformationszeit eine Sprache gebrauchten, die die christliche Integrität ihrer Gegner in Zweifel zog oder sie gar mit dem Antichrist in Verbindung brachte.[23]

Gemeinsam beschreibt die Arbeitsgruppe am Ende des Berichtes die noch bestehenden Unterschiede zwischen beiden Kirchenfamilien in Fragen der Taufe und der Gewaltanwendung nicht nur als zu klärende Sachverhalte, sondern als jeweils wechselseitige Herausforderungen. Beide müssen »nach Antworten suchen, die in Übereinstimmung mit dem Wort Gottes sind, die Einsichten der jeweiligen Traditionen berücksichtigen und die Komplexität der Welt [...] ernstnehmen.«[24]

Versöhnung in der größeren ökumenischen Gemeinschaft und vor der Welt

Die Versöhnungsfeierlichkeiten in Stuttgart 2010 haben einen bleibenden Eindruck hinterlassen.

Zwei Dimensionen dieses Ereignisses verdienen Beachtung:

1. Es fand in *weltweiter ökumenischer Gemeinschaft* statt.

Hier ging es nicht um ein lokal begrenztes Problem, sondern der LWB als Gemeinschaft lutherischer Kirchen aus der ganzen Welt stellte sich gemeinsam einer Konfliktgeschichte, die in der kontinentaleuropäischen Reformation des 16. Jahrhundert ihren Anfang nahm und Teil der Enstehungsgeschichte des Luthertums ist. Der Tag des Ereignisses war zugleich der »Ökumene-Tag« der Vollversammlung. Vertreterinnen und Vertreter der anderen christlichen Weltgemeinschaften waren ebenso zugegen wie diejenigen des Ökumenischen Rates der Kirchen. Sie nahmen sowohl an der Plenumsveranstaltung wie auch am sich anschließenden Versöhnungsgottesdienst teil. Die Mehrzahl von ihnen nahm in ihren Grußworten Be-

22 A. a. O., 121.
23 Ebd.
24 A. a. O., 124.

zug auf die lutherisch-mennonitische Versöhnung. Dadurch kam zum Ausdruck: Der lutherisch-mennonitische Konflikt und die Versöhnung betreffen den ganzen Leib Christi!

2. Es fand in der *Öffentlichkeit* statt.
Dem LWB war es ein Anliegen, dass dieses Ereignis nicht in einem Hinterzimmer abgehandelt wurde, sondern vor den Augen der Öffentlichkeit. Auf der Galerie des Konferenzsaales, in dem die Delegierten tagten und den entsprechenden Beschluss fassten, waren Besuchergruppen aus lutherischen und mennonitischen Gemeinden und Institutionen zugegen. Am nachfolgenden Versöhnungsgottesdienst, zu dem die Delegierten und offiziellen Vertreter und Vertreterinnen singend in Prozession zogen, nahmen diese Gäste teil. Verschiedene, auch internationale, kirchliche und säkulare Medien berichteten darüber. Das beförderte eine dreifache Botschaft:

a. Öffentliche Anerkennung von Fehlverhalten in der Vergangenheit trägt zur Heilung gegenwärtiger Beziehungen bei.
b. Eine öffentliche Bitte um Vergebung nimmt die Handelnden für die Zukunft in Pflicht.
c. Indem die Kirche Jesu Christi die Versöhnung, die Christus schenkt, durch solches Handeln darstellt und gleichsam verkörpert, nimmt sie den ihr von Christus aufgetragenen Dienst der Versöhnung wahr, bezeugt das Evangelium und bietet der Welt ein Zeichen der Hoffnung.

Heilung der Erinnerung – eine geistliche Dimension

Nur selten kommt es wohl vor, dass vorläufige Ergebnisse zwischenkirchlicher Dialoge oder auch Übereinkünfte eine derart emotionale und zutiefst geistliche Dimension haben. Die Versöhnungsfeier in Stuttgart war ein berührendes Ereignis, gerade durch die enge Verbindung des formalen Sitzungsbeschlusses mit dem sich anschließenden Gottesdienst, in dem für alle Beteiligten Heilung konkret sichtbar und emotional spürbar wurde. So haben es jedenfalls diejenigen empfunden und ausgedrückt, die zugegen waren. Es wurde deutlich, dass es nicht nur um oberflächliche »Einheit um der Einheit willen« geht, sondern dass es die ehrliche Erkenntnis von schuldhaftem Geschehen in der Vergangenheit und ein tiefes Bedürfnis nach Versöhnung gibt. Vertrauen war gewachsen.

Heilung der Erinnerung muss weitergehen

Der Versöhnungsprozess ist mit dem Ereignis von Stuttgart nicht zu Ende. Beide Partner sind gegenseitig Verpflichtungen eingegangen. Wenn »Heilung der Erinnerung« ohne Konsequenzen bleibt oder nicht von Konsequenzen begleitet wird, steht der Begriff in der Gefahr, zu einer leeren Floskel zu werden. Beide Kirchenfamilien haben sich bestimmte Aufgaben gestellt. Noch in Stuttgart wurde bei einem gemeinsamen Treffen mit Vertretern des Päpstlichen Rates zur Förderung der christlichen Einheit auf Vorschlag der MWK hin verabredet, die Möglichkeit eines trilateralen (katholisch-lutherisch-mennonitischen) Dialogs über die Taufe auszuloten.[25]

Der LWB hat eine Arbeitsgruppe eingesetzt, die sich mit Fragen der Autorität der lutherischen Bekenntnisschriften im Lichte des Stuttgarter Versöhnungsaktes befasste und das Gespräch über ungelöste Fragen des Verhältnisses der Christinnen und Christen zur staatlichen Anwendung tödlicher Gewalt führte. Zu dieser Arbeitsgruppe gehörte ein ständiger mennonitischer Vertreter. LWB und MWK nahmen den Bericht dieser Arbeitsgruppe mit Dank entgegen.[26]

Die Arbeitsgruppe leistete einen wichtigen Beitrag für das innerlutherische Gespräch über die Interpretation der lutherischen Bekenntnisschriften, indem sie beispielsweise nach Mitte und Ziel dieser Bekenntnisse fragte und darauf hinwies, dass sich Einzelaussagen immer an diesem Maßstab messen lassen müssen.[27]

Spannend ist ein dokumentiertes Gespräch zwischen einem lutherischen und einem mennonitischen Vertreter über die Beurteilung von staatlicher Gewaltanwendung (Kriegsdienst etc.). Beide stellen dem jeweiligen Partner »Fragen, die seit langem bestehende Vorbehalte gegenüber der Position des anderen ausdrücken. Beide erkunden, wie sich [...] die Fragen und das Verständnis der Positionen des anderen seit der Zeit der Reformation geändert haben. Ferner gehen sie der Frage nach, inwiefern die verbleibenden Unterschiede das grundlegende Verständnis von Nachfolge betreffen.«[28]

25 Dieser Dialog ist im Frühjahr 2017 zu einem vorläufigen Abschluss gekommen. Die entsprechenden Texte werden im Herbst 2017 veröffentlicht.

26 Früchte tragen: Die Versöhnung zwischen Lutheranern und Mennoniten/Täufern im Jahr 2010 und ihre Bedeutung für die Zukunft, in: Lutherischer Weltbund (Hg.), Heilung der Erinnerungen. Die Bedeutung der lutherisch-mennonitischen Versöhnung. Leipzig 2017, 143–224.

27 A. a. O., 169ff.

28 A. a. O., 184–192.

Die Methode der Dokumentation eines persönlichen Gesprächs zwischen zwei Individuen macht den Text zu einem Beitrag, der m. E. im Rahmen eines ökumenischen Dialogdokuments seinesgleichen sucht. Aber vielleicht brauchen wir auch neue Methoden im ökumenischen Dialog. Hier wird jedenfalls beides lebendig: die geschichtlich gewordene konfessionelle Identität mit dem Versuch der Treue zum Verständnis der biblischen Botschaft ebenso wie der lebendige Umgang mit zeitgenössischen Herausforderungen einer komplizierten Welt. Beide Seiten stehen vor offenen Problemen, auf die es keine einfachen Antworten gibt. Beide Seiten gestehen einander zu, ehrlich auf dem Weg der Nachfolge Christi unterwegs zu sein.

Damit wird gleichzeitig die Aufforderung verbunden, auf allen Ebenen solche Gespräche zu suchen und sich den bestehenden Differenzen im Dialog zu stellen. Die unterschiedlichen Ansätze können dabei gegenseitig befruchtend wirken und das gemeinsame christliche Zeugnis stärken. Der Dialog ist nie abgeschlossen. Dialog ist ein Kennzeichen von christlicher Gemeinschaft, auch und gerade versöhnter Gemeinschaft.

In vielfältiger Weise sind seit 2010 mennonitische und lutherische Kirchen und Gemeinden in allen Teilen der Welt aufeinander zugegangen und haben Wege gefunden, wie sie die Versöhnung in ihren lokalen Gegebenheiten fruchtbar werden lassen konnten. Es ist zu kleinen Versöhnungsfeiern gekommen, aber noch mehr zu partnerschaftlicher Zusammenarbeit, von Zella-Mehlis bis Harleysville (Pennsylvania), von Bad Oldesloe bis Daab (Kenia).[29]

[29] Vgl. Vereinigte Evangelisch-Lutherischer Kirche Deutschlands VELKD (Hg.), Texte aus der VELKD Nr. 163–Mai 2012. 57ff. Sowie: Heilung der Erinnerungen. Die Bedeutung der lutherisch-mennonitischen Versöhnung, 196–202 und die Fotogalerie im Anhang.

Die Autorinnen und Autoren

Rainer W. Burkart, Mag. theol., Theologiestudium in Neuendettelsau, Elkhart (USA) und Erlangen, Pastor der Mennonitengemeinde Enkenbach (Pfalz), Mitglied des Exekutivkomitees der Mennonitischen Weltkonferenz, Ko-Geschäftsführer der lutherisch-mennonitischen Kontaktgespräche in Deutschland (1989–1992) und Ko-Vorsitzender der Internationalen lutherisch-mennonitischen Studienkommission 2005–2008. Mitherausgeber von UNA SANCTA – Zeitschrift für Ökumenische Begegnung.

Julia Enxing, Dr. habil., Leiterin des DFG-Netzwerkes »Schuld ErTragen. Die Kirche und ihre Schuld«, Philosophisch-Theologische Hochschule Sankt Georgen, Frankfurt am Main; Referentin für Theologie am Sankt Jakobushaus, Goslar.

Magdalene L. Frettlöh, Prof. Dr., lehrt Systematische Theologie mit Schwerpunkt Dogmatik und Religionsphilosophie an der Theologischen Fakultät der Universität Bern; Forschungsschwerpunkte: materiale Dogmatik in reformierter Tradition (Eschatologie, Christologie, Bilderverbots-Diskurse, Trinitäts- und Erwählungslehre), zur Rezeption der Theologie Karl Barths in der Postmoderne, jüd. Religionsphilosophie des 19.–21. Jahrhunderts, theol. Gender-Diskurs, Theologie und Literatur; Mitherausgeberin der Göttinger Predigtmeditationen und der tvz-Reihe »reformiert!«, zahlreiche Publikationen zur Theologie des Segens, des Namens, des Raumes, der Gabe und Vergebung.

James F. Keenan SJ, STD, Canisius Professor, Boston College, Chestnut Hill, Massachusetts.

Carmen Koch, Dr. phil., Koordinatorin Forschung & Beratung, Dozentin, Projektleiterin, Institut für Angewandte Medienwissenschaft, ZHAW Zürcher Hochschule für Angewandte Wissenschaften, Winterthur.

Klaus-M. Kodalle SJ, Prof. em. der Philosophie, Dr. phil., Universität Jena. Akademie der Wissenschaften und der Literatur Mainz. Letzte Buchveröffentlichung: Verzeihung denken. Die verkannte Grundlage humaner Verhältnisse, München 2013.

Jutta Koslowski, Dr., Evangelische Theologin mit den Forschungsschwerpunkten Ökumene und interreligiöser Dialog; zahlreiche Veröffentlichungen zu diesen Themen. Pfarrerin in der Evangelischen Kirche in Hessen und Nassau; Lehrbeauftragte an der Pädagogischen Hochschule Ludwigsburg.

Stephan Linck, Dr., Historiker und Archivar. Veröffentlichungen u.a.: Neue Anfänge? Der Umgang der evangelischen Kirche mit der NS-Vergangenheit und ihr Verhältnis zum Judentum. Die Landeskirchen in Nordelbien. Band 1: 1945–1965, Kiel 2013, Bd. 2: 1965–1985, Kiel 2016. Studienleiter für Erinnerungskultur und Gedenkstättenarbeit der Evangelischen Akademie der ev.-luth. Kirche in Norddeutschland.

Lisa Martin, wiss. Mitarbeiterin am Lehrstuhl für Fundamentaltheologie und Dogmatik, Otto-Friedrich-Universität Bamberg.

Klaus Mertes SJ, trat nach dem Studium der klassischen Philologie und Slawistik 1977 in den Jesuitenorden ein, wurde nach Philosophie- und Theologiestudium 1986 im Frankfurter Dom zum Priester geweiht und ist seit 1990 im Lehramt an Schulen tätig. 2000 übernahm er die Leitung des Berliner Canisius-Kollegs. Seit 2011 ist er Kollegsdirektor im internationalen Jesuitenkolleg St. Blasien im Südschwarzwald.

Katharina Peetz, Dr., Katholische Theologin mit den Forschungsschwerpunkten »Dialog zwischen Theologie und Naturwissenschaften« und »postgenozidäre Versöhnung«. Leiterin des DFG-Projektes »Gelebte Theologie im Friedens- und Versöhnungsprozess Ruandas« am Institut für Katholische Theologie der Universität des Saarlandes.

Christine Schliesser, Dr., Forschungsschwerpunkte: Theologie und Ethik Dietrich Bonhoeffers, Friedens- und Versöhnungsforschung, das Verhältnis von Theologie und Öffentlichkeit / Öffentliche Theologie und die Rolle der Religion in der Entwicklungstheorie und -praxis (z. B. SDGs). Wissenschaftliche Mitarbeiterin am Institut für Sozialethik der Universität Zürich.

Dorothea Wojtczak, Mag. theol., Referentin für Glaube und Wissenschaft in der Katholischen Studierenden- und Hochschulgemeinde Münster, Doktorandin und Wissenschaftliche Hilfskraft im DFG-Netzwerk »Schuld ErTragen. Die Kirche und ihre Schuld«, Philosophisch-Theologische Hochschule Sankt Georgen, Frankfurt am Main.